머리말

수학을 공부하고, 연구하고, 가르치면서 특히 사범대학에서 예비교사의 교육을 담당하면서, 수학교사는 수학을 어떻게 이해하고 가르쳐야할까를 고민을 하게 되었다. 수학에 대한 관심과 이해가 예전과 많이 달라졌음에도 불구하고, 학생 시절에 배웠던 것과 똑같은 방법으로 학교수학의 수업이 진행되지는 않는가하는 걱정도 되었다. 이러한 고민과 도전 속에서 예비교사의 교육은 학교수학과 깊은 연관을 가지고 임해야 한다는 생각아래 〈교사를 위한 해석학〉을 기초로 하여 가능하면 학교수학에서부터 시작하여 대학 수학과 수학의 응용, 수학교육의 연구를 연결하여 보려고 노력하였다. 그러나 아직은 수학교육에 대한 지식이 깊지 않아 이 책을 내는데 두려움이 많은 것이 사실이다.

그렇더라도 학교수학을 되짚어보고 학생은 수학을 어떻게 이해하고 있는가, 학교수학을 이해하기 위한 수학은 무엇인가, 수학교사는 수학을 어떻게 대하고 있는가, 학교수학교육에 대한 연구 결과들은 어떤 것이 있는가를 간략하게나마 정리를 해보는 것도 수학교사와 수학을 연구하려는 사람들에게 조금이나마 도움이 되지 않을까하는 바램에서 이 책을 출간하기로 하였다.

이 책은 학교수학의 교육내용을 중심으로 논리, 집합과 함수, 자연수와 정수, 유리수와 실수, 복소수, 방정식과 부등식, 연립방정식과 행렬, 수열의 극한, 함수의 극한, 연속함수, 미분, 적분, 복소수함수, 확률과 통계, 통계의 15장으로 구성되었다.

각 장은 간략한 학교수학의 내용과 이와 관련된 대학수학의 내용과 더불어 수학교육에 관련된 문제와 연구에 대한 결과와 생각들을 실었다. 또 수학교육연구에 관심이 있는 사람들을 위해 몇몇 논문들을 참고문헌으로 제시하였다.

아직 수학과 수학교육에 대한 이해가 아직은 충분히 깊지 않아 부족한 점이 많을 것이라 생각하지만, 새로운 것을 시도하려는 실험정신으로 용기를 내본다. 완벽하지는 않지만 이러한 작업에 대한 냉철한 비판을 통하여 많은 사람들이 학교수학과 수학교육, 예비교사교육에 관심을 가질 뿐만 아니라 그 관심이 실천에 옮겨지기를 바란다.

이 책을 쓸 수 있도록 시간과 재정적 지원을 해준 서울대학교 사범대학 발전기금 재단과 수학교육의 발전을 위해 기꺼이 출판을 맡아준 교우사에 감사를 드린다. 끝으로 이 책을 쓰는 동안 많은 시간을 함께하지 못함에도 늘 기다려주고 격려해준 가족들에게 고마움을 표시하지 않을 수 없다.

창 너머 고운 단풍을 바라보며
정상권

차 례

4. 유리수와 실수

5. 복소수

6. 방정식과 부등식

7. 연립방정식과 행렬

8. 수열의 극한

9. 함수의 극한

10. 연속함수

11. 미분

12. 적분

13. 복소수함수

14. 확률과 통계

15. 기하

Chapter 01 논리

Mathematics for School Mathematics

지식 기반 사회에 적합한 인재는 단순히 지식을 많이 가지고 있는 사람이나 숙련된 기능인보다는 자기 주도적으로 지적 가치를 창조하는 창의적인 사람이어야 한다. 이를 위하여 학교수학은 수학의 기본적인 지식을 습득할 뿐 만 아니라, 새로운 것을 탐구하고, 추측하며, 논리적으로 사고하여 실생활의 문제를 창의적으로 해결하는 능력을 길러주는 것을 목표로 하고 있다. 이러한 교육은 원활한 의사소통 능력이 있는 민주시민을 양성하게 하며 홍익인간의 교육 이념을 실현하게 하는 것이다.

원활한 의사소통은 합리적 사고와 판단을 통해 이루어지며, 이러한 판단과 합의를 위해서는 모두가 수긍할 수 있는 분명하고도 객관적인 사회적 기준(사회적 정의)이 필요하다. 그러나 일상생활에서 일어나는 가치 판단은 그 기준이 가변적인 경우가 많이 있다. 예를 들면 '악법도 지켜야 한다.'는 문장이 옳은가 그렇지 않은가를 판단하는 것이 쉽지 않아 혼란스럽다. 반면에 수학에서 다루는 것들은 그 기준이 분명하므로 이런 혼란은 없다. 따라서 수학은 논리적 사고 훈련을 하는 좋은 학문이다. 수학 중에서도 특별히 이런 훈련을 잘 할 수 있는 곳이 논리(학)이다.

1.1 명제

레이먼드 스멀리언의 책 〈이 책의 제목은 무엇인가?〉에 나오는 처음 이야기에는 다음과 같은 내용이 실려 있다.

"야 레이먼, 오늘은 만우절이 아니냐? 오늘은 네가 이제껏 당해 본적이 없는 기발한 방식으로 너를 속여 줄 작정이다!"

아파서 누워있던 나는 그날 하루 종일 형이 언제 나를 속이나 하고 목이 빠-져라 기다렸지만 에밀 형은 종래 아무 무소식이 없었다.

그날 밤, 어머니가 내방에 오셔서 물으셨다.

"왜 아직도 자지 않고 그러냐?"

"형이 나를 속인다고 해서 형을 기다리는 중이에요."라고 대답했다.

어이가 없으신 어머니께서는 형에게 가셔서

"에밀, 어서 약속대로 동생을 좀 속여 주려무나!"

그러자 내 방으로 건너온 형은 나와 다음과 같은 이야기를 나누었다.

에밀: 너는 내가 속일 것이라고 생각하고 있었지?

레이먼: 응.

에밀: 그런데 아직까지 널 속이지 않았지?

레이먼: 그래.

에밀: 그렇지만 내가 속일 거라고 잔뜩 기대하고 있었잖아?

레이먼: 응.

에밀: 그래서 너는 나에게 속아 넘어 간 거야.

레이먼이 속지 않았다면, 레이먼이 기대했던 것이 이루어지지 않은 것이므로 에밀의 말대로 레이먼은 속은 것이다. 만약 속았다면, 레이먼이 기대했던 것이 이루어졌으므로 속았다고 할 수가 없다. 과연 레이먼은 속은 것일까?

이와 같이 일상생활이나 문학에서는 문장(sentence)을 통하여 의사소통을 한다. 우리가 사용하는 문장 중에는 참인 것이 있는가하면 참이 아닌 것(거짓)도 있다. 더욱이 참도 아니고 거짓도 아닌 것이 존재한다. 참도 아니고 거짓도 아닌 대화를 하는 것은 의사소통에 혼란을 야기한다.

이런 일반적인 문장과는 달리, 수학에서 사용하는 문장 즉 **명제**(statement)란 참과 거짓의 둘 중 하나만으로 분명히 말할 수 있는 문장이나 식 또는 의견이나 주장을 말한다. 다시 말하면 수학에서는 참도 아니고 거짓도 아닌 양비론적인 문장은 취급을 하지 않는다. 이런 문장은 수학교육의 목표 중의 하나인 논리적 사고의 훈련에 도움이 되지 않기 때문이다.

의사소통을 위해 사용하는 수학에서의 문장은 논리적 사고 능력을 쌓는데 필요한, 합리적 사고라는 건물을 짓는데 필요한 하나하나의 기초와 같은 역할을 한다. 이런 기초를 쌓는 수학에서는 참, 거짓이 분명한 명제인 오직 수학적 문장만을 취급한다. 다시 말해 참, 거짓이 분명하지 않는 문장은 수학적 문장이 아니다.

이제 명제가 주어지면 그 명제가 참이냐 거짓이냐를 판별하여야 한다. 그런데 참과 거짓은 무엇에 근거하여 판별하게 되는가? 예를 들어 "대한민국의 수도는 서울이다."라는 문장은 참인가 아니면 거짓인가? 물론 지금(대한민국의 수도는 서울이라고 정해진 지금)은 이 문장이 참이 된다. 그러나 만약 "대한민국의 수도는 부산이다."라고 정해진 때에는 "대한민국의 수도는 서울이다."라는 문장은 거짓이 된다. 그러므로 어떤 문장이 참 또는 거짓이라고 말할 때에는 우리가 판단할 수 있는 근거가 정해지지 않으면 참, 거짓을 판별할 수 없다.

재판에서는 법이 판단의 근거가 되는 것과 마찬가지로 일상에서는 상식이 판단의 근거가 된다. 수학에서도 마찬가지이다. 예를 들면 "삼각형의 내각의 합은 180도이다."는 유클리드 기하에서는 참이지만 비유클리드 기하에서는 참이 아닌 것처럼, 수학적 문장도 어떤 수학적 체계 위에서 다루느냐에 따라 달라질 수 있다. 물론 학교수학에서도 교육과정의 단계에 따라 학생들의 판단이 달라질 수 있다. 그렇더라도 교사는 우리가 가지고 있는 수학적 체계 속에서 일관성이 유지되도록 수학을 소개할 수 있는 능력을 가지고 있어야 한다.

상식의 체계이든 수학적 체계이든 판단의 근거가 정해지면, 그 체계 위에서 명제는 참이 아니면 거짓이다. 이때 명제의 참 또는 거짓의 값을 명제의 **진릿값**(truth value)이라고 한다.

예를 들면 다음과 같이

(1) 태극기는 대한민국의 국기이다. (참)

(2) $2+7=9$. (참)

(3) $5<0$. (거짓)

이므로 (1) ~ (3)은 명제이다. 그러나

(4) 날씨가 좋으냐?

(5) 태극기는 우리나라의 국기이다.

는 경우에 따라 또는 어느 나라이냐에 따라 그 대답이 달라져 일반적으로 그 문장이 참인지 거짓인지를 판별할 수 있는 글이 아니다. 따라서 문장 (4) ~ (5)는 명제가 아니다.

일상생활에서 다른 사람의 말 '……은 사실이다.'를 '……은 사실이 아니다.'와 같이 부정하여 새로운 문장을 만들듯이, 수학에서도 기존의 명제를 부정하여 새로운 명제를 만들 수 있다.

예를 들면 (1) ~ (3)의 세 명제

태극기는 대한민국의 국기이다. (참)

$2+7=9$. (참)

$5<0$. (거짓)

을 부정하면 각각

태극기는 대한민국의 국기가 아니다. (거짓)

$2+7\neq 9$. (거짓)

$5\geq 0$. (참)

이다.

이와 같이 어떤 명제가 참이면 그것을 부정한 문장은 거짓이고, 주어진 명제가 거짓이면 그것을 부정한 문장은 참이다. 일반적으로 참인 명제를 부정한 문장은 거짓이고, 거짓인 명제를 부정한 문장은 참이다. 따라서 명제를 부정한 문장은 새로운 명제가 된다. 이것을 간단히 주어진 명제의 **부정**(negation)이라고 한다.

보통 사람들은 문자를 사용하여 나타내는 것을 무척이나 어려워하고 싫어하기도 한다. 그러나 수학을 하는 사람들은 가능하면 문자를 사용하여 명제를 간단히 나타내려고 하는 경향이 있다. 수학자들은 마치 암호를 주고받는 비밀 조직 같아 신비스럽게 보이기도 하지만, 문장 하나하나를 나열하여 말하는 것보다는 그 범주에 속하는 모든 것을 한꺼번에 처리하려는 경향이 강하기 때문이다. 사실 이렇게 일반화하는 것은 수학의 한 특성이기도 하다.

예를 들어 명제를 p라고 나타낼 때 이의 부정을 $\sim p$로 나타내고, 이들 명제의 진릿값을 나타내는 표 즉 **진리표**(truth table)를 통하여 명제와 그 부정의 진릿값의 나타내면 이들의 관계를 명확히 볼 수 있다. 대부분의 전산 언어에서는 참을 1로, 거짓을 0으로 나타내기도 하지만, 여기서는 참인 진릿값을 T, 거짓인 진릿값을 F를 사용하여 나타내기로 한다. 그러면 명제 p와 이의 부정 $\sim p$의 진리표는 다음과 같다.

p	$\sim p$
T	F
F	T

일상의 언어생활에서 한 문장만을 가지고 의사소통을 하기도 하지만 여러 개의 문장을 합성하여 또 다른 한 문장을 만들어 사용하기도 한다. 이와 같이 두 개 이상의 수학적 명제 p, q를 결합하여 다른 한 명제를 만들기도 한다. 이렇게 만든 명제를 **합성명제**(compound statement)라고 한다.

이때 문장을 합성하는 대표적인 연결어로는 '그리고', '또는', '만약 …… 이면, …… 이다', '……이 되기 위해서는 ……이 필요하다.', '……은 ……되기 위해 충분한 조건이다.', '……은 ……이 되기 위해 필요하고도 충분하다.' 등이 있다.

이제 이렇게 만들어진 합성명제의 진릿값은 어떻게 되는지 알아보자. 그런데 명제의 진릿값은 T, F의 두 가지이므로 명제 p와 q의 진릿값의 조합은 네 가지 경우밖에 없다. 따라서 각 경우마다 이 합성명제들의 진릿값이 어떻게 결정되는지를 알아보면 된다.

예를 들어 두 명제

p: 구름이 낀다.
q: 비가 온다.

를 가지고 새로운 문장

구름이 끼고 비가 온다.

를 만들었을 때, '구름이 끼고 비가 온다.'를 p와 q의 **곱**(conjunction)이라 하고, 기호로

$$p \wedge q \qquad (p \text{ and } q)$$

와 같이 나타낸다.

두 명제의 곱 $p \wedge q$은 p와 q가 모두 참일 때 참인 문장이 되므로, 이것을 진리표로 나타내면 다음과 같다.

p	q	$p \wedge q$
T	T	T
T	F	F
F	T	F
F	F	F

한편 새로운 문장

구름이 끼거나 비가 온다.

라는 명제는 'p 또는 q'의 문장이며, 이것을 두 명제 p와 q의 합(disjunction)이라 하고, 기호로는

$$p \vee q \qquad (p \text{ 또는 } q)$$

와 같이 나타낸다. 명제 '구름이 끼거나 비가 온다.'는

(i) 구름이 낀다.
(ii) 비가 온다.
(iii) 구름이 끼고 비가 온다.

의 세 가지 경우 모두 각각 참이 되며, 구름도 끼지 않고 비도 오지 않는 경우에만 거짓이 된다. 즉 p나 q 중 어느 하나가 참이면 p와 q의 합 $p \vee q$는 참이 된다. 따라서 이것을 진리표로 나타내면 다음과 같다.

p	q	$p \vee q$
T	T	T
T	F	T
F	T	T
F	F	F

다시 스멀리언의 책 〈이 책의 제목은 무엇인가?〉에 나오는 이야기로 가보자.

언제나 진실만을 이야기하는 기사와 언제나 거짓말만 하는 건달이 살고 있다. A가 "나는 건달이거나 혹은 B는 기사이다."라고 말했다고 하자. A와 B는 어떤 사람인가?

이와 같은 문제는 위의 논리의 합을 생각하면 쉽게 풀 수 있다. 만약 A가 건달이라고 하자. 그러면 그의 진술은 거짓이므로, "나는 건달이거나 혹은 B는 기사이다."는 거짓이다. 따라서 A는 건달도 아니고 B도 또한 기사가 아니다. 이것은 A가 건달이라는 가정에 모순이다. 그러므로 A는 기사이다. 그런데 기사는 항상 참말만 하므로 "나는 건달이거나 혹은 B는 기사이다."는 참이다. 그러므로 B는 기사이다.

참고 1.1

위에서 "A는 건달이거나 혹은 B는 기사이다."를 부정하면 "A는 건달도 아니고 B도 또한 기사가 아니다."라는 사실을 이용하였다. 즉 합성명제 $p \vee q$의 부정 $\sim(p \vee q)$은

$$(\sim p) \wedge (\sim q)$$

임을 사용하였다. 이와 같이 두 다른 명제가 같은 것을 논리적으로 동치라고 하는데, 이에 대하여는 다음에 자세히 다루기로 한다.

참고 1.2

두 문장 '크거나 파란색의 상자', '대머리이거나 부자'에서 '크다와 파랗다', '대머리와 부자'는 모두 두 성질이 질적인 것이지만 같은 의미체계에 속하지는 않는다. 이러한 것을 가지고 '그리고(and)'나 '또는(or)'으로 연결하는 것은 좋지 않다. 왜냐하면 두 질적인 양 A, B 에 대하여 'A or B'를 이야기 할 때는 A, B가 같은 의미체계일 때를 기대하며 이런 경우에만 의미가 있는 문장이 되기 때문이다.

1.2 조건문

'그리고(and)'나 '또는(or)'으로 두 문장을 합성하기도 하지만, 우리는 '어떤 조건(가정)이 만족되면 무엇 무엇을 하겠다(결론).'라는 표현을 자주 사용한다. 사실 '…… 이면, …… 이다.'와 같은 문장은 우리 생활에서 자주 쓰이므로 복합문장에서 가장 중요하다고 할 수 있다. 예를 들면

'평균 90점 이상을 받으면, 상으로 자전거를 사주겠다.'

라는 약속의 문장에서

가정 p는 '평균 90점 이상을 받는다.'

이고

결론 q는 '자전거를 사준다.'

이다. 이때 다음과 같은 네 가지의 경우가 생길 것이다.

(i) 평균 90점 이상을 받았고(받아서) 자전거를 사 주었다.
(ii) 평균 90점 이상을 받았음에도 불구하고 자전거를 사 주지 않았다.
(iii) 평균 90점 미만을 받았음에도 불구하고 자전거를 사 주었다.
(iv) 평균 90점 미만을 받아 자전거를 사 주지 않았다.

이때 약속을 지키지 않은 경우는 (ii)의 경우 '평균 90점 이상을 받았음에도 불구하고 자전거를 사 주지 않았다.'의 경우뿐이다. 이를 표로 나타내면 다음과 같다.

평균 90점 이상	평가(상)	약속의 이행
Y	Y	Y
Y	N	N
N	Y	Y
N	N	Y

문장 '평균 90점 이상을 받으면, 상으로 자전거를 사주겠다.'는 '……이면, ……이다.' ('p이면, q이다.') 의 형태를 가지는 문장이며, 이것을 기호로

$$p \rightarrow q$$

와 같이 나타낸다. 이와 같은 문장을 **함의**(implication) 또는 **조건문**(conditional statement)이라고 하며, p를 **전제**(premise) 또는 **가정**(hypothesis), q를 **결론**(conclusion)이라고 한다.

위의 예에서 약속을 지킨 경우를 참, 약속을 지키지 않은 경우를 거짓으로 하면, 다음과 같이 조건문 $p \rightarrow q$의 진리표를 얻을 수 있다.

p	q	$p \rightarrow q$
T	T	T
T	F	F
F	T	T
F	F	T

특히 조건문 $p \to q$가 항상 참일 때, 이것을 기호

$$p \Rightarrow q$$

로 나타낸다. 사실 가정 p가 거짓이면 조건문 $p \to q$에서 결론 q의 진릿값과 관계없이 항상 참이므로, 가정 p가 거짓인 경우에는 수학적으로는 중요한 명제가 아니다. 따라서 수학에서는 가정 p가 참인 경우에만 조건문 $p \to q$가 참인지를 규명하는 작업을 한다.

또 주어진 조건문 $p \to q$에 대하여

(1) $q \to p$를 $p \to q$의 **역**(converse)
(2) $(\sim p) \to (\sim q)$를 $p \to q$의 **이**(inverse)
(3) $(\sim q) \to (\sim p)$를 $p \to q$의 **대우**(contraposition)

라고 한다. 이때 이들의 진리표를 살펴보면 다음과 같다.

p	q	$\sim p$	$\sim q$	$p \to q$	$\sim q \to \sim p$
T	T	F	F	T	T
T	F	F	T	F	F
F	T	T	F	T	T
F	F	T	T	T	T

위의 진리표를 보면 조건문 $p \to q$와 그의 대우 $\sim q \to \sim p$의 진릿값은 같다. 이와 같이 진릿값이 같은 두 문장을 **논리적으로 동치**(logically equivalent)인 문장이라고 한다.

참고 1.3

주어진 조건문과 그 대우는 동치이므로, 편리한 정도에 따라 주어진 명제 또는 대우의 두 가지 중 어느 하나만 증명하면 된다. 수학에서 동치를 중요하게 여기는 이유는 마치 나사못의 종류에 따라 드라이버를 달리 사용하는 것과 마찬가지로 문제의 상황에 따라 명제 또는 대우 중 편리한 것을 사용하기 위함이다.
예를 들어 함수 $f : E \subset R \to R$에 대하여 다음 명제들이 동치이다.

(1) $\lim_{x \to a} f(x) = \alpha$

(2) 점 a에 수렴하는 임의의 수열 $\{x_n\} \subset E$에 대하여 $\lim_{n\to\infty} f(x_n) = \alpha$이다.

(3) α의 임의의 근방 $N(\alpha, \epsilon)$에 대하여 a의 적당한 근방 $N(a, \delta)$가 존재하여

$$x \in N(a, \delta) \cap E,\ x \neq a \text{이면 } f(x) \in N(\alpha, \epsilon)$$

이다.

(4) α를 포함하는 임의의 열린집합 V에 대하여, a를 포함하는 적당한 열린집합 U가 존재하여

$$x \in U \cap E,\ x \neq a \text{이면 } f(x) \in V$$

이다.

위의 명제들이 서로 동치임을 증명하는데 (2) ⇒ (3)과정에서 (3)이 성립하지 않는다(즉 ~(3))고 가정하면 (2)가 성립하지 않는다(~ (2))는 것을 보임으로 증명을 하기도 한다. 이와 같이 (2) ⇒ (3)을 직접적으로 증명하는 대신 이의 대우를 사용하여 간접적으로 증명한다. 이 경우 대부분 모순이 됨을 이용한다.

참고 1.4

학생들이 이해하기 어려워하는 부분은 명제 $p \to q$에서 가정(p)이 거짓이고 결론(q)도 거짓인 경우, 조건문 $p \to q$의 진릿값이 참이라고 하는 경우이다. 왜냐하면 결론이 거짓임에도 불구하고 조건문이 참이라고 주장하기 때문이다. 이러한 이유로 조건문은 〈이상한 나라의 엘리스〉의 작가 Carroll과 같은 작가들에 의해 역설적인 것으로 간주되기도 하였다. 그러나 명제 p가 거짓이고 q가 거짓인 경우에 조건문 $p \to q$의 진릿값이 참이라고 하는 것은 마치 영어 구문에서 가정법과 같다. 예를 들어

p: 달은 파란 색깔의 치즈로 만들어졌다. (거짓)
q: $2+2=5$ (거짓)

인 경우, 조건문

$p \to q$: 만약 달이 파란 색깔의 치즈로 만들어졌다면, $2+2=5$이다.

는 p, q가 모두 거짓임에도 우리가 참이라고 받아들이는 것과 같다. 이것을 위의 진리표를 가지고 참임을 확인할 수 있다. 그런데 이 경우에는 p와 q가 서로 관련이 없는 성질의 것이어서 문장이 어색하다. 수학에서의 논리도 보편적인 문장이 그대로 수용되는 것이 바람직하다. 더욱이 수학의 증명법으로 대우를 자주 사용하는데, 명제와 그 대우가 동치가 되도록 하면 논리 구조상 편리한 면도 있다.

명제 $p \to q$의 진리표와 $\sim p \vee q$의 진리표를 그리면 아래와 같으므로, 두 명제 $p \to q$와 $\sim p \vee q$는 논리적으로 동치이다. 그러나 $p \to q$와 $q \to p$의 진리표가 항상 같지는 않으므로, $p \to q$와 이것의 역 $q \to p$는 논리적으로 동치가 아니다.

p	q	$p \to q$	$\sim p \vee q$	$q \to p$
T	T	T	T	T
T	F	F	F	T
F	T	T	T	F
F	F	T	F	T

참고 1.5

조건문 '비가 오면 영화감상을 할 것이다.'를 부정하면 그 부정은 무엇일까? '비가 오지 않으면 영화감상을 하지 않을 것이다.'일까? 주어진 조건문에서

p: 비가 온다.　　q: 영화감상을 한다.

라고 하면, $p \to q$와 $\sim p \vee q$는 논리적으로 동치이므로 조건문 $p \to q$의 부정은 명제 $\sim p \vee q$의 부정 즉, $p \wedge (\sim q)$와 논리적으로 동치이다. 따라서 조건문 $p \to q$의 부정은

'비가 오지도 않고 영화감상도 하지 않는다.'

이다. 그런데 이 명제는 조건문이 아니다. 따라서 조건문의 부정은 조건문이 아님을 알 수 있다. 그럼에도 불구하고 많은 학생들은 조건문의 부정은 조건문이라고 생각하는 경향이 있다.

두 명제 p, q가 동치일 때, 이것을 기호 $\equiv$ 또는 $\Leftrightarrow$을 사용하여

$$p \equiv q \text{ 또는 } p \Leftrightarrow q$$

로 나타내면, 다음이 성립함을 진리표를 그려 증명할 수 있다.

정리 1.1

명제 p, q, r에 대하여, 다음이 성립한다.

(1) $p \equiv p$

(2) $p \equiv q$이면 $q \equiv p$

(3) $p \equiv q$이고 $q \equiv r$이면 $p \equiv r$

참고 1.6

위의 정리 (1)~(3)의 조건을 만족하는 관계 $\equiv$는 동치관계이다. 동치관계에 대한 정의는 뒤에서 자세히 다루기로 한다.

두 명제 p, q에 대하여, '$p \to q$이고 $q \to p$'인 명제는 조건문이 중복해 나타난다는 의미에서 이를 **이중조건문**(biconditional statement)이라고 하며

$$p \leftrightarrow q$$

로 나타낸다. 이중조건문은 조건문 $p \to q$와 그의 역 $q \to p$의 논리곱이다. 즉

$$p \leftrightarrow q \equiv (p \to q) \wedge (q \to p)$$

이다. 이중조건문 $p \leftrightarrow q$의 진리표를 살펴보면 다음과 같다. 따라서 이중조건문 $p \leftrightarrow q$는 p와 q가 동시에 참이거나 동시에 거짓일 때만 참임을 알 수 있다.

p	q	$p \to q$	$q \to p$	$(p \to q) \wedge (q \to p)$	$p \leftrightarrow q$
T	T	T	T	T	T
T	F	F	T	F	F
F	T	T	F	F	F
F	F	T	T	T	T

한편 수학에서는 조건문이나 이중조건문을 나타내기 위하여 필요(necessary) 또는 충분(sufficient)이란 말이 자주 쓰인다. 예를 들면

'이웃하는 두변의 길이가 같은 직사각형은 정사각형을 이루기에 충분하다.'

라는 문장을

'직사각형의 이웃하는 두 변의 길이가 같으면, 그것은 정사각형이다.'

라는 문장 대신 사용하는 경우가 있다. 여기서

p: 직사각형의 이웃하는 두 변의 길이가 같다.
q: 그것은 정사각형이다.

로 나타내면, $p \to q$가 참이 된다. 이와 같이

$p \to q$가 항상 참일 때, 즉 $p \Rightarrow q$일 때

(1) q는 p가 되기 위한 **필요조건**(necessary condition)
(2) p는 q가 되기 위한 **충분조건**(sufficient condition)

이라 한다. 또

$p \leftrightarrow q$가 항상 참일 때, 즉 $p \Leftrightarrow q$일 때

(3) p는 q가 되기 위한 **필요충분조건**(necessary and sufficient condition) 또는 q는 p가 되기 위한 필요충분조건

이라고 한다.

1.3 부정사와 양화사

수학 문장에는

$$1 + 1 = 2$$

와 같이 수학적 대상이 1과 2로 구체적으로 정해진 것이 있는 반면,

$$(x+y)^2 = x^2 + y^2$$

에서 x, y나 명제

'직사각형은 정사각형이다.'

에서 '직사각형'처럼 어떤 직사각형인지 그 대상이 구체적으로 정해지지 않은 문장이 있다. 이때 구체적으로 정해지지 않은 것을 **부정사** 또는 **변수**(unknown, variable)라고 한다.

변수가 들어 있는 문장은 변수에 특정한 값이 주어질 때만 진릿값이 결정되는데, 이러한 문장을 **열린 문장**(open statement)이라고 한다. 예를 들면

(1) $p(x)$: $x > 0$.

(2) $q(x)$: x는 오리이다.

(3) $r(x)$: $x^2 - 3x - 4 = 0$.

(4) $s(x, y)$: 수 $x+2, x-y, x+2y$는 짝수이다.

는 모두 x 또는 y의 값이 정해져야만 진릿값을 결정할 수 있으므로 열린 문장이다.

열린 문장

'직사각형은 정사각형이다.'

의 경우에 '직사각형'이 '모든 직사각형'을 의미하는 경우에는 이 문장은 거짓이다. 다시 말하면 명제 '(모든) 직사각형은 정사각형이다.'는 거짓이다. 그러나 '직사각형'이 '변의 길이가 모두 1인 직사각형'과 같이 어떤 구체적인 직사각형을 뜻하는 경우에는 명제 '(어떤) 직사각형은 정사각형이다.'는 참이다. 즉, 문장 '어떤 직사각형은 정사각형이다.'는 참이 된다.

또 문장

$$(x+y)^2 = x^2 + y^2$$

의 경우도 x와 y의 값에 따라 참과 거짓이 달라진다. 예를 들어

(1) $x = 2, y = 3$이면 위 문장은 거짓이다.

(2) '위의 문장이 참이 되게 하는 적당한 x와 y의 값이 존재한다.'는 참이다.

(3) '모든 x의 값에 대하여 위의 문장이 참이 되게 하는 적당한 y의 값이 존재한다.'는 참이다.

(4) '모든 y의 값에 대하여 위의 문장이 참이 되게 하는 적당한 x의 값이 존재한다.'는 참이다.

(5) '모든 x와 y에 대하여 위의 문장이 성립한다.'는 거짓이다.

위의 (1)~(5)에는 x와 y의 값의 경우에 대하여 '모든(for all)' 또는 '적당한(there exists, there is, for some)' 등의 수식어가 들어 있다. 이와 같이 '모두'나 '적당한' 등의 양을 나타내는 수식어를 **양화사**(quantifier)라고 한다. 이때 '적당한 존재'를 나타내는 양화사 $\exists$ 를 **존재기호** 또는 **존재 양화사**(existential quantifier)라 하고, '모든'을 뜻하는 기호 $\forall$ 를 **전칭기호** 또는 **전체 양화사**(universal quantifier)라고 한다.

다음 문장

(1) $\sqrt{x^2}=x$

(2) 모든 실수 x에 대하여 $\sqrt{x^2}=x$ 이다($\forall x \in \mathrm{R}\ [\sqrt{x^2}=x\ ]$).

(3) 적당한 실수 x에 대하여 $\sqrt{x^2}=x$ 이다($\exists x \in \mathrm{R}\ [\sqrt{x^2}=x\ ]$).

을 생각하여 보자. (1)은 x의 값이 정해지지 않아 참 또는 거짓을 판별할 수 없는 문장으로 수학적 명제가 아니다. 그러나 (2)는 거짓, (3)은 참인 명제이다.

이와 같이 부정사가 있는 문장에서는 양화사가 명확하게 정해지지 않으면 참과 거짓을 판별할 수 없는 경우가 있다. 물론 이러한 경우는 명제가 되지 않는다. 그러므로 그 문장이 명제인지 아닌지를 묻는 것이 아니라면, 학교수학에서 양화사를 정하지 않고 문장의 참과 거짓을 묻는 것은 좋은 질문이 아니다. 예를 들어 '$x^2=4$이다.'가 명제이냐라고 묻는 것은 괜찮겠지만, 이 문장이 참이냐하고 묻는 것은 좋은 질문이 아니다.

부정사가 있는 문장에서 문장이 참이 되게 하는 부정사의 값은 무엇일까? 또 이들은 어떤 성질을 가지고 있을까? 사실 열린 문장이 참인 부정사를 찾으려면 먼저 부정사가 속하는 범위가 정해져야 하는데, 부정사가 속하는 주어진 범위를 전체집합(universal set)이라고 한다.

정리 1.2

열린 문장 $p(x)$에 대하여 명제 $p(a)$가 참인 전체집합 U의 부분 집합을 p의 **진리집합**이라고 한다.

특별히 임의의 $x \in U$에 대하여 $p(x)$가 참일 필요충분조건은 p의 진리집합이 전체집합 U인 경우이고, 어떤 x에 대하여 $p(x)$가 참일 필요충분조건은 p의 진리집합이 공집합이 아닌 것이다.

양화사가 여러 개 있는 경우에는 양화사의 순서에 주의하여야 한다. 예를 들어

(1) '모든 양수 x와 모든 음수 y에 대하여 $xy < 0$이다($\forall x > 0 \ \forall y < 0 \ [xy < 0]$).'와 '모든 음수 y와 모든 양수 x에 대하여 $xy < 0$이다($\forall y < 0 \ \forall x > 0 \ [xy < 0]$).'은 모두 참이다.

(2) '$\sqrt{x^2+y^2}$이 정수인 적당한 양의 정수 x와 적당한 양의 정수 y가 존재한다($\exists x \in Z \ \exists y \in Z \ [\sqrt{x^2+y^2} \in Z]$).'와 '$\sqrt{x^2+y^2}$이 정수인 적당한 양의 정수 y와 적당한 양의 정수 x가 존재한다($\exists y \in Z \ \exists x \in Z \ [\sqrt{x^2+y^2} \in Z]$).'는 모두 참이다.

위의 (1)~(2)와 같이 '모든⋯ 와 모든⋯ 에 대하여⋯이다.'나 '적당한⋯ 와 적당한⋯에 대하여 ⋯이다.'와 같이 같은 양화사가 나오는 경우에는 두 양화사의 순서를 바꾸어도 그 진릿값이 변하지 않는다. 그러나 서로 다른 양화사가 나오는 경우에는 순서가 바뀌는 것에 주의를 하여야 한다. 예를 들면

(3) '모든 자연수 x에 대하여, $x < y$인 자연수 y가 존재한다
($\forall x > 0, \exists y > 0 \ [x < y]$).'

(4) '(모든 자연수 x에 대하여 $x < y$)인 자연수 y가 존재한다
($\exists y > 0 \ [\forall x > 0 \ [x < y]]$).'

는 얼핏 보아 같은 진릿값을 가질 것으로 생각된다. 그러나 (3)은 임의의 자연수 x에 대하여 x의 값이 주어지면 x보다 큰 자연수 y가 존재한다는 뜻이므로 참이고, (4)는 모든 자연수보다 큰 자연수 y가 존재한다는 뜻이므로 거짓인 문장이다.

하나의 예를 더 들어 보자. 문장

'모든 사람은 어머니가 있다.'

를 생각해 보자. 이 문장을 양화사를 이용하여 나타내면

'각 사람 x에 대하여 x의 어머니인 y가 있다.'

이다. 그런데 양화사의 순서를 바꾸면,

'모든 사람 x의 어머니인 y가 있다.'

가 된다. 다시 말하면 이것은

'y는 우리 모두의 어머니이다.'

가 된다. 그러나 이것은 현실적으로 틀린 이야기이다.

이와 같이 우리 일상적인 언어로 보면 같은 문장 같아 보이지만, 양화사를 기호로 나타내면 그 의미가 다르다는 것을 분명히 알 수 있다. 어렵게 느껴지기는 하지만 이런 이유에서 수학에서는 명제를 기호화하여 사용하려는 경향이 강하다.

참고 1.7

(1) 조건문의 부정을 어려워하는 것과 마찬가지로 학생들이 어려워하는 부분은 양화사가 있는 문장의 부정이다. 많은 학생들이 '모든(all)'의 부정을 '하나도 아닌(no)'으로 이해하려는 경향이 강하다. 이런 예로

'모든 A는 B이다(all A are B).'

의 부정을

'어느 A도 B가 아니다(no A is not B).'

라고 한다. 실제로 'all A are B'의 부정은

'A 중에는 B가 아닌 것이 적어도 하나 있다
(There is at least one A which is not B).'

이다.

(2) 조건문의 부정에 대한 예를 들어 보자. Goldbach의 추측

'2보다 큰 모든 짝수는 두 소수의 합이다.'

를 생각해 보자. 이 명제를 양화사를 이용하여 나타내면

'2보다 큰 모든 짝수 x에 대하여, $x=p(x)+q(x)$인
두 소수 $p(x), q(x)$가 존재한다.'

이다. 이것을 기호를 사용하여 나타내면

$$\forall x \in E,\ x \neq 2,\ \exists p(x),\ q(x) \in P[x=p(x)+q(x)])$$

이다. 여기서 집합 E와 P는 각각 짝수의 집합과 소수의 집합이다. 이 Goldbach

의 추측을 부정하면

'모든 소수 $p, q \in P$에 대하여 $x \neq p+q$인 짝수 $x \in E$가 존재한다
$(\forall p, q \in P,\ \exists x \in E[x \neq p+q])$'

이다. 다시 말하면 Goldbach의 추측의 부정은 반례가 존재한다는 것을 말한다. 즉 2보다 큰 짝수 x는 두 소수의 합으로 나타나지 않는다는 것이다. 그런데 Goldbach의 추측은 참이라고 증명되지도 또는 거짓이라고 증명되지 않았다.

(3) '모든 수학이 논리적 추론에 의하여 전개되어야 한다.'는 부울(Boole)의 생각을 구현한 화이트헤드(Whitehead)와 러셀(Russell)의 〈Principia Mathematica(1910)〉에서는 모호함으로부터 벗어나기 위하여 수학을 형식적 언어로 표현하고자, 집합론의 공리와 몇 개의 추론의 법칙을 사용하고 있다. 다시 말하면, 모순이 없는 어떤 공준 집합에 대해 기본적인 용어를 확장하지 않고 주어진 공준과 독립적인 무모순의 또 다른 공준을 그 공준 집합에 추가하는 것이 불가능한 완전한 공준 집합을 만들려고 하였다. 그러나 Whitehead와 Russell은 그들의 논리체계의 엄밀성이 사실 완전성과 양립할 수 없다는 것을 인식하지는 못하였다.

(4) 1931년 괴델(Gödel)은 〈Principia Mathematica〉의 언어로 표현되지만 그 공리체계로부터 나오지 않는 문장 "이 문장은 증명할 수 없다."를 만들어 내게 된다. 즉 이 문장이 사실이면 이것은 증명할 수 없는 것이 되고, 그렇지 않으면 증명할 수 있게 되므로 〈Principia Mathematica〉의 입장으로서는 거짓인 문장이 된다. 이와 같이 주어진 체계를 가지고는 증명할 수 없는 명제를 만들어 냄으로, 체계가 일관성이 있다면 그것은 불완전하다는 괴델의 불완전성 정리(incompleteness theorem)가 탄생하게 된다. 괴델의 불완전성 정리에 의하면 수학의 어떤 부분도 내적 모순으로부터 진정으로 자유로울 수 있는 완벽한 보장은 있을 수 없다는 것이다.

1.4 논리와 증명교육

1.4.1 논리교육

우리의 일상 언어 속에서는 사실인 것처럼 사용하는 것들이 많이 있다. 예를 들면 형사가 다음과 같은 말을 들었다고 하자.

"철수는 어제 영희와 같이 있었다고 말했다. 그런데 영희는 어제 나와 같이 있었다. 그러니 철수는 거짓말을 하고 있다."

형사는 이 말을 믿어야할까? 이런 문장이 사실인지 아닌지는 논리적으로 곰곰이 생각해 보아야 한다.

수학은 합리적으로 생각하는 훈련을 시키는 좋은 도구로 인식되어 있어, 학교수학에서 뿐만 아니라 대학에서도 수학을 필수과목으로 지정하는 경우가 많다. 이러한 이유는 합리적 사고가 인간 정신의 중요한 요소인데, 이 합리적 사고는 수학교육에서 목표로 하는 논리적 사고를 통하여 길러질 수 있다고 믿기 때문이다. 실제로 우리 교육과정에서도 수학적 훈련은 정신을 도야시키고, 논리적 사고와 비판적 사고 능력을 함양하며, 분석적이고 문제해결 능력을 고취시키는 것으로 인정하여 왔다.

논리는 연역적 추론이 사실인지를 밝히는데 중심적 역할을 할 뿐 아니라, 일상생활에서 어떤 주장이 옳지 않다는 것을 보이는데도 핵심적 역할을 한다. 그럼에도 불구하고 논리는 학교수학 중에서도 어려운 주제로 인식되어 고학년에서 다루어지거나 아예 다루어지지 않는다. 실제로 우리 현실에서 중학교 기하 영역의 교육과정에서 증명(논증)이 다루어지고는 있으나, 명확하게 공리가 주어지지 않은 상태에서 유클리드 기하가 직관적으로 다루어지고 있다. 이는 물론 지나치게 공리적으로 접근하는 것이 교육적으로 효과적이지 않다는 근거에서 비롯되었을 것이다.

논리교육이 어렵다는 이유인지는 몰라도 학교 현장에서는 교사나 학생 모두 증명을 기피하는 경향이 있다. 이는 논리에 대한 기초 교육이 없이 증명이 다루어지기 때문이거나, 아니면 중학교 기하 단원에서의 증명이 직관에 의존하는 비논리적으로 전개되기 때문일 것이다. 그렇다면 기하와 증명교육이 중학교에서 다루어야 할 것인가를 재고할 필요가 있다. 그나마도 2009 개정 중학교 교육과정에서는 증명이라는 용어를 사용하는 것 자체도 기피하고 정당화라는 이름으로 증명 또는 논리교육을 약화시키고 있다.

논리교육이 고학년에서 이루어진다고 해서 논리에 대한 교육이 잘되어진다고는 보지 않는다. 심지어 수학교육을 받은 사람들조차도 '모든(all)'의 부정이 '모두 아닌(no)'로 하는 것을 일상생활에서 자주 사용하고 있는 것을 보면, 논리에 대한 형식교육이 어느 단계에서 이루어지느냐 보다는 논리적 생각의 기조나 생각하는 습관을 의식적으로 어떻게 개발하느냐가 중요하다. 따라서 수학교육의 목적이 수학적 주제(내용)의 전달이 아니라 지적 사고 능력의 개발이나 새로운 분야를 창조하고 전개하는데 목적이 있다면, 학교수학에서 논리 도입에 대한 두려움을 없애고 과감하게 논리교육을 도입할 수 있을 것이다. 이러한 하나의 방안은 학생들에게 흥미로운 논리게임을 저학년부터 도입하는 것이다. 수학적 지식을 가능한 한 많이 전수하는 것이 인재양성에 필요하기는 하지만 수학교육자의 욕심을 조금 줄일 필요가 있다.

1.4.2 증명교육

논리에서의 문장(개념)은 다른 문장으로 설명되어져야하고, 그것은 또 다른 문장으로 설명되어져야 한다. 이렇게 하다보면 하나 또는 그 이상의 문장은 완전히 설명되지 않은 채로 남아 있게 된다. 이런 문장을 공준(postulate) 또는 공리(axiom)라고 한다. 이런 공리체계 위에서 어떤 문장이 참인지 아닌지를 가려내는 것이 논리이다.

몇 개의 참인 명제 p_1, p_2, $\cdots$, p_n의 결합으로부터 다른 명제 q를 이끌어내는 것을 추론(argument)이라고 한다. 특히 명제

$$p_1 \wedge p_2 \wedge \cdots \wedge p_n \rightarrow q$$

이 항상 참일 때(항진명제일 때)의 추론을 타당한 추론이라고 하며, 그렇지 않을 때 오류라고 한다. 일상생활에서 추론이 타당하다고 할 때, 우리는 조건이 참일 때 결론이 참이라는 것을 의미한다. 그러나 앞에서 언급했듯이 조건 p가 거짓인 경우에는 결론 q가 참이든 거짓이든 간에 관계없이 명제 $p \rightarrow q$는 논리적으로 항상 참이다. 따라서 우리는 조건 p가 참인 경우 결론 q가 참인지를 밝히기만 하면 된다.

참인 몇 개의 명제로부터 타당한 추론에 의해 다른 명제가 참임을 보이는 것을 증명(proof)이라고 한다. 학생들이 증명하는 방법에는 반례를 이용하는 방법, 귀납(또는 경험)적인 방법, 모순에 의한 증명 방법, 수학적 귀납법, 대우에 의한 증명 등이 있다. 이들을 분류하면 증명 방법에는 크게 직접증명법과 간접증명법이 있다.

직접증명법은 가정과 이미 참이라고 밝혀진 몇 개의 명제를 이용하여 직접적으로 적용하여 주어진 명제가 참임을 밝히는 증명법이다. 예를 들면

세 명제 p, q, $(p \wedge q) \rightarrow r$이 참일 때 r이 참

이라는 것을

$$p,\ q\text{가 참이므로 } p\wedge q\text{가 참}$$
$$(p\wedge q)\to r\text{가 참이고 } p\wedge q\text{가 참이므로 } r\text{은 참}$$

이라고 보이는 것이다.

경우에 따라서는 주어진 명제 대신 대우를 직접 증명하는 것이 편리한 경우도 있다. 직접증명법과는 달리 주어진 명제를 변형하여 증명하는 방법을 간접증명법이라고 한다. 예를 들면 대우를 이용하여 증명하는 방법을 대우법이라 하고, 증명하고자하는 명제를 거짓이라고 가정하고 추론해 나가면 모순이 일어남을 보임으로써 증명하는 방법을 모순법, 명제가 사실이 아닌 예를 들어 증명하는 반례법, 수학적 귀납법을 이용하여 증명하는 귀납법 등이 있다.

특히 모순은 처음에 명제를 거짓이라고 가정함으로 모순이 생긴 것이므로 명제는 참이다. 예를 들면

$$\sim r\ \to\ (\sim p\wedge\ \sim q),\ s\to p\wedge u,\ s\text{가 참일 때 } r\text{이 참}$$

이라는 것을 r이 참이 아니라고 즉 $\sim r$이 참이라고 가정하자.

그런데 $\sim r\ \to\ (\sim p\wedge\ \sim q)$이 참이므로 $\sim p\wedge\ \sim q$이 참이며 $\sim p$도 참 즉 p는 거짓이다. 그런데

$$s\to p\wedge u,\ s\text{이 참이므로 } p\text{가 참이다. 따라서 이것은 모순이다.}$$

와 같이 보이는 것이다.

수학교육에서 다루는 대부분의 작업은 학생들로 하여금 학습을 도와주거나, 형식주의를 벗어나 수학에서의 의사소통을 원활하게 해주거나, 형식주의가 가지는 이면에 있는 생각을 더 잘 설명할 수 있도록 개선하는 일이다. 그런데 모순법을 통한 간접증명은 수학적(논리적)으로 간결하기는 하지만, 학생들은 이 방법을 신비롭게 느끼거나 조금은 황당하게 느낀다. 왜냐하면 모순법은 어떻게 보면 '존재하지 않는 것'을 가정하고 가정에 모순된 것을 이끌어 내어 명제가 참이라고 주장하기 때문이다.

예를 들어 대부분의 교과서에서 우리가 처음 접하는 간접 증명은 명제 '소수의 개수는 무한하다.'나 '$\sqrt{2}$는 무리수이다.'가 참임을 보이는 것이다. 이때 우리는 결론을 부정하여 '소수의 개수가 유한하다면' 또는 '$\sqrt{2}$가 유리수라면'하고 가정을 하고 이것으로부터 가정에 모순된다는 것을 이끌어 내어 명제가 참임을 밝힌다. 앞에서 이야기한대로 이 증

명은 수학자의 입장에서 보면 환상적이고도 명쾌한 증명 방법이다. 그러나 학생들은 신비하게 느낀다. 다시 말하면 그런 것 같기는 한데 마음속에 믿음이 가질 않는다. 또 이러한 증명 과정에는 학생들이 증명에(수학을 구성해 나가는데) 참여하거나 수학적 발견을 할 게재가 많지 않다.

우리는 학생들이 더 많은 주제의 수학 활동에서 자신의 생각을 발표하고 수학적 대화를 나누기를 바란다. 그렇게 하려면 위와 같은 간접증명 대신에 직접증명법을 사용하는 것이 좋다. 예를 들면 유한개의 소수를 가지고 새로운 수(사실은 소수)를 만들게 한다. 그런 다음 기존의 소수를 가지고 새로 만든 수를 나눌 수 있는지 알아보게 한다. 이 방법은 모순법과 비슷하기는 하지만, 이 증명과정에는 '부정'의 어휘가 사용되지 않은 것을 볼 수 있다. 이와 같이 혼돈을 벗어나기 위해서나 학생들로 하여금 수학적 사실을 발견하도록 창의성을 일깨워주려면 복잡하긴 하겠지만 가능한 한 구성적 직접증명 방법이 도입되어야 한다.

수학의 증명에서 사용되는 추론은 타당한 추론으로서의 연역적 추론이 강조되고 있다. 그러나 일상에서 사용되는 언어 속에는 그렇지 않은 경우도 많이 있다. 예를 들어 추론

$$\{(p \to q) \wedge q\} \to q$$

은 $p \to q$ 가 참이고 q가 참이면 p가 참일 가능성이 높다. 그러나 논리적으로 $p \to q$ 에서 p가 거짓인 경우에도 $p \to q$는 참이므로 q가 참인 경우 이 추측은 오류이다. 이와 같은 추론을 개연적 추론이라고 하며, 개연적 추론에는 귀납적 추론, 유추적 추론, 일반화 등이 있다.

특별히 개연적 추론은 새로운 사실을 발견하는 데 중요하다. 왜냐하면 증명은 개연적 추론이나 추측에 의해 발견되기 때문이다. 이런 의미에서 본다면 설령 타당한 추론이 아니더라도 어느 정도의 추측이나 개연적 추론을 하는 것에 대해 학생들에게 용기를 주어야 한다.

어찌되었든 많은 학생들은 추론을 증명하기 위하여 연역적 방법을 쓰기 보다는 귀납적으로 접근하려는 경향이 있는 것으로 보고되고 있다. 또한 학교 교실에서 증명의 필요성과 중요성을 인식하고 있더라도, 학생들은 검증된 증명방법을 받아들이기 보다는 자신들이 가지고 있는 편견이나 사례를 이용하려는 경향이 강하다. 이런 것들이 타당하지 않은 추론을 낳는 오류이다.

한편 학교수학에서 증명이 옳은지를 확인하는 것은 수학을 연습하는 중심적 사항이

다. 많은 학생들은 증명과 증거를 혼동하고 있으며, 경험적 증거에 의해 그들의 확신이 강해질 때 증명을 옳은 것으로 받아들이고 있다고 연구보고하고 있다. 이와 같이 학생들이 증명을 어떻게 하는가에 대한 많은 연구는, 학생들의 증명 능력이나 옳고 그름을 판단하는 능력을 키우느냐에 대한 연구보다는 학생들이 교사나 교과서의 증명을 이해하도록 돕는데 초점을 맞추어 왔다. 즉 증명의 설명적 요소가 학생들에게 의미가 있기 때문에 증명하는 증명이라기보다는 설명하는 증명을 교사들은 선호해 왔다.

이러한 예는

$$\lim_{x \to a} f(x) = L$$

의 증명 과정에서 임의의 $\epsilon > 0$에 대하여 적당한 $\delta > 0$의 값이 주어진 다음

$0 < |x-a| < \delta$인 모든 x의 값에 대하여 $|f(x) - L| < \epsilon$

임을 가정에서 결론까지 일사천리(직선적)로 보여주는 것이다. 그러나 이 과정에서 학생들은 어떻게 δ의 값이 구해졌는지 알 수가 없다. 학생들로 하여금 형식적 증명이 더 잘 이해되기 위해서는

$|f(x) - L| < \epsilon$이 되도록 하는 $0 < |x-a| < \delta$인 $\delta > 0$의 값을 찾도록

하는 구조적(structural) 증명방법이 필요하다. 물론 이러한 δ의 값을 구하는 데는 거꾸로 생각하기가 필요하다.

학생들이 증명을 잘하기 위해서는 마술모자에서 토끼를 꺼내는 식의 증명교육을 피하기 위해, 교사는 먼저 전체적인 증명의 개관을 보여준 다음 필요한 경우 새로운 개념을 도입하는 top-down 형식의 증명교육이 필요하다. 특히 학생들은 비형식적 언어(기호가 아닌 보통의 문장)로 쓰인 문장을 이해하는데 많은 혼동을 하고 있으므로, 정리나 증명을 형식적 언어(수학적 문장)로 동시에 표현해 줄 필요가 있다. 더욱이 확인 과정에 익숙하지 못한 학생들에게는 보조 설명과 증명을 구별하지 못하므로 이들을 분명히 구별되도록 제시해 줄 필요가 있다. 왜냐하면 일반화가 가능한 예제 수준의 증명이 학생들에게는 더 쉽게 이해되기 때문이다.

끝으로, 교사들은 증명을 명제의 참, 거짓을 증명하는 역할, 증명이 참임을 설명하는 수단, 수학적 의사소통, 수학을 구조화하거나 새로운 수학을 창조하는 수단으로 사용한다고 생각하고 있다. 이런 교사의 역할로 볼 때 교사는 다양한 교수 학습적 표현 능력을 갖추어야 할뿐만 아니라 수학에서의 증명의 역할에 대한 깊은 이해를 요구한다.

사실 증명은 (1) 명제의 참과 거짓에 대한 검증, (2) 왜 참인지에 대한 설명, (3) 가설과

주요 개념과 정리의 연역 체계를 구성하는 체계화, (4) 새로운 개념의 창조나 발견, (5) 수학 지식의 전이를 통한 의사소통, (6) 실험 이론의 구조화, (7) 정의의 의미나 가정과 결론의 탐색, (8) 알려진 사실을 새로운 구조와 연결하여 새로운 관점으로 해석하는 기능을 가지고 있다.

참고문헌

[1] 강문봉, 김수미, 류희수, 박교식, 송상헌, 임재훈, 정동권, 정영옥, 교사를 위한 현대 수학개론, 경문사.

[2] 이종권, 박만엽 옮김, 이 책의 제목은 무엇인가?, 레이먼드 스멀리언 저, 문예출판사 (1998).

[3] 정상권, 초등학교 수학을 따라가는 수학, 교우사(2008).

[4] H. Eves, Great moments in mathematics(수학의 위대한 순간들), 허민, 오혜영 역, 경문사(2007).

[5] G. Hanna, Proof, explanation and exploration: An overview, Educational Studies in Mathematics, 44(2000) 5-23.

[6] S. Hewson, A mathematical bridge, World Scientific(2009).

[7] C. Hoyles and D. Kuchemann, Students' understandings of logical implication, Educational Studies in Mathematics, 51(2002) 193-223.

[8] M. Inglis and A. Simpson, Conditional inference and advanced mathematical study: further evidence, Educational Studies in Mathematics, 72(2009) 185-198.

[9] S. Kapadia, Set-theory and logic in school, Educational Studies in Mathematics, 6(1976) 409-413.

[10] E. Knuth, Secondary school mathematics teachers' conceptions of proof, Journal for Research in Mathematics Education 33(2002) 379-405.

[11] J. Levin, An interactive introduction to mathematical analysis, Cambridge(2003).

[12] U. Leron, A direct approach to indirect proofs, Educational Studies in Mathematics, 16(1985) 321-325.

[13] U. Leron, Structuring mathematical proofs, American Mathematical Monthly, 90(1983) 174-185.

[14] C. Pinter, Set theory, Addison-Wesley(1971).

[15] J. Seldon and A. Seldon, Unpacking the logic of mathematical statements, Educational Studies in Mathematics, 29(1995) 123-151.

[16] R.S. Strichartz, The way of analysis, Jones and Bartlett Pub.(1995).

[17] A.J. Stylianides, G.J. Stylianides and G.N. Philippou, Undergraduate students' understanding of the contraposition equivalence rule in symbolic and verbal contexts, Educational Studies in Mathematics, 55(2004) 133-162.

[18] T. Varga, Logic and probability in the lower grades, Educational Studies in Mathematics, 4(1972) 346-357.

MEMO

Chapter 02 집합과 함수

Mathematics for School Mathematics

논리에서 알아보았듯이 부정사가 있는 경우에는 부정사의 값에 따라 열린 문장이 참인지 아닌지가 판별된다. 따라서 명제가 참인지를 판단하려면 먼저 부정사가 어떤 범위에 있는지를 명확히 할 필요가 있다. 이와 같은 범위나 모임의 역할을 하는 것이 집합이다.

일상생활에서 집합은 아주 간단한 개념으로 눈에 보이는 어떤 모임이나 단체 등을 의미한다. 예를 들어 대한민국의 대학생들의 모임, 수학교사의 모임, 원점에서 2만큼 떨어진 점들의 모임, 축구 동아리 회원의 모임, 감자 무더기 등이 일상용어로서의 집합이다.

그러나 수학에서의 집합은 별이나 모래와 같이 실제로 존재하는 것은 아니고 사람들의 머릿속에서 만들어진 것이다. 예를 들면 한 무더기의 감자는 일상용어로서는 집합이지만 수학적인 측면에서는 감자의 집합이 아니다. 인간은 추상화를 할 수 있는 능력이 있으며, 다른 사물의 다양성을 생각할 줄 알며, 어떤 공통의 성질을 가지고 하나로 묶을 수 있는 능력이 있다. 이렇게 수학적 대상을 하나로 묶은 것을 집합이라고 한다.

집합은 현대 수학의 초석이라고 할 수 있다. 물론 이런 집합의 개념이 확실히 되기까지는 많은 노력을 필요로 하였다.

2.1 집합

어느 학교 체육시간에 선생님이 '모두 집합!'이라고 하면 그 시간에 체육 수업을 듣고 있는 학생들이 모인다. 이때 이 학생들의 모임은 '이 학교에서 그 시간에 체육 수업을 듣고 있는 학생들'로 구성되어 있어 그 모임의 대상이 구체적이다. 한편 시장에서 파는 '감자 한 무더기의 모임(집합)'에는 감자라는 것 외에는 그것들이 빨간 감자인지 흰 감자인지, 무게가 얼마나 나가는 감자인지가 분명하지 않다. 그렇다고 해서 그 무더기가 감자 전체를 나타내는 것도 물론 아니다. 이와 같이 우리 생활 속에서 쓰이는 집합이란 말에는 그 대상이 분명히 정해지는 것이 있는 반면 분명하지 않은 것도 있다.

학교수학에서는 어떤 모임을 정할 때 그 대상 또는 구성원이 분명하지 않은 것을 다루면 혼란이 올 것이다. 따라서 학교수학에서는 모임의 대상을 분명히 알 수 있는 것들의 모임을 **집합**(set)이라 하고, 그 집합을 이루는 대상 하나하나를 집합의 **원소**(element)라고 한다. 예를 들어 위에서 '체육 수업을 듣는 학생들의 모임'은 집합이고 그 모임에 속한 학생 하나하나는 그 집합의 원소이다.

수학에서 다루는 집합이라 하더라도, 그 대상을 우리가 사용하는 말을 가지고 표현하는 경우에는 여러 가지 혼돈을 불러일으킬 뿐만 아니라 수학을 전개해 나가는 데에도 불편하다. 이런 점을 극복하기 위하여 수학에서는 기호를 자주 사용한다. 물론 암호와 같은 이것이 보통 사람들로 하여금 수학을 어렵게 느끼도록 하는 요인이 되기도 하지만 말이다.

집합을 나타낼 때, 그 집합에 속하는 원소를 기호 { } 안에 하나하나를 모두 나열하여 나타내는 방법을 **원소나열법**이라 하고, 원소나열법과 달리 집합의 각 원소가 가지는 공통 성질을 제시하여 집합을 나타내는 방법을 **조건제시법**이라고 한다. 예를 들면 짝수인 자연수의 집합을 원소나열법으로는

$$\{2,\ 4,\ 6,\ \ldots\}$$

와 같이 나타내고, 조건제시법으로는

$$\{x \mid x\text{는 짝수인 자연수}\}$$

와 같이 나타낸다.

또 집합 A에 대하여 a가 A의 원소일 때, 이것을

$$a \in A$$

로 나타내고, a가 A의 원소가 아닐 때

$$a \notin A$$

로 나타낸다. 예를 들면 짝수인 자연수의 집합을 A라 하면, 4는 짝수이고 7은 홀수이

므로

$$4 \in A, \quad 7 \notin A$$

이다.

집합의 원소가 유한개인 경우에는 우리가 원소 하나하나를 꺼내 볼 수 있다고 믿기 때문에 집합의 특성을 알아보는데 별로 문제가 되질 않는다. 그러나 원소의 개수가 무한하다면 집합의 성질을 어떻게 알 수 있을까? 아니 집합 그 자체를 어떻게 정의하여야(나타내어야) 수학적으로 모순이 없을까?

이러한 문제에 대한 답을 하기 위하여 생겨난 집합의 개념 도입은 칸토어(Cantor 1845~1918)에 기인하는데, 그는 삼각급수 $\sum_{n=0}^{\infty}(a_n \cos nx + b_n \sin nx)$의 수렴에 대하여 연구하던 것을 무한 집합으로 확장하였다.

당시에는 무한 개념이 수학계에서 중요한 화두이었다. 영(0)이 아닌 무한개의 구간을 더하여 유한한 길이를 얻는 Zeno의 역설을 설명하기 위하여 실무한(actual infinite)과 가무한(virtual infinite, potential infinite)을 구분하였으며, 중세 스콜라 철학의 가무한만을 받아들이던 당시에 Cantor가 실무한을 들고 나온 것은 당시로서는 획기적인 사건이었다. 또 Dedekind(1831-1916)나 Weirstrass(1815~1897)와 같은 수학자는 수학을 하나로 묶어 통틀어 설명하려는 시도를 하였다. 이런 중심에 있는 것이 집합으로, 다음 장에서 다루게 될 자연수의 구성에서 공집합을 0으로 하여 구성한 자연수의 집합이고, 자연수로부터 수를 확장하여 정수, 유리수, 실수까지도 구성하게 되었다.

Cantor의 집합이 인정받을 즈음, 불행히도 위와 같이 집합을 단순히 직관적으로 '어떤 것들의 모임'이라고 정의하면 문제가 생긴다는 것이 제기 되었다. 예를 들면 원소가 2개 이상인 집합들의 집합은 자기 자신의 원소가 된다. 그러나 짝수의 집합들의 집합은 같은 성질을 가지는 것들의 모임이지만, 짝수의 집합 그 자체는 짝수가 아니므로 자신의 원소가 될 수 없다. 이와 같이 집합은 자기 자신의 원소일 수도 있고 그렇지 않을 수도 있다. 이러한 생각으로부터 집합 X를

$$X = \{A \mid A \notin A\}$$

와 같이 정의하면, 집합 X는 자기 자신의 원소도 아니고 그렇다고 원소가 아닌 것도 아닌 Russell의 역설(paradox)이 생긴다.

이러한 역설의 문제점을 제거하기 위하여, 체르멜로(Zermelo, 1871~1953)와 프랑켈(Fraenkel, 1891~1965)은 위와 같은 역설이 생기는 집합을 집합으로부터 제거한 집합만을

생각하기로 하였다. 그렇게 하기 위해서는 유클리드 기하에서 '점'이나 '직선'을 정의하지 않고 공리적으로 받아들이는 것과 마찬가지로, '집합'이나 '…의 원소이다' 등을 정의하지 않는 무정의 용어로 받아들이기로 한다. 실제로 Zermelo는 $S(x)$가 x에 대한 조건일 때

$$\{x \mid S(x)\}$$

대신, 주어진 집합 A에 대하여

$$\{x \in A \mid S(x)\}$$

에 나타냄으로 Russell의 역설을 제거할 수 있었다. 이렇게 만들어진 집합론을 공리론적 집합론(axiomatic set theory)이라고 한다.

실제로 학교수학에서 사용하는 집합은 역설을 배제한 Zermelo와 Fraenkel의 집합론에 근거한 집합(class)이므로, 학교수학에서 다루는 집합론은 직관이 성립하는 집합을 포함하고 있다. 따라서 학교수학에서 다루는 어떤 모임이 집합이냐 아니냐를 걱정할 필요는 없다.

사실 우리가 지금까지 다루어왔던 함수나 관계 등은 공리론에 바탕을 둔 집합의 개념을 가지고 정의되어 왔으며, 그런 의미에서 수학의 모든 분야는 집합론에 기초를 두고 있다고 할 수 있다. 이런 이유에서 보면 집합에 대한 논의가 없이는 수학교육을 논할 수가 없을 것이다.

그렇다면 집합론에 기초를 둔 수학의 구조는 모순이 없이 일관성을 가지고 있을까? 특별히 우리의 공리론적 집합론은 모순이 없는 일관성을 가지고 있을까? 만약 일관성이 없다면 우리가 공부한 수학은 사상누각이 아니겠는가?

그러나 불행 중 다행히도 공리론적 집합론의 일관성에 대한 증명은 없다. 이것은 그리 이상하지 않은 것이, 1931년 Gödel(1906~1978)은 우리의 산술구조(자연수 체계)의 일관성에 대하여 증명할 수 없다는 것을 증명하였다. 다시 말하면 일관성이 있다거나 일관성이 없다거나를 증명할 수 없다는 것이다. 이것은 수학의 다른 분야에서도 마찬가지이며, 현재로서는 공리적 집합론의 일관성에 대해 우리가 가지고 있는 사실은 우리에게 익숙한 어느 모순도 발견되지 않는다는 것이다.

집합론에서 모순을 발견할 수 없으면 이를 바탕으로 한 자연수 체계는 모순이 없고, 자연수를 바탕으로 한 모든 수학도 모순이 없다. 사실 수학의 일관성은 기본적인 직관과 경험의 바탕 위에 서는 것이 좋다.

2.2 집합의 성질

두 집합이 주어지면 두 집합 중 어느 것이 큰지를 비교하고 두 집합 사이의 관계를 알아보려는 본능적 욕구를 느낀다. 그런데 도대체 두 집합 사이의 크기를 어떻게 비교하면 좋을까? 단순히 원소의 개수가 많아 보이는 것이 큰 집합일까? 그런데 대추 한 무더기와 사과 한 무더기를 개수만 가지고 비교한다면 무슨 의미가 있을까?

사실 어떤 상점에 있는 상품 종류의 집합과 집합 $\{1, 2, 3, 4, 5\}$을 비교하는 것은 의미가 없다. 이런 의미에서 집합을 비교할 때는 이들 집합이 같은 세상 즉 전체집합이 같은 경우에 서로 비교하는 것이라야 의미가 있다.

학교수학에서는 전체 집합이 같은 경우에 두 집합의 크기를 단순히 원소의 개수를 가지고 비교하기 보다는, 두 집합의 원소 사이의 관계를 알기 위하여 포함관계를 비교한다. 먼저 우리는 원소가 아무 것도 없는 집합에 대한 다음의 공리가 필요하다.

사실 우리의 일상의 언어생활에서 아무 것도 없다는 것은 실제로 아무 것도 없는 것이다. 그러나 수학에서는 아무것도 없는 것의 존재를 인정하는 것이 필요하다. 즉 공집합의 존재성을 인정하는 것이 필요하다. 물론 이것을 증명할 수는 없으므로 이 사실을 공리로 받아들이기로 한다.

존재공리 원소를 하나도 가지지 않는 집합인 공집합 $\varnothing$이 존재한다.

정의 2.1

두 집합 A, B에 대하여

$$A \subset B \Leftrightarrow \text{임의의 } x \in A \text{에 대하여 } x \in B \ (\forall x \in A;\ x \in B)$$

로 정의한다. 이때 A는 B의 **부분집합**(subset)이라고 한다. 또 두 집합이 같은 것을

$$A = B \ \Leftrightarrow \ A \subset B,\ B \subset A$$

로 정의한다.

참고 2.1

논리적으로 공집합은 모든 집합의 부분집합이다. 즉 임의의 집합 A에 대하여 $\varnothing \subset A$이다. 이것을 보이기 위해서는 $\forall x \in \varnothing$이면 $x \in A$인지를 보이면 되는데, 공집합 $\varnothing$에는 아무런 원소도 없으므로 가정이 거짓이다. 따라서 명제는 항상 참이다.

그렇다면 집합 A의 부분집합들 사이에는 어떤 관계가 있을까? 이것을 알아보기 위해 먼저 집합 A의 모든 부분집합들의 집합을 A의 **멱집합**(power set)이라 하고 이를 $P(A)$로 나타낸다.

집합 A의 부분집합 사이에 집합의 포함관계를 가지고 집합의 크기 순서를 정하면 가장 작은 것과 큰 것이 있을까? 물론 공집합은 모든 집합의 부분집합이므로 $P(A)$ 중에서 가장 작은 집합일 것이고, $P(A)$에 속한 집합은 모두 집합 A의 부분집합이므로 A가 가장 큰 집합일 것이다.

위와 같은 성질이 임의의 집합 A의 멱집합 $P(A)$의 임의의 부분집합에 대해서도 성립할까? 이에 대한 답이 **조른의 보조정리**(Zorn's lemma)이다. 즉 Ω를 $P(A)$의 공집합이 아닌 임의의 부분집합이라 하면, Ω는 최대인 집합(maximal element)을 가진다.

지금까지는 집합 사이의 포함관계를 통하여 집합의 순서(크기)에 대하여 알아보았다. 이제 수의 덧셈, 뺄셈, 곱셈, 나눗셈과 같은 연산이 집합 사이에도 가능한지를 알아보자. 다시 말하면, 두 집합이 주어질 때 집합의 원소 사이에 어떤 연산을 작용하면 연산의 결과는 무엇일까? 연산의 결과가 집합이 될까? 또 그 결과와 원래의 집합 사이에는 어떤 관계가 있을까? 자연수의 집합에서 자연수와 자연수를 더하면 자연수이고 이들의 곱셈도 자연수이듯이, 이러한 관계가 집합에서도 가능할까? 이런 물음이 자연스럽게 일어날 것이다.

정의 2.2

전체집합 U의 두 부분집합 A, B 사이의 기본적인 연산인 교집합, 합집합, 차집합을 각각 다음과 같이 정의한다.

- 교집합(intersection): $A \cap B = \{x \mid x \in A \text{ and } x \in B\}$
- 합집합(union): $A \cup B = \{x \in U \mid x \in A \text{ or } x \in B\}$

- 차집합(relative complement): $A-B=\{x\in U \mid x\in A,\ x\notin B\}$
- 여집합(complement): $A^c=U-A$

이와 같이 집합의 연산을 정의하면 다음 성질이 성립한다.

정리 2.1

전체집합 U와 그 부분집합 A, B, C에 대하여 다음이 성립한다.

(1) 교환법칙: $A\cup B=B\cup A$, $A\cap B=B\cap A$

(2) 결합법칙: $(A\cup B)\cup C=A\cup(B\cup C)$, $(A\cap B)\cap C=A\cap(B\cap C)$

(3) 분배법칙: $A\cap(B\cup C)=(A\cap B)\cup(A\cap C)$,

$A\cup(B\cap C)=(A\cup B)\cap(A\cup C)$

(4) 드모르간의 법칙: $(A\cup B)^c=A^c\cap B^c$, $(A\cup B)^c=A^c\cap B^c$

(5) 멱등법칙: $A\cup A=A$, $A\cap A=A$

(6) 항등법칙: $A\cup\varnothing=A$, $A\cup U=U$, $A\cap\varnothing=\varnothing$, $A\cap U=A$

(7) $(A^c)^c=A$, $U^c=\varnothing$, $\varnothing^c=U$

(8) $A\cup A^c=U$, $A\cap A^c=\varnothing$

위의 두 집합 사이의 교환법칙, 결합법칙, 분배법칙을 보면 두 집합의 합집합($\cup$)는 덧셈(+)과 같은 역할을 하고, 공통집합($\cap$)은 곱셈($\times$)의 역할을 하는 것과 같다. 그러나 수에서는 멱등법칙과 같은 성질은 성립하지 않는다.

2.3 관계

지금까지는 한 전체집합의 부분집합 사이의 포함관계와 연산에 대하여 다루었다. 이제 두 집합의 원소 사이의 곱에 대해 알아보자. 이때 일반적으로 두 집합은 같은 전체집합의 부분집합일 필요는 없다.

정의 2.3

집합 A와 B의 **곱집합** 또는 **데카르트 곱**(Cartesian product) $A \times B$는 다음과 같은 순서쌍의 집합

$$A \times B = \{(a,\ b) \mid a \in A,\ b \in B\}$$

으로 정의한다.

위의 정의에 의하여 데카르트 곱 사이에는 다음의 성질이 성립한다는 것을 알 수 있다.

정리 2.2

집합 A, B, C, D에 대하여 다음이 성립한다.

(1) $A \times (B \cap C) = (A \times B) \cap (A \times C)$

(2) $A \times (B \cup C) = (A \times B) \cup (A \times C)$

(3) $(A \times B) \cap (C \times D) = (A \cap C) \times (B \cap D)$

정리 2.4

집합 A와 B의 곱집합 $A \times B$의 부분집합을 A에서 B로의 **관계**라고 한다. 특히 집합 A에 대하여 곱집합 $A \times A$의 임의의 부분집합을 A에서의 관계(relation)라 한다.

예를 들면 집합 $A = \{0,\ 1,\ 2\}$, $B = \{a,\ b\}$에 대하여, A와 B의 곱집합 $A \times B$는

$$A \times B = \{(0,\ a),\ (0,\ b),\ (1,\ a),\ (1,\ b),\ (2,\ a),\ (2,\ b)\}$$

이므로, $A \times B$의 한 부분집합

$$G = \{(0,\ a),\ (0,\ b),\ (1,\ a),\ (2,\ b)\}$$

는 A에서 B로의 관계이다.

수학은 집합을 도구로 수학적 대상을 분류하고 원소들 사이의 관계와 성질을 규명하는 학문일지도 모른다. 사실 '수학이란 무엇인가?'를 한마디 말로 정의할 수는 없겠지만, 수학의 특성을 알아보기 위해서 수학의 대상을 같은 성질을 갖는 해석학, 대수학, 기하학, 위상수학 등으로 나누고, 각 영역이 가지는 특징들의 공통성질을 찾아내면 수학이 어떤 것인지를 말할 수 있을 것이다. 이를 위해서는 각 대상 사이의 관계 속에서 공통적인 요소를 가지는 것끼리 묶고, 이들의 각 묶음의 성질을 알아야 한다.

이런 의미에서 먼저 집합의 원소 사이의 관계의 특징에 대하여 좀 더 자세히 알아보자.

정의 2.5

집합 A에서의 관계를 $G \subset A \times A$라 하자. 이때

(1) 임의의 $x \in A$에 대하여 $(x, x) \in G$일 때, G를 **반사**(reflexive)라 한다.

(2) $(x, y) \in G$이면 $(y, x) \in G$일 때, G를 **대칭**(symmetric)이라 한다.

(3) $(x, y) \in G$이고 $(y, z) \in G$이면 $(x, z) \in G$일 때, G를 **전이**(transitive)라 한다.

(4) 임의의 $x \in A$에 대하여 $(x, x) \notin G$일 때, G를 **비반사**(irreflexive)라 한다.

(5) $(x, y) \in G$이고 $(y, x) \in G$이면 $x = y$일 때, G를 **반대칭**(antisymmetric)이라 한다.

(6) $(x, y) \in G$이면 $(y, x) \notin G$일 때, G를 **비대칭**(asymmetric)이라 한다.

(7) $(x, y) \in G$이고 $(y, z) \in G$이지만 $(x, z) \notin G$일 때, G를 **비전이**(intransitive)라 한다.

집합 A에서의 관계 중에서 반사인 관계

$$I_A = \{(x, x) \mid x \in A\}$$

를 좌표평면 위에 나타내면, 이것은 대각선 위에 있는 점들로 나타난다. 그런 의미에서 이것을 **대각그래프**(diagonal graph)라고도 한다. 따라서 관계 $G \subset A \times A$가 반사일 필요충분조건은 $I_A \subset G$이다. 특히 관계가 반사, 대칭, 전이일 때, 이 관계를 **동치관계**(equivalence relation)라 한다. 또 관계가 반사, 반대칭, 전이이면, 이 관계를 **순서관계**(order relation)라 한다.

예를 들어

(1) 모든 삼각형들의 집합 위에서 '닮음'관계는 동치관계이다.

(2) 어떤 그래프의 꼭짓점들의 집합 위에서의 '연결되어 있음'의 관계는 동치관계이다.

(3) 정수 전체의 집합에서 $=$관계는 반사, 대칭, 전이이므로 관계 $=$은 동치관계이다.

(4) 정수 전체의 집합에서 $\le$관계는 반사, 반대칭, 전이이므로 관계$\le$은 순서관계이다.

(5) 정수 전체의 집합에서 $<$관계는 순서관계가 아니다. 실제로 관계 $<$는 비반사, 비대칭, 전이이다. 이러한 관계를 **절대순서**(strict order)라 한다.

관계 G를 A에서의 동치관계라 하자. 우리는 관계 $(x, y) \in G$ 대신에

$$x \underset{G}{\sim} y$$

라는 표현을 쓰기도 하며, 'x와 y는 G를 법으로 동치(x is equivalent to y modulo G)'라고 말한다. 이를 간단히

$$x \sim y$$

라고 나타내며 'x와 y는 동치'라고 말한다. 그러면 G는 A에서의 동치관계이므로

(1) 임의의 $x \in A$에 대하여 $x \sim x$

(2) $x \sim y$이면 $y \sim x$

(3) $x \sim y$, $y \sim z$이면 $x \sim z$

이 물론 성립한다.

우리는 실수의 표현에서 $2 = \frac{4}{2} = \frac{6}{3} = \frac{20}{10}$ 이듯이, 집합 A에서 각 $x \in A$에 대하여, x와 동치인 원소들의 집합을 생각할 수 있다.

정의 2.6

G를 집합 A에서의 동치관계라 하자. $x \in A$에 대하여 x와 동치인 원소들의 집합

$$G_x = \{y \in A \mid (y, x) \in G\} = \{y \in A \mid y \sim x\}$$

을 G를 법으로 한 x의 **동치류**(equivalence class of x modulo G)라고 한다.

동치류 G_x를 생각하면 G_x에 있는 모든 원소는 x와 같은 성질을 가지고 있고

$$x \sim y \text{일 필요충분조건은 } G_x = G_y$$

이므로, 집합 A를 서로 다른 동치류들로 나눌 수 있을 것이다.

이런 의미에서 먼저 집합을 서로 소인 부분집합으로 나누는 것에 대하여 정의하자.

정의 2.7

공집합이 아닌 A의 부분집합족 $\{A_i\}_{i \in I}$이 다음 성질

(1) 임의의 $i, j \in I$에 대하여 $i \neq j$이면 $A_i \cap A_j = \varnothing$ 또는 $i = j$이면 $A_i = A_j$

(2) $A = \cup_{i \in I} A_i$

를 만족할 때, $\{A_i\}_{i \in I}$를 A의 **분할**(partition)이라고 한다.

예를 들어 집합 $S = \{1, 2, 3, 4, 5\}$는 서로 소인 부분집합 $\{1, 4\}$, $\{3\}$, $\{2, 5\}$의 합집합으로 나타난다. 따라서 $\{\{1, 4\}, \{3\}, \{2, 5\}\}$은 집합 S의 분할이다. 또 $\{\{1\}, \{2\}, \{3\}, \{4\}, \{5\}\}$도 집합 S의 분할이다. 이와 같이 어떤 집합을 분할하는 방법은 여러 가지가 있을 수 있다.

참고 2.2

분할은 한 학급을 여러 모둠으로 나누어 각 모둠에 과제를 맡게 하는 경우는 몇 가지인가를 구할 때에도 자주 사용된다. n개의 원소를 갖는 집합을 k개의 부분집합으로 분할하는 방법의 수를 $S(n, k)$라 하면, $n \geq k$에 대하여

$$S(n, k) = S(n-1, k-1) + kS(n-1, k)$$

가 성립한다.

정리 2.4

G를 집합 A에서의 동치관계라 하자. 그러면 $\{G_x\}_{x\in A}$는 A의 분할이다.

2.4 함수

함수의 개념은 수학 전반에 걸쳐 보급된 개념으로 수학을 통합적으로 조직화하기 위한 중심적 원리로 사용되어지고 있다. 함수(函數)란 말은 function을 발음했을 때 나오는 소리로부터 온 용어이다. 실제로 함수(function)는 블랙박스와 같은 상자(函)의 기능(function)을 하는 것이다. 다시 말하면 어떤 신호가 입력이 되면 박스 속에서 변환하여 출력을 내보내는 장치이다. 그런데 이 장치가 같은 입력을 보냈는데도 다른 출력을 보낸다면 이 장치의 기능을 믿을 수 없을 것이다. 따라서 우리는 하나의 입력 신호에 대하여 하나의 출력 값이 나오는 장치만을 함수로 인정하도록 한다.

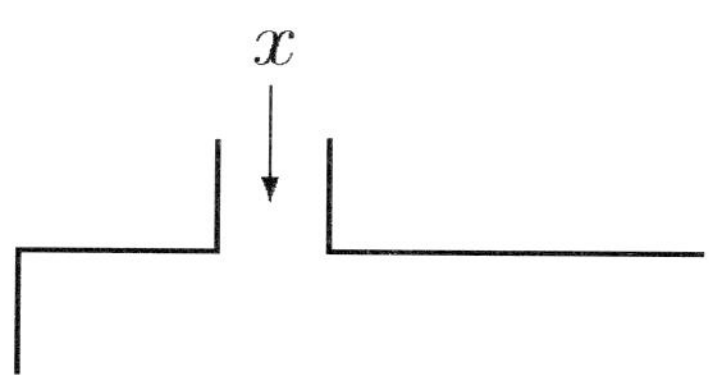

일반적으로 집합 A에서 B로의 함수 f는

A의 임의의 원소 x에 대하여 B의 원소 y가 유일하게 대응되는 관계

를 말한다. 이 x와 y의 관계를 보통 $f: A\to B$, $y=f(x)$로 나타낸다. 이것을 좌표평면 위에 나타내면, 함수 f의 그래프는 순서쌍의 집합

$$\{(x,\ y)\mid\ y=f(x)\}\ \subset A\times B$$

로 나타난다. 이런 의미로 본다면 함수는 $A\times B$의 부분집합인 A로부터 B로의 관계 중에서 특별한 조건을 만족하는 관계이다.

대응으로 정의된 함수 f는 그 그래프를 유일하게 결정하고, 거꾸로 함수의 그래프는

함수를 유일하게 결정한다. 따라서 학교수학에서는 함수와 함수의 그래프를 굳이 구분할 필요가 없다. 물론 수학적으로 보면 함수와 그림으로 나타난 그래프(또는 순서쌍의 집합)와는 차이가 있지만 말이다. 그런데 함수를 그래프(특수한 관계로서의)를 이용하여 정의하면 불분명한 개념이 섞여있는 말로 정의할 필요가 없어지므로, 함수를 그래프로 이용하여 정의하여 보자.

순서쌍들의 집합을 **그래프**(graph)라고도 한다. 다시 말하면 U를 전체집합이라고 할 때 그래프는 $U \times U$의 부분집합이다. 그래프 $G \subset U \times U$에 대하여

$$\text{dom } G = \{x \mid (x, y) \in G\text{인 } y\text{가 존재한다}\}$$

를 G의 **정의역**(domain)이라 하고,

$$\text{ran } G = \{y \mid (x, y) \in G\text{인 } x\text{가 존재한다}\}$$

을 G의 **치역**(range)이라고 한다. G가 그래프일 때, 그 **역**(inverse)은

$$G^{-1} = \{(y, x) \mid (x, y) \in G\}$$

와 같이 정의한다. 또 G와 H가 그래프일 때, 두 그래프의 합성 $G \circ H$를

$$G \circ H = \{(x, y) \mid (x, z) \in H,\ (z, y) \in G\text{인 } z\text{가 존재한다}\}$$

와 같이 정의한다.

그러면 다음 정리가 성립한다.

정리 2.5

그래프 G, H, J에 대하여 다음이 성립한다.

(1) $(G \circ H) \circ J = G \circ (H \circ J)$

(2) $(G^{-1})^{-1} = G$

(3) $(G \circ H)^{-1} = H^{-1} \circ G^{-1}$

직관적으로 집합에서의 두 항 x, y 사이의 관계인 $R(x, y)$는 각 순서쌍 (x, y)에 대하여 참일 수도 있고 거짓일 수도 있다. 예를 들어 정수에서 'x는 y를 나눈다.'라는 관계를 $R(x, y)$로 나타내면, $R(x, y)$는 y가 x의 배수이면 참이지만 그렇지 않은 경우에는 거짓

이다.

이와 같이 집합 A에서의 관계 $R(x, y)$가 참이 되는 모든 순서쌍 (x, y)의 집합 $G \subset A \times A$를 **관계 R을 나타내는 그래프**(representing graph)라고 한다. 역으로 임의의 그래프 $G \subset A \times A$는 A에서의 관계를 결정한다.

특히 집합 A에서 B로의 관계 R이

임의의 $x \in A$에 대하여 $(x, y) \in R$인 $y \in B$가 유일하게 존재한다.

를 만족할 때, 관계 R을 **함수**(function)라 한다. 다시 말하면 집합 A, B에 대하여 f를 $A \times B$의 부분집합이라고 할 때, 다음 조건을 만족하는 (f, A, B)를 A에서 B로의 함수라고 한다.

(1) 집합 A의 임의의 원소 x에 대하여, $(x, y) \in f$인 $y \in B$가 존재한다.
(2) $(x, y_1) \in f$, $(x, y_2) \in f$이면 $y_1 = y_2$이다.

이때 A에서 B로의 함수 (f, A, B)를 간단히

$$f: A \to B$$

로 나타낸다.

집합 A에서 B로의 함수는 하나뿐인가? 만약 여러 개가 존재한다면, 그들을 어떻게 분류할 것인가? 이렇게 대상을 분류하고 차이를 알아보는 것이 수학의 속성이다. 그런 의미에서 함수를 분류하기 위하여, 두 함수가 같다는 것은 무슨 뜻인가를 먼저 정의하자.

정의 2.8

함수 $f: A \to B$와 $g: A \to B$에 대하여, $f = g$일 필요충분조건은

임의의 $x \in A$에 대하여 $f(x) = g(x)$

이다.

두 함수가 같다는 것은 같은 재료를 넣었을 때 같은 물건이 나오면 같은 종류의 기계라는 것과 같은 개념이다. 이와 같이 A에서 B로의 함수 전체의 집합을 '두 함수가 같다.'라는 관계를 가지고 동치류로 분할할 수 있다. 함수를 대응을 가지고 정의하든 관계를

가지고 정의하든 사실 같은 의미를 가지고 있다. 따라서 학생들이 오개념을 가지지 않고 수학의 전개가 원활하도록 함수를 정의하는 것이 좋다. 그러나 학생의 이해 수준을 충분히 고려하여야 할 것이다.

이제 같은 동치류에 속한 함수를 하나로 보고, 각 함수(다른 동치류에 속한)가 가지는 특징을 알아보기 위하여 함수를 다음과 같이 다시 분류해 보자.

정의 2.9

함수 $f: A \to B$에 대하여

(1) $(x_1, y) \in f$, $(x_2, y) \in f$이면 $x_1 = x_2$일 때, f를 **일대일**(injective, one-to-one)이라고 한다.

(2) 임의의 $y \in B$에 대하여 $y = f(x)$인 $x \in A$가 존재할 때, f를 **전사**(surjective, onto)이라고 한다.

(3) 함수 $f: A \to B$가 일대일이고 전사일 때, f를 **일대일대응**(bijective, one-to-one-correspondence)이라고 한다.

지금까지는 집합 A에서 B로의 함수 $f: A \to B$의 성질에 대하여 알아보았다. 그런데 다른 함수 $g: B \to C$가 있다면 A에서 C로의 함수를 만들 수 있을까? 만약 그런 함수가 있다면 어떻게 정의하는 것이 자연스러울까?

임의의 $x \in A$에 대하여 $f(x) \in B$가 유일하게 결정되고 다시 $g(f(x)) \in C$가 유일하게 결정되므로, 임의의 $x \in A$에 대하여 $g(f(x)) \in C$가 유일하게 결정된다. 따라서 우리는 A에서 C로의 함수를 f와 g를 합성하여 정의할 수 있다. 이 함수를

$$g \circ f: A \to C$$

와 같이 나타낸다. 두 함수 $f: A \to B$와 $g: B \to C$의 함수 중에서 특별히 $C = A$가 되는 경우, 임의의 $x \in A$에 대하여

$$g(f(x)) = x$$

일 때, f는 **가역**(invertible)이고 g를 f의 **역함수**라 하고

$$g = f^{-1}$$

로 나타낸다.

다음은 가역인 함수의 성질을 나타낸다.

정리 2.8

함수 $f: A \to B$가 가역이라 하자.

(1) $f^{-1} \circ f = I_A$

(2) $f \circ f^{-1} = I_B$

여기서 $I_A : A \to A$는 임의의 $x \in A$에 대하여 $I_A(x) = x$가 되는 항등함수를 말한다.

그렇다면 어떤 함수가 가역일까? 다음의 정리는 함수 f가 가역일 필요충분조건을 나타낸다.

정리 2.9

(1) 함수 $f: A \to B$가 일대일대응이면, $f^{-1}: B \to A$도 일대일대응이다.

(2) 함수 $f: A \to B$가 가역이면 함수 $f: A \to B$는 일대일대응이다.

정리 2.10

함수 $f: A \to B$가 일대일대응일 필요충분조건은 $g \circ f = I_A$인 함수 $g: B \to A$가 존재하는 것이다.

함수의 덧셈, 뺄셈, 곱셈, 나눗셈을 통하여 새로운 함수를 만들어 낸다. 특히 함수의 합성은 중요한 역할을 한다. 그러나 학생들은 역함수를 형식적 정의에 따라 이해하는 것이 아니라 '역'이라는 말이 일상에서 '반대'라는 의미를 가지고 있기 때문에 '실행하지 않는 것(undoing)'의 개념으로 이해하는 경우가 많이 있다.

2.5 집합의 원소의 개수

집합의 원소의 개수를 어떻게 하면 간단히 셀 수 있을까? 집합의 원소의 개수가 유한한 경우에는 원소의 개수를 하나하나 세면 되므로, 집합의 원소 전체의 개수를 세는 데는 아무런 문제가 없다. 실제로 집합 A의 원소의 개수를 $n(A)$로 나타낼 때, 유한한 두 집합 A, B에 대하여

$$n(A\cup B)=n(A)+n(B)-n(A\cap B)$$

가 성립한다. 이와 같은 사실은 벤 다이어그램(Venn diagram)으로 직관적으로 설명할 수 있다.

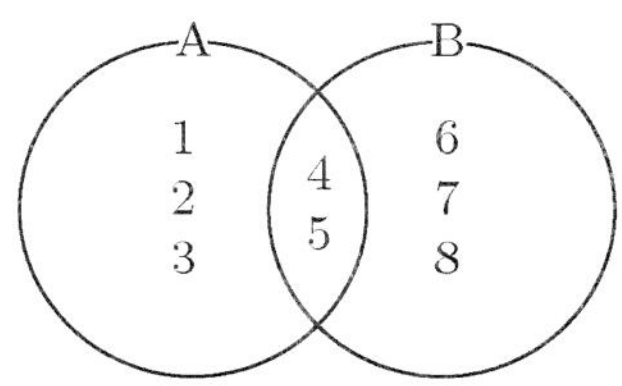

참고 2.3

벤 다이어그램은 여러 가지 유용한 면이 있기는 하지만, 벤 다이어그램은 두 집합 사이의 관계를 직관적으로 이해하도록 도와 줄 뿐이다. 이 그림을 논리적 명제의 증명과 같은 증명의 방법으로 사용하면 안 된다.
그림을 이용하여 증명하는 데에는 많은 부수적인 문제가 따르는데, 예를 들면 "원은 무엇인가?", "공통부분이란 무엇인가?", "경계는 무엇인가?", "원 안에 또는 밖에 있다는 말은 무엇인가?" 등에 대한 뜻을 명확히 하여야 한다. 이와 같이 벤 다이어그램을 논리적 증명으로 사용하기 위해서는 많은 것들이 논리적으로 동치인 것으로 만들 수 있는지 주의 깊게 다루어야 한다.

집합 A의 원소의 개수가 n인 A의 부분집합의 개수가 2^n인 것은 수학적 귀납법을 이용하여 증명할 수 있다. 그러나 원소의 개수가 무한한 집합인 경우에는 조심해서 다루어야 한다. 왜냐하면 자연수의 개수와 실수의 개수는 모두 무한하지만 그 무한한 정도(농

도)의 차이가 있기 때문이다. 이런 차이를 구분하기 위하여, 먼저 원소의 개수의 개념을 정확히 정의할 필요가 있다. 사실 세는 것은 자연수의 성질인데, 아직은 자연수를 엄밀하게 어떻게 정의하여야할지 다루지 않았다. 그러나 자연수의 성질 중 몇 가지는 직관적으로 알고 있다고 하자.

정의 2.10

집합 A와 집합 $\{1, 2, 3, ..., n\}$ 사이에 일대일 대응인 함수가 존재할 때, 집합 A는 유한하다(finite)고 하며, A를 **유한집합**(finite set)이라고 한다. 한편 유한집합이 아닌 집합을 **무한집합**(infinite set)이라고 한다.

특히 집합 A와 자연수 전체의 집합 $N = \{1, 2, 3, \cdots, n, \cdots\}$ 사이에 일대일 대응인 함수가 존재할 때, 집합 A는 셀 수 있는 정도로 무한하다(countably infinite, denumerable)고 한다. 또 집합 A가 유한하거나 셀 수 있는 정도로 무한할 때 A는 셀 수 있다(countable)고 한다. 왜냐하면 집합의 원소에 세는 수를 대응시킬 수 있기 때문이다. 이와는 달리 공집합이 아닌 집합 A의 원소가 셀 수 없이 많을 때 A를 셀 수 없을 정도로 무한한(uncountably infinite) 집합이라고 한다.

예를 들면 홀수의 집합, 자연수의 집합, 정수의 집합은 셀 수 있는 정도로 무한한 집합이다. 사실 홀수의 집합은 자연수의 집합의 부분집합이므로 직관적으로는 홀수의 집합의 원소의 개수가 자연수의 집합의 원소의 개수보다 작을 것이라 기대된다. 그러나 이들 두 집합 사이에는 일대일 대응인 함수가 존재하므로 두 집합의 원소의 개수는 같다.

또 함수

$$f(n) = \begin{cases} -\dfrac{(n-1)}{2} & n\text{이 홀수} \\ \dfrac{n}{2} & n\text{이 짝수} \end{cases}$$

은 자연수의 집합에서 정수의 집합으로의 일대일 대응이므로, 자연수의 개수와 정수의 개수는 같다. 여기서 소위

$$`2 \times \infty = \infty'$$

인 관계를 엿볼 수 있다.

따라서 무한집합의 경우에는 우리의 직관이 잘 통하지 않는다는 것을 알 수 있다. 더욱이 양의 유리수의 집합을

$$Q^+ = \left\{ \frac{p}{q} \mid p,\ q \in N \right\}$$

이라 하고, 이 집합의 원소를

$$\frac{1}{1},\ \frac{2}{1},\ \frac{1}{2},\ \frac{3}{1},\ \frac{2}{2},\ \frac{1}{3},\ \frac{4}{1},\ \frac{3}{2},\ \frac{2}{3},\ \frac{1}{4},\ \frac{5}{1},\ \frac{4}{2},\ \frac{3}{3},\ \frac{2}{4},\ \frac{1}{5},\ \cdots$$

로 나열하면, 유리수 $\frac{p}{q}$는 자연수의 순서쌍 (p, q)로 볼 수 있다.

사실 함수 $f : N \times N \to N$이

$$f(m,\ n) = \frac{(n+m-2)(n+m-1)}{2} + m$$

이면 함수 f는 일대일대응이다. 또 양의 유리수의 집합도 셀 수 있는 정도로 무한한 집합이므로, 유리수의 집합도 셀 수 있는 정도로 무한한 집합임을 알 수 있다. 이로부터

$$`\infty \times \infty = \infty'$$

의 관계가 있다는 것을 알 수 있다.

실제로 셀 수 있는 정도로 무한한 집합의 부분집합은 모두 셀 수 있는 집합이다. 따라서 다음의 정리가 성립한다.

정리 2.11

두 집합 A, B가 셀 수 있는 정도로 무한한 집합이면, 이들의 곱집합 $A \times B$도 셀 수 있는 정도로 무한한 집합이다.

위의 정리에 의하면 자연수 전체의 집합 N의 곱집합 $N \times N$의 원소의 개수는 자연수의 집합 N의 원소의 개수와 같다. 이것은 유한한 집합에서는 있을 수 없는 사실이다. 왜냐하면 원소의 개수가 n인 집합의 곱집합의 원소의 개수는 n^2이기 때문이다. 이와 같이 우리의 경험적 직관이 무한집합에서는 성립하지 않기 때문에 무한에 대한 오류를 범하는 경우가 많다. 따라서 집합의 원소의 개수를 비교하는 경우에는 일대일대응인 함수

를 이용하여야 할 필요가 있다.

모든 집합은 자연수의 개수와 같이 셀 수 있는 무한집합일까? 그런데 자연수의 개수보다 큰 집합이 실제로 존재한다. 하나의 예가 실수의 전체의 집합이다.

정리 2.12

구간 [0, 1]은 셀 수 없을 정도로 무한한 집합이다.

증명 일대일 대응인 함수 $f: N \to [0, 1]$가 존재한다고 가정하자. 이제 이 가정이 모순됨을 보이면 정리가 증명된다.

모든 실수는 소수로 표현 가능하므로 [0, 1] 사이의 모든 수를 소수

$$0.x_1\, x_2\, x_3\, x_4\, x_5 \cdots$$

로 유일하게 표현하자. 그러면 f는 일대일 대응이므로

$$f(1) = 0.a_1a_2a_3 \cdots$$
$$f(2) = 0.b_1b_2b_3 \cdots$$
$$f(3) = 0.c_1c_2c_3 \cdots$$
$$f(4) = 0.d_1d_2d_3 \cdots$$
$$f(5) = 0.e_1e_2e_3 \cdots$$
$$\cdots\cdots$$

이라 하자.

이제 위에 나타나지 않는 새로운 소수 $0.n_1\, n_2\, n_3 \cdots$을 만들어 함수 f가 일대일 대응이라는 데에 모순이라는 것을 보이자. n_k를

$$f(k)\text{의 } k \text{ 번째 수가 4가 아니면 } n_k = 4$$
$$f(k)\text{의 } k \text{ 번째 수가 4가 아니면 } n_k = 5$$

로 놓자. 예를 들어

$$a_1 \neq 4 \text{ 이면 } n_1 = 4$$
$$a_1 = 4\text{이면 } n_1 = 5$$

로 놓는다. 그러면 분명히

$$0.n_1n_2n_3 \cdots \neq 0.a_1a_2a_3 \cdots = f(1)$$

이다. 같은 방법으로

$$0.n_1n_2n_3 \cdots \neq 0.b_1b_2b_3 \cdots = f(2)$$

이다.

이와 같은 과정을 계속하면, $f(k)$의 k 번째 수는 n_k와 다르므로 $0.n_1n_2n_3 \cdots$은 어느 $f(k)$의 값과 다르다. 따라서 함수 f는 전사함수가 아니다. 그러므로 f는 일대일대응이 아니다. 즉 [0, 1]은 셀 수 없을 정도로 무한하다.

참고 2.4

실수 전체의 집합의 원소의 개수를 c(continuum)라 부른다. 이때 c는 ∞ 보다 크다. 그런 의미에서 유리수의 개수는 ∞ (countably infinite)인데 비해 무리수의 개수는 c(uncountably infinite)이므로 무리수의 수가 유리수에 비해 훨씬 많다.

두 개의 유한한 집합 $A=\{a, b\}$, $B=\{c, d\}$ 에 대하여 집합 A에서 한 원소 a를 선택하고 집합 B에서 한 원소 c를 선택하여 새로운 집합 $X=\{a, c\}$를 만들 수 있다. 이러한 것이 원소의 개수가 무한히 많은 집합들의 모둠에서도 가능할까? 가능할 것 같기는 한데 증명을 할 방법이 없다.

실제로 증명할 수는 없지만 우리가 사실이라고 알고 있는 것이 참이 되도록 하는 것이 집합론에서의 공리이다. 그 중 하나의 예를 들면 공집합이 아닌 집합에서는 원소를 선택하여 끄집어 낼 수 있다는 것은 직관적으로 참이다. 그러나 우리는 이것을 참이라고 증명할 수가 없다. 따라서 우리는 이런 사실을 공리로 택한다. 이것이 소위 말하는 선택공리이다.

선택공리(Axiom of choice) $\{X_\alpha\}$을 공집합이 아닌 집합 X_α의 모임이라고 하자. 그러면 각 X_α에서 한 원소를 선택하여 새로운 집합 X를 만들 수 있다.

참고 2.5

(1) 선택공리를 유한집합에 적용하는 것은 문제가 되지 않는다. 그러나 선택공리를 셀 수 없을 정도로 많은 집합에 적용하기란 만만치 않다. 왜냐하면 선택공리는 집합 X의 존재성을 말할 뿐 그것을 구체적으로 어떻게 만들어야하는지 그 방법을 가르쳐주지 않기 때문이다. 또 하나의 어려움은 선택공리 자체가 참이냐의 문제보다는 공리로 받아들여야 할 필요성이 있는가에 있다.
공리는 분명하고 다른 공리로부터 증명되어질 수만 있다면 공리 자체에는 아무 문제가 없다. 그런데 1939년 Gödel(1906~1977)은 선택공리가 다른 공리와 모순이 없다는 것을 증명하였다. 더욱이 1960년대 초 Cohen은 선택공리는 다른 공리와 독립적이라는 것을 증명하였다. 다시 말하면 선택공리는 다른 공리로부터 유도될 수 없으므로 진정한 공리라는 것을 증명하였다. 특히 선택공티가 사실이 아니라고 해도 아무런 모순이 일어나지 않는다. 선택공리에 대한 또 하나의 어려움은 선택공리와 동치인 다른 공리가 있다는 것이다.

(2) 모든 사람은 수학적 대상에 대하여 수학은 일관성(consistent)이 있어야 한다는데 동의한다. 즉 어떤 명제와 그 부정이 동시에 모두 참이라고 증명되어져서는 안 된다. 궁극적으로는 대부분의 사람들은 수학은 완전(complete)하여야 한다고 믿는다. 즉 임의의 수학적 명제는 참이라고 증명되거나 사실이 아니라고 증명되어야 한다고 믿는다.
Hilbert는 일관성과 완전성의 이 두 가지를 수학적 명제로 바꾸려 하였다. 이러한 시도가 바로 형식주의이다. 그러나 Gödel은 Hilbert의 시도를 완전히 뒤집었다. 즉 Gödel은 "기본적인 산술체계를 포함하고 있는 어떤 공리체계도 그 자체적인 체계 안에서는 참이라고 증명되지도 않고 참이 아님도 증명되지 않는 명제를 가지고 있다. 더욱이 참이라고 증명되지 않고 또 참이 아님이 증명되지 않는 명제를 가진 공리체계는 그 자체로서 일관성이 있다."는 증명을 하였다.

2.6 집합과 함수의 교육

2.6.1 집합의 교육

논리와 더불어 집합론은 현대수학에서 뿐 만 아니라 학교수학의 근간으로 자리 잡고 있다. 학교수학에서의 집합은 방정식의 해의 집합, 소수의 집합, 확률론, 기하 특히 해석기하 등과 관련되어 있고, 집합을 이용하면 학생들로 하여금 이들 개념을 더 분명하게 이해하도록 도와준다. 더욱이 학교수학은 자연수에 근간을 두고 있는데, 자연수는 공리론적으로 집합에 의하여 생성되기 때문에 집합을 학교수학에 적극적으로 도입할 필요가 있다.

학교수학에서의 집합론은 Cantor의 집합론에 근거하지만 Cantor의 집합론은 Russell의 역설에 의하여 무너진다. 학교수학에서 집합의 개념은 벤 다이어그램, 원소나열법, 조건제시법 등 일관성이 없이 여러 가지 형태로 제시된다. 이러한 연유로 학생들은 점이나 직선 등과 같이 정의되어지지 않는 무정의 용어처럼 집합을 직관적인 어떤 대상의 모임으로 받아들이고 있다. 그러나 이러한 직관적 언어에 의한 집합에 대한 개념은 집합의 여러 성질과 모순을 일으킨다.

예를 들어 학생들이 가지고 있는 집합에 대한 잘못된 개념들은 주로 다음과 같다.

(1) 집합은 어떤 특정한 성질을 만족하는 것들의 모임이다.
집합은 일상생활에서 비슷한 성질을 가진 것들 예를 들면, 책, 별, 자동차 등의 '모임'이라고 생각하는데, 수학에서의 집합은 우리가 일상으로 사용하는 '모임'과는 다르다. 수학에서의 집합은 서로 관련이 없는 대상의 모임일 수도 있다.

(2) 집합의 원소는 1개보다는 많아야 하므로 공집합이나 원소가 1개인 집합은 집합이 아니다.
일상에서 집합은 여러 개가 모인 것을 말하므로 원소가 1개인 집합(모임)을 집합으로 인정하지 않으려 한다. 더욱이 직관적으로 원소가 아무 것도 없는 모임(집합)은 의미가 없는 것이다. 그러나 수학의 일반화 과정에서는 공집합을 집합으로 간주할 필요가 있다.

(3) 원소가 반복되는 집합은 그렇지 않은 것과 다른 집합이다.
일상에서 같은 구슬 5개가 있는 모임과 구슬 1개가 있는 모임은 다르다. 그러나 수학에서 집합 $\{5, 5, 5, 5, 5\}$은 집합 $\{5\}$와 같다.

(4) 집합은 다른 집합의 원소가 될 수 없다.
일상의 언어에서 어떤 모임이 그 모임의 모임이 된다는 것은 비상식적 표현이다. 그러나 전체집합은 부분집합 전체의 집합(멱집합)의 원소이다.

(5) 원소의 개수가 같은 두 집합은 같은 집합이다.
일상에서는 같은 모임(집합)은 원소의 개수가 같은 것을 의미하지만 수학에서는 원소 그 자체가 같아야 함을 의미한다.

(6) 공집합을 0이라고 한다.
방정식 $5x=0$의 해의 집합은 $\{0\}$이다. 그러나 해가 없는 연립방정식의 해의 집합은 공집합이다. 물론 공집합 $\varnothing$은 0을 원소로 갖는 집합 $\{0\}$과 다르다. 즉 해가 0인 것과 해가 없는 것은 엄연히 다르다.

위의 예 외에도 학생들이 갖는 집합에 대한 또 하나의 오개념은 무한집합의 개수의 비교에서 자주 나타난다. 유한집합에서는 원소 하나 하나를 짝을 지어 비교하여(일대일 대응) 두 집합의 개수를 비교한다. 이와 같은 생각을 무한집합에서도 똑같이 적용하지 않을 이유가 없다. 그러나 학생들은 무한집합의 원소의 개수를 비교할 때는 그렇게 하지 않는 경향이 있다. 이것은 학생들이 같은 문제임에도 불구하고, 문제가 다르게 표현되면 다른 해법을 찾는 경향에서 비롯되기 때문이다. 실제로 많은 학생들은 두 무한집합이 같은지를 판단하는 잣대로 다음의

(1) 원소의 개수가 모두 무한이므로 모든 무한집합은 같다.
(2) 두 무한집합은 비교할 수 없다.
(3) 일대일 대응이다.
(4) 한 집합은 다른 집합의 부분집합이다.
(5) 원소가 속하는 구간을 이용하여 비교하면 큰 구간의 개수가 많다.

를 사용한다.

그러나 무한집합이라 하더라도 그 크기를 대응을 이용하여 비교할 수 있다. 이러한 학생들의 오류를 극복하기 위해서 교사는 무한집합의 크기를 비교하는 방법을 하나의 잣대를 가지고 일관성 있게 도입할 필요가 있다.

그런데 집합의 내용은 어렵기 때문에 중학교의 수학에서는 집합을 다루지 않아야 된다고 주장하는 사람들도 있다. 그러나 함수나 방정식의 풀이, 확률의 계산 등에서는 집합

의 개념이 없이 다루기가 매우 곤란하다. 따라서 지나치게 형식적 표현에 치우치지 않고 직관적으로라도 집합을 다룰 필요가 있다. 물론 개수를 세는 문제에서는 유한 집합을 주로 다루도록 한다.

2.6.2 함수의 교육

수학의 대수적 주제들은 일찍부터 교육하고 있으나, 유달리 함수와 그래프는 초등학교 고학년 이후에나 가르치게 된다. 이런 이유 중의 하나는 함수와 그래프가 그 전의 수학을 기호로 나타내고 그것을 확장해서 대수적 함수와 그들의 그래프, 자료의 패턴과 그들의 그래프 등을 이해하는데 사용되기 때문이기도 하다. 그러나 그래프는 수학의 초기 전개단계의 중요한 전기가 되는 시점에서 점그래프 또는 막대그래프와 같은 형태로 나타난다. 반면 함수적 관계는 추상적인 수학의 발전에서 중요한 구조로서 인식되어 왔음에도 불구하고, 함수의 그래프는 정작 최근에 와서야 수학교육계의 연구 대상이 되었다.

함수와 그래프를 다룰 때 우리에게 나타나게 되는 정의적인 한 면은 대수적 표현과 그래프 표현의 서로 다른 두 체계를 연결해주고 함수의 개념을 정의하는데 나타난다. 물론 함수와 그래프를 서로 동떨어진 개념으로 다루는 것은 있을 수 없다. 그렇지만 이들의 다른 두 모습은 그래프가 함수를 구체적으로 나타내는데 사용되는데 비해, 함수는 표현된 것과는 다른 모습을 가지고 있기도 하다. 예를 들면 과학적 도구를 가지고 그래프를 그리는 것의 문제점의 하나는 함수나 그래프를 그리는 데 있어 사고의 방향성에 대한 논점이 어디에 있느냐하는 것이다.

수학적 표현은 대체적으로 순서쌍을 그래프로 나타내거나 주어진 순서쌍의 자료를 그래프로 나타내는 대수적 함수 규칙에 기반을 두고 있다. 그러나 과학에서의 표현은 대개 관찰된 자료를 나열하고, 순서쌍으로 정렬하고, 축을 정하고 눈금을 정하여 그래프로 나타내는 과정을 의미한다.

수학적인 문제를 그래프나 함수로 풀 수 있는 학생들도 이것을 과학적 지식으로 적용하지 못하는 예가 많이 있다. 과학에서의 그래프와 수학에서의 그래프가 서로 다르지 않을 텐데, 어느 한쪽에서 습득된 지식이 다른 쪽에 적용이 잘 되지 않는 이유도 생각해 보아야 한다. 이런 이유에서 함수와 그래프는 집합 속의 개체뿐만 아니라 그 관계에 초점을 맞출 수 있는 좋은 교육적 도구일 뿐만 아니라 패턴을 연구하는 중요한 도구이다.

학생들이 용어에 대해 가지는 개념은 수학적 정의와 다를 수 있다. 서로 다른 개념을 가지고 있는 경우 의사소통의 혼돈을 가지고 올 수 있으므로, 우리는 용어에 대한 개념을 정의와 맞도록 개선하기 위하여 학생들이 가지는 개념을 먼저 분석할 필요가 있다. 물론 함수에 대한 생각도 예외는 아니다.

현대의 함수개념은 디리클레-부르바키 식의 정의(정의역에 속하는 임의의 원소에 대하여 공역에 속하는 원소가 꼭 하나만 대응할 때 또는 함수적 관계가 있는 관계(두 집합의 데카르트 곱의 특별한 부분집합)에 대하여, 학생들은 함수를

(1) 두 집합 사이의 임의의 대응관계
(2) 두 변수 사이의 종속 관계
(3) 하나의 계산 규칙
(4) x에 대하여 $y=f(x)$인 하나의 작용(또는 연산)
(5) 대수적 식으로 나타나는 것
(6) 그래프나 식으로 나타나는 표현

등으로 인식하는 경우가 많이 있다. 이러한 현상들은 학생이 함수를 처음으로 접할 때 어떤 정의가 먼저 제시되었느냐에 따라 다르게 나타난다. 이런 과정에서 본다면 깊게는 아니더라도 Dirichlet-Bourbaki 식의 함수의 정의가 일찍 도입되어야 한다.

한편, 함수에 대하여 학생들이 가지는 오개념이나 어려움은 다음과 같이 보고되고 있다.

(1) 어느 것이 함수인지 아닌지를 구분하는데 어려움을 느낀다. 즉 학생들이 함수에 대한 정의를 말로는 정확하게 알고 있을 지라도 그래프가 함수를 나타내는 것인지 아닌지를 구분하지 못한다. 많은 경우 함수의 도입과정에서 직관적이거나 일차함수적인 것으로 도입하기 때문에, 처음 도입된 방법이 아니면 함수가 아니라고 생각한다.
(2) 많은 학생들은 함수는 일대일 대응이어야 한다고 생각하며, 다대일 대응과 일대다 대응을 같은 것으로 보고 다대일의 대응을 함수라 생각하지 않는다.
(3) 함수의 도입과정에서 선형함수(일차함수)의 예를 많이 접한 결과로 함수는 모두 선형함수로 나타나야 한다고 생각한다.
(4) 함수의 그래프를 연속적인 것으로 나타내야 할지 또는 이산적으로 나타내야 할지 혼동을 한다. 이런 문제는 변수의 특성을 잘 파악하지 못한 결과이다. 특히 일차함수로 함수를 이해하고 있는 학생들은 이산적인 함수 개념을 이해하는데 어려움이 많다.

(5) 함수를 순서쌍, 방정식, 그래프 또는 함수관계를 문장으로 표현할 수 있다. 그러나 학생들은 다양한 표현을 하는데 익숙하지 못하다.
(6) 주어진 상황을 함수로 구성하거나 그래프로 나타내는데 어려움을 가지고 있다.
(7) 그래프가 가지는 의미를 해석하는데 어려움을 느끼고 있다.
(8) 변수 개념에 혼돈을 가지고 있다. 예를 들면 같은 함수이지만 다른 변수를 사용해서 나타냈을 때 이들을 다른 함수로 인식한다.
(9) 함수의 기호는 항상 유일하게 나타내야한다는 생각을 가지고 있다.

학생들이 함수에 대한 이해에 어려움을 가지는 가장 중요한 요인은 말(언어)에서 오는 장애이다. 이는 수학철학과 수학적 접근방법과 우리의 사고에 자리 잡고 있는 다양한 무의식 구조 때문이다. 다른 한편으로는 함수의 개념과 이와 관련된 함수의 정의, 수, 변수, 좌표, 그래프 용어이다. 함수의 개념에 대하여 학생들이 가지는 또 다른 어려움은 함수가 구조적으로 개체성을 가진다는 것과 연산으로서의 과정성의 양면성을 가지고 있다는 이유이다. 함수는 구조적으로 순서쌍의 집합이고 기능적 연산으로서는 한 체계에서 다른 체계로의 값을 얻는 방법을 나타내는 계산과정을 의미하고 있다.

실제로 학생들은 함수를 구조적 개체 영역으로서 다음과 같이 이해하고 있다.

(1) 함수는 변수 x로 표현되어 어떤 값을 구하는 어떤 것이다
(2) 함수는 어떤 변수 자리에 수를 넣어 계산할 수 있도록 변수로 표현한 방정식이다.
(3) 함수는 답을 구하기 위한 연산의 조합이다.
(4) 함수는 함수에 어떤 변수나 수를 넣을 때 어떤 것을 계산하기 위한 표현(식)이다.

함수를 기능적 과정으로서의 입장에서 본다면 학생들은 함수를 다음과 같이 이해하는 경향이 있다.

(1) 함수는 주어진 값을 가지고 연산을 할 때 어떤 값을 주는 문장이다.
(2) 함수는 어떤 값을 얻기 위한 입력과정이다.
(3) 함수는 입력 값에 대하여 정해진 출력 값을 주는 알고리즘이다.
(4) 함수는 주어진 값을 받아 대응하는 값으로 돌려주는 작용이다.

이와 같이 함수를 각기 다른 의미에서 이해하는 어려움을 극복하기 위해서는 여러 가지의 다양한 예를 통한 함수 개념의 통합적 이미지 형성이 필요하다. 물론 함수의 개념

의 태동이 4000년 전에 이루어지고 최근 300년 동안 해석학과 더불어 지금의 함수의 개념이 정립된 것을 보면, 현대의 함수 개념을 학생들에게 정확하게 제시하는 것은 어려운 일일지 모른다.

그러나 가능한 한 함수의 특징을 정확히 이해하도록 유도해주어야 한다. 먼저 함수의 특징은 임의의 원소에 대하여 하나의 원소가 대응하는 것이다. 즉 함수의 특징은 임의성에 있으므로, 구체적으로 표현 되거나 규칙적인 모양을 가지거나 그래프로 표현되는 상식적으로 괜찮은 함수에 한정된 것 뿐 만아니라, 추상적으로 두 집합 사이의 함수적 관계를 나타내는 것은 모두 함수이다. 따라서 함수의 도입과정에서 연속이 아닌 함수, 정의역이 끊어진 경우의 함수, 한 점에서 정의되지 않은 함수, 심지어는 디리클레함수

$$g(x) = \begin{cases} x, & x\text{는 유리수} \\ 0, & x\text{는 무리수} \end{cases}$$

처럼 이상하게 생긴 함수(pathological function)의 예가 다양하게 도입되어야 학생들은 함수의 올바른 개념을 획득하게 될 것이다.

함수의 또 다른 특징은 함숫값의 유일성이다. 역사적으로 볼 때 처음부터 함숫값이 유일하게 정의되지는 않았다. 처음에는 일대다인 것도 함수로 보고 이를 다가함수(multi-valued function)라고 하였다. 그러던 것이 다가함수는 함수에서 제외되고 일가함수인 것만 함수로 정의하게 된다. 따라서 교사는 함수의 정의를 제시하고 예를 제시하는 것 외에도, 왜 일가함수로 정의되어야 하는지를 분명히 이해하게 설명해 줄 수 있어야 한다. 그렇다고 해서 함수의 정의를 현대적 표현으로 해야 한다는 것은 물론 아니다.

참고문헌

[1] 정상권, 교사를 위한 해석학, 2판, 교우사(2008).

[2] 허민, 오혜영 역, 수학의 위대한 순간들, 경문사(2007).

[3] D. Breidenbach, Ed Dubinsky, J. Hawks and D. Nichols, Development of the process conception of function, Educational Studies in Mathematics, 23(1992) 247-285.

[4] R. Even, Subject matter knowledge for teaching and the case of functions, Educational Studies in Mathematics, 21(1990) 521-544.

[5] E. Fischbein and M. Baltsan, The mathematical concept of set and the collection model, Educational Studies in Mathematics, 37(1999) 1-22.

[6] T.A. Garrity, All the mathematics you missed, Cambridge University Press(2002).

[7] S. Kapadia, Set-theory and logic in school, Educational Studies in Mathematics, 6(1976) 409-413.

[8] K. Hrbacek and T. Jech, Introduction to set theory, 3rd edition, Pure and Applied Mathematics Series, Taylor & Francis(1999).

[9] I. Kleiner, Evolution of the function concept: A brief history, The College Mathematics Journal, 20(1989) 282-300.

[10] G. Leinhart, O. Zaslavsky and M. K. Stein, Functions, graphs, and graphing: Tasks, learning, and teaching, Review of Educational Research, 60(1990) 1-64.

[11] C. Pinter, Set theory, Addison-Wesley(1971).

[12] M. Sajka, A secondary school student's understanding of the concept of function - A case study, Educational Studies in Mathematics, 53(2003) 229-254.

[13] P. Tsamir, The transaction from comparison of finite to the comparison of infinite sets: Teaching prospective teachers, Educational Studies in Mathematics, 38(1999) 209-234.

[14] S. Vinner and T. Dreyfus, Images and definitions for the concept of function, Journal for Research in Mathematics Education, 20(1989) 356-366.

MEMO

Chapter

03 자연수와 정수

Mathematics for School Mathematics

수학(數學)을 한자 뜻대로 하면 수학은 수를 연구하는 학문이다. 따라서 수를 이해하는 것은 수학을 모두 이해하는 것이라고 할 수 있다. 그런데 수를 이해한다는 것은 그리 간단하지 않다. 지금까지는 수를 단순히 덧셈, 뺄셈, 곱셈, 나눗셈을 하는 기계적인 계산의 의미로서만 이해하였다. 그러나 수는 계산하는 것 이외에도 수의 여러 가지 대수적, 해석적, 위상 기하학적 구조를 가지므로, 수를 이해한다는 것은 이들 모두를 포함하는 수의 특성을 이해하는 것이어야 한다.

특히 자연수는 이산적인 양을 나타내는 개수, 일대일 짝짓기에 의한 기수, 자연수의 수열을 나타내는 셈수, 개수의 위치를 나타내는 순서수, 전체와 단위 사이의 비를 나타내는 측정수 등의 의미를 가지고 있다. "자연수는 신이 만들고, 나머지는 인간이 만들었다."는 Kronecker(1823~1891)의 말대로, 자연수를 바탕으로 수를 정수, 유리수, 실수, 복소수로 확장해 가므로 자연수의 이해는 학교수학에서 중요한 위치를 차지한다.

3.1 자연수

초등학교의 수학교과서가 〈산수〉에서 〈수학〉으로 바뀌었다. 이것은 초등학교 학교수학에서도 기계적인 계산보다는 수학적 소양을 길러주겠다는 교육 목표가 담겨있는 것이라 생각한다. 물론 교과서의 이름이 바뀌었다고 해서 기술된 내용이 많이 바뀐 것은 아니다.

초등학교 1학년 수학의 첫 장을 열면 세어보기이다. 초등학교에 입학하는 학생들은 세는 것 자체는 웬만하면 다 할 줄 알기 때문에 세는 것 자체를 공부하기 위함은 물론 아니다. 경험적으로 하나, 둘, 셋, 넷, 다섯하고 세는 것을 수학적 기호를 사용하여 1, 2, 3, 4, 5로 나타내고, 그 다음 거꾸로 줄여나가는 것을 통하여 아무것도 없는 것을 0으로 나타내는 약속을 한다. 학년이 올라갈수록 이들 수(수의 집합의 원소) 사이에 연산을 주어 덧셈, 뺄셈, 곱셈, 나눗셈에 대하여 다루며 수를 확장해 간다. 이러한 현상은 중학교와 고등학교에서도 같은 맥락을 유지함을 알 수 있다. 이러한 의미에서 학교수학의 기본요소는 수라고 말할 수 있다.

앞에서도 간단히 언급을 하였지만, 수들 중에서도 가장 기본이 되는 중요한 것을 꼽으라면 자연수일 것이다. 우리는 자연수에 대하여 세는 수로서의 분명한 직관적 이해를 가지고 있으나, 이러한 직관적 이해만으로 수학을 전개하기에는 충분하지가 않다.

예를 들어 어린아이는 손가락과 같은 구체적인 사물을 통하여 자연수 5를 인식하지만, 성인에게 있어 자연수 5는 단지 손가락 다섯 개만을 의미하지는 않는다. 5는 다섯 개의 물건을 포함하고 있는 모든 것들을 나타내는 추상적인 표현으로 받아들여지고 있다. 다시 말하면 5를 어느 특정한 물건 5개를 의미하는 것이 아니라 집합론적인 의미로 원소가 5개인 집합의 의미로 받아들이고 있다. 즉 자연수는 어떤 사물의 개수를 상징적으로 나타내는 기호의 역할을 한다.

물론 학교수학에서는 자연수에 대해 현대수학에서 접근하는 집합론적인 정의를 분명히 하고 있지는 않다. 그렇지만 교사로서는 학교수학에서 접근하는 자연수에 대한 모호한 직관적 개념을 탈피하여 분명한 개념으로 정립할 필요가 있다. 그래야 자연수의 본질적인 모습을 들여다 볼 수 있으며, 자연수에 대한 학생의 흥미 유발로 이어질 것이다. 물론, 자연수에 대한 정의는 직관적 개념을 충분히 반영할 수 있는 것이어야 한다. 어쨌든 수학교육의 개선은 교사의 수학적 지식으로부터 출발하기 때문에 교사는 수학적 지식이 확실하여야 한다.

그렇다면 자연수를 어떻게 정의할 수 있을까? 자연수를 정의하는데 있어 두 가지 중요한 요건이 있다. 하나는 사람들이 자연수를 세상의 사물로 대비하여 인식해 왔기 때문에 지금까지 사용해왔던 직관적 의미를 갖는 자연수로 정의하고 싶다는 것이고, 또 다른 하나는 개수가 다르면 다른 자연수로 나타나므로 각 자연수가 서로 다르도록 정의하는 것이다. 이렇게 하려면 n개의 원소를 갖는 집합 중에서 꼭 하나의 집합을 택하는 방법을 고안해내야 한다.

따라서 우리가 정의하려고 하는 자연수는 집합이 어떤 집합이든지 원소의 개수가 n개이면 모두 n으로 나타내려고 한다. 이러한 의미를 갖도록 Dedekind는 1888년에 집합론의 기본원리에 의하여 자연수를 다음과 같이 정의하였다. 즉

0을 공집합 $\varnothing$,

1을 $\{\varnothing\}$,

2를 $\{0, 1\}=\{\varnothing, \{\varnothing\}\}$,

3을 $\{0, 1, 2\}=\{\varnothing, \{\varnothing\}, \{\varnothing, \varnothing\}\}$,

$\cdots\cdots\cdots\cdots\cdots\cdots$

n을 $\{0, 1, 2, \ldots, n-1\}=\{\varnothing, \{\varnothing\}, \{\varnothing, \{\varnothing\}\}, \ldots, n-1\}$

등으로 정의하였다.

위와 같이 자연수는 공집합으로부터 만들어졌으며, 자연수는 유한집합의 개수를 세는 과정을 추상화한 것이다. 사실 아무것도 없는 것(공집합)을 가지고 무엇인가를 만든다는 것이 일상적 의미에서는 이해가 되지 않는 부분이다. 이것은 일상에서의 '존재'는 어떤 구체적 사물이 있어야 하는 것을 말하기 때문이다. 그러나 수학에서의 '존재'는 그렇지 않다. 0(zero)은 가끔 어떤 시작점, 빈 것, 아무 것도 없음, 없애버림, 능력이 없음을 나타내는 상징적 의미를 가진다. 이것이 기호 0이 가지는 의미이지만 이런 의미의 0은 수학에서는 중요하지 않다. 수학에서 0은 산술적(대수적) 성질을 확장해 주는 역할을 한다.

참고 3.1

학교수학에서 자연수(natural number)는 보통 1, 2, 3, …으로 정의하지만, 이 절에서는 자연수(whole number)를 0, 1, 2, 3, …으로 정의하기로 한다.

위의 자연수의 정의를 좀 더 자세히 설명하여 보자. 집합 A에 대하여, 집합 A^+를 집합 A의 **후속자**(successor)라 하고

$$A^+ = A \cup \{A\}$$

로 정의하자. 그러면 A의 후속자 A^+는 집합 A에 꼭 한 개의 새로운 원소 A를 첨가함으로 얻어지는 집합이다. 이제, 자연수 0, 1, 2, …, n은 각각이 집합이므로 후속자를 사

용하여

$$0 = \varnothing,\ 1 = 0^+,\ 2 = 1^+,\ 3 = 2^+,\ \cdots,\ n = (n-1)^+$$

와 같이 새롭게 정의하면, 이 정의는 앞의 집합에 대한 Dedekind의 정의와 일치하게 된다.

이와 같이 자연수를 0, 1, 2, $\cdots$, n으로 정의하면, 지금 우리가 사용하고 있는 자연수 전체의 집합 $\{0, 1, 2, \cdots, n, \cdots\}$이 존재하게 되는가? 즉, 공집합 $\varnothing$를 포함하고 X가 포함되면 항상 X의 후속자 X^+를 포함하는 집합은 항상 존재하는가하는 물음에 부닥친다. 그런데 앞에서는 단지 유한한 자연수 0, 1, 2, $\cdots$, n까지의 수를 만드는 방법만을 이야기했으므로, 지금으로서 이것만 가지고는 자연수 전체의 집합을 만들 수 없다.

그러나 앞의 자연수의 정의를 확장하여

(1) $\varnothing \in A$

(2) $X \in A \Rightarrow X^+ \in A$

을 만족하는 집합 A를 **후속자 집합**이라 하자. 물론 후속자 집합이 존재한다는 것을 증명할 수는 없지만, 이것을 사실로 인정하는 공리로 받아들이면 자연수 전체의 집합 $\{0, 1, 2, \cdots, n, \cdots\}$을 만들 수 있다. 실제로, 모든 후속자 집합은 모두 자연수를 포함하므로 자연수 전체의 집합은 모든 후속자 집합들의 공통집합이다.

이것은 다음과 같은 Peano의 공리체계(Peano's axiom)로 형식화 된다.

Peano의 공리체계 다음 성질을 만족하는 집합 N을 자연수의 집합이라고 한다.

(P1) $0 \in N$

(P2) $n \in N$이면 $n^+ \in N$

(P3) 임의의 $n \in N$에 대하여 $n^+ \neq 0$

(P4) 부분집합 $X \subset N$가 ① $0 \in X$, ② $n \in X$이면 $n^+ \in X$인 집합이면, $X = N$

(P5) $n, m \in N$에 대하여 $n^+ = m^+$이면 $n = m$

특히 Peano의 공리체계 (P4)를 **수학적 귀납법**(mathematical induction)이라 한다. 이것은 가장 전형적인 수학적 사고 패턴이다. 유한개의 경우에는 하나하나 대입하여 사실을 확인할 수 있다. 그러나 유한한 존재인 우리가 하나하나 대입하여 사실을 확인할 수 없는 무한히 많은 경우일지라도, 수학적 귀납법은 수학적 사고를 통하면 참임을 증명해 주는 중요한 법칙이다.

수학적 귀납법을 다시 풀어 설명하면

(1) 명제 $p(1)$이 성립하고,

(2) 모든 자연수 k에 대하여, $p(k)$가 성립할 때 $p(k+1)$이 성립한다면,

(3) 모든 자연수 n에 대하여 $p(n)$이 성립한다.

로 환원할 수 있다. 이는 마치 도미노가 일렬로 무한이 서 있을 때 k번째 도미노가 넘어지면 k+1번째 도미노도 넘어진다는 것이 보장되면, 첫 번째 도미노를 넘어뜨리면 모든 도미노가 넘어진다는 것을 알 수 있는 것과 같은 원리이다.

참고 3.2

(1) 수학적 귀납법에서 꼭 명제 $p(1)$이 성립하는 것부터 보일 필요는 없다. 때로는 $p(3)$이 성립하고, 모든 자연수 $k \geq 3$에 대하여, $p(k)$가 성립할 때 $p(k+1)$이 성립한다는 것을 보이면 모든 자연수 $n \geq 3$에 대하여 $p(n)$이 성립한다는 것이다. 예를 들면

임의의 $a > -1$, $a \neq 0$, $n \geq 2$에 대하여 $(1+a)^n > 1+na$이 성립한다.

를 수학적 귀납법으로 증명할 수 있다.

(2) 자연수 $0, 1, 2, \cdots, n, \cdots$이 계속하여 커진다면 이들 모든 자연수 보다 더 큰 수는 무엇일까를 상상하게 된다. 이때 우리는 "자연수 n은 무한히 커진다."라고 한다. 그렇다고 해서

$$n = \infty$$

라고 표현하는 것은 옳지 않다. 학교수학에서 무한대(∞)를 수로 인식하는 것은 오류이다. 무한대는 단지 어떤 유한한 수보다 크다는 뜻에서 사용되는 기호이지 계산에 사용되는 수는 아니기 때문이다. 그러나 사람들은 세기의 마지막 단계로 사용하는 ∞를 수로 생각하여(실재하는 것으로 인식하여) 계산하려고 한다. 그러나

$$\infty/0,\ \infty-\infty,\ \infty \cdot 0,\ \infty/\infty$$

는 정의가 되지 않는다.

(3) 자연수 전체의 개수와 맞먹는 수를 $\aleph_0$라 한다. 그러면 유한한 자연수의 계산과는 달리, 기수계산은 임의의 자연수 k에 대하여

$$\aleph_0 + k = k + \aleph_0$$
$$k \cdot \aleph_0 = \aleph_0$$
$$(\aleph_0)^k = \aleph_0$$

이다.

Cantor는 연속성 가설에 의하여 $\aleph_0$ 다음의 수를

$$2^{\aleph_0} = \aleph_1$$

라 하였다. 이 가설은 Cantor에 의하여 증명이 되지 않았지만, Gödel(1938)과 Cohen(1963)에 의하여 절대적으로 참이지도 않지만 절대적으로 거짓드 아님으로 증명된 집합론에서의 일반적인 가설로 받아들여지고 있다.

3.2 자연수의 성질

수학의 대부분이 그렇듯이 우리는 집합의 원소 하나하나가 무엇인가도 중요하지만, 원소들 사이의 상호 관계가 어떠냐에 무게를 더 두고 있다. 이런 연유에서 여기서는 자연수의 집합 안에서 덧셈과 곱셈의 두 가지 기본 연산이 주어졌다는 가정 아래, 계산 법칙과 수의 패턴에 대하여 살펴보기로 한다. 이런 자연수의 성질을 잘 익히는 것이 필요한 이유는 이를 통하여 계산을 쉽게 할 뿐만 아니라, 의심할 여지없이 우리의 혼란스러운 사고를 절약할 수 있기 때문이다.

초등학교의 수학에서는 구체적인 물건을 가지고 양변을 각각 계산하여 비교함으로써 등식

$$2+3=3+2,\ \ 2\times3=3\times2$$
$$2+(3+4)=(2+3)+4,\ \ 2\times(3\times4)=(2\times3)\times4$$
$$2\times(3+4)=2\times3+2\times4$$

이 성립함을 확인할 수 있다. 이와 같이 임의의 두 자연수의 덧셈과 곱셈의 결과도 다시

자연수가 될까? 만약 그렇다면 우리는 아무 걱정 없이 자연수의 집합 안에서 덧셈과 곱셈을 할 수 있을 것이다.

세상 사물의 영역에서의 덧셈과 곱셈에 대한 성질을 수의 영역으로 일대일 대응시키는 작용은 자연스럽게 받아들일 수 있을 것이다. 다시 말하면 같은 물리적 사물 사이의 연산(덧셈과 곱셈)은 같은 종류의 물리적 사물을 생성하는 것과 같이 자연수의 연산도 같은 성질을 갖는 영역 안에 있다. 즉 자연수 전체의 집합은 우리가 이미 직관적으로 알고 있는 덧셈과 곱셈에 대하여 닫혀 있다. 더욱이 임의의 자연수 사이에는 위와 같은 계산 법칙이 성립한다는 것을 후속자를 이용하여 증명할 수 있다. 실제로 이 법칙은 모든 유리수, 실수, 복소수의 계산에서도 성립한다. 물론 다른 연산에 대하여 닫혀있는 것을 보이려면 그 성질이 성립하도록(즉 그 연산에 대하여 닫혀있도록) 수의 영역을 확장하여야 한다. 특히 자연수의 계산 이론을 산술(arithmetic)이라고 한다.

정리 3.1 (자연수의 계산법칙)

임의의 자연수 a, b, c에 대하여, 수의 계산에 대한 다음의 기본법칙이 성립한다.

(1) 교환법칙(commutative law) $a+b=b+a,\ ab=ba$

(2) 결합법칙(associative law) $a+(b+c)=(a+b)+c,\ a(bc)=(ab)c$

(3) 분배법칙(distributive law) $a(b+c)=ab+ac$

한편 자연수의 중요한 성질 중의 또 다른 하나는 자연수 사이에 순서를 줄 수 있다는 것이다. 예를 들면 15는 15번째의 뜻으로도 사용된다. 유한인 두 수의 경우에는 $15+1=1+15$이므로, 자연수는 기수에서나 순서수에서나 변함이 없이 적용된다.

이런 순서를 가지고 두 자연수의 크기를 비교할 수 있는가? 그렇다면 자연수의 크기를 어떻게 자연스럽게 줄 수 있겠는가? 자연수 n의 정의에서 n은 n보다 앞에 있는 것들의 집합 즉

$$n=\{0,\ 1,\ 2,\ 3,\ \ldots,\ n-1\}$$

임을 상기하면, 자연수의 집합 N에서의 순서관계를 다음과 같이 두 자연수의 덧셈을 통하여 **부등식**(inequality)을 정의할 수 있다. 즉, 부등식

$$a<b$$

는 등식

$$b = a + c$$

을 만족하는 자연수 c가 존재함을 의미한다. 이때

$$c = b - a$$

으로 나타내면, 자연수의 집합에서의 뺄셈의 연산이 정의된다. 덧셈과 뺄셈은 서로 역연산(inverse operation)의 관계이다.

주의 3.1

자연수의 집합에서는 $b - a$가 항상 자연수일 때만 정의된다는 것이다. 따라서 아직 정수가 도입되지 않은 저학년 단계에서는 음수가 나오는 자연수의 뺄셈을 지도하여서는 안 된다.

또 부등호 $<$ 대신에 $\leq$을 사용하면 편리한 경우가 많다. 사실, 부등호 $<$ 대신에 $\leq$을 사용해도 논리적으로 맞다. 왜냐하면 기호 $\leq$는 '$<$ 또는 $=$'을 뜻하기 때문이다. 따라서 교사는 문제에서 또는 부등식의 교육에서 $<$와 $\leq$중 무엇을 묻는지를 분명히 할 필요가 있다. 더욱이 학생들의 경우에는 '또는(or)'에 대한 논리적 이해가 쉽지 않음도 교사는 알고 있어야 한다.

참고 3.3

자연수 전체의 개수만큼 늘어놓은 순서를 ω라고 나타내면

$$1 + \omega = \omega \neq \omega + 1$$

이다. 다시 말하면, 순서수에서는 교환법칙이 성립하지 않는다. 또

$$\omega + \omega = 2\omega$$

$$\omega \cdot \omega = \omega^2$$

$$\omega^a \cdot \omega^b = \omega^{a+b}$$

가 성립한다.

학교수학에서 다루는 자연수의 영역을 0을 포함한 자연수의 집합(whole number)으로 확장하면

$$a+0=a=0+a$$

이 된다. 다시 말하면 0은 더해도 아무런 변화를 주지 않는 원소이다. 그런데 임의의 자연수(natural number) a에 대하여

$$a+x=0$$

이 되는 자연수 x가 있을까? 그렇지 않다. 왜냐하면 자연수에 자연수를 더하면 항상 0이 아닌 자연수가 되기 때문이다. 이와 같이 연산이 정의된 어떤 집합을 집합 그 자체로만 볼 것이 아니라 원소들 사이의 관계의 구조를 알고 싶어 한다. 구조를 알면 연산을 쉽게 할 수 있을 뿐만 아니라, 구조에 따라 집합을 분류할 수 있다.

대수적 구조 중에서도 추상대수학의 출발점이라 할 수 있는 간단한 구조로 군(group)이 있다.

정의 3.1

G 위에 이항연산 $\circ$이 정의되어 있고, 즉

$$a, b \in G, \quad a \circ b \in G$$

이고, 다음이 성립할 때 $(G, \circ)$을 군이라고 한다.

(G1) $(a \circ b) \circ c = a \circ (b \circ c)$

(G2) 원소 $e \in G$가 존재하여, 모든 원소 $a \in G$에 대하여 등식

$$a \circ e = e \circ a = a$$

가 성립한다. 이때 원소 e를 G의 **항등원**(identity)이라고 한다.

(G3) 각 원소 $\in G$에 대하여

$$a \circ b = b \circ a = e$$

인 원소 $b \in G$가 존재한다. 이때, 원소 b를 연산 $\circ$에 관한 a의 **역원**(inverse)이라 한다.

자연수 전체의 집합은 덧셈에 관하여 닫혀있고, 결합법칙이 성립하며, 덧셈에 대한 항등원 0을 가지고 있으나, 역원이 존재하지 않는다. 따라서 자연수 전체의 집합은 불행하게도 덧셈에 대한 군을 이루지 않는다. 마찬가지로 자연수 전체의 집합은 곱셈에 관하여 닫혀있고, 결합법칙이 성립하며, 곱셈에 대한 항등원 1은 존재하나, 곱셈에 대한 역원이 존재하지 않으므로, 자연수 전체의 집합은 곱셈에 관하여도 군을 이루지 않는다.

위와 같이 자연수 전체의 집합은 덧셈과 곱셈에 관하여 군의 구조를 가지고 있지 않다. 그렇다면 자연수 전체의 어느 부분집합도 모두 군이 될 수 없는가? 사실 군의 구조를 갖는 자연수 전체의 부분집합은 존재한다. 어떤 것이 있을까?

지금까지는 자연수를 10을 기준으로 순서대로 나열하는 것에 관심을 가지고 있었다. 그러나 일 년은 12달, 시계는 12시간을 기준으로 시각을 말하여 주며, 학교생활은 일주일(7일) 단위로 짜져 있다. 이와 같이 우리의 생활 속에는 10을 단위로 하는 수 체계 외에도 여러 가지 수의 기본 단위가 사용된다. 그러나 어떤 수학적 사실을 표현하는 방법(숫자)은 다를지라도 수학에서 그 사실은 변함이 없어야 한다. 이는 수에 대한 모든 명제는 절대적으로 참이 아니면 거짓이어야 한다는 수학적 플라톤주의(Platonism)의 반영이기도 하다.

또 컴퓨터에서 신호를 나타내는 데 사용되는 기본은 신호를 0 또는 1을 사용하여 나타내는 2진법이다. 이와 같이 자릿수에는 관계없이 나머지에 관심을 두면, 다음과 같은 합동에 대한 개념을 도입할 수 있다.

정의 3.2

자연수 m에 대하여, 두 자연수 a, b의 차가 m의 배수일 때, 즉

$$m \mid (a-b))$$

일 때, 이 사실을

$$a \equiv b \pmod{m}$$

으로 나타내고, a는 법 m에 대하여 b와 **합동**(congruent)이라고 한다. 특히 p가 a의 약수가 아닌 임의의 소수이면

$$a^{p-1} \equiv 1 \pmod{p}$$

라는 Fermat의 정리는 유명하다.

합동의 성질에 대하여 다음이 성립한다.

정리 3.2

자연수 m과 자연수 a, b, c에 대하여

(1) (반사 reflexive) : $a \equiv a \pmod{m}$

(2) (대칭 symmetric) : $a \equiv b \pmod{m} \Rightarrow b \equiv a \pmod{m}$

(3) (전이 transitive) : $a \equiv b \pmod{m},\ b \equiv c \pmod{m} \Rightarrow a \equiv c \pmod{m}$

(4) $a \equiv a' \pmod{m},\ b \equiv b' \pmod{m} \Rightarrow a+b \equiv a'+b' \pmod{m}$

(5) $a \equiv a' \pmod{m},\ b \equiv b' \pmod{m} \Rightarrow a-b \equiv a'-b' \pmod{m}$

(6) $a \equiv a' \pmod{m},\ b \equiv b' \pmod{m} \Rightarrow ab \equiv a'b' \pmod{m}$

(7) $a \equiv b \pmod{m} \Rightarrow ka \equiv kb \pmod{m}$

(8) $a \equiv b \pmod{m} \Rightarrow a^n \equiv b^n \pmod{m}$

(9) 모든 명제 $p(x)$에 대하여, $a \equiv b \pmod{m} \Rightarrow p(a) \equiv p(b) \pmod{m}$

등식의 경우와 마찬가지로 기호 $\equiv$가 들어 있는 합동식에서는 합동기호의 양변을 변끼리 더하거나 곱하여도 합동식은 성립한다. 자연수 m에 대하여

$$Z_m = \{0, 1, 2, \ldots, m-1\}$$

이라 하자. 임의의 수 $a, b \in Z_m$에 대하여 덧셈과 곱셈을 각각

$$a+b \pmod{m}$$
$$ab \pmod{m}$$

로 정의하면, Z_m은 m을 법(modulus)으로 한 덧셈과 곱셈에 대하여 닫혀있다.

예제 3.1

Z_4에서 덧셈과 곱셈은 각각 다음과 같다.

+	0	1	2	3
0	0	1	2	3
1	1	2	3	0
2	2	3	0	1
3	3	0	1	2

×	0	1	2	3
0	0	0	0	0
1	0	1	2	3
2	0	2	0	2
3	0	3	2	1

위의 표에서 Z_4는 덧셈과 곱셈에 대하여 닫혀있고, 덧셈에 대한 항등원 0과 곱셈에 대한 항등원 1을 가지고 있다. 또 임의의 $a \in Z_4$에 대해 덧셈에 대한 역원 $-a$는 항상 존재한다. 그러나 1, 3에 대한 곱셈의 역원은 존재하지만, $2 \in Z_4$의 곱셈에 대한 역원은 존재하지 않는다(여기서, 1과 3은 법 4와 서로 소임에 유의하자). 따라서 Z_4는 덧셈에 대하여 군을 이루나, 곱셈에 대해서는 군을 이루지 않는다.

예제 3.2

Z_5에서 5를 법으로 하는 덧셈과 곱셈을 정의하면, 다음과 같은 덧셈과 곱셈표를 얻는다.

+	0	1	2	3	4
0	0	1	2	3	4
1	1	2	3	4	0
2	2	3	4	0	1
3	3	4	0	1	2
4	4	0	1	2	3

×	0	1	2	3	4
0	0	0	0	0	0
1	0	1	2	3	4
2	0	2	4	1	3
3	0	3	1	4	2
4	0	4	3	2	1

위의 표에서 알 수 있듯이 Z_5는 덧셈과 곱셈에 대하여 닫혀 있으며, 항등원과 역원이 모두 존재한다. 즉, Z_5는 덧셈과 곱셈에 대하여 각각 군을 이룬다.

참고 3.4

일반적으로 p가 소수(prime number)이면, Z_p는 p를 법으로 하는 덧셈과 곱셈에 대하여 닫혀 있으며 이들 연산에 대하여 군을 이룬다. 더욱이 p가 소수일 때, Z_p는 덧셈과 곱셈뿐만 아니라 뺄셈과 나눗셈에 대하여 닫혀있으며, 실제로 앞으로 논의할 체(field)를 이룬다. 이와 같이 자연수 전체의 집합이 군을 이루지는 않지만, 자연수의 부분집합 중에서도 군을 이루는 것이 있다. 따라서 집합의 크기만을 가지고 구조를 분류할 수는 없다.

3.3 소수의 성질

학교수학에서 $6=2\times 3$이므로 2와 3은 각각 6의 약수이고, 6은 2와 3의 배수가 된다는 것을 알고 있다. 일반적으로 자연수 a가 자연수 b로 나누어떨어지면

$$a=b\times(\text{자연수})$$

의 꼴로 나타난다. 이 경우 b를 a의 **약수**(divisor), a를 b의 **배수**(multiple)라고 한다. 특히, 모든 자연수 a에 대하여

$$a=a\times 1=1\times a$$

이다. 따라서 1은 모든 자연수의 약수이고, 모든 자연수는 1의 배수이다.

약수를 **인수**(factor)라고도 하며, 특히 소수인 인수를 **소인수**(prime factor)라고 한다. 또, 합성수는 소수들만의 곱으로 나타낼 수 있는데, 합성수를 소수들만의 곱으로 나타내는 것을 **소인수분해**(prime factorization)한다고 한다. 즉 1보다 큰 모든 자연수 p는 유한개의 소수 p_1, p_2, $\cdots$, p_k의 곱

$$n=p_1\,p_2\cdots\ p_k$$

으로 나타내어진다.

1보다 큰 자연수 중에서 1과 자기 자신만을 약수로 갖는 수를 **소수**(prime number)라고 한다. 따라서 소수의 약수는 2개뿐이다. 한편, 1보다 큰 자연수 중에서 소수가 아닌 수를 **합성수**(composite number)라고 한다.

참고 3.5

위의 소수의 정의에 의하면, 소수는 1보다 큰 자연수이므로 1은 소수도 합성수도 아니다. 만약 위의 소수의 정의에서 1보다 큰 자연수라는 조건을 빼고, 단지 1과 자기 자신만을 약수로 갖는 수라고 정의하면 1은 소수가 된다. 그러나 이렇게 정의하면

$$6 = 2 \times 3 = 1 \times 2 \times 3$$

이 되어, 6은 곱하는 순서를 무시하더라도 두 가지의 소수의 곱으로 표시된다. 이것은 '2보다 큰 모든 자연수는 곱하는 순서를 무시한다면 소수의 곱으로 유일하게 표현된다.'는 다음에 공부할 정수론의 기본정리(unique factorization theorem)에 위배된다. 따라서 정수론의 기본정리가 성립하도록 하려면 위와 같이 1을 소수가 아닌 것으로 정의하는 것이 더 편리하다. 또 다른 이유는 1은 여러 가지 특별한 성질을 가지므로, 1 그 자신을 특별히 따로 분류한다. 이와 같이 수학의 정의는 수학을 전개해나가는데 편리하도록 정해진다.

소수는 자연수 중에서도 특별한 관심과 연구의 대상이 되어왔다. 특별히 소수의 개수와 또 가능한 한 큰 소수를 찾으려고 많은 노력을 해왔다. 사실 소수의 개수는 무한하다는 것이 알려져 있으며, 에라토스테네스의 체를 이용하여 소수가 아닌 것을 걸러내어 소수를 찾으면 된다. 그러나 이런 방법으로 소수를 찾는 것은 많은 시간이 걸리므로, 소수가 어떻게 널려있느냐를 알면 큰 소수를 보다 쉽게 찾을 수 있을 것이다.

실제로 큰 소수는 안전한 암호체계를 만드는데 중요한 역할을 한다. 물론 아무리 큰 소수를 택해 암호체계를 만든다 해도, 이것은 이론적으로는 유한 번의 시행에 의하여 해독될 수 있을 것이다. 그러나 암호는 한시성을 갖는 것이므로, 주어진 시간 동안 기밀을 보장받으면 된다. 또한 큰 소수는 정확한 계산을 할 수 있는 컴퓨터를 만드는 데에도 사용된다. 컴퓨터에서의 계산에서는 우리가 실수를 다루듯이

$$\sqrt{2} + 3\sqrt{2} = 4\sqrt{2}$$

와 같이 계산할 수는 없다. 컴퓨터는 0과 1을 기본으로 하는 신호 체계를 가지고 덧셈, 뺄셈, 곱셈, 나눗셈을 하기 때문에, 컴퓨터는 소수를 법으로 하는 계산 체계 속에서 계산한다. 따라서 이렇게 계산한 것이 실제 참값과 가까우려면 가능한 한 큰 소수를 법으로

하는 연산 체계 속에서 계산을 하여야 한다. 특히 나눗셈이 정확하려면 큰 소수를 법으로 하는 계산방법을 도입하여야 한다.

그렇다면 소수는 몇 개나 있고 큰 소수를 어떻게 찾을 수 있을까?

정리 3.3

소수는 무한히 많다.

증명 유한개의 소수 $p_1, p_2, \dots, p_n$만이 존재한다고 가정하자. 이때, 새로운 자연수를

$$N = p_1 p_2 \cdots p_n + 1$$

이라고 놓으면, $N > 1$이므로 N의 소인수 p가 존재한다. 그런데 소수는 $p_1, p_2, \dots, p_n$ 뿐이므로 p는 이들 중 어느 하나와 일치하여야 한다. 따라서 $p \mid N$이고, $p \mid p_1 p_2 \cdots p_n$ 이므로

$$p \mid (N - p_1 p_2 \cdots p_n) \text{ 즉 } p \mid 1$$

로 되어 모순이다. 그러므로 소수는 무한히 많이 존재한다.

참고 3.6

정리 3.3의 증명 방법은 결론을 부정한 다음 모순을 이끌어 내는 귀류법을 사용하고 있다. 귀류법은 존재성을 증명하는 데 자주 사용된다.

무한히 많은 소수 중에서 특정한 공식을 이용하여 소수를 모두 구하는 방법은 없을까? 불행하게도 이러한 방법은 없다. 소수를 구하는 방법 중에는 대부분의 고등학교 교과서에 소개된 그리스의 수학자 Eratosthenes가 고안한 체(sieve)가 있다. 이는 모든 자연수를 나열해 놓고 소수 2만 남기고 2의 배수를 모두 체로 걸러내고, 3을 남기고 3의 배수를 모두 걸러낸다. 이와 같이 소수의 배수를 차례로 체로 걸러내듯 합성수를 걸러내어 소수만 남기는 것이다.

실제로 Eratosthenes의 체는 다음 정리에 근거를 두고 있다.

정리 3.4

자연수 n이 합성수이면, n의 소인수 중에는 $\sqrt{n}$ 보다 작거나 같은 소인수가 존재한다.

정리 3.4를 적용하면 합성수 121의 소인수 중에는 $\sqrt{121}=11$보다 작은 소수는 2, 3, 5, 7인데 이들은 121의 소인수가 아니다. 따라서 121의 소인수는 11 뿐이다. 이것은 실제적으로 의미가 큰데, 어떤 수가 소인수 분해되는지 아닌지를 직접 확인하는데 많은 시간이 걸리는데 위의 정리를 이용하면 시간을 줄일 수 있기 때문이다. 실제로 2000년에만 해도 150자리의 수를 인수 분해하는데 수년의 컴퓨터 계산 시간이 필요했다고 한다.

또 소수의 분포에 대하여 다음의 정리가 있다.

정리 3.5 (Bertrand의 정리)

1보다 큰 모든 자연수 n에 대하여 $n < p < 2n$인 소수 p가 항상 존재한다.

참고 37

자연수 N보다 작은 소수는 약 $\dfrac{N}{\log N}$개의 소수가 존재한다.

소인수분해를 이용하면 큰 수의 약수를 쉽게 구할 수 있다. 그런데 1보다 큰 모든 자연수를 소인수분해하는 방법에는 몇 가지나 있을까? 그것은 소수가 나열되는 순서를 무시하면 한 가지 뿐이다.

정리 3.6 (정수론의 기본정리, 소인수분해의 유일성)

(1) 자연수 $n(n \geq 2)$은 유한개의 소수 $p_1, p_2, \cdots, p_k$의 곱

$$n = p_1\, p_2 \cdots\; p_k$$

로 소인수분해 된다.

(2) 자연수 n의 소인수분해는 한가지뿐이다. 즉,

$$n = p_1 p_2 \cdots p_k, \; n = q_1 q_2 \cdots q_t$$

가 모두 n의 소인수분해라면 $k = t$이고 $p_1 p_2 \cdots p_k$와 $q_1 q_2 \cdots q_t$는 순서만 다를 뿐이다.

두 개 이상의 자연수의 공통인 약수를 그들의 **공약수**(common divisor)라고 하며, 공약수 중에서 가장 큰 수를 **최대공약수**(the greatest common divisor)라고 한다. 한편, 두 수의 최대공약수가 1일 때, 그 두 수를 **서로소**(relatively prime)라고 한다. 또 두 개 이상의 자연수의 공통인 배수를 그들의 **공배수**(common multiple)라고 하며, 공태수 중에서 가장 작은 수를 **최소공배수**(the least common multiple)라고 한다. 일반적으로 두 개 이상의 자연수의 공배수는 그 수들의 최소공배수의 배수이다.

참고 3.8

(1) 학교수학에서 공약수는 등식이나 분수를 간단한 형태로 나타내는 데 사용되며, 공배수는 분수의 덧셈에서 분모를 통일하는데 사용된다. 등식의 성질을 이용하면 유리수 계수를 갖는 식을 정수계수를 갖는 식으로 바꾸어 방정식을 풀어도 된다. 이런 이유가 학교수학에서 정수계수의 방정식을 자주 다루는 이유이다.

(2) 두 수가 서로 소인지를 확인하는 것은 정수론에서 중요한 둔제이다. 예를 들어 0이 아닌 두 정수 a, b에 대하여 $au + bv = 1$인 정수 u, v가 존재할 필요충분조건은 a, b가 서로 소인 것이다. 또 두 수의 최대공약수를 구하는 유클리드 호제법은 빠른 결과를 제공해 주는 효과적인 방법이다. 최대공약수를 찾는 유클리드 호제법은 두 수의 비를 연분수로 나타내는 데 도움을 준다. 예를 들면

$$\frac{7540}{546} = 13 + \frac{42}{546}, \qquad \frac{546}{442} = 1 + \frac{104}{442},$$

$$\frac{442}{104} = 4 + \frac{26}{104}, \qquad \frac{104}{26} = 4 + 0$$

으로부터

$$\frac{7540}{546} = 13 + \cfrac{1}{1 + \cfrac{1}{4 + \cfrac{1}{4}}}$$

로 나타난다. 물론 무리수는 무한연분수로 나타난다.

(3) 정수론의 발전에 공헌한 수학자인 Goldbach(1690～1764)는 1742년 스위스의 수학자인 Euler에게 보낸 편지에 "2보다 큰 모든 자연수는 세 소수의 합과 같다."고 주장했다. 이를 우리는 Goldbach의 가설이라 한다. Euler는 이것을 $4=2+2$, $6=3+3$, $8=5+3$과 같이 "2보다 큰 짝수는 두 소수의 합으로 표현할 수 있다."는 동치 명제로 바꾸었다. 이를 '강한 Goldbach 가설'이라고 한다. 이 문제에 대해 100만 달러의 상금이 붙어 있지만 아직 해결되지는 않고 있다. 가설에 근접한 것으로, 모든 자연수는 많아야 4개의 소수의 합으로 나타낼 수 있다는 것은 증명되었다. 또 2003년에 Oliveira e Silva 가 6×10^{16} 이하의 수까지는 Goldbach의 가설이 참이라는 것을 부분적으로 증명하였다. 어떻게 증명하였을까? 하나하나 수를 꺼내 계산해 보았을까?

어떤 수가 소수인지를 판별하는 몇 가지 중요한 정리를 들면 다음과 같다.

정리 3.7

(1) p가 소수이면 $(p-2)! \equiv 1 \pmod{p}$

(2) $p > 4$이면 $(p-2)! \equiv 0 \pmod{p}$

(3) p가 소수이면, 임의의 정수 m에 대하여 $m^p = m \pmod{p}$

참고 3.9

RSA(Rivest, Shamir, Adelman) 암호는 큰 소수를 쉽게 생성하지만 큰 수를 인수분해하는 데에는 많은 시간을 필요로 하는 것을 이용한 것이다.

3.4 정수

우리 생활에서는 자연수(양수)의 개념뿐만 아니라 부채와 같이 양수와 반대의 개념을 갖는 음수의 개념도 사용된다. 그럼에도 불구하고 음수가 수로 인정된 것은 상당히 오랜 후의 일이다. 우리의 학교수학의 교과과정을 살펴보면, 중학교에서나 음수가 등장하는 것으로 보아도 음수의 이해가 얼마나 어려운지를 간접적으로 알 수 있다. 실제로 음수와 양수의 개념은 수학적 치밀성이 가장 풍요롭게 성공을 거둔 좋은 본보기이다.

자연수는 덧셈과 곱셈의 기본적인 연산에 대하여 닫혀있다. 그러나 자연수는 덧셈의 역연산 인 뺄셈에 대하여 닫혀 있지는 않다. 예를 들어

$$5+a=3$$

이 되는 자연수 $5+a=3$는 존재하지 않는다. 일반적으로 자연수 m, n에 대하여

$$m+x=n$$

을 만족시키는 자연수 x가 $n \le m$인 경우에는 존재하지 않는다. $n > m$인 경우에

$$m+x=n$$

을 만족시키는 x를 $n-m$으로 나타내자. 즉 $6>2$이고 $2+4=6$이므로 $6-4$는 2를 나타낸다고 약속하자. 또, $m-m=0$인 기호 0을 도입하고, $-1, -2, \dots$ 등을 도입하면 $m>n$인 경우

$$n-m=-(m-n)$$

으로 약속하여 자연수 사이의 덧셈과 뺄셈을 할 수 있다.

이와 같이 자연수의 집합 안에서 뺄셈을 하는 경우에는 여러 가지 제약과 불편함이 있다. 수학의 한 특성은 자유로움인데, 이러한 제약에서 벗어나 자유롭게 뺄셈을 하려면 어떤 수의 세상이 되어야 하겠는가?

이제 덧셈뿐만 아니라 뺄셈에 대하여도 자유로운 새로운 수의 집합을 만들어 보자. 서로 반대 방향의 개념을 가지고 있는 수는 두 성질 중, 어느 한쪽의 성질을 가지고 있는 수에는 +부호를 붙이고 다른 한 쪽을 가지고 있는 수에는 −부호를 붙여서 구별하면 편리할 것이다. 즉 자연수에 +부호를 붙인 수

$$+1, +2, +3, \dots$$

을 **양의 정수**(positive integer)라 하고, 자연수에 $-$부호를 붙인 수

$$-1,\ -2,\ -3,\ \ldots$$

을 **음의 정수**(negative integer)라고 한다. 또, 0과 양의 정수, 음의 정수를 통틀어 **정수**(integer)라고 한다. 그런데 양의 정수를 수직선 위에 그리면 자연수와 같으므로, 양의 정수 $+1,\ +2,\ +3,\ \ldots$에서는 $+$부호를 생략하여 간단히 $1,\ 2,\ 3,\ \ldots$으로 나타내는 경우가 많다.

참고 3.10

기호 $+$는 덧셈의 연산기호, $-$는 뺄셈의 연산기호로 사용하기도 하며 방향이 서로 반대인 것을 나타내기도 한다. 또, $+$, $-$는 서로 반대인 양 뿐만 아니라 반대의 성질을 가지는 것을 나타내기도 한다. 이런 이유로 학생들이 수 그 자체와 연산을 혼동한다는 연구 결과가 보고되고 있다. 이런 혼돈을 극복하기 위해서는 양수와 음수를 집합론적으로 분명히 나타내야 한다는 주장이 있다. 과연 그것이 좋을까? 엄밀성, 편의성, 인간 언어의 한계성을 감안할 때 어느 것이 바람직한지 여러 면에서 생각해 볼 일이다.

자연수 전체의 집합이 덧셈에 대한 역원을 가지고 있지 않은 것과는 달리 정수 전체의 집합에서는 덧셈과 곱셈이 잘 정의되어 있을 뿐 만 아니라, 결합법칙, 교환법칙, 분배법칙이 성립하며 덧셈에 대한 항등원과 역원도 존재한다. 이와 같은 성질을 갖는 대수적 체계를 **환**(ring)이라고 한다.

정의 3.3

집합 Q 위에 덧셈 $+$와 곱셈 $\cdot$이 정의되어 있고, 즉

$$a,\ b \in Q\text{일 때 } a+b \in Q,\ \ ab \in Q$$

이고, 다음이 성립할 때 $(Q,\ +,\ \cdot\ )$을 환이라고 한다.

(A1) $(a+b)+c = a+(b+c)$

(A2) $a+b=b+a$

(A3) 원소 $0 \in Q$이 존재하여, 모든 원소 $a \in Q$에 대하여 등식

$$a+0=0+a=a$$

가 성립한다. 이때 원소 0을 **영원**(zero element)이라고 한다.

(A4) 각 원소 $a \in Q$에 대하여

$$a+(-a)=(-a)+a=0$$

인 원소 $-a \in Q$ 가 존재한다.

(M1) $(a \cdot b) \cdot c = a \cdot (b \cdot c)$

(D1) $a \cdot (b+c) = a \cdot b + a \cdot c$, $(a+b) \cdot c = a \cdot c + b \cdot c$

정수 전체의 집합 Z에는 나눗셈이 정의되어 있지 않으나, 두 정수 사이의 곱셈에 관한 성질을 나누어떨어진다(divisible)와 같은 말로 표현하면 편리하다. 즉 두 정수 a, b에 대하여

$$b=ac$$

인 정수 c가 존재하면, b는 a로 나누어 떨어진다라고 말하고, 이것을 기호로

$$a \mid b$$

로 나타낸다. 이 경우에 a를 b의 약수라 하고 b를 a의 배수라고 한다.

참고 3.11

중학교 과정에서는 약수와 배수를 자연수의 범위에서 다루나, 고등학교 과정의 인수분해 등에서는 정수의 범위까지 확장한다. 사실 약수를 자연수의 범위에서만 다루느냐 정수까지 확장하여 다루느냐는 수학적으로 그리 중요한 문제가 아니다. 왜냐하면 음수의 약수는 양수의 약수의 쌍대적인(dual) 개념이기 때문이다. 어쨌든, 이와 같이 학교수학에서는 어쩔 수 없이 학생의 수준에 맞추어 수학적 개념(용어)을 확장하여 정의할 수밖에 없음을 교사는 이해하여야 한다. 또 수학적 문장이 참이 되는 수의 범위를 분명히 해 두어야 한다. 학생들은 개념 자체의 이해에 관한 문제가 있기는 하지만 다루는 범위가 모호하여 혼동하는 경우가 많기 때문이다.

한편 학교수학에서는 나눗셈 $\dfrac{b}{a}$의 경우에는 $a \neq 0$인 경우만을 생각한다. 그러나 위의 정의 $a \mid b$에서는 $a=0$인 경우에도 적용된다. 정수 a에 대하여

$$0 = a \cdot 0,\ 0 = 0 \cdot 0$$

이므로 $a \mid 0$, $0 \mid 0$이다.

3.5 자연수와 정수의 교육

3.5.1 덧셈과 뺄셈

학생들에게 양의 방향과 음의 방향이 있는 수(정수)를 도입하는 데 있어 가장 자주 사용되는 것이 직관적인 수직선 모델이다. 이것은 양수의 덧셈에 아주 효과적인 것으로 알려져 있다. 실제로 대부분의 교과서에서는 수직선을 이용하여 양수의 덧셈과 뺄셈을 지도하도록 도입하고 있다. 그러나 정수를 수직선 위의 한 점으로 보는 수직선 모델은 뺄셈에 대해서는 제한적인 요소가 있다.

예를 들어 Carpenter에 의하면 학생들은 수직선 모델에서 $3+5$를 크게 다음과 같은 세 가지 방법으로 계산한다고 한다.

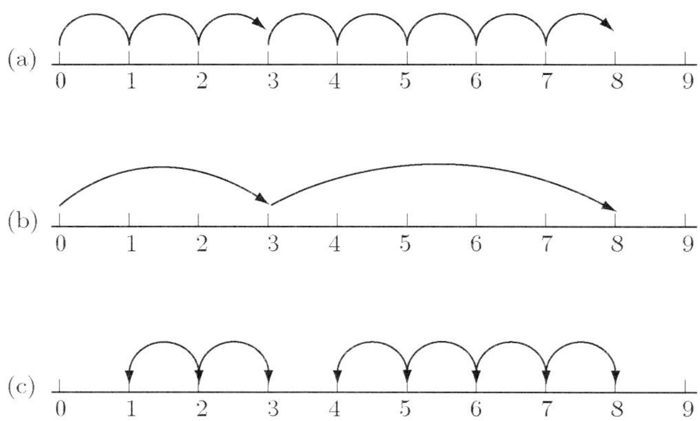

위 (c)의 경우 0에서부터 세 칸을 옮겨가야 3을 얻고 다시 다섯 칸을 옮겨야 8을 얻는다. 그러나 3을 0을 포함하여 세 개의 점으로 인식하고 다시 5개의 점을 세면 수직선

위의 점은 여덟 개가 되지만 그 자리를 나타내는 수는 7이 되어 혼동을 일으키는 경우가 많다. 또 수직선을 이용한 $3-(-5)$의 계산에서는 뺄셈의 연산이 방향을 바꾸어 이동하여야하는 것으로 이해되어야만 올바른 답을 구할 수 있다. 그러나 학생들은 음수를 빼는 수로 이해하여 $3-(-5)=3-5$로 이해하는 경우가 많다.

어떤 영역에서 적용된 대수적 연산은 그 영역을 확대했을 때에도 그대로 적용되도록 연산이 정의되어야 학생들은 새로운 연산에 대한 확신을 가지게 된다. 이런 의미에서 자연수에서 적용된 연산은 좀 더 큰 영역인 정수의 영역에서도 그대로 확대 적용되는 것이 바람직하다. 예를 들어 자연수 안에서 뺄셈이 가능한 경우, 자연수의 뺄셈에서 빼는 수는 앞의 수에서 제거하는 의미를 가졌다. 따라서 자연수에서와 마찬가지로 정수도 이산적인 양(대상)으로 보는 일관된 관점이 유지되어야 하며, 이런 의미에서는 양수가 음수를 제거하는 구조를 갖게 하여야 한다.

이러한 문제점을 극복하기 위해서 정수의 뺄셈에서는 득점과 벌금(대출과 빚, 선과 악, 남자와 여자, 흰 돌과 검은 돌, 받을 돈과 꾼 돈, 대수막대)의 모델이 더 효과적이다. 예를 들면 $3+5$는 득점이 8이 되는 것이며, $3-5$는 득점 3에 벌점 5점이 주어지므로 벌점이 2 즉 -2가 되는 것이고, $-3+(-5)$는 벌점 3점에 벌점 5점이 추가되므로 벌점이 8 즉 -8이 되며, $5-5$는 득점 5점에서 벌점 5을 더하므로 0점이 되고, $3-(-5)$는 득점 3에 벌점 5를 빼주는 것과 같으므로 득점이 8인 것과 같다.

3.5.2 곱셈과 나눗셈

앞에서 알아본 것과 같이 자연수의 계산에서는 덧셈과 곱셈은 항상 가능했지만, 이들의 역연산인 뺄셈과 나눗셈에 대하여는 항상 가능하지는 않았다 제한적으로 두 자연수 a, b의 차 $b-a$는 $a+c=b$인 자연수 c의 의미로 받아들여졌다. 다시 말하면 뺄셈 $b-a$는 $b>a$인 경우에만 의미를 가졌다. 그러나 $a-a=0$인 기호 0이 획기적으로 도입됨으로 뺄셈에 대한 제약을 상당히 완화시킬 수 있었다. 더욱이 기호

$$-1,\ -2,\ -3,\ \dots$$

와 $b<a$인 경우에도

$$b-a=-(a-b)$$

로 나타낼 수 있도록 정의함으로, 정수의 집합에서 뺄셈이 아무 제약이 없이 자유롭게 할 수 있게 된 것이다.

이와 같이 우리는 자연수와 새로운 기호 $-1, -2, -3, \ldots$을 포함하는 정수의 집합에서도 기존의 자연수 전체의 집합에서 정의된 덧셈과 곱셈이 당연히 그대로 유지되도록 자연스럽게 연산을 정의할 필요가 있게 된다.

(자연수)×(음의 정수)의 곱셈은 덧셈을 반복하는 것으로 생각하면 자연수의 곱셈과 같은 맥락으로 전개할 수 있다. 예를 들면 수직선 모델에서 $5 \cdot (-2)$는 -2를 5번 작용하면 되므로

$$5 \cdot (-2) = -10$$

이 된다는 것을 쉽게 이해할 수 있다.

그러나 문제는 음의 정수에 음의 정수를 곱하는 것이다. 왜냐하면 음의 정수를 곱한다는 것은 실제 현상에서는 존재하지 않기 때문이다. 따라서 이 경우를 이해하기 위해서는 새로운 비유가 필요하다. 물론 이것은 자연수에서 성립한 교환법칙이 성립하도록 하여야 한다. 그렇지 않으면 수의 계산의 일관성을 잃기 때문이다. 이를 위해서는 $(-2) \cdot 5 = -10$이 되어야 한다. 이것을 어떻게 설명할까? 이것은 양수와 음수의 대칭성을 가지고 설명하여야 한다. 즉 양수 $-n$을 곱하는 것은 n을 곱한 다음 반대방향으로 대칭이동 하는 것이다. 예를 들면 $1 \cdot (-1) = -1$이고 -1의 대칭점은 1이므로 $(-1) \cdot (-1) = 1$이 된다. 이와 같이 음수의 곱을 약속하면 자연수에서 성립한 수의 계산 법칙의 일관성을 유지할 수 있다.

한편 자연수에서의 분배법칙이 성립하도록 하려면

$$(-1) \times (-1) = 1$$

로 정의하여야 한다. 그렇지 않고 만일

$$(-1) \times (-1) = -1$$

로 정의한다면, 자연수에서 성립한 분배법칙이 성립한다면

$$(-1) \times (1-1) = (-1) \times (+1) + (-1) \times (-1) = -1 - 1 = -2$$

가 된다. 이것은

$$(-1) \times (1-1) = (-1) \times 0 = 0$$

에 모순이 되기 때문이다.

그러나 이와 같은 음의 정수와 음의 정수의 곱에 대한 정의가 증명되지 않는다는 사실과 더불어 부호의 규칙을 이해하기까지는 많은 시간이 걸렸다. 이것은

$$(\text{음수}) \times (\text{음수}) = (\text{양수})$$

와 같은 부호는 기존의 계산 법칙을 유지하면서 연산을 자유롭게 하기 위하여 수학자들이 창조한 것이기 때문이다. 세상에 존재하는 자연수로부터 우리가 경험하거나 증명해 낸 것이 아니라…

중학교수학에서 음수의 지도 방법으로 여러 가지 모델이 사용되고 있다. 음수의 개념 중 가장 어려운 부분은 아마도 앞에서 다룬 (음수)×(음수)=(양수) 즉

$$(-1) \times (-1) = 1$$

을 학생들에게 어떻게 이해시키느냐하는 문제일 것이다. 음수의 지도방법으로 가장 많이 사용되고 있는 수직선 모델은 벡터(방향)의 개념이 필요하므로 곱셈을 설명하는 데에는 한계점을 드러낸다. 사실 수는 벡터로 생각할 수 있지만 중학교 학생들에게는 벡터의 개념이 정립되어 있지 않기 때문이다. 바둑돌 모델은 곱셈과 나눗셈의 도입이 어려워 결국 부호의 계산 규칙이 필요하게 된다. 또 정수의 연산이 자연스럽지 못한 소득과 손실의 모델을 개선한 우체부 모델은 나눗셈이 부자연스럽다.

이렇게 보면 정수의 지도(음수의 지도)를 직관적으로 일관되게 매끄럽게 하는 방법은 없는 것 같다. 그러므로 어쩔 수 없이 음수와 음수의 연산을 형식적으로 다룰 수밖에 없는지도 모른다. 그렇다고 해서 학교수학에서 양수의 집합을 먼저 정의하고 음수를 공리적으로 다룰 수도 없다는 난점을 가지고 있다. 따라서 학교수학에서는 논리적으로 완벽한 음수의 지도보다는 학생의 경험에서 이해할 수 있는 직관적 수준으로 지도하여야 한다.

참고문헌

[1] 김응태, 박승안, 현대대수학, 제8판, 경문사(2011).

[2] 정상권, 교사를 위한 해석학, 2판, 교우사(2008).

[3] 정상권, 초등학교 수학을 따라가는 수학, 교우사(2008).

[4] R. Courant and H. Robbins, What is mathematics?, revised by I. Stewart, Oxford(1996).

[5] P. Ernest, The number line as a teaching aid, Educational Studies in Mathematics, 16(1985) 411-424.

[6] A. Gallardo, The extension of the natural-number domain to the integers in the transition from arithmetic to algebra, Educational Studies in Mathematics, 49(2002) 171-192.

[7] G. Lakoff and R. Nunez, Where mathematics comes from, Basic Books, 2000.

[8] P. Liebeck, Scores and forfeits - an intuitive model for integer arithmetic, Educational Studies in Mathematics, 21(1990) 221-239.

[9] C. Pinter, Set theory, Addison-Wesley(1971).

[10] R. Zazkis and S. Campbell, Divisibility and multiplicative structure of natural numbers: Preservice teachers' understanding, Journal for Research in Mathematics Education, 27(1996) 540-563.

Chapter 04 유리수와 실수

Mathematics for School Mathematics

물건의 개수를 나타낼 필요성과 이를 추상화하는 과정으로부터 자연수를 발명하고, 자연수를 확장하여 정수를 만들었다. 그러나 자연수나 정수만 가지고서는 일상생활에서 필요한 우리의 언어를 모두 나타낼 수는 없다. 왜냐하면 물건을 하나, 둘 세는 것 외에도 길이, 넓이, 무게, 시간 등을 재는 더 작은 다른 측정 단위가 필요할 뿐만 아니라 더욱이 단위의 정수배가 되지 않는 양이 나타나기 때문이다.

이런 이유로 초등학교에서 양의 분수가 도입되고, 중학교 과정에서 정수와 더불어 양의 분수를 음수까지 확장하여 유리수를 만든다. 또 명확히는 아니지만 유리수의 수열의 극한 개념을 도입하여 실수를 만든다. 이들의 계산에 대한 새로운 수의 구조로 유리수체와 실수체가 나타나게 된다.

4.1 분수와 유리수

우리 사이의 좋은 인심을 "콩 하나라도 반쪽씩 나누어 먹는다."라는 말이 있다. 이때 자연수의 표현에서와 같이 콩 하나를 자연수 1로 나타낸다면 콩 반쪽은 어떻게 나타낼 수 있을까? 이와 같은 물음에 답하기 위하여, 처음에 주어진 단위 1을 n등분하여 새로 정해진 세밀한 단위를 수학적으로는 $\frac{1}{n}$로 나타낸다. 이렇게 하면, 1보다 작은 것을 나타내는 새로운 작은 단위 $\frac{1}{n}$의 개수로 그 크기를 셀 수 있다. 즉 주어진 양이 새로 정한

세밀한 단위 $\frac{1}{n}$이 m개이면, 이를

$$\frac{m}{n} \text{ 또는 } m : n$$

으로 나타낸다. 이러한 수를 **분수**(fraction) 또는 **비**(ratio)라고 한다.

분수 $\frac{m}{n}$은 m을 n등분하는 단순한 측정량의 의미에서 벗어나 순수한 수로서 인식되었다. 특히 처음에는 m과 n이 자연수일 때, 새로운 수 $\frac{m}{n}$들의 집합에 자연수에서 성립한 덧셈과 곱셈, 두 수의 상등이 자연스럽게 성립하도록 다음과 같은 연산을 정의한다. 물론 이와 같은 덧셈, 곱셈, 두 수의 상등에 관한 정의는 실생활 경험과 일치하면서도 정의의 일의성과 유용성을 가지도록 한 것이다.

$$\frac{a}{b}+\frac{c}{d}=\frac{ad+bc}{bd}, \quad \frac{a}{b}\times\frac{c}{d}=\frac{ac}{bd}$$

$$\frac{a}{a}=1, \quad ad=bc\text{일 때 } \frac{a}{b}=\frac{c}{d}$$

사실 위에서 $b \neq d$인 경우 $\frac{1}{b}$와 $\frac{1}{d}$은 작은 단위를 나타내는 길이(잣대)가 달라 $\frac{a}{b}$와 $\frac{c}{d}$를 그냥 더 할 수가 없다. 따라서 우리는 잣대의 길이를 같게 만들어(common measure) 놓은 후, 두 수를 자연수의 덧셈과 같은 방법으로 개수를 가지고 더하거나 곱할 수 있다. 이런 의미에서 유리수를 commensurable number라고 부르기도 한다.

위와 같이 분수의 연산 규칙을 정하면 자연수의 계산에서와 같이, 임의의 분수 p, q, r에 대하여 다음 계산 법칙이 성립한다.

(1) (교환법칙) $p+q=q+p, \quad pq=qp$
(2) (결합법칙) $p+(q+r)=(p+q)+r, \quad p(qr)=(pq)r$
(3) (분배법칙) $p(q+r)=pq+pr$

앞에서 측정을 위한 실용적 측면에서 분수를 도입했다면, 이제는 이를 수학화의 관점에서 일반화하는 과정을 생각해 볼 필요가 있다. 실제로 초등학교에서 방정식

$$3x=6$$

의 해는

$$x=2=\frac{6}{3}=\frac{8}{4}=\cdots$$

이라는 것을 알고 있다. 따라서 자연수 2는 분수 $\frac{2}{1}$와 동치이다. 이렇게 정의하면 2는 2와 동치인 모든 것(동치류)을 대표하는 대표자로 볼 수 있다. 이러한 뜻에서 보면 우리는 암암리에 이미 초등학교에서부터 수에 대한 추상화 작업을 하고 있는 셈이다.

일반적으로, 두 정수 $a(a \neq 0)$, b에 대하여 몫 $x = \frac{b}{a}$를 방정식 $ax = b$의 해로 정의한다면, x가 정수일 때 뿐 만 아니라 분수 꼴인 경우에도 성립한다. 이러한 모든 분수를 포함하는 집합에 양의 분수 계산에서 성립하는 것과 같은 덧셈과 곱셈을 정의하는 새로운 수 체계를 도입하고 0으로 나누는 것을 제외하면, 덧셈, 뺄셈, 곱셈 뿐 만 아니라 아무런 제약이 없이 자유롭게 나눗셈도 할 수 있게 된다.

현대적 의미의 집합론을 창시한 칸토어의 말대로 수학의 본질은 자유에 있으므로, 연산의 자유로움을 위하여 앞으로는 0으로 나누는 것을 생각하지 않기로 한다. 이것은 자연수의 집합에 음의 정수와 0을 도입함으로 뺄셈에 대한 연산이 자유로워진 것과 마찬가지로, 정수의 집합에 분수를 도입함으로 나눗셈을 자유롭게 할 수 있는 것과 같다.

위와 같이 정의된 **유리수**(rational number) 전체의 집합

$$\left\{\frac{b}{a} \mid a(a \neq 0),\ b \in Z\right\}$$

은 교환법칙, 결합법칙, 분배법칙이 성립할 뿐만 아니라, 방정식

$$a + x = b, \quad ax = b$$

의 해가 아무런 제약 조건이 없어도 존재하게 된다. 다시 말하면, 유리수의 집합은 환을 이루지만, 덧셈, 뺄셈, 곱셈, 나눗셈에 대하여도 닫혀 있는 환과 다른 새로운 대수적 구조를 얻는다. 일반적으로 이러한 대수적 구조를 갖는 집합을 **체**(field)라고 한다.

정의 4.1

환 Q가 다음 조건을 만족시킬 때, 이 환 Q를 체라고 한다.

(M2) $a \times b = b \times a$

(M3) 원소 $1 \in Q$이 존재하여 모든 원소 $a \in Q$에 대하여

$$1 \times a = a \times 1 = a$$

가 성립한다.

(M4) 각 원소 $a \in Q$, $a \neq 0$에 대하여

$$a \times a^{-1} = a^{-1} \times a = 1$$

인 원소 $a^{-1} \in Q$이 존재한다.

자연수의 성질을 이해하기 위하여 수직선을 이용하여 자연수의 순서(크기)를 정한 것처럼, 추상적인 유리수를 더 잘 이해하기 위하여 유리수를 시각화하는 하나의 방법은 유리수를 수직선 위의 점과 대응시키는 것이다. 이때 분모가 n인 분수는 각 단위 구간을 n등분한 점으로 나타낸다. 각 자연수 n에 대하여 위와 같은 방법을 되풀이하면 모든 유리수를 직선 위에 나타낼 수 있다.

유리수를 수직선 위의 점으로 나타내고 두 점 사이의 위치를 비교하여 유리수의 집합 Q에 두 원소 사이의 대소 관계를 부여함으로써 유리수의 집합에 **순서구조**(order structure)를 줄 수 있다. 이 순서구조를 형성하게 하는 것이 **순서공리**(axioms of order)이다.

순서공리 유리수체 Q에는 다음의 조건을 만족하는 공집합이 아닌 부분집합 P가 존재한다.

(O1) 임의의 원소 $a, b \in P$에 대하여

$$a + b \in P, \ ab \in P$$

이다.

(O2) 임의의 $a \in Q$에 대하여 다음

(i) $a \in P$

(ii) $a = 0$

(iii) $-a \in P$

중 한 가지만 성립한다.

이때, 집합 P를 **양의 유리수**(양수, positive rational number)의 집합이라고 하고, $-P$를 **음의 유리수**(음수, negative rational number)의 집합이라고 한다.

참고 4.1

순서공리의 조건 (O2)에 따르면, 모든 유리수 $a\in Q$는 양의 유리수, 0, 음의 유리수의 세 가지 경우 중 꼭 하나만 성립한다. 이것을 삼일률(trichotomy)이라고 부른다. 순서공리를 이용하면 $(-1)\times(-1)=1$이어야 함을 논리적으로 증명할 수 있다.

수직선 위에서 원점으로부터의 거리를 통하여 유리수 a에 대한 **절댓값**(absolute value)

$$|a|$$

을 정의하면, 해석학에서 가장 많이 사용되는 부등식 중의 하나인 **삼각부등식**(triangle inequality)

$$|a+b|\leq |a|+|b|$$

이 성립한다.

유리수의 중요한 또 하나의 기본적인 성질은 수직선 위에 유리수가 조밀하게(dense) 존재한다는 것이다. 다시 말하면, 유리수와 유리수 사이에는 그 구간의 길이가 아무리 작더라도 그 사이에는 무수히 많은 또 다른 유리수가 존재한다는 것이다.

정리 4.1 (유리수의 조밀성)

임의의 $a, b\in Q$가 $a<b$이면 부등식

$$a<r<b$$

를 만족시키는 유리수 r가 존재한다.

참고 4.2

(1) 유리수의 조밀성은 임의의 양수 $a>0$와 실수 b에 대하여

$$na>b$$

가 성립하는 자연수 n이 존재한다는 아르키메데스(Archimedes)의 정리를 이용하여 증명되는데, 이의 증명은 나중에 정의할 실수의 완비성공리를 도입하여

야만 증명할 수 있다. 실제로 유리수의 집합은 대수적으로 체를 이루지만, 유리수의 크기(거리 개념)를 통한 위상공간으로서의 유리수체는 해석적(위상적)으로 완비성을 가지고 있지 않다.

(2) 초등학교수학에서 분수는 추상적인 양의 유리수의 개념보다는 두 양의 비를 나타내는 수의 의미로 이해되는 경향이 있다. Kronecker의 말을 빌리면 "신은 자연수를 만들었고 유리수는 인간이 이성을 가지고 자연수로부터 만들어낸 산물이다." 이런 의미에서 유리수는 이성적인 수(rational number)이다. 그런데 유리수는 비례(ratio)를 나타내는 뜻이 강하므로 유리수를 비례수(유비수)로 불러야한다는 주장도 일리는 있다. 그렇다면 유비수가 아닌 무리수는 무비수라고 불러야 마땅할 것이다. 이 경우 우리가 얻는 것은 무엇인가?
만물은 수라는 세계관을 가지고 있던 그리스 시대의 피타고라스학파가 유리수가 아닌 수(무리수, 비이성적인 수 irrational number)를 발견하기 전까지 유리수는 사람들이 생각할 수 있는 (이성적인) 수의 세계의 전부이었다. 이런 의미에서 본다면 무리수는 비이성적인 수라는 뜻도 가지고 있다. 유리수나 무리수를 중의적 의미를 가지고 있는 것으로 그냥 놓아두는 것도 좀 철학적이지 않을까?

4.2 유리수의 소수표현

분수의 꼴로 나타나는 유리수 $\frac{p}{q}$는 나눗셈의 원리에 의하면

$$p = kq + r \ \ (k, r\text{은 정수}, \ 0 \le r < q)$$

로 나타나므로, 나머지 $r = 0$이면 유리수 $\frac{p}{q}$는 정수 k로 나타난다. 그러나 정수로 나타나지 않는 유리수는 소수

$$k.a_1 a_2 a_3 \cdots a_n \cdots$$

의 꼴로 나타낼 수 있다. 이때 소수는 $k.a_1 a_2 \cdots a_n$와 같이 소수점 아래의 수가 유한개로 끝나는 **유한소수**(finite decimal number)인 경우와 $k.a_1 a_2 a_3 \cdots a_n \cdots$ 같이 소수점 아

래의 수가 무한이 계속되는 **무한소수**(infinite decimal number)인 경우가 있다.

사실 유한소수는 $0.50000\cdots$과 같이 0이 반복해서 나타나던지 $0.499999\cdots$와 같이 9가 반복해서 나타나는 무한소수도 포함하는 것을 의미한다. 유한소수가 무한소수를 포함한다는 것은 조금 이상하기는 하다. $\frac{1}{3}$과 같이 유한소수 $k.a_1 a_2 \cdots a_n$의 꼴로 나타나지 않는 유리수 $\frac{p}{q}$를 소수로 나타내면, 나눗셈의 각 과정에서 나머지가 0이 아니다. 나눗셈의 과정에서 나타나는 나머지는 $1, 2, 3, \cdots, q-2, q-1$이므로 나머지는 기껏해야 $q-1$가지이다. 따라서 q번의 나눗셈을 하는 동안에 나머지가 같은 것이 적어도 한 번은 나타나게 된다. 이 사이에 소수자리 a_1은 적어도 두 번 나타나게 되므로, 유한소수가 아닌 무한소수를 소수로 표현되는 유리수는 소수점 아래의 일정한 부분이 되풀이 되는 **순환소수**(repeated decimal)로 나타난다. 이와 같은 것은 몇 개의 예를 통하여 알 수 있다. 역으로 순환하는 소수는 유리수가 됨을 알 수 있다.

참고 4.3

유한소수 $k.a_1 a_2 \cdots a_n$을 무한소수 $k.a_1 a_2 \cdots a_n 000\cdots$으로 생각한다면, 모든 유리수를 순환소수로 나타낼 수 있다고 할 수 있다. 그러나 학교수학에서는 이러한 일반화를 하지 않으므로 학생들에게 혼란을 줄 필요는 없다. 한편

$$k.a_1 a_2 \cdots a_n = k \cdot 10^0 + a_1 \cdot 10^{-1} + \cdots + a_n \cdot 10^{-n}$$

으로 표현되므로, 유한소수는 유한차수의 다항식과 일대일대응이 된다. 또 무한소수

$$k.a_1 a_2 a_3 \cdots a_n \cdots = k \cdot 10^0 + a_1 \cdot 10^{-1} + \cdots + a_n \cdot 10^{-n} + \cdots$$

로 표현되므로 무한차수 다항식과 일대일대응의 관계가 있다.

참고 4.4

중학교 교과과정에서는 순환하는 소수가 유리수임을 다음과 같이 설명하고 있다. 예를 들면 순환하는 소수 $0.999\cdots$를

$$x = 0.999\cdots$$

이라 하면

$$10x = 9.999\cdots$$

위의 등식을 변끼리 빼어 x의 값을 구하면 유리수 $x=1$을 얻는다. 이와 같은 방법으로 모든 순환소수가 유리수임을 보일 수 있다. 사실 무한소수 $0.999\cdots$를 어떤 수 x로 놓을 수 있다는 것은 $0.999\cdots$이 수로 존재한다는 것을 전제로 한다. 그런데 $0.999\cdots$를 어떤 수 x로 놓을 수 있을지는 유리수의 세상에서 살고 있는 중학교 2학년에게는 불분명하므로, 위와 같이 $0.999\cdots=1$임을 설명하는 데에는 논리적 괴리가 있다. 따라서 중학교 2학년 과정에서는 유리수를 소수로 표현할 때

$$\frac{1}{3} = 0.333\cdots$$

과 같이 특별한 경우 분수가 순환소수로 표현된다는 정도만 알도록 하는 것이 좋다.

실제로 $0.999\cdots=1$인 사실을 이해하기 위하여 유리수체에서 실수체계로 확장되는 과정을 이해하여야 한다. 여기에는 중학교 학생으로서는 이해하기 어려운 극한의 개념이 들어 있다. 즉

$$\begin{aligned} 0.9999\cdots &= 0.9 + 0.09 + 0.009 + \cdots \\ &= \lim_{n\to\infty} \frac{0.9(1-(0.1)^n)}{1-0.1} \\ &= \frac{0.9}{1-0.1} = 1 \end{aligned}$$

와 같은 급수의 수렴(수열의 극한)의 개념이 들어 있다.

이러한 극한 개념 때문에 위의 과정을 이해한 학생이더라도 논리적으로 $0.999\cdots$는 1이라고 말하면서도 심정적으로는 이에 대한 확신이 없으며, $0.999\cdots$는 1과는 다른 수로 단지 '1에 무한히 가까이 가는 수'라고 말한다. 이러한 원인은 자연수로부터 정수, 유리수로 사칙연산을 통하여 자연스럽게 확장되고 유리수 까지는 실제로 우리가 작도할 수 있는 양으로 그 존재성을 느낄 수 있으나, 실수는 대수적 체의 공리를 이용하여 추상적으로 또는 유리수열의 극한으로 정의되었기 때문일 것이다.

따라서 순환하는 무한소수 $0.999\cdots$이 1과 같다는 것을 이해하려면 수 1의 개념을 바꾸어야 한다. 즉 1은 자연수 1로서 만이 아니라 1에 수렴하는 모든 수열의 동치류를 대

표하는 것이라는 것을 이해하여야 한다. 즉 실수를 유리수의 수열의 극한(집적점, limit point, accumulation point)을 포함하는 유리수 전체의 집합의 폐포(closure)로 접근하여야 한다. 그러나 여기에는 극한의 개념이 강하게 연결되어 있어 어려움을 느끼기는 마찬가지일 것이다. 그렇더라도 자연수나 정수를 자연수나 정수 그 자체로만 보지 않고 실수로 생각하는 습관을 기른다면, 순환소수 $0.999\cdots$이 1라는 사실을 직관적으로 받아들이게 될 것이다. 이러한 의미에서 본다면 극한이 도입되지 않는 중학교 과정에서 순환소수를 분수로 고치는 것을 도입하는 것은 성급하다고 본다.

참고 4.5

(1) 소수표현은 실수가 유리수인지 무리수인지를 극명하게 구분해주는 수단이다. 직관적으로 유리수를 소수로 고치면 유한소수가 되든지 순환소수가 된다. 역으로 순환소수를 분수의 꼴로 나타낼 수 있으므로 순환소수는 유리수가 된다. 한편 무한소수 중에는 $\sqrt{2}$, e, π 등과 같이 순환하지 않는 것도 있다. 이렇게 순환하지 않는 소수는 무리수가 된다. 정말로 $\sqrt{2}$가 순환하지 않는 소수로 표현된다는 것을 어떻게 알 수 있을까? 이분법적으로

$$1^2 = 1 < 2 < 2^2 = 4$$
$$(1.4)^2 = 1.96 < 2 < (1.5)^2 = 2.25$$
$$\cdots$$

을 이용하면, $\sqrt{2}$가 순환하지 않는 소수라는 것을 직관적으로 알 수 있다. 그러나 이것은 $\sqrt{2}$가 유리수가 아니라는 것을 단정적으로 보이는 것은 아니다. 따라서 우리는 $\sqrt{2}$가 무리수인 것을 보이기 위해서 모순법을 이용하여 증명한다. 즉 $\sqrt{2}$가 유리수라고 하면 모순이 나타나는 것을 이용하여 $\sqrt{2}$가 무리수임을 증명한다. 그러나 모순법을 이용하여 증명하는 것은 학생들이 이해하기 어렵다. 이것을 피하기 위하여 임의의 분수

$$\frac{p}{q}$$

를 제곱하여도 2가 되지 않음을 보이자. 인수분해의 유일성 정리를 이용하여 p, q를 인수분해하고 공통인수를 소거하여

$$\frac{m}{n}$$

으로 나타냈다고 하자. $\frac{m}{n}$을 제곱하면 m^2, n^2은 각각 m, n과 같은 소인수를 가지며 단지 인수가 나타나는 횟수가 2배일뿐이다. 즉 서로 소인 임의의 분수를 제곱하면 분자와 분모의 소인수가 짝수 번 나타나는데, $2=\frac{2}{1}$은 제곱해도 분자와 분모의 소인수가 짝수 번 나타나지 않는다. 따라서 2는 유리수의 제곱이 아니다. 이와 같은 직접증명법은 $\sqrt{3}$, $\sqrt{5}$가 유리수가 아님을 증명하는데도 그대로 적용될 수 있다.

(2) 자연수, 정수, 유리수, 실수 등은 수의 체계를 분류하는 방법이고, 어떤 수가 분수인가 소수인가 하는 것은 수를 표현하는 방법이다. 따라서 $0.999\cdots$과 같은 순환소수가 유리수인가 아니면 무한소수인가 둘 중의 하나를 택하라는 물음은 적절하지 않다. 왜냐하면 하나는 수의 분류에 관한 질문이고 또 다른 하나는 수의 표현 방법에 대한 질문이기 때문이다. 순환소수 $0.999\cdots$는 표현방법으로는 무한소수이며 연산에 의한 분류기준에 의하면 유리수이기 때문이다.

4.3 근삿값

일상생활 속에서 우리는 많은 것을 측정한다. 키가 175cm, 몸무게가 68.5kg 할 때, 이들 값이 정확한 참값이 아니듯이 대부분의 측정값은 참값과 가까운 값으로 이 값을 **근삿값**(approximate value)이라고 한다. 이때의 차이를 **오차**(error)라고 하며 보통

$$(\text{오차})=(\text{근삿값})-(\text{참값})$$

으로 정한다.

참고 4.6

학교수학에서 근삿값을 다루는 것은 중요하다. 지금까지는 수의 성질을 알고 수의 집합을 분류하기 위하여 연산에 대해 닫혀있는 정도를 공부하였다. 이러한 과정에

서 다루는 수는 대수적으로 정확한 참값을 다루게 된다. 수학적 사실에 대한 교육을 위하여 추상적인 것을 주로 다루는 학교교육의 영향 때문에, 측정에 의해 얻어진 수조차도 참값으로 알고 있는 경우가 많다. 더욱이 측정된 자료의 성질을 알아내는데 있어서도 수학적으로 정확하지 않으면 문제를 해결하지 못하는 경우가 많다. 예를 들어 측정된 자료

$$(x_1, y_1), (x_2, y_2), (x_3, y_3), \quad x_1 < x_2 < x_3$$

가 일직선에 가깝게 분포되어 있더라도, 정확하게 일직선 위에 있지 않으면 자료가 일차함수의 그래프 위에 분포되어 있다고 말하기를 주저한다. 이것은 수학에서는 오로지 참값만 다루어야 한다는 관념이 지배하고 있는 탓일 것이다.

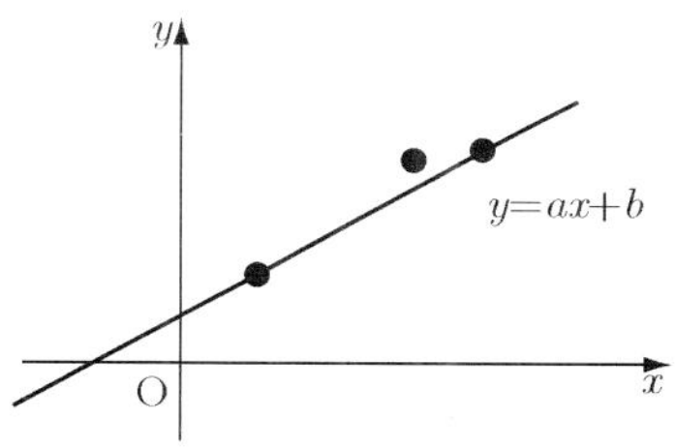

그 대신, 수학적으로 x좌표가 서로 다른 세 점을 지나는 곡선 중에는 이차 이하의 함수가 있으므로 이차다항함수를 구하여 세 점이 이차함수 위에 있다고 말한다. 그러나 이와 같이 자료의 성질을 예측하면 이들 점 사이의 정보는 이차함수로 얻어진 보간법에 의하여 얻어지므로 오차가 큰 정보를 생산하게 되는 경우가 있다.

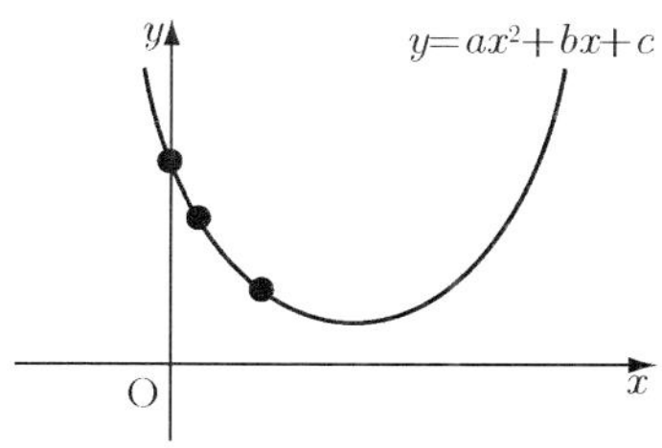

측정값은 대체적으로 반올림하여 나타낸다. 따라서 근삿값을 나타낼 때 어느 자리에서 반올림한 것인지를 알면 오차가 얼마나 큰지를 알 수 있다. 따라서 근삿값을 나타낼 때 반올림하지 않은 부분은 믿을 수 있는 숫자이다. 이를 **유효숫자**라고 한다.

일반적으로 자연과학에서는 근삿값을 유효숫자로 이루어진 부분을 정수 부분이 한 자리인 수를 이용하여

$$a \times 10^n$$

의 꼴로 나타낸다. 이와 같은 표현은 유효숫자를 분명히 나타낼 수 있을 뿐만 아니라 아주 큰 수나 작은 수를 간단히 나타낼 수 있어 편리하다. 근삿값의 사칙연산에서 유효숫자를 알아보기 위하여 덧셈 / 뺄셈, 곱셈 / 나눗셈을 할 때 두 수의 유효숫자를 맞추어 계산하기도 하지만, 최근에는 계산기의 사용으로 유효숫자를 맞추어 계산하는 일은 의미가 없어졌다.

4.4 실수

학교수학에서는 자연수의 집합에서 정수, 유리수, 실수의 집합으로 수의 세계를 확장해 나간다. 즉 자연수로부터 정수와 유리수를 만들고, 유리수가 아닌 것을 무리수라 정의하여 수를 추상적으로 정의하였다. 이들을 좀 더 직관적으로 구분하기 위하여 그 수의 소수 표현이 순환하는 무한소수(유한소수도 순환소수로 본다)인지 또는 순환하지 않는 무한소수인지를 통하여 유리수와 무리수로 분류하였다. 따라서 순환하지 않는 무한소수를 무리수로 정의하고, 유한소수를 무한소수의 특별한 경우로 인정한다면, **실수체계**(real number system, continuum of numbers)를 무한소수 전체의 집합으로 정의할 수 있다. 이렇게 정의하면 $0.999\cdots = 1$임이 분명해 진다. 여기서 1은 수열 $\{0.9, 0.99, 0.999, \cdots\}$의 극한이다.

참고 4.7

이와 같이 무리수를 정의하는 것은 수열의 극한에서 다룰 코오시 수열(Cauchy sequence)의 개념을 이용하는 것이다. 즉 실수를 유리수의 Cauchy 수열의 극한의 집합으로 보는 것이다.

위와 같은 정의가 마음에 들지 않는다면, 수직선 위에 끝점이 유리수인 모든 축소구간 (nested rational interval)

$$I_1 = [a_1, b_1],\ I_2 = [a_2, b_2],\ I_3 = [a_3, b_3],\ \cdots$$

의 수열을 생각한다. 예를 들면 유리수 축소구간의 길이가

$$|I_n| = \frac{1}{2}|I_{n-1}|$$

이 되도록 택하면

$$\cap_{n=1}^{\infty} I_n = \{p\}$$

인 한 점 p가 있다. 이때, p가 유리수가 아니면 이를 무리수라고 한다.

이와 같은 방법으로 수직선 위의 모든 점에 대하여 한 점으로 수렴하는 유리수의 축소구간을 여러 개 만들 수 있으므로, 임의의 유리수의 축소구간 안에 포함된 수직선 위의 점을 실수로 정의한다. 예를 들어 1은 축소구간 수열 $\left\{[1-\frac{1}{n},\ 1+\frac{1}{n}]\right\}$, $\left\{[1,\ 1+\frac{1}{n}]\right\}$의 극한이다. 사실 이것은 무한소수를 사용하여 정의한 실수를 좀 더 형식화하여 나타낸 것뿐이다. 다시 말하면 이것은 Cauchy 수열에 의하여 실수를 만드는 것과 같다.

참고 4.8

수직선 위에서 임의의 유리수의 축소구간의 공통부분이 한 점으로 존재한다는 것 ($\cap_{n=1}^{\infty} I_n = \{p\}$)은 증명할 수 없기 때문에 존재성을 기하 공준(postulate of geometry)으로 둔다. 이것이 다음에 다룰 축소구간 정리이다.

위와 같이 무리수를 유리수의 축소구간의 수열의 극한으로 정의하여도 현재 우리가 하고 있는 두 실수의 덧셈, 뺄셈, 곱셈, 나눗셈을 할 수 있을 뿐만 아니라, 두 수의 크기에 대한 관계도 유리수체로부터 일반화 할 수 있다.

예를 들면, 두 무리수 α, β를 각각 유리수 축소구간의 수열 $\{[a_n, b_n]\}$, $\{[c_n, d_n]\}$의 극한으로 정의할 수 있고, 이들의 첫 수와 끝수의 합을 가지고 새로운 유리수 축소구간의 수열 $\{[a_n + c_n,\ b_n + d_n]\}$을 만들면, 이 축소구간의 극한은

$$\alpha+\beta$$

를 나타낸다. 같은 방법으로 곱셈 $\alpha\beta$, 뺄셈 $\alpha-\beta$, 나눗셈 $\frac{\alpha}{\beta}$를 정의할 수 있다.

유리수는 수직선 위에 빽빽이 들어 차 있다는 유리수의 조밀성을 알고 있다. 이와 같은 유리수의 조밀성을 이용하면, 무리수도 수직선 위에 빽빽이 들어 차 있다는 무리수의 조밀성도 증명할 수 있다.

정리 4.2 (무리수의 조밀성)

임의의 $a, b \in Q$가 $0 < a < b$이면 임의의 무리수 α에 대하여

$$a < r\alpha < b$$

인 유리수 r가 존재한다. 더욱이 $r\alpha$는 무리수이다.

참고 4.9

물리적 측면에서, 무리수를 유리수의 축소구간의 수열로 정의한다는 것은 우리가 측정해야할 양에 점점 더 가까운 근삿값의 수열을 만드는 것과 같다. 유리수가 조밀하기 때문에 물리적 기구를 가지고 유리수든 무리수든 그 값을 정확히 측정하는 것은 불가능하다. 이런 의미에서 본다면 물리적 현상을 나타내는데 무리수는 불필요한 존재인지도 모른다. 사실 수학적으로 완벽한 원을 그릴 수 없듯이 측정값의 참값을 알 수는 없다. 그러나 물리적 현상을 수학적으로 표현하는데 있어 무리수의 도입은 극한의 개념을 자유롭게 사용할 수 있게 해주는 매우 중요한 역할을 한다.

앞에서 무리수를 유리수의 축소구간의 수열로써 정의한 것과는 달리 데데킨트는 좀 더 추상화된 기하학적 개념으로 무리수를 정의하고 있다. 무리수를 만드는 과정에는 소위 데데킨트의 절단(cut)의 개념이 들어 있다. 이를 간단히 설명하면 다음과 같다.

정의 4.2 (데데킨트 절단)

유리수 전체의 집합 Q를 나누는 공집합이 아닌 두 부분집합을 A, B라 하자(즉 $A \neq \varnothing \neq B$, $Q = A \cup B$, $A \cap B = \varnothing$). 임의의 $a \in A$, $b \in B$에 대하여 $a < b$이면, 다음의 세 가지 중 단 한 가지만 성립한다.

(1) A의 가장 큰 원소 $a^* \in Q$가 존재한다.
(2) B의 가장 작은 원소 $b^* \in Q$ 가 존재한다.
(3) A의 가장 큰 원소도 존재하지 않고 B의 가장 작은 원소도 존재하지 않는다.

이때, A, B의 짝을 유리수 전체의 집합 Q의 **절단**(cut)이라 부른다.
(1), (2)에서 a^*와 b^*가 동시에 존재하지는 않는다. 왜냐하면 $(c^* + b^*)/2$는 A의 가장 큰 원소보다 크고, B의 가장 작은 원소보다 작기 때문이다. (3)의 경우 임의의 $a \in A$, $b \in B$ 에 대하여 $a < r < b$인 수 r을 데데킨트는 무리수라 정의한다.

이와 같이 정의해도 유리수의 축소구간의 수열로 정의한 무리수와 같다는 것을 쉽게 보일 수 있다. 데데킨트의 절단과 비슷한 개념이 유클리드의 〈원론(V)〉에서 찾아볼 수 있으나, 데데킨트의 정의는 대수적 성질과 완비성을 형식적으로 증명할 수 있는 길로 우리를 인도해 준다는 데에서 큰 의미를 갖는다.

4.5 공리적 실수체계와 구성적 실수체계

우리는 유리수의 수열의 극한으로, 축소구간으로 또는 데데킨트 절단을 이용하여 실수를 직접 구성하였다. 이와 같이 실수는 여러 가지 방법으로 구성될 수 있다는 것을 알아보았다. 그런데 이렇게 구성된 실수체계는 모두 같은 체계를 가지고 있는가?

먼저 앞에서처럼 실수체계를 구성하지 않고, 실수의 존재를 공리적으로 인정하고 이들이 갖는 중요한 성질을 찾아본다.

공집합이 아닌 집합 R 위에 덧셈 $+$와 곱셈 $\times$의 이항연산이 정해지고, 즉

$$\text{임의의 } a, b \in R\text{에 대하여 } a + b \in R,\ ab \in R$$

이고, 유리수체계가 가지고 있는 체의 공리와 순서공리가 만족되고 유리수체계가 가지고 있지 않는 완비성공리를 만족할 때, R을 공리적 **실수체계**(real number system)라고 한다.

참고 4.10

체의 공리를 이용하면

$$a+(-1)a=(1+(-1))a=0a=0$$

으로부터

$$-a=(-1)a$$

임을 증명할 수 있다. 또

$$(-a)+a=0$$

이므로

$$a=-(-a)$$

이다. 이들을 이용하면

$$-(-1)=(-1)\times(-1)$$

그런데 $-(-1)=1$이므로

$$(-1)\times(-1)=1$$

임을 보일 수 있다. 이와 같은 방법을 따르면

$$(\text{음수})\times(\text{음수})=(\text{양수})$$

라는 사실을 명료하게 밝힐 수 있으나, 공리적 실수체계를 중학생에게 이해시키기에는 수준이 너무 높다. 사실 학생들은 이미 실수체계나 (음수)×(음수)=(양수)임을 이미 알고 있는 것처럼 인식하고 있어 이것을 논리적으로 이해하는데 방해가 된다.

유리수체에서와 마찬가지로 실수체에 대해서도 순서공리가 성립한다. 그러나 다음의 완비성 공리는 유리수체에서는 성립하지 않고 실수체에서만 성립한다.

먼저 어떤 집합이 유계인지 아닌지를 순서공리에 의하여 구분하여 보자. 실수 전체의 집합 R에 대하여 집합 $S\subset R$의 임의의 원소 $x\in S$에 대하여

$$x \geq \alpha$$

인 $\alpha \in R$가 존재할 때, α를 S의 **하계**(lower bound)라 하고 집합 S는 **아래로 유계**(bounded below)라 한다. 이와 마찬가지로

$$x \leq \beta$$

인 $\beta \in R$가 존재할 때, β를 S의 **상계**(upper bound)라 하고 집합 S를 **위로 유계**(bounded above)라고 한다. 또 집합 S의 하계와 상계가 모두 존재할 때, 집합 S는 **유계**(bounded)라고 한다.

그런데 집합 S의 하계 α와 상계 β가 존재하면, α보다 작은 수는 모두 S의 하계이고 β보다 큰 수는 모두 S의 상계이다. 따라서 S의 특징을 잘 나타낼 수 있는 하나의 값이 있으면 편리하다. 이런 이유로, S의 하계 중에서 가장 큰 값을 S의 **하한**(greatest lower bound, infimum)이라 하고 $\inf S$로 나타낸다. 또 S의 상계 중에서 가장 작은 값을 S의 **상한**(least upper bound, supremum)이라 하고 $\sup S$로 나타낸다. 물론 하계, 상계, 하한, 상한은 집합 S의 원소가 아닐 수 있다. 예를 들면 (a, b)는 유계이고, 그 상한은 b이지만 $b \notin (a, b)$이다.

완비성 공리(axiom of completeness) 실수 전체의 집합 R의 공집합이 아닌 부분집합 S가 위로 유계이면, 반드시 그 상한이 존재한다.

예를 들면 구간 $(0,\ \sqrt{2})$의 상한 $\sqrt{2}$는 유리수가 아니다. 그러나 $\sqrt{2}$는 실수이므로 구간 $(0,\ \sqrt{2})$의 상한 $\sqrt{2}$는 실수 체계에서는 존재한다. 그러므로 완비성공리는 유리수 체에서는 성립하지 않지만 실수 체계에서는 성립한다. 완비성공리는 극한의 개념과 밀접한 관계가 있으므로 다음에 더 자세히 다루기로 한다.

위와 같이 실수체계를 공리적으로 정의하면 구성적으로 정의했을 때와 마찬가지로, 실수 전체의 집합은 덧셈, 뺄셈, 곱셈, 나눗셈에 대하여 닫혀 있다. 또 양수의 집합을 P라 할 때, 순서공리를 이용하면 두 실수 사이의 대소 관계를

$$a - b \in P \text{일 때 } a > b$$

로 정의할 수 있다. 이 정의에 따라 임의의 실수는 양수, 0, 음수 중의 한가지임을 밝힐 수 있다.

한편, 실수의 완비성 공리로부터 다음의 아르키메데스(Archimedes)의 정리가 성립함을 보일 수 있다.

정리 4.3 (아르키메데스의 정리)

임의의 $a > 0,\ b \in R$에 대하여

$$na > b$$

가 성립하는 자연수 n이 존재한다.

아르키메데스의 정리를 다시 말하면, 임의의 실수 b에 대하여 b보다 큰 정수 n이 존재한다는 것이다. 또 이 정리는 b보다 작은 정수가 존재한다는 것을 말해주기도 한다. 즉 임의의 실수 b에 대하여 $-b < n$인 정수 n이 존재하므로

$$-n < b$$

인 정수 $-n$이 존재한다. 따라서 실수 b는 b이하의 정수의 집합과 b보다 큰 정수의 집합으로 정수의 집합을 두 부분으로 나눈다.

아르키메데스의 정리를 이용하면 앞에서 언급한 유리수의 조밀성과 무리수의 조밀성을 증명할 수 있으며, 실수체계는 순서 구조상 빈틈이 없이 연속되어 있음을 완비성공리를 통하여 증명할 수 있다. 즉 다음의 데데킨트의 정리가 성립한다.

정리 4.4 (데데킨트의 정리)

실수 R의 공집합이 아닌 두 부분집합 A와 B에 대하여 다음 성질

(1) $A \cup B = R$

(2) $A \cap B = \varnothing$

(3) 임의의 $a \in A,\ b \in B$에 대하여 $a < b$을 만족하면,

$$a \le \alpha,\ \alpha \le b$$

인 $\alpha \in R$가 유일하게 존재한다.

참고 4.11

역으로 데데킨트의 정리가 성립하면 실수의 완비성공리가 성립함을 보일 수도 있다. 즉 데데킨트의 정리와 완비성공리는 서로 동치이다.

앞에서 우리는 실수체계를 구성적 방법과 공리적 방법으로 정의하였다. 그러면 이 두 가지 방법으로 정의된 실수체계는 한 가지인가? 아니면 서로 다른 두 가지인가? 다시 말하면 서로 다른 실수체계가 존재하는가하는 물음에 부닥치게 된다. 물론 실수체계가 서로 다른 두 가지가 있다면 큰 혼란을 불러 올 것이다.

유리수의 축소구간(또는 유리수의 Cauchy 수열)에 의하여 구성된 실수체계는 다음의 축소구간정리에 의하여 구성된 것이다. 물론 이 정리는 완비성공리를 이용하여 증명할 수 있다.

정리 4.5 (축소구간정리)

유계인 폐구간 $I_n = [a_n, b_n]$으로 이루어진 수열이 모든 자연수 n에 대하여

$$I_{n+1} \subset I_n$$

이면

$$\cap_{n=1}^{\infty} I_n \neq \varnothing$$

이다.

참고 4.12

축소구간정리의 증명은 실수의 완비성공리에 기반을 두고 있으므로

(완비성 공리) $\Rightarrow$ (축소구간정리)

인 관계가 성립한다. 실제로

(축소구간정리) $\Rightarrow$ (완비성 공리)

를 증명할 수 있다. 따라서 완비성공리와 축소구간정리는 동치이다. 그러므로 축

소구간 정리에 의하여 구성적으로 정의된 실수체계와 공리적 방법으로 정의된 실수체계는 같다. 한편 데데킨트정리와 완비성공리는 동치이므로, 완비성공리, 축소구간정리, 데데킨트정리에 의한 실수체계는 모두 같다.

한편, 축소구간 정리를 이용하면 해석학에서 매우 중요한 정리의 하나인 볼자노-바이어슈트라스(Bolzano-Weierstrass) 정리를 얻는다. 먼저 어떤 집합의 집적점에 대하여 정의하자.

집합 $S \subset R$에 대하여, $a \in R$를 포함하는 아무리 작은 근방을 택하더라도 점 a와 다른 점 $x \in S$를 적어도 하나 포함할 때 a를 집합 S의 **집적점**(accumulation point, limit point)이라 한다.

정리 4.6 (Bolzano-Weierstrass 정리)

유계인 무한집합 $S \subset R$는 반드시 적어도 하나의 집적점이 존재한다.

Bolzano-Weierstrass의 정리는 유계인 실수의 무한집합에 대하여 성립하지만 유한집합에 대해서는 성립하지 않는다. 예를 들어 실수의 유한집합 $S = \{a_1, a_2, \cdots, a_n\}$는 집적점을 갖지 않는다.

4.6 유리수와 무리수의 교육

초등학교 수학에서는 일상생활의 경험을 통하여 자연수의 곱셈을 같은 자연수를 반복해서 더하는 것으로 도입하고 있다. 이와 마찬가지로 학생들의 경험을 통한 쉬운 예를 가지고, 분수의 곱셈도 덧셈의 원리를 이용하여 단위 분수를 반복하여 더하는 것으로 접근하는 것이 좋다. 더욱이 학생들은 분수의 동치관계를 이해하는데 어려움을 가지고 있으므로, 이것 또한 학생들에게 익숙한 비나 비례의 개념을 가지고 생활 속의 예를 통해서 이해시키도록 한다.

초등학교와는 달리 중등학교에서는 곱셈과 나눗셈에 대한 수체계의 대수적 구조를 이해하도록 중점을 두어야 하며, 나눗셈의 연산의 의미와 나눗셈의 원리를 이해하도록 하여야 한다. 이때 나눗셈의 원리는 자연수에서 다루는 것이 좋다. 이러한 과정을 통해 단순히 이미 알려진 비나 비례에 대한 지식을 기계적으로 전달하고 전수받는 것이 아니라, 학생 스스로 수학(수의 체계)을 구성해 나가는 다양한 기회를 제공하여야 한다.

유리수에 대한 개념은 자연수, 정수로부터의 직관적 확장으로서 대체적으로 잘 이해되고 있다. 유리수의 덧셈이나 곱셈에 대해서는 오류를 범하는 경우가 적으나, 뺄셈과 나눗셈에 대해서는 많은 오류를 범한다. 특히 나눗셈 $a \div b$에서 '제수(분모) b가 분자 a보다 커야 한다.'든지, 대분수를 대분수로 나누는 나눗셈이나 어떤 수를 0으로 나누는 것을 논리적으로 설명을 하지 못한 채 단순히 '불가능하다'고 한다든지 '분모가 0인 것은 제외한다.' 등의 개념 오류를 자주 나타낸다. 이것은 나눗셈을 곱셈의 역원으로 생각하지 않고 기계적인 계산 또는 단순한 암기에 의한 교육 때문이라고 생각한다. 또 자연수의 나눗셈 원리의 개념을 분수를 분수로 나누는 것에 적용할 수는 있으나, 분수를 분수로 나누었을 때는 몫과 나머지라는 용어를 사용하지 않도록 하여야 한다. 나머지와 몫은 정수의 영역에서나 다룰 문제이기 때문이다.

유리수를 '두 정수의 몫으로 표현되는 수'라고 정의하면 문제가 없으나, 많은 학생들은 유리수를 단순히 '유한소수로 표현할 수 있는 수'로 정의하고 있다. 이것은 대부분의 교과서에서 유리수의 소수 표현을 '유한소수' 또는 '순환하는 무한소수'라고 표현하고 무리수를 '순환하지 않는 무한소수'라고 한 표현 중에서 '순환하는' 또는 '순환하지 않는'의 표현에 주의를 기울이지 않은 결과이다. 즉 학생들은 유리수를 유한소수, 무리수는 무한소수라는 개념을 가지고 있기 때문이다. 이런 이유로 많은 학생은 유리수가 아닌 수가 무리수이므로 순환하는 무한소수도 무리수로 오해를 한다.

다른 한편으로는 무리수에 대한 정확한 언급이 없이 단지 π, e 또는 $\sqrt{2}$와 같이 양수의 제곱근은 모두 무리수라고 하는 오류를 범한다. 또 무리수에 대한 그릇된 개념으로, 무리수의 개수가 유리수의 개수와 같거나 적다, 모든 선분의 길이는 유리수로 나타낼 수 있다, 유리수와 유리수 사이에는 무리수가 하나씩 존재한다든지 하는 현상들이 학생들에게서 나타난다.

직관 능력이 교육에 의하여 향상되기는 하지만, 유리수에서 실수로 확장하는 과정에서 무리수를 이해하기 위해서는 측정 가능한 수와 무리수와의 관계, 유리수의 조밀성을 이해하여야 하기 때문에 무리수를 직관적으로 이해하기 어렵다. 그럼에도 불구하고 학교수학에서 무리수를 이해하지 않고서는 실수의 성질을 완벽하게 이해할 수 없다. 이를 위해서는 공리적 방법을 직관적으로 받아들이는 것보다 어렵기는 하지만, 구성적으로 실수를 도입하는 여러 가지 방법을 소개하는 것이 좋을 것이다. 그러나 여기에는 극한의 성질을 도입하여 실수의 연산을 해야 하는 번거로움이 따른다.

지금까지는 수의 확장을 기하의(위상의) 관점에서 바라보았다. 그러나 수의 확장을 대수적으로 방정식의 풀이가 어떻게 가능한가하는 관점에서 볼 수도 있다. 즉 일차방정식 $ax+b=0$, 이차방정식 $ax^2+bx+c=0$의 해를 구하는 것으로부터, 각각 유리수와 무리수를 도입할 필요를 알게 할 수가 있다. 사실 이차방정식 이상으로 학교수학의 방정식에서 x^n의 꼴을 다루게 된다. 이러한 이유로 실수의 성질 중 실수 범위에서 성립하는 지수법칙에 대하여 학교수학에서 다루게 된다. 특히 밑이 $x>0$일 때, 자연수 m, n에 대하여

$$x^{\frac{m}{n}} = (x^{\frac{1}{n}})^m = n\sqrt{x^m}$$

으로 정의하는 데에는 아무런 문제가 없다. 이 경우 $8^{\frac{1}{3}} = 2$이다. 그러나 $x<0$인 경우는 사정이 좀 다르다. 예를 들어 음수인 경우에도 위와 같이 정의하면

$$-2 = (-8)^{\frac{1}{3}} = {}^3\sqrt{-8} = (-8)^{\frac{2}{6}} = (16)^{\frac{1}{6}} = 2$$

와 같은 문제가 발생한다. 따라서 이런 경우 $(-8)^{\frac{1}{3}}$의 값을 얼마로 정의해야 할지 또는 $\frac{a}{0}(a \neq 0)$, $\frac{0}{0}$처럼 정의하지 않는 것이 좋을지를 정하여야 한다.

물론 여기에는 우리가 수학에서 지금까지 자주 사용하는 규칙성이 얼마나 일관성이 있게 잘 보존되느냐에 따라 결정할 문제이기는 하다. 그런데 밑이 음수인 경우에는 자연수에서 성립했던 지수법칙이 실수 범위에서는 성립하지 않는다. 따라서 학교수학에서는 밑이 음수인 경우의 지수는 실수의 범위에서는 다루지 않는 것이 좋다. 이 문제는 복소수에서 다룰 문제이다.

참고문헌

[1] D.L. Ball, Prospective elementary and secondary teachers' understanding of division, Journal for Research in Mathematics Education, 21(1990) 132-144

[2] D.W. Carraher, Lines of thought: A ratio and operator model of rational number, Educational Studies in Mathematics, 29(1999) 29--44

[3] E. Fishbein, R. Jehiam, and D. Cohen, The concept of irrational numbers in high school students and prospective teachers, Educational Studies in Mathematics, 25(1993) 281-305

[4] S.K. Goel and M.S. Robillard, The equation:

$$-2=(-8)^{1/3}=(-8)^{2/6}=[(-8)^2]^{1/6}=2,$$

Educational Studies in Mathematics, 33(1997) 319-320

[5] A.O. Graeber, D. Tirosh, and R. Glover, Preservice teachers' misconceptions in solving verbal problems in multiplication and division, Journal Research in Mathematics Education, 20(1989) 95-102

[6] J. Lo and T. Watanabe, Developing ratio and proportion schemes: A story of a fifth grader, Journal for Research in Mathematics Education, 28(1997) 216-236

[7] W. Rudin, Principles of mathematical analysis, 2nd ed., McGraw-Hill(1964)

[8] D. Tall and R. Schwarzenberger, Conflicts in the learning of real numbers and limits, Mathematics Teaching, 82(1978) 44-49

[9] D. Tirosh and R. Even, To define or not to define: The case of $(-8)^{\frac{1}{3}}$, Educational Studies in Mathematics, 33(1997) 321-330

[10] F. Tournaire, Proportions in elementary school, Educational Studies in Mathematics, 17(1986) 401-412

MEMO

Chapter 05 복소수

Mathematics for School Mathematics

학교수학의 중학교 과정에서는 이차방정식의 허근을 다루지 않지만, 이차방정식의 근의 공식을 다룰 때 어떤 경우에는 근호 안의 수가 음수인 경우가 생기는 데 이것은 어떤 수인가 하는 문제가 제기된다. 이런 수는 고등학교 과정에서 이차방정식의 허근으로 다루게 된다. 따라서 중학생에게는 이차방정식의 허근은 근이 아닌 것으로 인식되고, 고등학교에 와서야 허근이 근으로 인정받게 된다. 이와 같이 방정식의 근의 존재성은 어떤 수의 범위에서 찾느냐에 따라 달라진다.

또 1차방정식이 1개의 근을 가지는 것에서 출발하여 특별한 경우의 2, 3, 4, 5차 방정식이 각각 2, 3, 4, 5개의 근을 가지는 경우를 통해서, n차 방정식의 근이 n개를 가짐을 추측할 수 있다. 따라서 일반적으로 n차 방정식의 근이 n개인가 하는 물음은 자연스럽다. 이러한 물음에 대한 깔끔한 대답을 위해서는 실수를 확장한 복소수의 도입이 필요하다.

5.1 학교수학에서의 복소수

수학의 특징 중의 하나는 자유이다. 수학을 공부하거나 연구하기 위하여 굳이 몸이 매여 실험실에서 실험을 하지 않아도 된다. 장소에 얽매이지 않고 자유롭게 소크라테스처럼 돌아다니면서 생각하고 토론하며 수학을 연구할 수 있다. 물론 자유로움 대신 잠이 깨서 잠을 잘 때까지 연구해야하는 부담도 가지고 있지만 말이다. 사실 요즈음에는 컴퓨팅이나 모델링 등 실험과 관련지어 실험실에서 연구하는 수학의 분야도 많이 있기는 하다.

어쨌든 정수나 유리수는 덧셈, 뺄셈, 곱셈, 나눗셈 등 사칙연산의 자유로움을 위하여 자연수로부터 확대되었고, 실수는 극한의 존재성에 대한 자유로움을 위하여 유리수로부터 확대되었다고 할 수 있다. 그러나 수의 확장에 의한 연산과 사고의 자유로움이 확장 이전의 수체계가 가지고 있는 성질이 보존되지 않는다면, 수의 확장이 논리적으로 뿐만 아니라 철학적으로도 의미가 없다는 것을 인식한 것은 19세기 중반이었다.

수의 확장은 논리적 측면 뿐 만 아니라 실제 생활과 연관되어 있어 그 응용성이 증가하였다. 그럼에도 불구하고 수의 이러한 실제 사물과의 연관성은 수의 확장에 대한 동기부여는 되지만 확실한 증명은 되지 못하고 있다.

학교수학의 내용을 살펴보면 대부분이 사칙연산에 대한 대수적 구조와 방정식에 관한 문제이다. 먼저 초등학교 과정에서는 일차방정식 $ax=b$의 해를 구하는 문제를 통하여 분수를 다루고, 중학교수학에서는 이를 유리수까지 확장한다. 또 이차방정식 $x^2=2$의 해는 유리수의 집합 안에는 존재하지 않으므로, 이 방정식의 해를 포함하는 더 큰 실수의 집합을 구성할 필요성을 제기하게 된다.

실수를 구성한 후에도 중학교 과정의 학교수학에서는 실수의 근을 갖는 이차방정식만을 다루므로, 학생들은 이차방정식의 근이 모두 실수일 것이라는 느낌(오개념)을 갖게 된다. 고등학교 과정에서야 이차방정식에는 실수체 위에서 조차 해를 포함하고 있지 않는 것이 나타난다. 예를 들면, 간단한 이차방정식

$$x^2=-1$$

에서 모든 실수의 제곱은 0 이상이므로, 이 방정식의 해는 실수의 집합 안에 존재하지 않는다. 따라서 우리는 이 방정식을 풀 수 없다고 하던지, 그렇지 아니면 이 방정식의 해를 포함하는 또 다른 개념의 수의 집합을 만들어내든지 하여야 한다. 이러한 필요성에 의하여 위 방정식의 해를 포함하도록 하는 음수 -1의 제곱근이란 새로운 개념의 수가 나타나게 된다.

참고 5.1

허수 단위 i는 셈수와는 관계가 없고 단지 $i^2=-1$을 나타내는 기호로 오일러(Euler)가 처음 사용하였다. 학생들이 범하는 많은 오류 중에 $i=\sqrt{-1}$으로 생각하는 것이다. 사실 $i^2=-1$이 되는 수를 i라 하면 $i=\pm\sqrt{-1}$이므로 즉 $\sqrt{-1}$은 i 또는 $-i$이어야 한다.

5.2 복소수의 대수적 성질

허수 단위 i를 $i^2=-1$을 만족하는 수로 정의하고 허수 단위 i를 마치 하나의 문자처럼 생각하여, 임의의 두 실수 a, b에 대하여

$$a+bi$$

의 꼴로 나타나는 또 다른 수를 생각할 수 있다. 이러한 수를 Gauss(1832)는 **복소수**(complex number)라 불렀다. 이때 a와 b를 각각 이 복소수의 **실수부**(real part)와 **허수부**(imaginary part)라고 한다. 특히 $b=0$일 때 복소수 $a+bi$는 실수가 된다. 따라서 실수 전체의 집합은 복소수 전체의 집합의 부분집합이 된다.

먼저 두 실수의 항등(같음)을 정의하였듯이 두 복소수가 같다는 것을 어떻게 정하는 것이 좋을까? 그런데 a, b, c, d가 실수일 때, 모든 실수 x, y에 대해

$$ax+by=cx+dy \Leftrightarrow a=c,\ b=d$$

임을 알고 있다. 이와 같이 두 복소수 $a+bi$와 $c+di$가 같다는 것을 i를 마치 문자처럼 생각하여

$$a+bi=c+di \Leftrightarrow a=c, b=d$$

와 같이 정의하면 자연스럽다. 이와 같이 정의하면 다항식의 항등식을 계산하는 방법과 같은 방법으로 복소수의 항등 조건을 알 수 있다.

참고 5.2

복소수를 임의의 두 실수 a, b에 대하여 $a+bi$의 꼴로 정의하였다. 이때 $a+bi$에서 +는 단지 기호이지 덧셈의 연산은 아니다. 물론 나중에는 덧셈의 의미로 사용되기도 하지만 복소수를 정의하는 단계에서는 덧셈의 꼴이기는 하지만 복소수의 덧셈이 정의되지 않았기 때문에 덧셈의 연산으로 보면 안 된다. 복소수 $a+bi$에서 $b\neq 0$이면 이 복소수는 실수가 아니다. 이와 같이 실수가 아닌 복소수를 허수(imaginary number)라고 한다. 그러나 많은 학생들은 허수와 복소수를 같은 개념으로 받아들이고 있다. 그렇더라도 학교수학에서 $a+bi$가 복소수인지 또는 (순)허수인지를 구분하도록 지나치게 묻는 것은 교육적으로 별 의미가 없다.

이제 복소수의 대수적 구조에 대해 알아보자.

자연수 전체의 집합은 덧셈과 곱셈에 대하여 닫혀 있지만 뺄셈과 나눗셈에 대하여는 닫혀 있지 않고, 정수 전체의 집합은 덧셈, 뺄셈, 곱셈에 대하여 닫혀 있으나 나눗셈에 대하여는 닫혀 있지 않다. 그러나 유리수 전체의 집합과 실수 전체의 집합은 덧셈, 뺄셈, 곱셈, 나눗셈에 대하여 모두 닫혀 있다(물론 0으로 나누는 것은 당연히 제외하고 생각한다). 이와 같이 자연수 전체의 집합, 정수 전체의 집합, 유리수 전체의 집합, 실수 전체의 집합으로 갈수록 더 많은 연산에 대하여 닫혀 있게 되어 우리가 원하는 만큼 자유롭게 계산을 할 수 있다. 그런데 복소수 전체의 집합은 실수 전체의 집합을 부분집합으로 가지므로, 실수 전체의 집합이 가지고 있는 덧셈, 뺄셈, 곱셈, 나눗셈에 대하여 모두 닫혀 있도록 하는 것이 자연스러울 것이다.

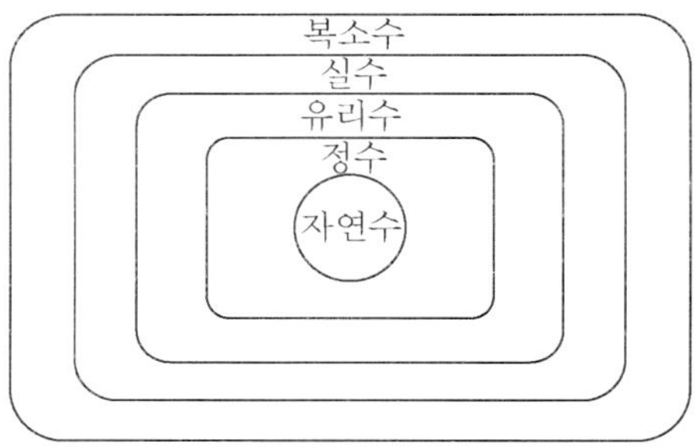

따라서 복소수 전체의 집합이 덧셈, 뺄셈, 곱셈, 나눗셈에 대하여 닫혀 있도록 하려면 이들 연산을 어떻게 정의하여야 할까? 복소수 사이의 덧셈, 뺄셈, 곱셈, 나눗셈을 마치 i가 문자인 것처럼 생각하여 문자식의 계산에서와 같이

$$(a+bi)+(c+di)=(a+c)+(b+d)i$$
$$(a+bi)-(c+di)=(a-c)+(b-d)i$$
$$(a+bi)(c+di)=(ac-bd)+(ad+bc)i$$
$$\frac{a+bi}{c+di}=\frac{ac+bd}{c^2+d^2}+\frac{bc-ad}{c^2+d^2}i \quad (c^2+d^2 \neq 0)$$

와 같이 정의하면 되지 않을까?

위와 같이 정의하면 복소수의 덧셈, 뺄셈, 곱셈과 나눗셈에 대하여 이들 연산의 결과가 또한 복소수임을 알 수 있다. 다시 말하면, 복소수 전체의 집합 C는 덧셈, 뺄셈, 곱셈과 나눗셈에 대하여 닫혀 있다(단 0으로 나누는 것은 제외한다). 특히, 복소수 a에 대하여

$$a+0=0+a=a, \quad a+(-a)=(-a)+a=0$$

이므로 덧셈에 대한 항등원 0과 a의 역원 $(-a)$가 존재하며,

$$a\times 1=1\times a=a, \quad a(\frac{1}{a})=(\frac{1}{a})a=1 \ (a\neq 0)$$

이므로 곱셈에 대한 항등원 1과 $a(a\neq 0)$의 역원 $\frac{1}{a}$이 존재한다.

더욱이, 실수의 덧셈, 곱셈에 대한 기본성질이 성립하는 것과 마찬가지로, 복소수의 덧셈, 곱셈에 대한 다음의 기본성질이 성립함을 알 수 있다.

정리 5.1

임의의 복소수 a, b, c에 대하여 다음 성질이 성립한다.

(1) 교환법칙 $a+b=b+a$, $ab=ba$

(2) 결합법칙 $(a+b)+c=a+(b+c)$, $(ab)c=a(bc)$

(3) 분배법칙 $a(b+c)=ab+ac$

(4) 항등원 $a+0=0+a=a$, $a\times 1=1\times a=a$

(5) 역원 $a+(-a)=(-a)+a=0$, $a\neq 0$이면 $a(\frac{1}{a})=(\frac{1}{a})a=1$

정리 5.1에 의하면 복소수 전체의 집합은 체(복소수체)가 되고, 복소수체는 물론 실수체를 포함한다. 그러나 실수의 순서 관계

(1) 임의의 실수 a, b에 대하여, $a>b$, $a=b$, $a<b$ 중 하나만 성립한다.

(2) 임의의 실수 a, b, c에 대하여, $a<b$, $b<c$이면 $a<c$이다.

(3) $a<b$이면 임의의 실수 c에 대하여, $a+c<b+c$이다.

(4) $a<b$, $c>0$이면, $ac<bc$이다.

와 같은 순서관계는 복소수 전체의 집합에서는 성립하지 않는다.

그 이유는 다음과 같다. 만약 복소수의 집합에서도 위와 같은 실수의 순서관계가 성립한다고 가정하면, 삼일률에 의하여 $i\neq 0$이므로 $i>0$이거나 $i<0$이다.

(i) 먼저 $i>0$라 하자. 그러면 양변에 i를 곱하면

$$i^2 > 0$$

이다. 즉 $-1 > 0$이 되어 실수의 순서구조에 모순이 생긴다.

(ii) 이제 $i < 0$라고 하면, 양변에 $-i$를 더하여

$$i + (-i) < 0 + (-i)$$

즉

$$0 < -i$$

를 얻는다. 그런데 위의 부등식의 양변에 $-i$를 곱하면

$$0 \cdot (-i) < (-i) \cdot (-i)$$

즉 $0 < -1$이 되어 또 다시 모순이 생긴다.

따라서 복소수 전체의 집합은 실수에서의 순서구조와 같은 대소 관계는 가지고 있지 않다.

참고 5.3

두 복소수 $z_1 = a_1 + b_1 i$, $z_2 = a_2 + b_2 i$의 대소 관계를 사전에서 알파벳을 늘어놓는 것과 같이

$a_1 > a_2$일 때 $z_1 > z_2$

$a_1 = a_2$일 때 $b_1 > b_2$이면 $z_1 > z_2$

로 정의하자고 주장하는 사람도 있다. 물론 이와 같이 복소수 자체의 순서(사전적 순서 lexicographical order)는 줄 수도 있으나, 그 순서는 실수가 가지는 크기의 순서와는 다른 의미이다. 더욱이 복소수는 실수를 포함하고 있으므로, 복소수의 순서관계가 있다면 그 순서관계는 실수의 순서관계를 만족하는 것이 지극히 자연스러우나 사전적 순서관계는 그렇지 못하다.

참고 5.4

복소수체계를 논리적으로 규명한 사람은 영국의 해밀턴(Hamilton, 1835)이다. 그는 실수의 순서쌍들의 집합

$$C = \{(a, b) \mid a, b \in R\}\text{에서 } \alpha = (a, b),\ \beta = (c, d) \in R$$

일 때, 이들의 상등, 덧셈과 곱셈을 다음과 같이 정의하였다.

$$\alpha = \beta \Leftrightarrow a = c,\ b = d$$
$$\alpha + \beta = (a + c,\ b + d)$$
$$\alpha\beta = (ac - bd,\ ad + bc)$$

위와 같이 정의하면 순서쌍 $\alpha, \beta, \gamma \in C$에 대하여 결합법칙, 교환법칙, 분배법칙

$$\alpha + (\beta + \gamma) = (\alpha + \beta) + \gamma,\ \alpha(\beta\gamma) = (\alpha\beta)\gamma$$
$$\alpha + \beta = \beta + \alpha,\ \alpha\beta = \beta\alpha$$
$$\alpha(\beta + \gamma) = \alpha\beta + \alpha\gamma$$

가 성립한다.

이제 순서쌍 $(a, 0)$에 a를, 순서쌍 $(b, 0)$에 b를 대응시키면

$$(a, 0) + (b, 0)\text{은 } a + b,$$
$$(a, 0) \cdot (b, 0)\text{은 } ab$$

에 각각 대응된다. 이러한 의미에서, 실수 전체의 집합은 순서쌍의 집합 C의 부분집합이 되며,

$$(a, 0) = a,\ (0, 0) = 0,\ (1, 0) = 1$$

으로 나타낼 수 있다. 또, k가 실수일 때

$$k(a, b) = (ka, kb)$$

또 순서쌍 $\alpha = (a, b)$에 대하여

$$\alpha + 0 = \alpha,\ \alpha \times 1 = \alpha,\ \alpha + (-\alpha) = 0$$

이고, $\alpha \neq 0$일 때

$$\frac{1}{\alpha} = \left(\frac{a}{a^2 + b^2},\ \frac{-b}{a^2 + b^2}\right)$$

이므로

$$\alpha \times \frac{1}{\alpha} = 1$$

이다.

따라서 순서쌍의 집합 C 위에서 덧셈, 뺄셈, 곱셈, 나눗셈을 할 수 있음을 의미하며, 이 집합은 수의 체(field)를 이룬다. 이 순서쌍의 집합이 앞에서 정의한 복소수 전체의 집합과 같게 된다.

5.3 복소수의 기하학적 성질

허수(imaginary number)는 실제로 존재하는 수일까? 아니면 우리의 상상 속에나 있는 존재하지 않는 수일까? 학교수학에서 복소수를 배운 많은 학생들은 복소수를 생각할 때 허수를 연상한다. 허수는 말 그대로 가짜의 수이므로, 허수는 존재하지 않는 수라고 믿는다. 이것은 우리의 존재에 대한 관념이 물리적으로 보이지 않으면 존재하지 않는 것으로 생각하기 때문이다. 그러면 어떻게 복소수를 눈으로 보여주어 존재하는 수로 믿게 할 수 있을까?

실수를 직선 위의 점에 대응시켜 눈으로 볼 수 있게 되었고, 수직선의 성질을 통하여 실수에 대한 많은 연구가 가능했다. 이와 마찬가지로, 복소수를 평면의 점과 대응시킬 수 있었던 것은 복소수 이론의 발전의 중요한 전기가 되었다. 이런 시각화를 위하여 뉴턴은 크기와 방향을 가지는 물리적 양(벡터)을 평행사변형을 이루는 두 변의 요소로 분해하였다.

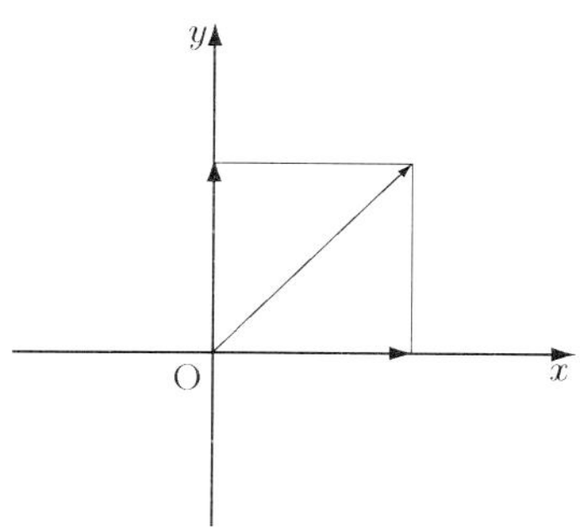

웨셀(Wessel)은 뉴턴의 아이디어에 좌표 체계를 도입하여 대수적 연산으로 다루었다. 이러한 Wessel의 발견은 그 당시 주목을 받지 못하였으나, 이를 이용하여 Gauss(1831)가 복소수를 기하학적으로 해석함으로서 재발견되었다. 특히 해밀턴은 복소수를 순서쌍으로 취급하여 복소수에 대한 신비로움을 제거하였다. 왜냐하면 실수의 순서쌍은 우리에게 더 이상 신비로움의 대상이 아니기 때문이다.

복소수 $z=a+bi$를 좌표평면 위의 점 $P(a,b)$에 대응시키면, 복소수 전체의 집합은 평면 위의 점 전체의 집합과 일대일 대응이 된다. 따라서 좌표평면 위의 점 $P(a,b)$는 복소수 $a+bi$를 나타내는 점으로 볼 수 있다. 이와 같이 좌표평면 위의 각 점이 복소수를 나타낼 때, 이 좌표평면을 **복소수평면**(complex plane)이라고 한다. 이때, 복소수평면에서 x축 위의 점은 실수를 나타내므로 **실수축**(real axis)이라 하고, y축 위의 점은 순허수를 나타내므로 y축을 **허수축**(imaginary axis)이라고 한다. 또, 복소수평면 위에서 복소수 z를 나타내는 점을 $P(z)$ 또는 점 z라 한다.

그러면 $x+0i$는 좌표평면 위의 $x-$축 위의 점을 나타내고, $z=0+yi$는 $y-$축 위의 점을 나타낸다. 특히, 복소수

$$\bar{z}=x-yi$$

를 복소수 z의 **켤레복소수**(conjugate)라 하고,

$$r^2=x^2+y^2=(x+yi)(x-yi)=z\cdot\bar{z}$$

인 양의 실수 r를 Weierstrass는 복소수 z의 **절댓값**(absolute value)이라 하였고 Cauchy는 **크기**(modulus)라고 불렀다. 복소수의 절댓값은 원점에서 복소수 z까지의 거리를 나타낸다.

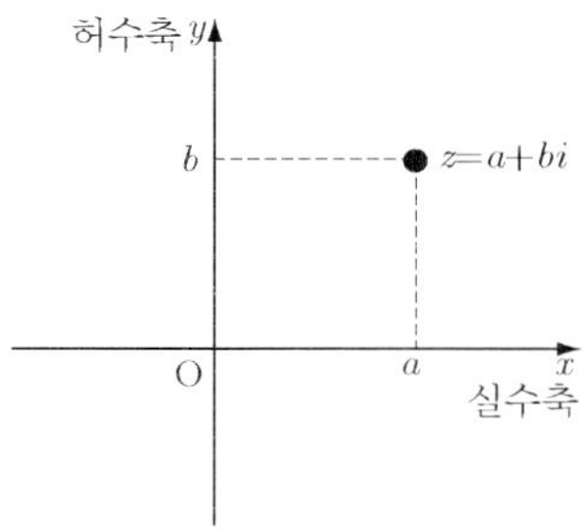

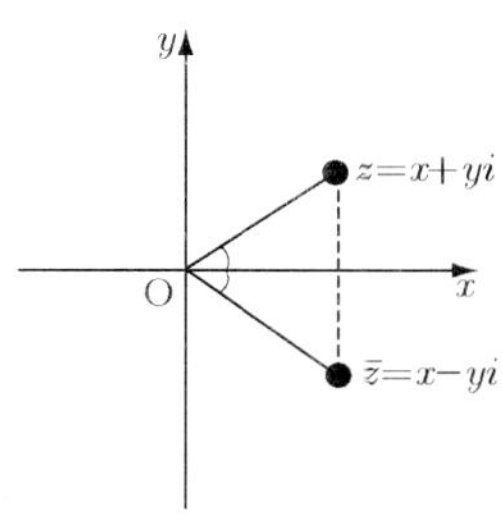

위와 같이 복소수의 크기를 정의하면, 두 복소수 $z_1 = x_1 + y_1 i$, $z_2 = x_2 + y_2 i$에 대하여

$$|z_1 z_2| = |z_1||z_2|$$

가 성립한다. 또, 두 복소수의 합은

$$z_1 + z_2 = (x_1 + x_2) + (y_1 + y_2)i$$

이므로, 이것은 평행사변형의 한 꼭짓점을 이룬다.

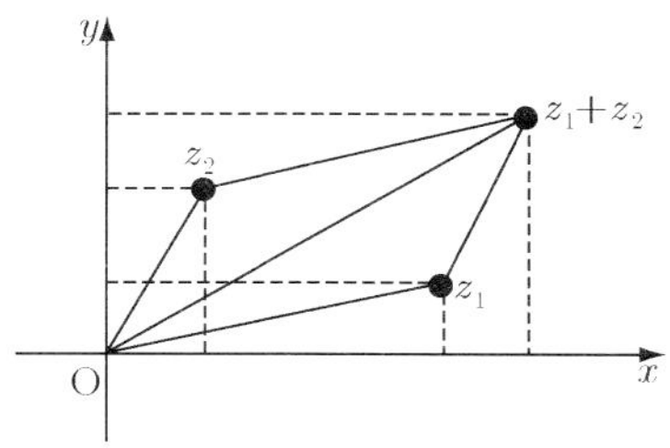

평면 위의 점 P를 xy-좌표로 그 위치를 나타내는 대신 원점에서 점 P까지의 거리와 반직선 OP가 x축의 양의 방향과 이루는 각을 이용한 극좌표(polar coordinate)를 사용하면 편리한 경우가 많이 있다. 직선 Oz와 x-축과 이루는 양의 각을 복소수 z의 **편각**(argument)이라 하고, 이를 $\theta = \arg z$로 나타내면

$$\theta = \arctan \frac{y}{x} \quad (x \neq 0)$$

$$|z| = |\overline{z}|, \quad \overline{\theta} = -\theta$$

이다.

참고 5.5

(1) 복소수 z의 편각 θ는 일반각이므로 여러 가지로 나타낼 수 있으나, 보통

$$0 \le \theta < 2\pi \text{ 또는 } -\pi \le \theta < \pi$$

의 범위에서 그 절댓값이 가장 작은 것으로 나타낸다. 그러나 복소수 0의 편각은 정의하지 않는다.

(2) Gauss는 크기가 1이고 편각이 θ인 복소수 z가

$$z = e^{i\theta} = \sin\theta + i\sin\theta$$

로 나타난다는 유명한 공식을 만들어 내었다. 이를 이용하면 두 복소수가

$$z_1 = r_1(\cos\theta_1 + i\sin\theta_1),\ \ z_2 = r_2(\cos\theta_2 + i\sin\theta_2)$$

와 같이 극형식으로 나타날 때

$$z_1 z_2 = r_1 r_2\{\cos(\theta_1+\theta_2) + i\sin(\theta_1+\theta_2)\}$$

가 된다. 특히 $r=1$인 경우에는 드무아브르(De Moivre)의 정리

$$(\cos\theta + i\sin\theta)^n = \cos n\theta + i\sin n\theta$$

을 얻는다.

5.4 복소수 교육

역사적으로 볼 때 복소수는 이차방정식 $ax^2+bx+c=0$의 근의 공식에서 $b^2-4ac<0$일 때 복소수 근이 나타난다. 그러나 초기 단계에서는 이를 이차방정식의 근으로 인정하지 않았다. 예를 들어 알렉산드리아의 헤론(Heron, A. D. 100)은 음수의 제곱근 문제에서 $\sqrt{-63}$인 해를 얻었다는 기록이 있다. 또 16세기 초반에 수학자들은 모든 이차방정식이나 삼차방정식의 해를 나타내기 위하여 음수의 제곱근을 다룰 수밖에 없었다.

이를테면 카르다노(Cardano, 1545)는 3차 방정식

$$x^3 + mx = n$$

을 풀기 위하여 t, u를

$$t-u=n.\ \ tu=(m/3)^3$$

을 만족하는 수라 두고,

$$x = t^{1/3} - u^{1/3}$$

라 두면

$$x^3 = n - mx$$

가 된다는 것을 알았다. 이때

$$x = (\frac{n}{2} + \sqrt{(n/2)^2 + (m/3)^3}\,)^{1/3} - (-\frac{n}{2} + \sqrt{(n/2)^2 + (m/3)^3}\,)^{1/3}$$

이다.

예를 들어 삼차방정식

$$x^3 - 15x = 4$$

를 풀면, 방정식의 해는

$$x = (2 + \sqrt{-121}\,)^{1/3} - (-2 + \sqrt{-121}\,)^{1/3}$$

이다.

그런데 여기서 $\sqrt{-121}$ 는 도대체 무엇인가? 어떻게 계산할 것인가? 그 당시에는 이것을 설명할 길이 없었다. 따라서 Cardano 당시에는 지금의 이러한 복소수가 수라기 보다는 절차적으로 필요한 상상속의 수(imaginary number)로 인정될 수밖에 없었으나, 수학을 하는 사람 가운데는 이를 해명하려는 압박감에 시달리게 되고 이것이 수학이 발전하게 되는 내재적 동기가 되었다.

이후 다항방정식의 근의 존재성과 근의 개수를 구하는 문제로부터 복소수의 중요성이 부각되었다. 물론 인수분해의 유일성정리가 증명되기 이전에는 다항식의 인수분해가 유일하다는 가정에서 출발하였다. 그렇지만 위와 같이 근호 안의 수가 음수인 수는 그 당시에는 수학적 유희일 뿐 전혀 무의미한 수로 여겨졌으므로, 이런 수는 상상 속에나 있는 신화적 허수(imaginary)라는 용어가 생겨났다. 이것은 지금의 복소수를 허수(imaginary number)라고 이름 붙인 데서도 그들의 생각을 엿볼 수 있다. 이러한 의미 없는 계산을 하게 되는 논란과 모순이 명백하게 해결되지 않은 채 200여 년 동안 지속되어 오다가 Gauss가 복소수의 연산을 기하학적으로 좌표평면에 나타내면서부터 복소수의 타당성에 대한 논란의 종지부를 찍었다. 이와 같은 과정을 살펴 볼 때 복소수의 개념 이해가 쉽지 않다는 것을 알 수 있다.

Gauss와 Hamilton에 의해 복소수를 평면 위의 점과 대응시키는 기하적인 의미로 해석할 수 있게 됨으로 복소수에 대한 이해가 한결 좋아졌다. 이것은 사람들이 어떤 주제나 사물을 새로이 만들 때 다른 모습으로 또는 다른 차원으로의 시각화에 많이 의존하기 때문이다. 아마 수학의 발견도 이 관점에서 자유롭지 않을 것이다. 그런 의미에서 본다면 복소수의 교육도 대수적 관점과 기하학적 관점이 공존하여 이해되고, 한 관점이 다른 관점으로 전이되도록 교육되어져야 한다. 대부분의 학생들은 문제해결과정에서 대수적 방법을 선호하는 경향이 있다. 그러나 특히 복소수, 부등식 등과 같은 문제의 정확한 해를 얻기 위한 과정에서는 대수적 사고만을 하는 학생은 기하학적 사고를 하는 학생들보다 더 많은 어려움을 느낀다.

한편 복소수의 개념은 실수와 허수를 모두 포함하며 두 수의 연산 성질을 만족하는 대수적 완비성을 찾아가는 과정으로, 또 대수적 문제해결의 절차를 일반화할 수 있는 수 체계로 발전되었다. 학생들은 복소수를 접하기 전에 이미 유리수, 무리수나 문자식에 대한 계산에 익숙해져 있고, 허수 i를 문자처럼 계산하기 때문에 복소수의 계산 자체는 그다지 어려워하지 않는다. 그러나 복소수가 학교수학에서 다루어진다면, 단순한 계산 법칙을 습득하는 것에서 벗어나 대수의 구조를 이해하는 방향으로 가르쳐져야 한다. 또한 복소수를 방향을 가진 선분으로 보는 이차원적 시각과 변환으로 보는 기하학적 측면도 강조되어야 한다.

학교수학의 단계를 보면 수를 숫자로 표현하는 것부터 시작한다. 이 수를 눈으로 보기 위하여 수직선 위의 점으로 나타내었으므로, 모든 수는 양(물리적 양)을 기술한다는 강한 생각을 가지고 있다. 그런데 복소수 그 자체는 양으로 표현되지 않기 때문에 복소수를 수로 받아들이기를 꺼려한다. 설령 복소수를 수로 받아들인다 해도 실수에서 성립하는 순서관계에 익숙해져 있어 복소수도 실수에서와 같은 순서관계를 가지고 있는 것으로 오해한다. 이러한 또 하나의 이유는 복소수의 크기(modulus, length)가 정의되고 크기는 순서가 정해진다고 생각하는데서 오는 결과이기도 하다. 이런 오해가 없도록 강조할 필요가 있다.

학교수학 심지어는 대학수학에서 복소수를 공부할 때 자주 일어나는 질문은 복소수 말고 더 큰 수의 세계가 존재하느냐하는 것이다. 이는 또 다른 수가 실수와 복소수의 성질을 만족하면서도 복소수의 집합보다 더 큰 수의 집합을 의미하는 것일 것이다. 지금까지 실수를 1차원적이라면 복소수는 2차원적이다. 따라서 또 다른 수가 있다면 그 수는 3차원의 수일 것이라고 생각하는 것이 자연스럽다. 그렇다면 그 수 x는

$$x = A + Bi + Cj, \quad A, B, C\text{는 실수이고 } i^2 = -1$$

으로 나타날 것이다. 따라서 ij는 새로운 수 체계 속에서

$$ij = a + bi + cj, \quad a, b, c \in R$$

인 실수 a, b, c를 찾을 수 있어야 한다. 그런데 새로운 수 체계 속에서의 연산도 복소수

의 연산을 만족하여야 한다. 그런데

$$i(ij)=i(a+bi+cj)=ai-b+c(ij)$$

이므로

$$j=(b-ac-(a+bc)i)/(1+c^2)$$

이다. 즉 j도 복소수이다. 그러므로 3차원적인 수에는 복소수 체계를 포함하는 다른 수 체계는 없다.

그러나 3차원적이라든지 복소수 체계의 연산을 만족한다는 조건을 제거하면 4차원적인 4원수(quaternion)가 있다. 사원수를 발견한 Hamilton을 기려 이를 보통 H라고 나타내기도 한다. 집합

$$H=\{a+bi+cj+dk \mid a,\ b,\ c,\ d\in R\}$$

라 하고, 이 위에 연산을

$$i^2=j^2=k^2=-1$$

이고

$$ij=k=-ji,\ \ jk=i=-kj,\ \ ki=j=-ik$$

로 정의하자. 또 원소 사이에 일반적인 복소수와 같은 합과 곱을 정의하면, 집합 H는 비가환인 환을 이룬다. 또

$$(a+bi+cj+dk)^{-1}=\frac{1}{a^2+b^2+c^2+d^2}(a-bi-cj-dk)$$

이므로, H는 체를 이룬다.

다시 말하면 해밀턴은 네 실수의 순서쌍 $(a,\ b,\ c,\ d)$를 고려하고

$$(a,\ b,\ c,\ d)=(e,\ f,\ g,\ h)\Leftrightarrow a=e,\ b=f,\ c=g,\ d=h$$

라고 정의하고,

$$(a,\ 0,\ 0,\ 0)+(e,\ 0,\ 0,\ 0)=(a+e,\ 0,\ 0,\ 0)$$
$$(a,\ 0,\ 0,\ 0)(e,\ 0,\ 0,\ 0)=(ae,\ 0,\ 0,\ 0)$$
$$(a,\ b,\ 0,\ 0)+(e,\ f,\ 0,\ 0)=(a+e,\ b+f,\ 0,\ 0)$$
$$(a,\ b,\ 0,\ 0)(e,\ f,\ 0,\ 0)=(ae-bf,\ af+be,\ 0,\ 0)$$
$$(a,\ b,\ c,\ d)+(e,\ f,\ g,\ h)=(a+e,\ b+f,\ c+g,\ d+h)$$

$$(a, b, c, d)(e, f, g, h) = (ae - bf - cg - dh,\ af + be + ch - dg,\\ ag + ce + df - bh,\ ah + bg + de - cf)$$

와 같이 정의하면, 실수와 복소수는 사원수에 묻힌다(embedded).

사원수 이외에도 영이 아닌 원소가 역원을 가지는 고차원의 수 체계가 하나 존재하는데, 그것을 Cayley 수 또는 8원수(octonion)라고 한다. 8원수는 8차원적인 수이고 4원수보다 훨씬 더 제한적인 성질을 가지고 있다. 8원수 사이에는 교환법칙과 결합법칙이 성립하지 않는다. 8원수가 자연 현상에서 적용되는 예는 아직 발견되지 않고 수학적으로만 존재한다.

이런 의미에서 실수 체계가 가지고 있는 성질을 포함하며 더 많은 성질을 가지고 있는 수 체계는 없다.

성질	수 체계			
	실수	복소수	4원수	8원수
역원	○	○	○	○
결합법칙	○	○	○	×
교환법칙	○	○	×	×
순서	○	×	×	×

참고문헌

[1] 이동환, 복소수 지도를 위한 수학지식 연구, 교육학박사학위논문, 서울대학교(2010).

[2] 정상권, 교사를 위한 해석학, 2판, 교우사(2008).

[3] 허미, 오혜영 역, 수학의 위대한 순간들, Great moments in mathematics, H. Eves, 경문사(2007).

[4] R. Courant and H. Robbins, What is mathematics? revised by I. Stewart, Oxford(1996).

[5] P. Davis, R. Hersh, and E. Marchissotto, The mathematical experience, Birkhauser(1995).

[6] T.A. Garrity, All the mathematics you missed, Cambridge University Press(2002).

[7] A. Panaoura, I. Elia, A. Gagatsis and G. Giatilis, Geometric and algebraic approaches in the concept of complex numbers, International Journal Mathematics Education in Science and Technology, 37(2006) 681-706.

[8] S. Hewson, A mathematical bridge, World Scientific(2009).

[9] H. Silverman, Complex variables, Houghton Mifflin Company(1975).

[10] S. Vinner, Subordinate and superordinate accommodations, indissociability and the case of the complex numbers, International Journal Mathematics Education in Science and Technology, 19(1988) 593-606.

Chapter 6 방정식과 부등식

Mathematics for School Mathematics

수학교육에서 중요한 요소는 문제해결 능력을 키워주는 것이다. 물론 문제해결 과정에서는 상황을 수학적으로 나타내는 수학화 과정이 필요하지만, 먼저 수학적으로 문제가 주어져 있다고 할 때 그 해를 구하는 과정이 학교수학의 중심이다. 이러한 수학의 활용 중에서 대부분은 방정식을 푸는 문제로 귀결된다. 방정식의 문제는 선형인 연립방정식의 문제나 때로는 비선형인 연립방정식의 문제로 나타난다. 비선형의 문제를 푸는 경우에도 선형인 문제를 푸는 기법이 유용하게 쓰인다.

이런 문제를 해결하기 위하여 우리가 먼저 알아야하는 것은 미지수가 하나인 다항방정식이나 초월함수의 방정식의 풀이 방법이다. 이런 의미에서 특히 다항식과 삼각함수는 우리가 자주 응용하는 함수들이다. 더욱이 다항함수와 삼각함수는 다루기가 쉬울 뿐만 아니라 연속함수를 근사시킬 수 있는 좋은 방법이며, 원래의 함수와 근사 다항함수 사이의 오차를 결정해 주는데도 중요한 역할을 한다. 이러한 이유로 학교수학에서는 다항식과 삼각함수를 자주 다루고 이들의 풀이 방법도 중요하게 다룬다.

한편 부등식의 해는 방정식과 많은 연관이 있고, 방정식의 해가 부등식의 해의 경계를 나타내므로 방정식의 해를 잘 이용하면 된다.

6.1 다항식

학교수학에서 다루는 일차식 $a_0 + a_1x$와 이차식 $a_0 + a_1x + a_2x^2$의 계수 a_0, a_1, a_2는

모두 정수 또는 유리수이었다. 이때 이들을 다항식이라고 불렀다. 사실 학교수학에서는 다항식의 계수가 정수인 경우를 중점적으로 다룬다. 그 이유는 무엇일까? 또 이들 다항식의 값을 0으로 하는 방정식(다항방정식)의 근의 존재성을 보장하기 위하여 수의 영역을 복소수의 범위까지 확장하였다.

그런데 일반적으로 다항식이란 무엇일까? 다항식의 계수가 모두 유리수이어야만 하는가? 이제 다항식을 엄밀하게 정의하여 보자.

단위원을 가지는 가환환 R에 대하여 $a_0,\ a_1,\ a_2, \cdots, a_n \in R$일 때

$$p_n(x) = a_0 + a_1 x + a_2 x^2 + \cdots + a_n x^n$$

를 미지수 x에 대한 R 위의 **다항식**(polynomial)이라 하고, $a_0,\ a_1,\ a_2, \cdots,\ a_n$을 다항식 $p_n(x)$의 **계수**(coefficient)라고 한다. 특히 $a_n \neq 0$일 때 $p_n(x)$를 n차 **다항식**(polynomial of degree n)이라고 하고

$$\deg\ p_n(x) = n$$

으로 나타내기로 한다.

참고 6.1

(1) 다항식을 무한급수

$$a_0 + a_1 x + a_2 x^2 + \cdots + a_n x^n + \cdots$$

와 같은 꼴로 나타낼 수 있다. 그러나 유한개의 계수를 제외하고는 모두 0인 것을 다항식으로 정의하므로,

$$p_n(x) = a_0 + a_1 x + a_2 x^2 + \cdots + a_n x^n$$

와 같이 나타내는 것이 편리하다.

(2) $1 + 2x + 3x^2$의 계수의 합은 5가 아니라 6이다. 그러나 이와 같은 것을 묻는 의도는 상수항을 계수로 보느냐를 묻는 것이므로 학교수학 교육의 목표를 벗어난다. 또 0이 아닌 상수항의 차수는 0이라고 보는 것이 당연하겠지만, 0인 다항식의 차수는 $-\infty$라고 정하던지 아니면 정하지 않는 것이 앞으로의 전개상 편리하다.

단위원을 가지는 가환환 R에 대하여

$$R[x] = \{a_0 + a_1x + a_2x^2 + \cdots + a_nx^n \mid a_0, a_1, a_2, \cdots, a_n \in R\}$$

이라 하자. 그러면 당연히 $R \subset R[x]$이다. 이제 $f(x)$, $g(x) \in R[x]$에 대하여

$$f(x) = a_0 + a_1x + a_2x^2 + \cdots + a_nx^n,\ \ g(x) = b_0 + b_1x + b_2x^2 + \cdots + b_nx^n$$

일 때, 두 다항식의 상등, 덧셈, 곱셈, 상수배를

$$f(x) = g(x) \Leftrightarrow a_0 = b_0,\ a_1 = b_1,\ a_2 = b_2,\ \cdots,\ a_n = b_n$$

$$f(x) + g(x) = (a_0 + b_0) + (a_1 + b_1)x + \cdots + (a_n + b_n)x^n$$

$$f(x)g(x) = \sum_{i=0}^{2n} c_ix^i, \qquad c_i = \sum_{k=0}^{i} a_kb_{i-k}$$

$$cf(x) = ca_0 + ca_1x + ca_2x^2 + \cdots + ca_nx^n$$

으로 정의하면, $R[x]$는 단위원을 가지는 가환환을 이룬다.

참고 6.2

정수, 유리수, 실수, 복소수의 집합을 각각 Z, Q, R, C라고 할 때,

$$Z[x],\ \ Q[x],\ \ R[x],\ \ C[x]$$

는 모두 단위원을 가지는 가환환이고

$$Z[x] \subset Q[x] \subset R[x] \subset C[x]$$

이다.

가환환 R 안에서의 다항식 $f(x)$에 대하여, $f(u) = 0$일 때 u를 방정식 $f(x) = 0$의 근이라고 한다. 예를 들어 유리수체 Q 위의 다항식 $f(x) = x^2 - 2$에 대하여

$$f(\sqrt{2}) = 0 = f(-\sqrt{2})$$

이므로, $f(x)$는 유리수체 안에서는 근을 가지지 않지만 실수체 R 안에서 두 근 $\sqrt{2}$, $-\sqrt{2}$를 가진다. 사실 실수체 위에서는

$$x^2 - 2 = (x - \sqrt{2})(x + \sqrt{2}) = 0$$

이므로

$$x-\sqrt{2}=0 \text{ 또는 } x+\sqrt{2}=0$$

가 성립한다.

인수 분해하여 방정식을 풀 때 우리는 항상

$$ab=0 \text{이면 } a=0 \text{ 또는 } b=0$$

가 된다는 실수의 성질을 이용한다. 그런데 $ab=0$이면 항상 $a=0$ 또는 $b=0$가 된다고 할 수 있을까? 물론 대답은 항상 성립하지는 않는다는 것이다.

정수의 성질과 같이, 단위원 1을 가지는 가환환 R이 영인자를 가지지 않을 때, 즉

$$ab=0 \Rightarrow a=0 \text{ 또는 } b=0$$

일 때, R를 **정역**(integral domain)이라고 한다. 그러면 다음이 성립한다.

정리 6.1

정역인 환 R에 대하여

(1) 두 다항식 $f(x),\ g(x)\in R[x]$일 때

$$\deg f(x)g(x)=\deg f(x)+\deg g(x)$$

(2) 다항식의 환 $R[x]$는 정역이다. 즉 $f(x)g(x)=0$이면 $f(x)=0$ 또는 $g(x)=0$이다.

참고 6.1에서 언급했듯이 0인 다항식의 차수를 0이라고 정의하면, 위 정리 6.1의 (1)이 성립하지 않는다. 이 경우 정리 6.1의 (1)이 성립하도록 하려면, 0이 아닌 두 다항식 $f(x),\ g(x)\in R[x]$에 대하여

$$\deg f(x)g(x)=\deg f(x)+\deg g(x)$$

이 성립한다고 기술해야 한다. 매번 이런 조건을 달고 수학을 전개하는 것은 번거로운 일로서 수학이 아름답지 않게 느끼게 된다. 수학의 아름다움인 간결함을 잃는 것보다 차라리 처음부터 제외시키는 것이 더 좋을 수 있다.

위 정리 6.1은 학교수학에서 다항식을 인수 분해하여 방정식을 풀 때 적용되는 정리로

환 R이 정역일 때만 성립한다.

한편 정수의 나눗셈에서는 절댓값으로 나머지를 정의하였다. 즉 정수 a, b, q, r에 대하여

$$b = qa + r, \ |r| < a$$

라 정의하였다. 이와 같이 다항식의 나눗셈에서는 다항식의 차수를 가지고 나머지를 정의한다. 즉 다항식 $f(x)$, $p(x)$, $q(x)$, $r(x)$에 대하여

$$f(x) = q(x)p(x) + r(x), \quad \deg r(x) < \deg p(x)$$

와 같이 정의한다. 이것을 나눗셈 알고리즘이라고 부른다.

나눗셈 알고리즘을 사용하면 다음의 나머지 정리와 인수정리 그리고 유리근의 정리를 얻는다. 다항식의 인수분해를 위하여 인수정리를 사용하여 한 인수를 구하고, 이를 이용하여 조립제법을 사용하면 편리하게 구할 수 있다.

정리 6.2 (나머지 정리)

다항식 $f(x)$가 일차다항식 $x-a$로 나눈 나머지는 $f(a)$이다.

정리 6.3 (인수정리)

다항식 $f(x)$가 일차다항식 $x-a$로 인수 분해될 필요충분조건은 $f(a)=0$이다.

정리 6.4 (유리근의 정리)

정수계수 다항식이 기약분수 $\dfrac{b}{a}$를 근으로 가지면, a는 최고차항의 계수이고 b는 상수항의 계수이다.

정의 6.1

정역 $D[x]$ 위의 다항식 $f_1(x), f_2(x), \cdots, f_n(x)$에 대하여 다항식 $d(x) \in D[x]$가

(1) $d(x) | f_i(x),\ i = 1, 2, \cdots, n$

(2) $e(x) | f_i(x),\ i = 1, 2, \cdots, n \Rightarrow e(x) | d(x)$

일 때, 다항식 $d(x)$를 $f_1(x), f_2(x), \cdots, f_n(x)$의 **최대공약수**라고 한다.
또 다항식 $l(x) \in D[x]$에 대하여

(1) $f_i(x) | l(x),\ i = 1, 2, \cdots, n$

(2) $f_i(x) | e(x),\ i = 1, 2, \cdots, n \Rightarrow l(x) | e(x)$

일 때, 다항식 $l(x)$를 $f_1(x), f_2(x), \cdots, f_n(x)$의 **최소공배수**라고 한다.

참고 6.3

다항식의 최대공약수, 최소공배수를 다룰 때, 중학교 과정에서는 다항식의 계수를 정수의 범위에서만 다루고 고등학교 과정에서는 실수의 범위에서만 다룬다.

체 F 위의 두 다항식 $f(x), g(x)$의 최대공약수가 1일 때, 이 두 다항식은 **서로 소**(relatively prime)라고 한다. 또 체 F 위의 다항식 $p(x)$에 대하여

(1) $\deg\ p(x) \geq 1$

(2) $p(x) = f(x)g(x)$이면 $a \neq 0 \in F$에 대하여 $f(x) = a$ 또는 $g(x) = a$

을 만족할 때, 다항식 $p(x)$를 F 위에서의 **기약다항식**(irreducible polynomial)이라고 한다.
사실 다항식의 기약은 계수가 어느 체 F에 있느냐에 따라 달라진다.

(1) 체 F 위의 일차 다항식은 모두 기약다항식이다.

(2) 다항식 $f(x) = x^2 - 3$은 유리수체 Q 위에서 기약이지만, 실수체 R 위에서는 $(x - \sqrt{3})(x + \sqrt{3})$으로 인수 분해되므로 기약이 아니다.

(3) 다항식 $f(x) = x^2 + 1$은 실수체 위에서 기약이지만, 복소수체 위에서는 $(x-i)(x+i)$로 인수 분해되므로 기약이 아니다.

정리 6.5 (가우스)

정수 계수의 다항식 $f(x) \in Z[x]$, $\deg f(x) \geq 1$에 대하여

(1) $f(x)$가 정수 전체의 집합 Z 위에서 기약이면, $f(x)$는 유리수체 Q 위에서도 기약이다.

(2) $f(x)$가 두 유리수 계수의 다항식으로 인수 분해되면, 정수계수 다항식 $f(x)$은 두 정수계수 다항식의 곱으로 인수 분해된다.

이를 이용하면 다음의 정리를 얻는다.

정리 6.6 (유일 인수분해 정리)

다항식 $f(x) \in Z[x]$, $\deg f(x) \geq 1$는

$$f(x) = ap_1(x)p_2(x) \cdots p_n(x)$$

로 인수 분해된다. 여기서 $a \in Z$, $p_i(x) \in Z[x]$는 모두 기약다항식이다. 특히 곱의 순서를 무시하면 이와 같은 인수분해는 단 하나뿐이다.

따라서 우리는 어느 다항식의 환이 유일하게 인수 분해되는지를 알 필요가 있다. 유일하게 인수 분해되는 정역을 유일인수분해정역이라고 하자. 이에 대하여 가우스는 다음과 같은 정리를 1802년에 증명하였다.

정리 6.7

환 R이 유일인수분해정역이면 $R[x]$도 유일인수분해 정역이다.

정수, 유리수, 실수 전체의 집합을 각각 Z, Q, R이라 할 때, 이들은 모두 유일하게 인수분해가 되는 정역이므로 다항식환

$$Z[x],\quad Q[x],\quad R[x]$$

은 모두 유일인수분해정역이다. 따라서 인수분해를 유일하게 하여 방정식의 근을 구할 수 있다. 그러나 환 R이 정역이 아닌 경우에는 성립하지 않는다.

덧셈, 뺄셈, 곱셈뿐만 아니라 나눗셈까지도 할 수 있는 정역을 유클리드 정역이라고 한다.

정리 6.8

체 F의 원소를 계수로 하는 다항식환 $F[x]$는 유클리드정역이다.

예를 들면 유리수, 실수, 복소수 전체의 집합을 각각 Q, R, C라고 할 때

$$Q[x],\quad R[x],\quad C[x]$$

는 모두 유클리드 정역이다.

6.2 유리식

단위원 1을 가지는 가환환 D가 영인자를 가지지 않을 때, 즉

$$ab=0 \text{이면 } a=0 \text{ 또는 } b=0$$

일 때, D를 정역이라고 하였다. 이때 정수로부터 유리수를 만드는 과정과 같이

$$F=\left\{\frac{a}{b} \mid a,\ b\in D,\quad b\neq 0\right\}$$

라 하고, 보통 유리수에서와 같은 덧셈과 곱셈을

$$\frac{a}{b}+\frac{c}{d}=\frac{ad+bc}{bd},\qquad \frac{a}{b}\cdot\frac{c}{d}=\frac{ac}{bd}$$

라고 정의하면 집합 F는 체를 이룬다. 이것을 정역 D의 **분수체**(field of fractions)라고 한다. 예를 들면 유리수체는 정수환의 분수체이다.

이와 같이 가환환 D가 정역일 때 다항식 환 $D[x]$로부터 체

$$D(x)=\left\{\frac{f(x)}{g(x)} \mid f(x),\quad g(x)\in D[x],\quad g(x)\neq 0\right\}$$

를 만들 수 있다. 이 $D(x)$ 위에 덧셈과 곱셈을 각각

$$\frac{f(x)}{g(x)}+\frac{h(x)}{k(x)}=\frac{f(x)k(x)+g(x)h(x)}{g(x)k(x)}$$

$$\frac{f(x)}{g(x)}\cdot\frac{h(x)}{k(x)}=\frac{f(x)h(x)}{g(x)k(x)}$$

와 같이 정의하면, $D(x)$는 분수체가 된다. 이 분수체 $D(x)$를 D 위의 **유리식체**라 하고, 체 $D(x)$의 원소를 x에 대한 **유리식**(rational function)이라고 한다. 예를 들면

$$Z(x)=\left\{\frac{f(x)}{g(x)} \mid f(x),\ g(x)\in Z[x],\quad g(x)\neq 0\right\}$$

$$Q(x)=\left\{\frac{f(x)}{g(x)} \mid f(x),\ g(x)\in Q[x],\quad g(x)\neq 0\right\}$$

은 각각 가환환 $Z[x]$, $Q[x]$의 유리식체이다. 물론 $Z(x)\subset Q(x)$이 성립한다.

한편 $\dfrac{\frac{2}{3}x^2+2x-4}{\frac{1}{2}x^2+1}$와 같은 유리식은 $\dfrac{4x^2+12x-24}{3x^2+6}$같이 정수 계수를 갖는 분수식의 꼴로 나타낼 수 있다. 일반적으로 유리식 $f(x)$, $g(x)\in Q[x]$에 대하여 $\dfrac{f(x)}{g(x)}\in Z(x)$가 된다. 따라서

$$Z[x]\subset Q[x]\subset Z(x)=Q(x)$$

이 성립한다.

6.3 무리식

학교수학에서는 한 문자 x에 대하여

$$\sqrt[3]{x}\,,\quad \sqrt{x+1}\,,\quad \frac{x+\sqrt{x+2}}{x^2+1}$$

와 같이, 수나 x에 관한 거듭제곱 또는 거듭제곱근을 더하거나, 빼거나, 곱하거나, 나누어서 만든 식을 x에 관한 **무리식**(radical, irrational)이라고 하였다. 또 x에 관한 유리식과 무리식을 통틀어 **대수적**(algebraic) 식이라고 하였다. 한편

$$\sin x,\quad x^2-\log(x+\sqrt{x})$$

와 같이 대수적 식이 아닌 식을 **초월적**(transcendental) 식이라고 하였다.

참고 6.4

(1) 위에서는 식을 대수식과 초월식으로 분류하고, 대수식을 유리식과 무리식으로 다시 분류하였다. 이와는 달리 식의 모양에 따라

$$\frac{x^2+1}{x^3+x^2+1},\quad \frac{x+\sqrt{x+1}}{x^2+1},\quad \frac{\sin x}{x},\quad \frac{\log x}{e^x}$$

와 같이 분수의 꼴로 나타내어지는 식을 **분수식**이라고 한다. 물론 유리식은 분수식의 일종이다.

(2) 정수 계수를 갖는 다항방정식의 실근을 **대수적 수**(algebraic number)라고 한다. 대수적 수가 아닌 실수를 **초월수**(transcendental number)라고 한다.

(3) Cantor는 모든 대수적 수의 집합은 가산집합이고, 실수 전체의 집합은 비가산집합이므로 대수적 수가 아닌 수가 존재함을 주장하였다. 따라서 실스에는 대수적 수가 아닌 초월수가 존재한다.

(4) 집합

$$A=\left\{x\in R\,|\,p(x)=a_nx^n+a_{n-1}x^{n-1}+\cdots+a_0=0,\quad a_i\in Z\right\}$$

라 하고

$$P_n=\left\{a_nx^n+a_{n-1}x^{n-1}+\cdots+a_0\ |\,a_i\in Z\right\}$$

이라 하면, P_n의 원소는 $(a_0, a_1, \cdots, a_n)$, $a_n\neq 0$으로 나타낼 수 있다. 따라서 P_n은 가산집합이다. 한편 방정식 $p(x)=a_nx^n+a_{n-1}x^{n-1}+\cdots+a_0=0$의 근

은 n개이므로, 대수적 수의 집합 A는 가산집합이다. 따라서 실수에는 대수적 수가 아닌 초월수가 존재한다.

(5) 어느 수가 대수적 수인지를 밝히는 것은 쉽지 않다. 그러나 $a>1$가 대수적 수이고 b가 대수적 수인 무리수이면 a^b가 초월수임이 알려져 있다.

그러나 위의 대수적 수와 초월수에 대한 정의는 어느 범위에서 수를 다루느냐에 따라 다를 수 있으므로 부정확한 정의이다. 이를 정확히 기술하기 위하여 확대체를 정의하자.

정의 6.2

체 F가 체 K의 부분체일 때 즉 F는 K의 부분집합으로서 F의 연산에 대해 체를 이룰 때, K를 F의 **확대체**(extension field)라고 부른다.

예를 들어 실수체 R은 유리수체 Q의 확대체이고, 복소수체 C는 실수체 R의 확대체이다. 또

$$Q(\sqrt{2}) = \{a + b\sqrt{2} \mid a,\, b \in Q\}$$

는 Q의 확대체이다.

정의 6.3

α가 체 F의 확대체 K의 원소이고 적당한 다항식 $f(x) \in F[x]$, $\deg f(x) \geq 1$에 대하여 $f(\alpha)=0$일 때, α는 체 F 위에서 **대수적**이라고 말한다. 또 α가 체 F 위에서 대수적이 아닐 때, α는 체 F 위에서 **초월적**이라고 한다.

예를 들어 복소수체 C는 유리수체 Q의 확대체이고 두 복소수 $\sqrt{2} \in C$, $i \in C$는 각각 다항식

$$x^2 - 2 \in Q[x],\ \ x^2 + 1 \in Q[x]$$

인 방정식 $x^2-2=0$, $x^2+1=0$의 근이므로, $\sqrt{2}$와 i는 Q 위에서 대수적이다. 또 x^2-2와 x^2+1은 Q 위에서 대수적인 식이다. 한편 실수 π와 e는 어떤 유리계수 다항식의 근도 아니므로 Q 위에서 초월적이다.

6.4 방정식

우리는 여러 가지의 문제에 부닥치고 또 그 문제들을 해결하기 위하여 온갖 노력을 기울이고 있다. 문제해결 능력을 함양하는 교육에서는 해결 방법이 이미 알려진 간단한 문제를 통하여 여러 가지 문제와 그 해법을 익힘으로써, 문제해결에 대한 자신감과 능력을 조금씩 키워 나갈 수 있을 것이다.

이러한 문제해결 연습을 많이 할 수 있고 또 문제가 해결되었는지를 명확히 판단할 수 있는 곳이 수학이다. 실제로 자연과학이나 사회생활에서 부닥치는 많은 문제는 문제의 해결점의 여러 요소가 서로 얽혀 있는 관계를 가지고 있다. 이러한 것을 수학적으로 나타낸다면 대수적인 방정식, 미분방정식이나 적분방정식, 또는 이들이 복합적으로 얽힌 미분-적분 방정식으로 나타나는 경우가 많다.

미분방정식이나 적분방정식 또는 미분-적분 방정식의 풀이는 차치하고, 학교수학에서 다루는 대수적인 방정식의 해를 구하는 방법에 대하여 알아보자. 이차방정식 $ax^2-bx+c=0$의 해는 근의 공식

$$\frac{-b\pm\sqrt{b^2-4ac}}{2a}$$

에 의해 대수적으로 정확하게 나타낼 수 있다. 이차방정식과 마찬가지로, 삼차방정식과 사차방정식의 해를 구하는 복잡하기는 하지만 일반적인 방법이 카르다노(Cardano)와 페라리(Ferrari)에 의해 발견되었다는 것이 잘 알려져 있다. 그렇다면 5차 이상의 방정식을 푸는 일반적인 방법(공식)도 있을까하고 의문을 가지는 것은 지극히 자연스런 사고 과정이다.

참고 6.5

아벨(Abel: 1802~1829)은 오차 이상의 방정식은 대수적으로 풀리지 않는다는 것을 거의 증명하였다. 그러나 Abel의 증명은 완벽하지 않았으며, 결국 결정적 증명을 제공한 공로는 갈루아(Galois)에게 돌아갔다. 5차 이상의 방정식의 해를 대수적으로 구하는 일반적인 방법은 없으나, 해의 근삿값을 구하는 여러 가지 방법을 수치해석에서 다룬다.

참고 6.6

고등학교에서는 실수의 범위에서 인수분해가 되는 4차방정식, 5차방정식만 다루게 되어 있으나, 가끔 실수의 범위에서 인수분해가 되지 않는 $x^4+x^3+x^2+x+1=0$ 모양의 방정식의 해를 구하는 방법을 다루는 이유는 방정식 $x^n=1$의 해는 인수분해 하여

$$x^n-1=(x-1)(x^{n-1}+x^{n-2}+\cdots+1)=0$$

의 해를 구하는 방법을 암시하기 위한 교육적 목표가 있다. $x^n=1$의 해를 구하는 과정을 통해서 n차방정식의 해가 n개 있음을 직관적으로 또는 De Moivre의 정리를 이용한 방정식

$$(\cos\theta+i\sin\theta)^n=\cos n\theta+i\sin n\theta=1$$

를 통해서 알게 한다.

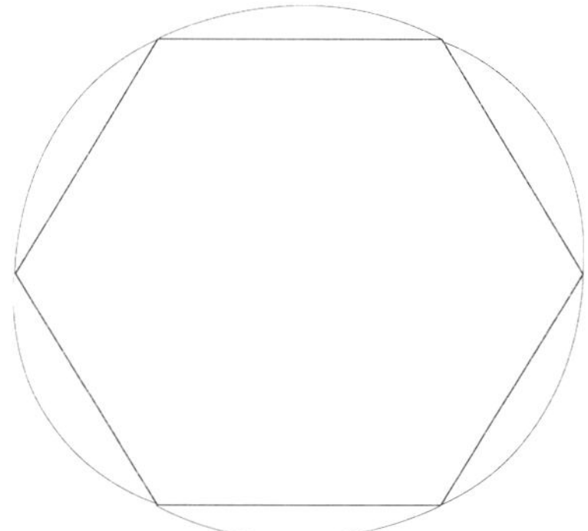

학교수학에서 일차방정식의 해는 하나가 있고, 이차방정식의 근은 두 개를 가지고 있다는 것을 경험을 통하여 알고 있다. 특히 이차방정식 $ax^2+bx+c=0$의 근이 실근인지 허근인지 근의 성질을 판별해 주는 식 $D=b^2-4ac$를 이차방정식의 근의 **판별식**(discriminant)이라고 부른다. 또 인수분해를 이용한 문제 풀이를 통하여 삼차방정식, 사차방정식은 각각 세 개, 네 개의 해를 가지고 있음도 알아보았다. 그렇다면 오차방정식은 다섯 개의 해를 가지고 있는가? 일반적으로 n차 방정식

$$f(x)=x^n+a_{n-1}x^{n-1}+\cdots+a_1x+a_0=0$$

의 해는 존재하고, 또 해가 존재한다면 몇 개나 될까하는 호기심도 발동한다. 이 방정식의 해가 존재한다는 것에 대한 최초의 완벽한 증명은 Gauss(1799)에 의하여 발표되었다. 그러나 근이 몇 개나 존재하는지에 대한 물음에는 답을 하지 못하였다. 다만 Gauss는 위의 방정식 $f(x)=0$의 근(root)으로

$$f(\alpha)=0$$

인 $\alpha=c+di$가 적어도 하나 존재한다고 하였다.

실제로 n차 방정식은 복소수 범위에서 n개의 근을 갖는다는 다음의 대수학의 기본정리(fundamental theorem of algebra)가 성립한다.

정리 6.9 (대수학의 기본정리)

임의의 n차 다항식

$$f(x)=x^n+a_{n-1}x^{n-1}+\cdots+a_1x+a_0=0$$

는 꼭 n개의 인수의 곱

$$f(x)=(x-\alpha_1)(x-\alpha_2)\cdots(x-\alpha_n)$$

으로 인수분해 된다. 여기서 $\alpha_1, \alpha_2, \ldots, \alpha_n$은 방정식 $f(x)=0$의 복소수 근이다.

참고 6.7

(1) 대수학의 기본정리는 방정식의 계수 $a_0, a_1, \cdots, a_{n-1}$이 복소수일 경우에도 성립한다.

(2) 대수학의 기본정리는 n차 방정식은 복소수의 범위에서 꼭 n개의 근을 가진다는 것을 뜻한다. 따라서 n차 방정식의 근을 n개 찾았으면 근을 모두 찾은 것이 되므로 더 이상 찾으려 노력할 필요가 없다. 이와 같이 수학적 결과는 수학자로서는 많은 노력을 하여 증명해야 하지만, 이러한 수학자들의 노력으로 또 다른 많은 사람들은 이 결과를 쉽고도 유용하게 쓸 수 있다. 그러한 의미에서 수학자는 홍익인간의 교육목표를 실현하고 있다.

다항식 $f(x)=x^n+a_{n-1}x^{n-1}+\cdots+a_1x+1$이

$$f(x)=(x-\alpha_1)(x-\alpha_2)\cdots(x-\alpha_n)$$

으로만 인수분해 되지 않고 다른 방법

$$f(x)=(x-\beta_1)(x-\beta_2)\cdots(x-\beta_n)$$

으로도 인수분해 된다고 하자. 이때 β의 값 중 α의 값과 다른 것이 있다면, 방정식 $f(x)=0$는 n개 이상의 근을 가질 수 있다. 그러나 **인수분해의 유일성정리**(unique factorization theorem)에 의하여 이러한 경우는 일어나지 않는다.

정리 6.10 (인수분해의 유일성정리)

체 F 위에서 임의의 일차 이상인 다항식 $f(x)$는

$$f(x)=ap_1(x)p_2(x)\cdots\ p_n(x)$$

와 같은 꼴로 인수분해 된다. 여기서 $p_i(x)$는 최고차항의 계수가 1인 기약다항식이다. 또 기약다항식 $p_1(x),\ p_2(x),\ \cdots,\ p_n(x)$의 순서를 무시하면 이와 같은 인수분해는 단 한 가지뿐이다.

참고 6.8

학교수학에서 다루는 이차방정식은 인수분해의 유일성이 성립하는 정역에서 다루기 때문에 정역인 체 위에서는 당연히 성립한다. 따라서 학교수학에서 다루는 이

차방정식의 해는 복소수의 범위에서 2개이나, 정역이 아닌 환에서는 이러한 성질이 성립하지 않는다. 예를 들어 세 문자 i, j, k에 대하여 집합

$$H = \{a_0 + a_1 i + a_2 j + a_3 k \mid a_0,\ a_1,\ a_2,\ a_3 \in R\}$$

를 정의하자. 여기서

$$i^2 = j^2 = k^2 = -1$$

이고

$$ij = k = -ji, \quad jk = i = -kj, \quad ki = j = -ik$$

로 정의하자. 또 원소 사이에 일반적인 복소수와 같은 합과 곱을 정의하면, 집합 H는 비가환인 환을 이룬다. 이 환을 Hamilton의 사원수환(ring of quaternion)이라고 하였다. 사원수 환 $H[x]$ 위에서 이차다항식 x^2+1은

$$x^2 + 1 = (x-i)(x+i) = (x-j)(x+j) = (x-k)(x+k)$$

와 같이 인수 분해되므로, 이차방정식 $x^2+1=0$의 근은

$$x = \pm i,\ x = \pm j,\ x = \pm k$$

의 6개이다.

6.5 방정식과 부등식의 교육

방정식을 푸는 기본적인 전략은 대등관계(balance, =)를 유지하며 미지수의 값을 구하는 것이다. 학교수학에서 방정식의 풀이는 실수나 복소수의 영역과 같은 정역에서 다루기 때문에

$$ab = 0 \text{이면 } a = 0 \text{ 또는 } b = 0$$

가 성립한다. 따라서 인수분해가 되는 경우는 정역의 성질을 이용하여 방정식의 해를 구하면 된다. 그럼에도 불구하고 학생들이 범하는 오류는

$$ab = 0 \text{의 해를 } a = 0 \text{ 그리고 } b = 0$$

로 생각하는 경우이다. 이것은 '그리고'와 '또는'의 논리적 의미를 혼동하고 있기 때문이다. 이러한 원인은 논리교육의 부족함 때문이기도 하고, 교과서의 표기에서

$$a=0 \text{ 또는 } b=0\text{을 간단히 } a=0, b=0$$

로 표기하는 과정에서 $a=0, b=0$이 '$a=0$ 또는 $b=0$'을 의미하는지 '$a=0$ 그리고 $b=0$'을 의미하는지 명확하지 않은데서 오는 결과이다.

한편 학생들은 대체적으로 인수분해나 근의 공식과 같은 대수적인 방법으로 방정식의 해를 구하기도 하지만 그래프를 이용하여 방정식의 근사해를 구하기도 한다. 사실 그래프를 이용하여 방정식의 정확한 해를 구하는 방법은 효율적인 것은 아니지만, 컴퓨터를 이용하면 그래프는 방정식을 푸는 좋은 도구로 활용될 수 있다. 그래프를 이용하여 방정식의 해를 구하는 방법은 특히 인수분해나 대수적 방법으로 구할 수 없는 경우에 컴퓨터를 이용하는 것이 방정식의 근사해를 구하는 데 좋은 단초를 제공해주는 방법이다. 또한 그래프와 수직선의 관계는 함숫값의 부호를 잘 말해주므로 부등식을 푸는데 좋은 도구로 사용된다.

학교수학의 교육과정에서 부등식의 개념은 방정식의 개념 다음에 나타나고, 부등식의 해는 방정식의 해와 깊은 관계가 있으므로 학생들은 방정식을 이용하여 부등식을 해결한다. 이러한 이유로 학생들은 부등식을 순수하게 대수적(산술적)이거나 그래프를 이용하여 문제를 푼다. 이 방법은 어떻게 보면 부등식을 단순히 방정식처럼 생각하게 되어 학생들로 하여금 부등식을 이해하고, 해석하고, 제어하는데 어렵게 한다.

학교수학에서는 방정식과 부등식의 관계를 이해하고 방정식과 부등식의 다양한 표현을 이해할 뿐만 아니라 능숙하게 푸는 것을 요구하고 있다. 그럼에도 불구하고 방정식의 풀이와는 달리 학생들이 부등식의 풀이에서 더 많은 어려움을 느끼며, 학생들이 부등식을 풀 때 자주 나타나는 잘못된 접근 방법으로 다음과 같은 경우가 있다.

(1) 유리부등식이나 무리부등식의 정의역에서 분모를 0으로 하는 점이나 근호 안의 값이 0이상이 되어야 한다는 조건을 무시하는 경우. 예를 들면 $\frac{x-2}{x-3}>0$의 해에서 $x=3$을 해에 포함하는 경우나 $\sqrt{x}>0$에서 $x \geq 0$인 조건을 무시한 경우.

(2) $a \geq 0$은 논리적으로 $a>0$ 또는 $a=0$이지만, $a=0$인 경우를 생각하지 않고 $a>0$만을 생각하고 푸는 경우

(3) $ab>0$의 해 $a>0$, $b>0$ 또는 $a<0$, $b<0$ 중 모두 양인 $a>0$, $b>0$만을 해로 인정하는 경우

(4) $\frac{a}{b} > 0$의 부호를 잘못 이해해서, 양변에 b^2을 곱하여 $ab > 0,\ b \neq 0$을 풀어야 하지만, 분모 b의 부호를 생각하지 않고 단순히 양변에 b를 곱한 후 부등식 $a > 0$을 풀어 해를 구하는 경우

(5) 부등식의 풀이는 방정식을 풀어 경계를 구하는 경우가 많으나 근본적으로 방정식을 잘못 풀어 생기는 오류

(6) 부등식의 풀이와 방정식의 풀이 과정이 같다고 생각하여 부등식의 해를 방정식의 해로 인식하는 오류. 예를 들면 $x^2 \leq 25$의 해를 $x = \pm 5$로 답하는 경우

(7) 부등식의 해는 부등식이어야 한다고 생각하여 한 점은 해가 될 수 없다고 생각하는 경우. 예를 들면 $x^2 \leq 0$의 해를 $x = 0$이라 생각하지 않고 부등식의 해는 부등식이어야 한다고 생각하여 이 부등식의 해를 $x \leq 0$라고 생각하는 경우

(8) 부등식의 해는 실수 범위에서만 생각하여야 하는데 복소수의 범위까지 확대하려는 경우. 예를 들면 $x^2 + 4 \geq 0$의 해는 모든 실수이지만, 우변을 인수분해하면

$$(x+2i)(x-2i) \geq 0$$

이므로 이 부등식의 해는 $x \geq 2i$ 또는 $x \leq -2i$라고 푸는 경우

위와 같은 학생들의 부등식 풀이에 대한 오류를 막기 위해서는, 논리교육이 강화되어야 할 뿐만 아니라 '그리고'와 '또는'에 대한 표기 방법을 명확히 하여야 할 것이다. 물론 문맥에 따라 그것을 구별하는 능력의 개발도 필요하지만.

참고문헌

[1] 김응태, 박승안, 현대대수학, 8판, 경문사(2011).

[2] I.N. Herstein, Topics in algebra, Bleisdell Publ. Co.(1964).

[3] S. Pirie and L. Martin, The equation, the whole equation and nothing but the equation! One approach to the teaching of linear equations, Educational Studies in Mathematics 34(1997) 159-181.

[4] P. Tsamir and N. Almog, Students' strategies and difficulties: the case of algebraic inequalities, International Journal of Mathematics Education in Science and Technology, 32(2001) 513-524.

[5] P. Tsamir and L. Bazzini, Consistencies and inconsistencies in students' solutions toalgebraic 'single-value' inequalities, International Journal of Mathematics Education in Science and Technology, 35(2004) 793-812.

[6] P. Verikios and V. Farmaki, From equation to inequality using a function-based approach, International Journal of Mathematics Education in Science and Technology, 41(2010) 515-530.

MEMO

Chapter 07 연립방정식과 행렬

Mathematics for School Mathematics

앞에서는 미지수가 하나인 방정식의 해를 구하는 것에 대하여 알아보았다. 그러나 생활 속의 문제는 변수 하나만을 가지고 나타낼 수 있을 만큼 단순하지는 않다. 사실 우리 생활 속의 문제는 여러 변인이 작용하므로, 이를 수학적 식으로 나타내다 보면 많은 변수를 고려하여야 한다. 이 때문에 우리가 해결하여야 할 문제는 방정식의 미지수가 여러 개인 연립방정식의 형태로 나타난다.

연립방정식은 그래도 우리가 다루기 쉬운 선형인 경우도 물론 있지만 비선형인 경우도 많이 나타난다. 그러나 비선형의 문제도 선형인 경우의 풀이 방법을 통하여 그 풀이 방법을 개발할 수 있으므로, 학교수학에서는 주로 선형인 경우의 문제를 해결하는 것에 대해서 다룬다. 이러한 이유로 우리도 여기서는 선형인 연립방정식의 문제를 다루기로 한다.

연립방정식의 해의 존재성을 보이고, 그 해를 구하는 데에는 행렬의 이론이 거의 필수적이다. 행렬의 이론을 다루는 곳이 선형대수이며, 이 선형대수는 공학, 계산과학, OR, 경제학과 통계학 등에서 중요하게 사용된다.

7.1 연립방정식과 행렬

중학교에서는 미지수가 2개인 연립일차방정식

$$a_1x + b_1y = c_1$$
$$a_2x + b_2y = c_2$$

의 해를 구할 때, 적당한 상수를 곱하고 두 방정식을 변끼리 더하거나 빼어 한 미지수를 먼저 소거하여 다른 한 미지수의 값을 구한 다음 다른 식에 대입하여 다른 미지수의 값을 순차적으로 구하였다.

그런데 해가 존재하지도 않는데 해를 구하려고 애를 쓸 필요는 없으니, 소거법으로 연립방정식을 풀기 전에 유일한 해가 존재하는지 그렇지 않은지를 미리 알 수 있는 방법은 없을까? 소거법으로 연립일차방정식의 해를 대수적으로 구하기도 하지만, 중학교에서는 미지수가 2개인 일차방정식이 직선의 방정식을 나타내므로 두 직선이 만나는 점의 좌표가 연립일차방정식의 해가 된다는 사실을 이용하여 연립일차방정식의 해를 구한다. 실제로 미지수가 2개인 연립일차방정식의 해는 방정식의 그래프인 두 직선이 만나는 점의 좌표이다. 이런 사실을 이용하면, 두 직선의 위치관계로부터 연립일차방정식이 유일한 해를 가지기 위한 계수 사이의 관계를 쉽게 알 수 있다. 즉 미지수가 2개인 연립일차방정식이 유일한 해를 가지기 위한 필요충분조건은 계수 사이의 관계가

$$a_1b_2 - a_2b_1 \neq 0$$

임을 알 수 있다.

이와 같이 연립일차방정식의 해의 존재성을 나타내는 데는 계수 사이의 관계가 중요하다는 것을 알았다. 이를 좀 더 간단히 나타내기 위하여 계수로 만들어지는 **계수행렬**(coefficient matrix)의 성질을 알아보자. 위의 연립일차방정식의 계수행렬 A는

$$A = \begin{pmatrix} a_1 & b_1 \\ a_2 & b_2 \end{pmatrix}$$

이다. 이때 행렬 A의 **행렬식**(determinant)을

$$\det A = \begin{vmatrix} a_1 & b_1 \\ a_2 & b_2 \end{vmatrix} = a_1b_2 - b_1a_2$$

로 정의하면, 두 직선이 한 점에서 만날 조건 $a_1b_2 - a_2b_1 \neq 0$은 $\det A \neq 0$가 된다.

미지수가 2개인 연립일차방정식의 풀이에 적용했던 소거법(가우스 소거법)은 고등학교 과정에서 3개인 연립일차방정식

$$a_{11}x_1 + a_{12}x_2 + a_{13}x_3 = b_1$$
$$a_{21}x_1 + a_{22}x_2 + a_{23}x_3 = b_2$$

$$a_{31}x_1 + a_{32}x_2 + a_{33}x_3 = b_3$$

의 해를 구하는 방법으로 그대로 적용된다. 미지수가 3개인 연립일차방정식이 하나의 해를 가질 경우, 즉 세 직선이 한 점에서 만날 조건은

$$a_{11}a_{22}a_{33} + a_{12}a_{23}a_{31} + a_{13}a_{32}a_{21} - a_{13a_{22}}a_{31} - a_{12}a_{21}a_{33} - a_{11}a_{32}a_{23} \neq 0$$

이다. 따라서 계수행렬 A의 행렬식을

$\det A =$ 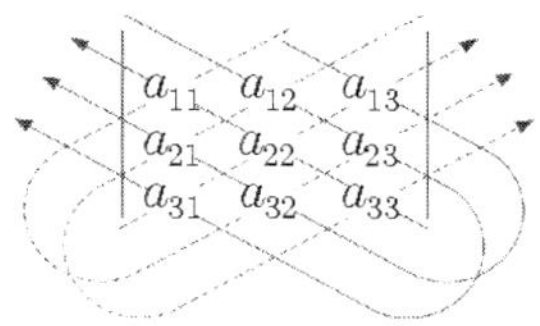

$$= a_{11}a_{22}a_{33} + a_{12}a_{23}a_{31} + a_{13}a_{32}a_{21} - a_{13a_{22}}a_{31} - a_{12}a_{21}a_{33} - a_{11}a_{32}a_{23}$$

으로 정의하면, $\det A \neq 0$인 경우 3개의 연립일차방정식은 하나의 해를 가진다.

가우스 소거법은 일반적으로 미지수가 n개인 일차연립방정식

$$a_{11}x_1 + a_{12}x_2 + \cdots + a_{1n}x_n = b_1$$
$$a_{21}x_1 + a_{22}x_2 + \cdots + a_{2n}x_n = b_2$$
$$\cdots\cdots$$
$$a_{i1}x_1 + a_{i2}x_2 + \cdots + a_{in}x_n = b_i$$
$$\cdots\cdots$$
$$a_{n1}x_1 + a_{n2}x_2 + \cdots + a_{nn}x_n = b_n$$

의 해를 구하는데도 그대로 적용된다. 그런데 이 경우 연립일차방정식의 해가 유일하게 존재하는 조건은 계수들 사이에 어떤 관계가 있을 때인가? 즉 계수행렬의 행렬식이 어떤 값일 때인가?

방정식이 2개인 경우와 3개인 경우의 예로부터, 어떤 형태로건 계수행렬의 행렬식이 0이 아니면 연립일차방정식의 해가 유일하게 존재한다고 말할 수 있으면 좋겠다. 그러기 위해서는 계수행렬의 행렬식을 어떻게 정의하고 계산하면 될까? $n=3$인 경우와 같이 화살표 방향의 곱셈을 일반화하여 행렬식을 정의할 수 있을까? 그러나 불행하게도 $n=4$인 경우에 $n=3$인 경우와 같이 화살표 방향의 곱셈을 가지고서는 연립방정식의 해와 행렬식의 관계를 알 수가 없다. 그러므로 행렬식을 조심스럽게 정의할 필요가 있다.

$n=3$인 경우 계수행렬의 행렬식을 다시 살펴보면

$$\det A = \begin{vmatrix} a_{11} & a_{12} & a_{13} \\ a_{21} & a_{22} & a_{23} \\ a_{31} & a_{32} & a_{33} \end{vmatrix} = a_{11}\begin{vmatrix} a_{22} & a_{23} \\ a_{32} & a_{33} \end{vmatrix} - a_{12}\begin{vmatrix} a_{21} & a_{23} \\ a_{31} & a_{33} \end{vmatrix} + a_{31}\begin{vmatrix} a_{21} & a_{22} \\ a_{31} & a_{32} \end{vmatrix}$$

임을 알 수 있다. 즉 $n=3$인 경우 $\det A$의 값은 3개의 a_{ij}의 곱의 합과 차인데, 3개의 a_{ij}의 곱에서 처음 첨자 i는 1, 2, 3의 순서를 지키나 다음 첨자 j는 순서가 바뀌되 한번만 나타난다. 또 부호는 1, 2, 3의 순서가 얼마나 바뀌느냐에 따라 부호가 결정된다는 것을 알 수 있다.

일반적으로 이런 치환을 다음과 같이 정의해보자. 여기서 (j)는 $(1, 2, 3, \cdots, n)$의 치환(permutation) $(j_1, j_2, j_3, \cdots, j_n)$을 말하며 $s(j)$를

$$s(j) = s(j_1, j_2, j_3, \cdots, j_n) = \text{sign} \prod_{1 \le p < q \le n} (j_q - j_p)$$

와 같이 정의한다. 예를 들면

$$\begin{aligned} & s(5, 1, 3, 2, 4) \\ & = \text{sign}(1-5)(3-5)(3-1)(2-5)(2-1)(2-3)(4-5)(4-1)(4-3)(4-2) \\ & = -1 \end{aligned}$$

이다. 또 위와 같이 치환을 정의할 때, 두 숫자만 자리를 자리바꿈하면

$$s(5, 1, 3, 2, 4) = -s(5, 4, 3, 2, 1)$$

이 된다는 것을 알 수 있다.

일반적으로 다음 성질이 성립함을 보일 수 있다.

정리 7.1

치환 $j_1, j_2, j_3, \cdots, j_n$의 두 수의 위치가 바뀌면 치환의 부호는 반대가 된다.

이 방법을 일반화하여 행렬식에 대한 다음 정의를 얻는다.

정의 7.2

n차의 정사각행렬 $A = (a_{ij})$의 행렬식 $\det A$를 다음과 같이 정의한다.

$$\det A = \sum_{(j)} s(j) a_{1j_1} a_{2j_2} \cdots a_{nj_n}$$

위와 같이 하면 행렬식은 잘 정의되며, $\det A \neq 0$인 경우 n개의 연립일차방정식은 하나의 해를 가진다는 것을 알 수 있을 것이다. 따라서 행렬 A의 행렬식을 어떻게 계산하느냐가 문제가 된다. 사실 지금으로서는 행렬식이 0이냐 아니냐만 알면 된다. 그러나 행렬식의 정의를 보면 행렬의 크기가 크면 많은 양을 계산하여야 한다는 것을 느낄 것이다.

행렬식을 좀 더 간단히 구하기 위하여 먼저 다음을 살펴보자. 주어진 행렬 $A=(a_{ij})$의 행과 열을 바꾸어 만들어진 새로운 행렬을 A의 전치행렬(transpose of A)이라 하고 A^T로 나타낸다. 예를 들면

$$A=\begin{pmatrix} a_1 & b_1 \\ a_2 & b_2 \end{pmatrix} \text{의 전치행렬은 } A^T=\begin{pmatrix} a_1 & a_2 \\ b_1 & b_2 \end{pmatrix}$$

이다.

그러면 다음의 정리가 성립한다.

정의 7.2

(1) 행렬 A가 정사각행렬이면, $\det A=\det A^T$이다.
(2) 행렬 A의 두 행을 서로 바꾸면, 그 행렬식의 부호가 반대가 된다.
(3) 행렬 A의 두 열을 서로 바꾸면, 그 행렬식의 부호가 반대가 된다.
(4) 행렬 A에서 한 행(열)의 상수 배를 다른 행(열)에서 빼어도 행렬식은 변하지 않는다.

위의 정리 7.2를 이용하면, $\det A=\det A^T$이므로 행렬식을 구할 때 행을 따라 행렬의 크기를 점진적으로 줄여가며 전개하는 방식을 택해도 좋고 경우에 따라서는 열을 따라 계산해 나가도 좋다. 그러므로 계산이 간단한 행이나 열을 택하여 계산하면 된다. 더욱이 가우스 소거법과 같은 방법으로 행렬의 원소를 바꾼 다음 행렬식을 계산하여도 좋다.

7.2 벡터공간

앞 절에서 연립일차방정식의 해가 유일하게 존재하는지를 보이기 위해서는 계수행렬의 행렬식이 0이 아니라는 것만 보이면 된다고 하였다. 그런데 이것이 과연 가능한 일일까? 다시 말하면 계수행렬의 행렬식이 0이 아니라는 것을 현실적으로 계산하여 보일 수 있느냐는 것이다.

사실 연립일차방정식의 해의 존재성을 알기 위하여 계수행렬 A의 행렬식의 값을 계산하여 그것이 0인지 아닌지를 따지는 것은 쉽지 않다. 왜냐하면 행렬의 크기가 n이면 $n!$개의 n항의 곱을 더하거나 빼야 하기 때문이다. 예를 들면 $n=5$인 경우만 해도 행렬인 경우 20개의 3×3 행렬의 행렬식을 더하거나 빼야 한다. 그런데 현실적인 문제를 풀 때는 행렬의 크기가 훨씬 크기 때문에 행렬식을 계산하기란 쉽지 않다. 아니 쉽지 않다기보다는 많은 시간이 걸리는 노릇이다. 물론 이것을 컴퓨터를 이용해서 구해도 마찬가지로 시간이 많이 걸린다.

그렇다면 해의 존재성을 쉽게 알 수 있는 다른 방법은 없을까? 연립방정식 $Ax=b$의 해를 $x=(x_1, x_2, \cdots, x_n)$이라고 하면 벡터 b는 행렬 A의 열벡터 $A_1, A_2, \cdots, A_n$의 일차결합

$$x_1A_1 + x_2A_2 + \cdots + x_nA_n = b$$

로 표현된다. 여기서 A_i는 물론 행렬 A의 i번째 열벡터이다. 그런데 임의의 벡터 b가 행렬 A의 열벡터의 일차결합으로 표현될 조건은 무엇인가?

사실 벡터 b에 대하여 연립방정식 $Ax=b$가 해를 가질 조건은 행렬 A의 열벡터가 벡터공간 R^n의 기저를 이루는 것이다. 이때 벡터, 일차결합, 기저란 무엇을 의미하는가에 대하여 먼저 알아보자.

고등학교 과정에서는 벡터를 크기와 방향을 가진 물리량으로 정의한다. 이러한 물리량으로서의 벡터의 시점(출발점)을 좌표축의 원점으로 평행 이동하여 두 벡터의 상등 관계를 정의할 수 있다. 또 평행사변형 원리를 이용하여 두 벡터의 덧셈과 뺄셈을 정의할 수 있다. 더욱이 시점을 원점으로 옮긴 벡터의 종점(끝점)을 종점을 나타내는 좌표와 일대일 대응시키면 벡터를 좌표공간에 나타낼 수 있으므로, 벡터를 추상적으로 일반화할 수 있다.

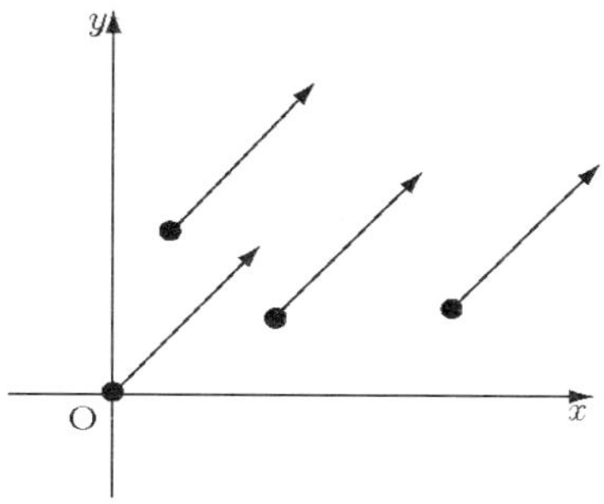

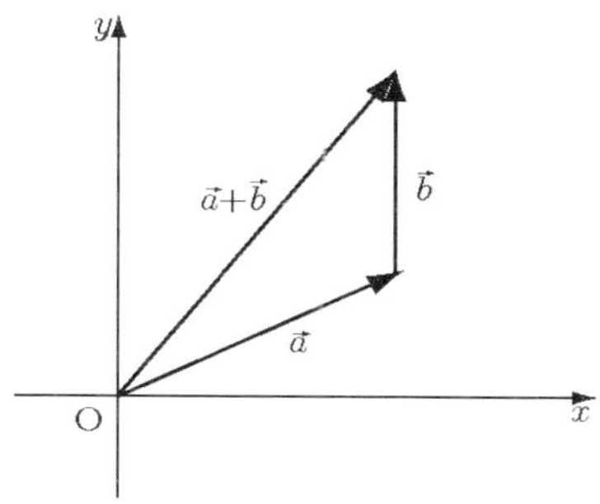

정의 7.3

집합 V가 다음과 같은 성질을 만족할 때, V를 체 R 위에서의 **벡터공간**(vector space)이라 하고 집합 V의 원소를 벡터라고 한다.

1. 임의의 상수 $a \in R$와 원소 $u \in V$에 대하여 $au \in V$
2. 임의의 $u, v \in V$에 대하여 $u+v \in V$이고 다음을 만족한다.
   (1) $0 \in V$이고 임의의 $u \in V$에 대하여 $0+u=u$
   (2) 각 $u \in V$에 대하여 $u+(-u)=0$인 $(-u) \in V$가 있다.
   (3) 임의의 $u, v \in V$에 대하여 $u+v=v+u$
   (4) 임의의 $a \in R$와 $u, v \in V$에 대하여 $a(u+v)=au+av$
   (5) 임의의 $a, b \in R$에 대하여 $a(bu)=(ab)u$
   (6) 임의의 $a, b \in R$에 대하여 $(a+b)u=au+bu$
   (7) 임의의 $u \in V$에 대하여 $1u=u$

예를 들면 실수 R에 대하여, 집합

$$R^n = \{(x_1, x_2, \cdots, x_n) \mid x_i \in R\}$$

은 $(a_1, a_2, \cdots, a_n)$, $(b_1, b_2, \cdots, b_n) \in R^n$에 대하여

$$(a_1, a_2, \cdots, a_n)+(b_1, b_2, \cdots, b_n)=(a_1+b_1, a_2+b_2, \cdots, a_n+b_n)$$
$$a(a_1, a_2, \cdots, a_n)=(aa_1, aa_2, \cdots, aa_n)$$

와 같이 정의하면 R^n은 벡터공간이다. 특히 $n=2$, $n=3$인 경우 이것은 학교수학에서

다룬 평면벡터공간과 공간벡터공간과 일치한다. 또 실수 R에 대하여 다항식의 집합 $Q[x]$의 원소

$$f(x) = a_0 + a_1 x + \cdots + a_n x^n,\ g(x) = b_0 + b_1 x + b_2 x^2 + \cdots + b_n x^n$$

에 대하여

$$f(x) + g(x) = (a_0 + b_0) + (a_1 + b_1)x + (a_2 + b_2)x^2 + \cdots + (a_n + b_n)x^n$$
$$af(x) = aa_0 + aa_1 x + aa_2 x^2 + \cdots + aa_n x^n$$

으로 정의하면 $Q[x]$는 벡터공간을 이룬다. 이 경우 벡터 $f(x)$의 방향과 크기는 물리적 관점에서 직관적으로 알아보기는 어렵지만 수학적으로 방향과 크기를 정할 수 있다.

정의 7.4

벡터공간 V의 부분집합 U 자신이 벡터공간을 이룰 때, U를 V의 **부분공간**(subspace)이라고 한다.

실제로 벡터공간 V에 대하여 $U \subset V$가 V의 부분공간일 필요충분조건은 임의의 $a, b \in R$와 $u, v \in U$에 대하여

$$au + bv \in U$$

가 되는 것이다.

정의 7.5

벡터공간 U의 부분집합 $\{u_1, u_2, \cdots, u_n\} \subset U$에 대하여 임의의 벡터 $u \in U$가

$$u = a_1 u_1 + a_2 u_2 + \cdots + a_n u_n$$

으로 유일하게 나타날 때, 집합 $\{u_1, u_2, \cdots, u_n\}$을 벡터공간 U의 **기저**(basis)라고 한다. 또 기저의 원소의 개수를 벡터공간 U의 **차원**(dimension)이라고 한다.

예를 들면 유클리드 공간 R^n은 벡터공간이고, 이 벡터공간의 기저 중의 하나는

$$\{e_1, e_2, \cdots, e_n\}$$

이다. 여기서 $e_i = (0, \cdots, 1, 0, \cdots, 0)$로 i번째 성분만 1이고 나머지 성분은 0인 벡터이다. 그러므로 R^n의 차원은 n이다. 물론 기저는 여러 가지가 있지만 기저에 속하는 벡터의 개수 즉 차원은 일정하다.

따라서 벡터공간의 차원을 알려면 기저의 원소의 개수를 알면 되는데, 집합 $\{u_1, u_2, \cdots, u_n\}$이 벡터공간 U의 기저가 될 필요충분조건은

(1) 임의의 벡터 $u \in U$가 $\{u_1, u_2, \cdots, u_n\}$의 원소의 일차결합

$$u = a_1u_1 + a_2u_2 + \cdots + a_nu_n$$

으로 나타나고

(2) $a_1u_1 + a_2u_2 + \cdots + a_nu_n = 0$이면 $a_1 = a_2 = \cdots = a_n = 0$이다.

이때, (1)인 경우 집합 $\{u_1, u_2, \cdots, u_n\}$은 벡터공간 U를 **생성한다**(span or generate)고 하고, (2)가 성립하는 경우에 집합 $\{u_1, u_2, \cdots, u_n\}$은 **일차독립**(linearly independent)이라고 한다. 따라서 집합 $\{u_1, u_2, \cdots, u_n\}$이 벡터공간 U의 기저가 될 필요충분조건은 $\{u_1, u_2, \cdots, u_n\}$이 일차독립이면서 벡터공간 U를 생성하는 경우이다. 그러므로 n차원 공간의 부분집합이 n개의 일차독립인 벡터를 가지면 그 집합은 기저가 된다.

행렬 $A = (a_{ij})_{m \times n}$에 대하여, A를 함수 $A : R^n \to R^m$로 생각할 수 있다. 이때 특히, 임의의 $x, y \in R^n$, $c \in R$에 대하여

$$A(x+y) = Ax + Ay, \quad A(cx) = cAx$$

가 성립한다. 따라서 A는 선형인 함수이다.

일반적으로 이제 두 벡터 공간 사이에 다음과 같은 선형변환을 정의할 수 있다.

정의 7.6

두 벡터공간 U, V에 대하여 함수 $T: U \to V$가 임의의 $a, b \in R$ 와 $u, v \in U$에 대하여

$$T(au + bv) = aT(u) + bT(v)$$

일 때, 함수 T를 **선형변환**(linear transformation)이라고 한다. 또 선형변환 $T: U \to V$에 대하여

$$\mathrm{Ker}(T) = \{u \in U \mid T(u) = 0\}$$

을 T의 **핵**(kernel)이라 하고,

$$\mathrm{Im}(T) = \{v \in V \mid T(u) = v \text{인 } u \in U\text{가 있다}\}$$

을 T의 **상**(image)이라고 한다.

그러면 임의의 $u, v \in \mathrm{Ker}(T)$에 대하여

$$T(\alpha u + \beta v) = \alpha T(u) + \beta T(v) = 0 \text{이므로 } \alpha u + \beta v \in Ker(T)$$

이고, 임의의 $T(u), T(v) \in \mathrm{Im}(T)$에 대하여

$$\alpha T(u) + \beta T(v) = T(\alpha u + \beta v) \in Im(T)$$

가 성립한다. 따라서 Ker(T)와 Im(T)는 각각 벡터공간 U, V의 부분공간이 된다. 또 벡터공간 U, V의 기저를 각각 $\{u_1, u_2, \cdots, u_n\}$, $\{v_1, v_2, \cdots, v_m\}$이라 하고 일차변환 $T: U \to V$에 대하여

$$T(u_i) = a_{1i}v_1 + a_{2i}v_2 + \cdots + a_{im}v_m$$

이면, 선형변환 T는 $m \times n$ 행렬

$$\begin{pmatrix} a_{11} & a_{12} & \cdots & a_{1n} \\ a_{21} & a_{22} & \cdots & a_{2n} \\ \cdot & \cdot & \cdots & \cdot \\ a_{i1} & a_{i2} & \cdots & a_{in} \\ \cdot & \cdot & \cdots & \cdot \\ a_{m1} & a_{m2} & \cdots & a_{mn} \end{pmatrix}$$

로 나타낼 수 있다. 그런 의미에서 벡터공간 U, V가 유한 차원인 경우에는 선형변환과 행렬을 같이 생각할 수 있다.

그러면 방정식의 해, 행렬의 열벡터, 선형변환 사이에 다음이 성립한다.

정리 7.3

행렬 A가 $n \times n$행렬일 때, 다음은 서로 동치이다.

(1) n개의 연립일차방정식 $Ax = b$가 유일한 해를 갖는다.

(2) 행렬 A의 행으로 이루어진 벡터는 일차독립이다.

(3) 행렬 A의 열로 이루어진 벡터는 일차독립이다.

(4) $\mathrm{Ker}\ A = \{x \in R^n \mid Ax = 0\} = \{0\}$

7.3 연립방정식의 풀이

지금까지는 행렬식을 이용하여 해가 유일하게 존재하는지를 판별하는 것에 대하여 알아보았다. 그러나 행렬식을 구하는 것이 많은 인내를 요구하므로, 행렬식 대신 행벡터가 일차독립인지를 가지고 해의 존재성에 대하여 알아보려 하였다. 그런데 행벡터가 일차독립인지를 알아보는 데에도 다시 연립방정식의 해가 유일한지를 판단하여야 하므로 이 방법도 앞의 방법보다 그리 발전된 방법은 아니다.

만약 행렬 A에 대하여 $AB = BA = I$인 행렬 B가 존재하면 연립방정식 $Ax = b$를 풀 수 있다. 그런데

$$Ax = A(Bb) = (AB)b = Ib = b$$

이므로, 해는 $x = Bb$가 된다. 이때 행렬 B를 A의 **역행렬**(inverse matrix)이라 하고

$$B = A^{-1}$$

로 나타낸다.

그렇다면 역행렬은 어떻게 구하여지는가?

정리 7.4

$n \times n$인 행렬 A에서 i번째 행과 j번째 열을 뺀 나머지로 만들어진 $(n-1) \times (n-1)$ 행렬을 A_{ij}라 하고

$$\mathrm{cof}A = C = ((-1)^{i+j}\det A_{ij})_{n\times n}$$

라고 하면

$$AC^T = C^T A = I$$

이다.

따라서 $\det A \neq 0$이면 $\det(AC^T) = \det A \cdot \det(C^T) = 1$이므로 $AB = BA = I$인 행렬 B가 존재한다. 즉 행렬 A의 행렬식의 값이 0이 아니면 역행렬이 존재한다. 이 경우 연립방정식 $Ax = b$의 해는 $x = A^{-1}b$이다.

정리 7.5

다음은 동치이다.

(1) $\det A \neq 0$이다.

(2) 행렬 A가 역행렬 A^{-1}을 가진다.

(3) 행렬 A의 전치행렬 A^T은 가역이다.

지금까지는 연립방정식의 해의 존재성과 유일성에 대하여 알아보았다.

이제 연립방정식의 해가 유일하게 존재한다는 것을 아는 경우에 실제로 방정식의 해를 어떻게 구할 것인가? 고등학교 과정에서는

$$A = \begin{pmatrix} a_1 & b_1 \\ a_2 & b_2 \end{pmatrix}$$

인 경우, $\det A = a_1 b_2 - a_2 b_1 \neq 0$일 때 A의 역행렬 A^{-1}은

$$A^{-1} = \frac{1}{\det A}\begin{pmatrix} b_2 & -a_1 \\ -b_1 & a_1 \end{pmatrix}$$

임이 알려져 있으므로, $n = 2$인 경우 역행렬을 곱하여 연립방정식의 해를 쉽게 구할 수 있었다.

한편 미지수가 3개인 연립일차방정식의 경우 $\det A \neq 0$이면

$$x_1 = \frac{\begin{vmatrix} b_1 & a_{12} & a_{13} \\ b_2 & a_{22} & a_{23} \\ b_3 & a_{32} & a_{33} \end{vmatrix}}{\det A}, \quad x_2 = \frac{\begin{vmatrix} a_{11} & b_1 & a_{13} \\ a_{21} & b_2 & a_{23} \\ a_{31} & b_3 & a_{33} \end{vmatrix}}{\det A}, \quad x_3 = \frac{\begin{vmatrix} a_{11} & a_{12} & b_1 \\ a_{21} & a_{22} & b_2 \\ a_{31} & a_{32} & b_3 \end{vmatrix}}{\det A}$$

와 같이 간단히 구할 수 있다. 이와 같이 연립일차방정식의 해를 구하는 방법을 **크래머 공식**(Cramer's rule)이라고 한다.

그러나 이와 같은 Cramer 공식은 n의 값이 크면 행렬식을 구하는 데 필요한 계산의 양이 많아 실용적으로 사용할 수가 없다. 예를 들어 $n=5$인 경우, Cramer 공식을 이용하여 연립일차방정식의 해를 구하기 위해서는 크기가 5인 행렬 6개의 행렬식을 계산하여야 한다. 즉 120개의 3×3 행렬의 행렬식을 구하여 더하거나 빼야 한다. 더욱이 n의 값이 큰 경우 역행렬을 구하기 위해서는 먼저 $\det A$가 0인지 아닌지를 알아야하고, 이것을 확인하기 위하여 $\frac{n!}{3!}$개의 3×3 행렬의 행렬식을 구하여 더해보아야 행렬식이 0인지 아닌지를 알 수 있다.

이와 같이 행렬의 크기가 큰 경우에는 필산을 하여 연립일차방정식의 해를 구하는 데 많은 시간과 노력을 요구하므로, Cramer 공식을 이용하거나 역행렬을 구하여 연립일차방정식의 해를 찾는 것은 쉽지 않다. 따라서 이 경우에는 행렬식을 이용하지 않고 방정식의 해를 구하는 방법을 생각해보아야 한다.

행렬의 크기가 큰 경우 컴퓨터를 이용하여 구하더라도 Gauss 소거법은 해를 구하기까지 많은 덧셈/뺄셈과 곱셈/나눗셈의 연산의 수를 요구한다. 실제로 미지수가 n개인 연립일차방정식을 Gauss소거법으로 푸는 데에는 $\frac{1}{3}n^3$ 정도의 flop 수가 필요하다. 여기서 1 flop이란 한 번의 덧셈(뺄셈)과 한 번의 곱셈(나눗셈)을 하는 것을 말한다.

더욱이 컴퓨터는 우리가 대수적으로 정확하게 계산하는 실수의 계산체계를 갖지 않고 유한체(finite field) 속에서 연산을 하게 되므로 실제의 값에 대한 근삿값을 제공하게 된다. 이때 연산의 수가 많으면 많을수록 컴퓨터의 연산에 따른 반올림 오차(round-off error)가 커진다. 따라서 Gauss 소거법은 연립방정식의 해를 구하는데 효과적이지 못하다. 또 컴퓨터를 이용하더라도 크기가 큰 연립방정식을 Cramer 공식을 이용하여 구하는 경우에는 행렬식을 구하여야 하는데 행렬식을 구하는데 너무 많은 시간이 요구된다. 그러므로 이 방법도 연립방정식을 푸는 도구로는 효과적이지 않다.

연립방정식 $Ax=b$의 해를 구하는 Gauss 소거법이나 Cramer 공식의 단점을 보완하기

위하여 $A = D - B$로 분해하면 방정식

$$x = D^{-1}Bx + D^{-1}\mathrm{b}$$

를 얻는다. 여기서 임의의 벡터 $x^{(0)}$를 택하고 반복적으로

$$x^{(m+1)} = D^{-1}Bx^{(m)} + D^{-1}b$$

를 얻고, 벡터의 수열 $\{x^m\}$이 x에 수렴한다면

$$x = D^{-1}Bx + D^{-1}b$$

가 되어 그 극한은 원래의 방정식의 해가 될 것이다. 만약 x가 방정식의 해라면

$$\lim_{m\to\infty}(x^{(m)} - x) = \lim_{m\to\infty}(D^{-1}B)^m(x^{(0)} - x)$$

이므로,

$$\lim_{m\to\infty}(D^{-1}B)^m = O$$

이어야 한다. 따라서 우리는 행렬 A를 $A = D - B$로 나눌 때 여러 가지 방법이 있지만, 그 중에서도

$$\lim_{m\to\infty}(D^{-1}B)^m = O$$

이 되는 행렬 D와 B를 찾아야 한다.

일반적으로

$$\lim_{m\to\infty}A^m = O$$

일 때, 행렬 A는 **수렴한다**(converge)고 한다. 행렬 A가 어떤 모양일 때 A는 수렴할까?

먼저 벡터수열의 수렴에 대하여 알아보자. 실수의 수열의 수렴은 수열의 극한과의 차이(거리, 노름)가 0이 되는 것이다. 이와 마찬가지로 벡터의 수열의 수렴도 노름을 가지고 정의하는 것이 자연스러울 것이다. 벡터의 노름을 여러 가지로 정의할 수 있으나 여기서는 다음과 같은 노름을 정의하자. 이 노름을 Euclid 노름이라고 한다.

정의 7.7

벡터 $x \in R^n$에 대하여 x의 노름을 $\|x\| = \left\{\sum_{i=1}^{n} x_i^2\right\}^{1/2}$라 한다.

벡터의 정의에 의하면 벡터의 수열 $\left\{x^{(m)}=(x_1^{(m)},\, x_2^{(m)},\, \cdots,\, x_n^{(m)})\right\}$이 벡터 $x=(x_1,\, x_2,\, \cdots,\, x_n)$에 수렴할 필요충분조건은

$$\lim_{m\to\infty}\|x^{(m)}-x\|=0,\ \text{즉}\ \lim_{m\to\infty}x_i^{(m)}=x_i,\quad i=1,\,2,\,\cdots,\,n$$

이다. 이제 벡터의 노름의 정의를 이용하여 행렬의 노름을 다음과 같이 정의할 수 있다.

정의 7.8

행렬 A에 대하여 A의 노름을 $\|A\|=\sup_{x\neq 0}\dfrac{\|Ax\|}{\|x\|}$라 한다.

행렬의 노름의 정의에 의하여 다음 사실을 알 수 있다.

정리 7.5

$n\times n$인 행렬 A, B에 대하여 다음이 성립한다.

(1) $A\neq O$이면 $\|A\|>0$

(2) 임의의 상수 α에 대하여 $\|\alpha A\|=|\alpha|\,\|A\|$

(3) $\|A+B\|\leq\|A\|+\|B\|$

(4) $\|AB\|\leq\|A\|\,\|B\|$

(5) 임의의 벡터 x에 대하여 $\|Ax\|\leq\|A\|\,\|x\|$

행렬의 노름에 대한 위의 정리 7.5에 의하면 $\|A\|<1$일 때

$$\|A^m\|\leq\|A\|^m$$

이므로, $\lim_{m\to\infty}A^m=O$임을 알 수 있다. 따라서 행렬 A가 수렴하는지를 알려면 우리는 $\|A\|<1$인지 아닌지를 알면 된다.

그러나 행렬 A의 노름의 값을 알려면 0벡터가 아닌 모든 벡터에 대하여 $\dfrac{\|Ax\|}{\|x\|}$의 값을 조사하여야 하는데, 0벡터가 아닌 벡터는 무수히 많기 때문에 이것은 거의 불가능하

다. 그러므로 우리는 행렬의 노름을 직접적으로 구하기보다는 행렬이 수렴하는 경우를 다른 방법으로 알아보는 방법을 찾을 필요가 있다. 그 대안이 고윳값을 이용하는 것이다.

정의 7.9

$n \times n$인 행렬 A에 대하여

$$Ax = \lambda x$$

인 벡터 $x \neq 0$가 있을 때, λ를 행렬 A의 **고윳값**(eigenvalue, characteristic value)이라 하고, x를 λ에 따른 **고유벡터**(eigenvector)라 한다.

행렬 A의 고윳값이 λ이면 $Ax = \lambda x$인 벡터 $x \neq 0$가 존재하므로, 연립방정식

$$(A - \lambda I)x = 0$$

은 $x \neq 0$인 해를 가진다. 따라서 행렬 $A - \lambda I$는 비가역이고

$$\det(A - \lambda I) = 0$$

가 된다. 그런데 특성방정식 $\det(A - \lambda I) = 0$은 λ에 대한 n차방정식이므로 대수학의 기본정리에 의하여 n개의 근을 가진다.

정의 7.10

$n \times n$인 행렬 A의 고윳값을 $\lambda_1, \lambda_2, \cdots, \lambda_n$이라 할 때

$$\rho(A) = \max_{1 \leq i \leq n} |\lambda_i|$$

을 행렬 A의 **특성반지름**(spectral radius)이라고 한다.

행렬 A의 고윳값이 λ이면 $Ax = \lambda x$인 벡터 $x \neq 0$에 대하여

$$|\lambda| \, \|x\| = \|\lambda x\| = \|Ax\| \leq \|A\| \, \|x\|$$

이므로, 특성반지름과 노름 사이에는 다음과 같은 관계가 성립한다.

정리 7.6

행렬 A에 대하여 $\rho(A) \leq \|A\|$이다.

우리의 목적은 행렬 A에 대하여 $\|A\| < 1$인지 아닌지를 고윳값을 가지고 다루어보자는 것이었다. 그런데 위의 정리에 의하면 $\rho(A) \leq \|A\|$이긴 하지만, 행렬 A에 대하여 $\rho(A) < 1$이라고 해서 $\|A\| < 1$이라고 할 수는 없다. 그렇다면 어떻게 하여야 할까?

다음 정리를 이용하면 $\rho(A) < 1$일 때 $\lim_{m \to \infty} A^m = O$임을 증명할 수 있다.

정리 7.7 (Jordan cannonical theorem)

임의의 $n \times n$인 행렬 A가 s개의 서로 다른 고윳값 $\lambda_1, \lambda_2, \cdots, \lambda_s$을 가지면

$$M^{-1}AM = diag(J_1, J_2, \cdots, J_s)$$

인 행렬 M이 존재한다. 여기서 J_i는 다음과 같은 삼각행렬이다.

$$J_i = \begin{pmatrix} \lambda_i & 1 & 0 & \cdots & 0 \\ 0 & \lambda_i & 1 & \cdots & 0 \\ \cdot & \cdot & \cdot & \cdot & 1 \\ & & & & \lambda_i \end{pmatrix}$$

만약에 n개의 서로 다른 고윳값이 있으면 행렬 A는 대각행렬과 유사(similar)한 행렬이 된다. 어쨌든

$$(M^{-1}AM)^m = M^{-1}A^m M$$

이므로, 모든 고윳값에 대하여 $|\lambda_i| < 1$이면 즉 $\rho(A) < 1$이면

$$\lim_{m \to \infty} (M^{-1}AM)^m = O \text{ 즉 } \lim_{m \to \infty} A^m = O$$

이다. 따라서 다음 정리를 얻는다.

정리 7.8

$n \times n$인 행렬 A가 수렴할 필요충분조건은 $\rho(A) < 1$이다.

정리 7.8에 따르면 $n \times n$인 행렬 A가 수렴함을 보이기 위해서 $\|A\| < 1$을 보이는 대신, 행렬 A의 특성반지름이 1보다 작은 것을 보이는 방법을 알면 된다. 행렬 A에 대하여 $\|A\| < 1$을 직접 보이는 것보다는 행렬 A의 고윳값은 n개 밖에 없으므로 $\rho(A) < 1$인 것을 보이는 것이 훨씬 쉽다. 그렇더라도 앞에서 언급했듯이 행렬의 행렬식을 구하는 것은 많은 시간을 요구하므로 특성다항식을 구하여 절댓값이 최대인 특성값을 구하는 것도 사실 만만치 않다.

이제 특성방정식을 풀지 않고 특성반지름의 크기를 아는 방법이 있는지에 대해 알아보자. λ를 행렬 A의 고윳값이라고 하면

$$Ax = \lambda x$$

인 벡터 $x \neq 0$가 존재하므로, 왼쪽을 전개하여 다음의 Gershigorin의 원 정리를 증명할 수 있다.

정리 7.9 (Gershigorin's circle theorem)

행렬 $A = (a_{ij})_{n \times n}$에 대하여

$$\Lambda_i = \sum_{j=1, j \neq i}^{n} |a_{ij}|, \; i = 1, 2, \ldots, n$$

이라 할 때, A의 고윳값은 대각원소를 중심으로 $\cup_{i=1}^{n} \{z \| z - a_{ii}| \leq \Lambda_i\}$에 속한다.

다시 말하면 A의 고윳값은 대각원소 a_{ii}를 중심으로 반지름이 Λ_i인 원 안에 존재한다. 또 Gershigorin의 원 정리에 의하여

$$\rho(A) \leq \max_{1 \leq i \leq n} \sum_{j=1}^{n} |a_{ij}|$$

임을 쉽게 알 수 있다.

사실 연립방정식 $Ax=b$의 해를 구하려고 하기 전 우리는 먼저 연립방정식이 유일한 해를 갖는지 그렇지 않은지 즉 A가 가역인지 아닌지를 알아야 한다. 물론 이것은 행렬 A의 행렬식이 0인지 아닌지를 알면 된다. 그러나 이것을 직접 계산하여 밝히는 것은 쉽지 않다. 그런데 Gershigorin의 원 정리에 의하면 대각원소 a_{ii}를 중심으로 반지름이 Λ_i인 원이 원점을 포함하지 않으면 0은 특성값이 될 수가 없다. 따라서 행렬 A는 가역임을 쉽게 알 수 있다.

가역인 행렬은 0을 고윳값으로 가지지 않으므로, 다음 정리를 증명할 수 있다.

정리 7.10

행렬 $A=(a_{ij})_{n\times n}$에 대하여

$$|a_{ii}|>\Lambda_i,\ i=1,\ 2,\ \ldots,$$

이면, 행렬 A는 가역이다.

행렬 $A=(a_{ij})_{n\times n}$가 위의 정리의 조건을 만족할 때, 행렬 A를 **강대각지배**(strictly diagonally dominant) 행렬이라고 한다. 그런데 응용분야에서 우리가 다루는 행렬은 강대각지배인 경우 보다는 다음과 같이 조건이 약화된 경우가 많다. 즉

$$|a_{ii}|\geq\Lambda_i,\quad i=1,\ 2,\ \ldots,\ n$$

이되, 적어도 하나는 절대부등식이 성립한다. 이러한 행렬을 **약대각지배**(weakly diagonally dominant) 행렬이라고 부른다.

강대각지배 행렬인 경우에는 정리 7.10에 의하여 가역인 것을 알지만, 약대각지배 행렬인 경우에는 이 행렬이 가역인지 아닌지를 아직은 알 수가 없다. 약대각지배 행렬이 가역이기 위해서 필요한 조건을 알아보자.

한편 행렬 $A=(a_{ij})_{n\times n}$에 대하여 적당한 치환행렬(permutation matrix) P가 존재하여

$$PAP^T=\begin{pmatrix}A_{11} & A_{12}\\ O & A_{22}\end{pmatrix}$$

의 꼴로 나타난다고 하자. 그런데 치환행렬은 방정식의 순서와 미지수의 순서를 바꾸는 작용을 하며, 이와 같이 순서를 바꾸어도 해는 변함이 없으므로 연립방정식 $Ax=b$는

$$A_{11}x_1 + A_{12}x_2 = b_1$$
$$A_{22}x_2 = b_2$$

의 꼴로 나누어진다. 따라서 이것은 진정한 의미에서 n개의 연립방정식이라고 보기는 어렵고 작은 크기의 연립방정식이 합쳐진 것과 같다. 이런 의미에서 위와 같은 행렬을 **분할 가능한**(reducible) 행렬이라고 부른다. 물론 분할 가능하지 않은 행렬을 **분할 불가능한**(irreducible) 행렬이라고 부른다.

그런데 행렬 A가 분할 불가능한지를 어떻게 알겠는가? 물론 $n!$개의 치환행렬을 곱해 확인해보면 된다. 이것도 난감한 일이다. 문제는 또 다른 문제를 낳는다. 그래서 이것이 오히려 축복이다. 할 일이 많으니까. 사실 행렬 A의 분할 불가분성은 그래프 이론을 통하여 시각적으로 새롭게 정의할 수 있다. 어쨌든 행렬 A의 가역성에 대하여 다음과 같은 정리가 성립한다.

정리 7.11

행렬 $A=(a_{ij})_{n\times n}$에 대하여 행렬 A가 분할 불가능이고 약대각지배 행렬일 때, 행렬 A는 가역이다.

이제 연립일차방정식 $Ax=b$의 해를 역행렬을 구하여 곱하거나 Cramer 공식으로 구하는 것은 많은 시간이 요구되므로 거의 불가능하고, Gauss 소거법으로 구하는 것은 반올림 오차가 크므로, 이와 같이 구하지 않고 반복법으로 구하는 방법에 대하여 알아보자. 일반적으로 해를 구하는 좋은 방법은 우리가 고민하지 않고 시작하는 벡터를 택하고, 어떤 알고리즘에 의하여 계산된 벡터의 수열이 수렴하고 그 극한이 우리가 원하는 해가 되는 것이다.

미지수가 n개인 연립일차방정식

$$\begin{gathered}
a_{11}x_1 + a_{12}x_2 + \cdots + a_{1n}x_n = b_1 \\
a_{21}x_1 + a_{22}x_2 + \cdots + a_{2n}x_n = b_2 \\
\cdots\cdots \\
a_{i1}x_1 + a_{i2}x_2 + \cdots + a_{in}x_n = b_i \\
\cdots\cdots \\
a_{n1}x_1 + a_{n2}x_2 + \cdots + a_{nn}x_n = b_n
\end{gathered}$$

의 해를 구하기 위하여 먼저 임의의 벡터 $x^{(0)}=(x_1^{(0)},\ x_2^{(0)},\ \cdots,\ x_n^{(0)})$를 택하고, 이로부터 새로운 벡터 $x^{(1)}=(x_1^{(1)},\ x_2^{(1)},\ \cdots,\ x_n^{(1)})$을

$$x_i^{(1)}=\frac{1}{a_{ii}}(-\sum_{j=1,j\neq i}^{n}a_{ij}x_j^{(0)}+b_i)$$

와 같은 방법으로 구한다. 이런 과정을 되풀이 하여 벡터수열 $\{x^{(m)}\}$을 구한다고 하자. 즉 $A=D-E-F$로 분해하면, 위의 과정은 행렬을 이용하여

$$x^{(m+1)}=D^{-1}(E+F)x^{(m)}+D^{-1}b$$

와 같이 나타낼 수 있다. 여기서 $D=\mathrm{diag}\{a_{11},\ a_{22},\ \cdots,\ a_{nn}\}$인 대각행렬이고 E와 F는 각각 대각 원소가 0이고 원소가 $-a_{ij}$인 하삼각행렬(lower triangular matrix)과 상삼각행렬(upper triangular matrix)이다. 이와 같은 방법을 **Jacobi 반복법**이라고 한다.

이 Jacobi 방법의 수렴성에 대하여 다음 정리가 성립한다.

정리 7.12

행렬 A가 강대각지배 행렬이거나, 분할 불가능이고 약대각지배 행렬이면 Jacobi 반복법에 의해 만들어진 벡터수열은 수렴한다.

Jacobi 반복법에서는 새로운 벡터를 구할 때 단순히 그 전 단계의 벡터만큼 이용하고 있다. 그러나 벡터의 새로운 성분이 구해지면 그것을 이용하지 않을 이유가 없으며, 새로운 성분을 이용하는 것이 컴퓨터의 기억용량을 줄일 수 있다. 이를 위하여 임의로 택한 벡터 $x^{(0)}$로부터 새로운 벡터 $x^{(1)}$을

$$x_i^{(1)}=\frac{1}{a_{ii}}(-\sum_{j=1}^{(i-1)}a_{ij}x_j^{(1)}-\sum_{j=i+1}^{n}a_{ij}x_j^{(0)}+b_i)$$

와 같이 구한다. 이런 과정을 되풀이 하는 것을 행렬을 이용하여 나타내면

$$x^{(m+1)}=(D+E)^{-1}Fx^{(m)}+(D+F)^{-1}b$$

이다. 이 방법을 **Gauss-Seidel 반복법**이라고 한다.

이 Gauss-Seidel 방법의 수렴성은 다음과 같다.

정리 7.13

행렬 A가 강대각지배 행렬이거나, 분할 불가능이고 약대각지배 행렬이면 Gauss-Seidel 반복법에 의해 만들어진 벡터수열은 수렴한다.

참고 7.1

행렬 A가 정리 7.13의 조건을 만족하지 않으면, Jacobi 반복법으로 해를 구할 수 있다고 해서 Gauss-Seidel 방법으로 해를 구할 수 있다는 보장이 없다. 또 Gauss-Seidel 반복법으로 해를 구할 수 있다고 해서 Jacobi 방법으로 해를 구할 수 있다는 보장은 없다.

이제 Gauss-Seidel 반복법을 더 발전시키는 방법을 생각해 보자. 방정식 $f(x)=0$의 실근을 구하는 Newton 방법에서 접선의 기울기를 적당히 변화시키면

$$x_{n+1} = x_n - \omega \frac{f(x_n)}{f'(x_n)}$$

을 얻는다. 이 방법을 연립방정식에 적용하면 다음과 같다.

$$x_i^{(1)} = x_1^{(0)} - \frac{\omega}{a_{ii}}\left(\sum_{j=1}^{(i-1)} a_{ij}x_j^{(1)} + \sum_{j=i}^{n} a_{ij}x_j^{(0)} - b_i\right)$$

이런 과정을 되풀이 하는 것을 행렬을 이용하여 나타내면

$$x^{(m+1)} = (D-\omega E)^{-1}\{((1-\omega)\mathrm{D}+\omega\mathrm{F})x^{(m)} + \omega(\mathrm{D}-\omega\mathrm{E})^{-1}b\}$$

와 같다. 이와 같은 풀이 방법을 **SOR**(successive over-relaxation) **방법**이라고 한다. 특히 $\omega=1$인 경우에는 SOR 방법은 Gauss-Seidel 방법과 같다.

SOR 방법의 수렴성에 대해서는 다음 정리가 성립한다.

정리 7.14

행렬 A가 대칭이고 양의 정부호(positive definite)일 때 SOR 반복법이 수렴할 필요충분조건은 $0<\omega<2$이다.

7.4 행렬 교육

최근 들어 행렬이론의 중요성이 항공공학이나 전기공학 등의 공학뿐만 아니라, 자연과학, 컴퓨터 과학, OR, 경제학, 물리학, 통계학 등 여러 분야에서 중요하게 사용되고 있다. 이렇게 선형대수(행렬)의 중요성이 요구됨에도 불구하고, 각 분야에서는 선형대수의 중요성과 응용성이 많이 다루어지지는 않고 있다. 더군다나 수학에서는 선형대수의 중요성을 강조하기는 하지만, 너무 추상적으로 대수적인 면만 다루어지고 있는 것이 학생들로 하여금 선형대수를 멀리하게 하고 있다. 그러나 급증하는 다른 분야의 요구로 보아 선형대수를 수학 내재적 추상성의 강조에서 벗어나 활용에 중점을 두고 균형을 맞추어 가르쳐져야 할 것이다.

학교수학에서는 연립일차방정식을 간단히 나타내기 위하여 행렬을 도입하는 정도로만 다루고 있으며, 크기가 2 또는 3인 간단한 행렬을 이용하여 연립일차방정식의 풀이를 다룬다. 사실 이러한 아주 작은 크기의 연립방정식은 가우스 소거법을 이용하여도 별 문제가 없다고 학생들은 느낀다. 아니 이런 경우는 행렬의 도입의 편리성을 이해하지 못하거나 오히려 번거롭게 여기기도 한다. 따라서 학교수학에서 다룬 2×2 행렬에 대한 이론이 일반적인 $n\times n$ 행렬의 이론으로 확장되지 않는다면 학교수학의 행렬교육은 실패한 것이 될 것이다.

대학에서의 행렬이론도 학교수학과 별로 다르지 않다. 연립일차방정식의 해의 존재성과 같은 이론을 간단히 나타내기 위하여 행렬을 이용한다. 그러나 많은 경우 초급 선형대수에서 방정식의 해를 구체적으로 구하는 문제보다는 행렬의 벡터공간에 대한 이론적인 면을 추구하는 수학적 증명에 관심을 두고 있다. 이것은 전통적인 수학의 전개 과정인 '정의 – 보조정리 – 증명 – 정리 – 증명 – 따름정리'의 과정을 거치게 되기 때문이다.

이러한 전통적 수업 과정은 학생들로 하여금 수학에 대한 흥미를 잃게 할 뿐 만 아니라 선형대수의 개념을 폭넓게 이해하는데도 도움이 되질 않는다. 전통적 수업방법 대신에 연립일차방정식의 문제를 효과적으로 풀기 위하여 '예를 들고–이런 경우는 무엇이? – 왜 이런 일이? – 다른 경우에는 어떻게? – 여기서 얻는 결론은? – 일반화 하면?'의 과정을 거치는 것이 창의적 사고교육을 하는데 좋다.

실제로 수학자들이 수학을 만들고 알게 되는 과정을 따라가면 수학을 잘 할 수 있을 것이다. 그들은 이미 정립된 수학 지식을 습득하기도 하지만, 우리의 일상생활의 대화나 신문을 통해 보고 읽는 것으로부터 자극을 받고, 예를 통하여 생각하고, 추론하고, 문제를 풀고, 정리를 증명하고, 대화나 저술을 통하여 다른 동료들과 의견을 나누며 새로운 수학이론을 창조해 간다. 수학교육에서의 관점에서 본다면 이런 과정이 구성주의일 것이다. 물론 이런 과정이 쉽지는 않다. 그러나 이 방법은 괜찮은 교육방법이라고 생각한다. 물론 수학의 가장 좋은 교수학습은 잘 설명하고, 주제에 대한 완벽한 개념과 그림을 가지고 다음의 교수 원리를 조화시키는 것뿐이다.

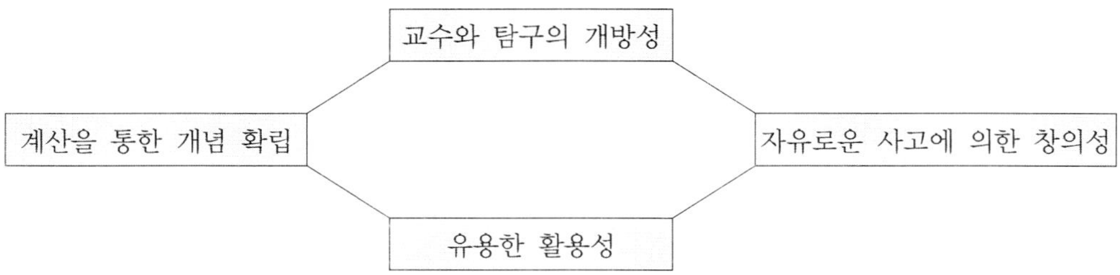

선형대수의 교육도 다른 수학교육과 마찬가지로 창의성, 개방성, 구체화, 응용성의 네 영역이 서로 유기적으로 작동하여야 한다. 왜냐하면

(1) 창의성은 사고와 인식을 자극하고
(2) 교수와 경험의 개방성은 학생들에게 세상의 문제를 해결하는 열쇠를 주고
(3) 구체적인 계산은 개념과 이해를 확실하게 해 주며
(4) 응용성은 학생들을 구조 속에서 생각하게 하며, 수학의 아름다움과 강점을 제공해 주기 때문이다.

따라서 성공적인 선형대수 교육도 다음의 그림의 균형을 맞추는 것이라고 본다.

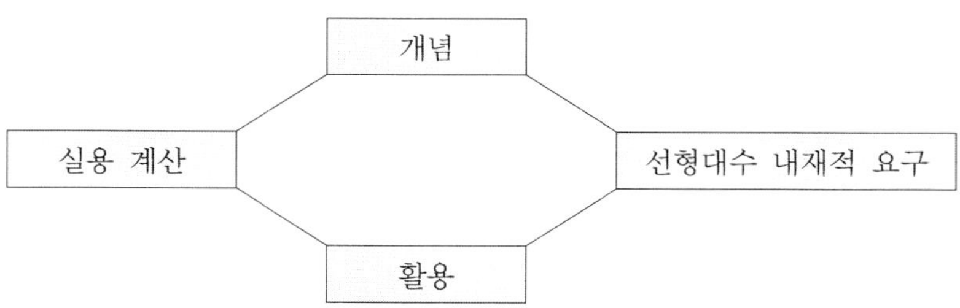

이러한 입장에서 본다면 학교수학에서 다른 것과 같이, 익숙하게 잘 알고 있는 미지수가 2개인 연립일차방정식을 간단히 행렬을 이용하여 $Ax=b$로 나타내고, 구체적인 예를 통하여

(1) 행렬 A와 벡터 b의 곱을 어떻게 정의하면 좋은가?
(2) 임의의 벡터 b는 행렬 A의 열의 일차결합인가?
(3) 이 표현 방법은 유일한가? 또 언제 그러한가?
(4) 유일한 표현이 가능할 때 열벡터 사이에는 어떤 관계가 성립하여야 하는가?
(5) 미지수가 3개인 경우에 위의 (1)~(4)는 어떤가?
(6) 이를 일반화하여 미지수가 n인 경우에도 적용할 수 있는가?
(7) 행렬식을 일반화하여 정의하고 해의 유일 존재성과의 관계를 말할 수 있는가?
(8) 행렬식을 계산하기 쉬운가?
(9) 행렬식의 값이 0이 아닌 것을 쉽게 알 수 있는 방법은 무엇인가?
(10) 행렬식을 이용하지 않고 연립방정식을 푸는 방법은 무엇인가?

등의 과정을 거쳐 확산적 사고를 하게 하는 것이 좋다.

위의 물음에 답하기 위하여 사실 우리는 선형 연립방정식의 해를 반복법으로 구하는 방법에 대하여 알아보았다. 그 이유는 학교수학에서 다루는 대수적 방법으로는 크기가 큰 문제를 푸는 데에는 현실적으로 효과적이지 않기 때문이다. 다시 말하면 행렬의 집합이 대수적 구조를 찾아보는 구체적인 예가 될지 몰라도, 행렬식을 이용하는 역행렬이나 크래머 공식과 같은 대수적 방법은 연립방정식의 해를 구하는 데는 그리 큰 도움이 되지 않는다. 물론 수학적으로 아름답기는 하지만 말이다.

사실 이론이 현실적 문제를 해결해주지 않는다면 학교수학이 필요가 없는 것이 아니냐는 질문을 제기할 수 있을 것이다. 그러나 학교수학은 학교수학 나름대로 기본적인 원리를 알게 하고 이를 바탕으로 활용을 할 수 있는 능력을 길러주는 의미가 있다. 예를 들어 반복법의 정당성을 증명하는 데 있어 기존의 선형대수 이론이 사용되었음을 주지할 필요가 있다. 그런 의미에서 학교수학과 대학에서의 소위 순수수학의 이론은 절대적으로 필요하다. 따라서 교사는 이론적인 면뿐만 아니라 그의 활용성에 대해서도 알아 둘 필요가 있다. 학생의 질문에 대해서 명쾌한 대답을 할 수 있도록 말이다.

참고문헌

[1] 김응태, 박승안, 선형대수학, 제5판, 경문사(2010).

[2] 정상권, 김영희, 최홍원, 수치해석, 교우사(2012).

[3] D. Carlson, Teaching linear algebra: Must the fog always roll in?, The College Mathematics Journal, 24(1993) 29-40.

[4] D. Carlson, C. R. Johnson, D. Lay and A. D. Porter, The linear algebra curriculum study group recommendations for the first course in linear algebra, The College Mathematics Journal, 24(1993) 41-46.

[5] J.N. Franklin, Matrix theory, Prentice-Hall(1968).

[6] J. Gilbert and L. Glibert, Linear algebra and matrix theory, 2nd ed., Thomson(20040

[7] R. Larson and D. Falvo, Elementary linear algebra, Brooks/Cole(2010).

[8] G. Strang, Linear algebra and its applications, 4th ed., Thomson(2006).

[9] F. Uhlig, The role of proof in comprehending and teaching elementary linear algebra, Educational Studies in Mathematics, 50(2002) 335-346.

[10] F. Ulhlig, A new unified, balanced, and conceptual approach to teaching linear algebra, Linear Algebra and its Applications, 361(2003) 147-159.

[11] R.S. Varga, Matrix iterative analysis, Prentice-Hall(1962).

Chapter

08 수열의 극한

Mathematics for School Mathematics

무한에 관한 개념은 어린 시절부터 하나, 둘, 셋하고 세는 것으로부터 시작된다. 이렇게 계속해서 세어 간다면 과연 끝은 어디일까하고 말이다. 이와 같이 처음에는 자연수의 나열로부터 무한(극한)의 개념이 도입되지만, 수학을 논리적으로 정립해나가는 중에 유리수의 수열의 극한으로부터 실수(무리수)를 만들어 내고, 이것을 확장하여 함수의 극한을 생각한다. 또 함수의 극한을 이용하여 함수의 연속성을, 평균변화율의 극한으로부터 미분을, 급수의 극한으로부터 적분을 정의한다. 또 극한은 변수가 하나인 실변수 함수뿐만 아니라 다변수 함수와 복소수 함수까지도 확장된다.

이와 같이 수학에서 극한의 개념은 특히 해석학에서아주 중요하게 취급된다. 이러한 의미에서 극한을 해석학의 초석이라고 한다.

8.1 수열의 극한

앞에서는 실수의 연산에 관한 정적인 대수적 성질에 대해서 다루었으나, 이제 실수의 역동적인 성질인 수열의 극한에 대하여 생각해 보자. 수열이 무한히 나열될 때 그 끝은 어디인가 하는 극한에 대한 수학적 고찰은 고등학교 과정에서 처음으로 나타난다. 그러나 극한에 대한 암묵적 개념은 초등학교에서 큰 자연수를 만들 때 앞의 수에 1씩 계속하여 더하여 만들어감으로 무한에 대한 개념을 다루기 시작한다. 또 중학교 과정에서는 정수 전체의 집합이나 유리수 전체의 집합의 원소의 개수를 세는 과정과 유리수의 나열의 극한으로 $\sqrt{2}$ 와 같은 실수를 만들어가는 과정을 통하여 극한의 개념을 직관적으로 획득하게 된다.

학교수학에서는 유리수체계로부터 실수체계로 확장하는 과정에서 유리수 수열의 극한으로부터 실수의 구성을 직관적으로 설명하였다. 또 수열이

$$a_1,\ a_2,\ \cdots,\ a_n$$

과 같이 유한개만의 나열인 경우를 유한 수열, 그렇지 않고

$$a_1,\ a_2,\ \cdots,\ a_n,\ \cdots$$

와 같이 무한히 계속 나열되는 것을 무한 수열이라고 하였다. 그러나 일반적으로 수학에서의 수열 $\{a_n\}$은 수 $a_1,\ a_2,\ \cdots,\ a_n,\ \cdots$의 나열을 말하는 것으로, 이것을 자연수의 집합 N을 정의역으로 하는 함수

$$f : N \to R$$

로 정의할 수 있다. 이러한 의미에서 본다면 우리가 편의상 유한 수열이라고 하는 것은 엄밀한 의미에서 수열이 아니다. 사실 이런 일상의 용어 때문에 수열을 함수 $f : N \to R$의 상(image) 즉 $\{f(n) \in R \mid n \in N\}$인 것처럼 보는 오해가 생기기도 한다. 이와 같이 생각하면 수열 1, 1, 1, ...을 단지 1로 생각하게 된다. 더욱이 수열 $\{a_n\}$에서 a_n이 모두 다른 값일 필요도 없으며, 특별한 경우에는 a_n이 모두 같은 값일 수도 있다.

수열에서 처음 유한개까지는 우리가 하나하나 관찰하여 그 값을 조사할 수 있으나, 우리가 경험적으로 관찰하기에는 n이 너무 크면, 사실은 우리의 능력 밖일 때, 과연 a_n의 값은 어떻게 될까가 우리의 호기심을 자극하는 문제이다. 이런 문제를 다루는 것이 수열의 수렴성이다.

n이 충분히 커질 때($n \to \infty$일 때) 수열 $\{a_n\}$이 어떤 상수 a에 무한히 가까이 가면, 우리는 수열 $\{a_n\}$이 a에 **수렴한다**(converge)고 하고, 이것을

$$\lim_{n \to \infty} a_n = a$$

으로 나타낸다. 또는 이것을

$$n \to \infty \text{ 일 때 } a_n \to a$$

로 나타내기도 한다.

사실 위에서 n이 '충분히 커질 때(sufficiently large)'나 a_n이 a에 '무한히 가까이 갈 때

(ultimately close)'란 말은 얼마나 큰지 또는 얼마나 가까운지 그 양이 구체적으로 정해지지 않았기 때문에 대단히 애매모호한 말이다. 따라서 우리는 이것을 정량화하여 수열의 극한을 좀 더 명확히 정의할 필요가 있다.

정의 8.1

임의의 $\epsilon > 0$ 에 대하여 적당한 자연수 N이 존재하여, $n > N$ 인 모든 자연수 n에 대하여

$$|a_n - a| < \epsilon$$

일 때, 수열 $\{a_n\}$이 상수 a에 **수렴한다**고 한다. 이것을

$$\lim_{n \to \infty} a_n = a$$

로 나타낸다. 이때 a를 수열 $\{a_n\}$의 **극한**(limit)이라고 한다. 수열 $\{a_n\}$이 수렴할 때 수열 $\{a_n\}$은 **수렴하는**(convergent) 수열이라 말하고, 수렴하지 않을 때는 **발산하는**(divergent) 수열이라고 말한다.

위의 정의에서 자연수 N은 a와 주어진 임의의 수 $\epsilon > 0$에 따라 결정되나, 꼭 유일하게 결정되는 것도 아니다. 단지 그 수 N보다 큰 자연수 n에 대하여 $|a_n - a| < \epsilon$이기만 하면 된다. 따라서 N은 a와 $\epsilon > 0$의 값에 따라 달라진다.

예제 8.1

수열 $\left\{\frac{1}{n}\right\}$은 0에 수렴한다.

증명 주어진 임의의 $\epsilon > 0$에 대하여 $\left|\frac{1}{n} - 0\right| < \epsilon$이 되도록 하면 된다. 그런데 $\left|\frac{1}{n} - 0\right| = \frac{1}{n}$이므로 $n > \frac{1}{\epsilon}$이면 $\frac{1}{n} < \epsilon$이 된다. 따라서 $N \geq \frac{1}{\epsilon}$인 자연수로 택하면 된다.

예제 8.2

수열 $a_n = 1 + \frac{1}{2^n}$은 1로 수렴한다.

증명 임의의 $\epsilon > 0$에 대하여 $|1 + \frac{1}{2^n} - 0| = \frac{1}{2^n}$이다. 그런데 임의의 자연수 n에 대하여 $\frac{1}{2^n} < \frac{1}{n}$이므로 $N \geq \frac{1}{\epsilon}$인 자연수로 택하면 된다.

위의 예제에서 알 수 있듯이 임의로 주어진 $\epsilon > 0$에 대하여, $n > N$인 모든 자연수 n에 대하여 $|a_n - a| < \epsilon$인 자연수 N을 구하기 위해서는 먼저 a의 값을 알아야 한다.

어쨌든 수열이 수렴한다는 것을 알 때, 수렴하는 수열은 어떤 성질을 가지는지 알아보자. 극한의 정의에 의하면 a에 수렴하는 수열 $\{a_n\}$은 유한개를 제외하고 모두 a의 근방 가까이에 있으므로, 수렴하는 수열은 항상 유계임을 보일 수 있다. 또 충분히 큰 자연수 n에 대하여

$$x_n \leq y_n \leq z_n$$

이 성립하는 세 수열 $\{x_n\}$, $\{y_n\}$, $\{z_n\}$에 대하여, $\{x_n\}$과 $\{z_n\}$이 모두 a에 수렴하면 우리가 예상하고 기대하는 대로 수열 $\{y_n\}$도 a에 수렴한다. 이것을 Sandwich 정리라 한다.

정리 8.1

수렴하는 수열 $\{x_n\}$, $\{y_n\}$에 대하여 다음과 같은 대수적 성질이 성립한다.

(1) $\lim_{n\to\infty}(x_n + y_n) = \lim_{n\to\infty} x_n + \lim_{n\to\infty} y_n$

(2) $\lim_{n\to\infty}(x_n \cdot y_n) = \lim_{n\to\infty} x_n \cdot \lim_{n\to\infty} y_n$

(3) $\lim_{n\to\infty} \frac{x_n}{y_n} = \frac{\lim_{n\to\infty} x_n}{\lim_{n\to\infty} y_n} \quad (\lim_{n\to\infty} y_n \neq 0)$

(4) $\lim_{n\to\infty} \alpha x_n = \alpha \lim_{n\to\infty} x_n$

(5) $\lim_{n\to\infty} |x_n| = |\lim_{n\to\infty} x_n|$

참고 8.1

위의 사실을 이용하면 수렴하는 수열 $\{x_n\}$, $\{y_n\}$과 임의의 실수 α, β에 대하여

$$\alpha x_n + \beta y_n$$

도 수렴하는 수열이므로, 수렴하는 수열 사이의 덧셈과 뺄셈을 자유롭게 할 수 있다. 사실 0으로 나누는 것을 제외하면, 수렴하는 수열 사이의 덧셈, 뺄셈, 곱셈, 나눗셈을 자유롭게 할 수 있다. 따라서 수렴하는 수열을 가지고 대수적 체를 만들 수 있으므로, 유리수의 수열을 이용하여 실수를 구성할 수 있다.

어떤 수열이 수렴하고, 또 어떤 수열이 발산할까하는 물음으로 다시 돌아가 보자. 처음 주어진 수열이 수렴하는지 아닌지를 모른다고 할 때, 그 수열의 부분을 가지고 원래 수열의 수렴성을 판별할 수 있을까? 원래 수열의 원소를 솎아서 차례대로 나열하여 만든 수열을 그 수열의 **부분수열**(subsequence)이라고 하는데, 만약 부분수열이 수렴하면 원래의 수열도 수렴할까? 그렇게 된다면 얼마나 좋을까?

이제 처음 주어진 수열과 부분수열 사이의 관계를 알아보자. 수렴하는 부분수열의 존재성에 대하여 다음의 **볼자노-바이어슈트라스**(Bolzano-Weierstrass)정리가 성립한다.

정리 8.2

임의의 유계인 수열은 반드시 수렴하는 부분수열을 가진다.

Bolzano-Weierstrass 정리는 수렴하는 부분수열의 존재성을 말해 준다. 그러나 그렇다고 해서 원래의 수열이 수렴한다는 것은 물론 아니다. 사실 수렴하는 부분수열이 존재한다고 해서 원래의 수열이 수렴하는 것은 아니다. 예를 들면 수열 $\{1, -1, 1, -1, \dots\}$의 부분수열 $\{1, 1, 1, \dots\}$과 $\{-1, -1, -1, -1, \dots\}$은 각각 1과 -1로 수렴하지만 원래의 수열은 수렴하지 않는다. 따라서 주어진 수열 $\{a_n\}$의 수렴하는 부분수열의 존재성만 가지고서는 원래의 수열의 수렴성을 판별할 수는 없다.

그렇다면 주어진 수열의 수렴성을 판별할 수 있는 수열의 패턴은 무엇일까? 먼저 특별한 성질을 가지는 수열에 대하여 생각해보자. 수열 $\{a_n\}$ 중에는 항상 $a_{n+1} > a_n$인 수열

이 있다. 이와 같은 수열을 **단조증가**(monotonically increasing)하는 수열이라고 하고, 반대로 $a_{n+1} < a_n$인 수열을 **단조감소**(monotonically decreasing)하는 수열이라고 한다.

정리 8.2의 Bolzano-Weierstrass의 정리에 의하면 위로 유계(아래로 유계)인 단조증가(단조감조)하는 수열은 항상 수렴한다. 그러나 극한값 a의 값은 미리 주어지지 않았다. 이 정리는 단지 극한의 존재를 말하여 줄 뿐 그 값이 무엇인지를 말하여 주지는 않는다. 더욱이 수열의 값을 원소로 하는 집합을 생각할 때, 수열의 극한은 그 집합의 원소가 아닌 경우도 있다. 즉 극한 a는 a_n의 어느 값과도 다를 수 있다. 다시 말하면 극한 a는 집합의 의미로서 $\{a_n \mid n \in N\}$의 원소가 아닐 수 있다.

예를 들면 무리수 $\sqrt{2}$는 위로 유계인 단조 증가하는 유리수의 수열 $\{1, 1.4, 1.414, 1.4142, \dots\}$의 극한이지만, 그 극한 $\sqrt{2}$는 유리수가 아니므로 유리수의 집합 $\{1, 1.4, 1.414, 1.4142, \dots\}$의 원소는 아니다. 다시 말하면 유리수 전체의 집합은 유리수의 수열의 극한을 포함하지 않을 수도 있다. 따라서 유리수의 집합은 극한에 대하여 닫혀있지 않다. 이러한 이유에서 유리수의 집합은 불완전(incomplete)하며, 이런 부분을 메워 줄 무리수를 도입할 필요성이 제기된다. 사실 유리수열의 극한에 대하여 닫혀있는 집합을 만들면 완전한 실수체계가 된다.

수열이 수렴하는지를 정의에 따라 보이려면,

임의의 $\epsilon > 0$에 대하여 적당한 자연수 N이 있어,
$n > N$인 모든 자연수 n에 대하여 $|a_n - a| < \epsilon$인 자연수 N

을 찾아야 한다. 그런데 자연수 N은 $\epsilon > 0$에 따라 달라지며 이는 극한 a의 값에 의존한다. 그런데 위에서 본 $\sqrt{2}$처럼 극한 a의 값은 수열 $\{a_n\}$의 한 원소가 아닐 수 있으므로 a의 값을 잘 추측하여야 한다. 만약 극한 a의 값을 잘못 추측한다면 a가 수열의 극한인 것을 보일 수가 없다. 따라서 우리는 어떤 수를 써서라도 극한 a의 값을 잘 예측하여야만 우리가 원하는 자연수 N을 찾아 수열의 수렴성을 증명할 수 있다. 다시 말하면 우리의 직관에 의하여 극한 a를 찾아야 한다. 이러한 의미로 본다면 극한값 a는 하늘에서 떨어진 값이고, 이것이 극한을 이해하는데 어려운 요인이다.

그런데 주어진 수열의 집합의 원소가 아닌 극한을 어떻게 올바로 추측할 수 있겠는가? 혹시 주어진 수열 $\{a_n\}$ 자체만 가지고 원래의 수열이 수렴하는지를 판별할 수 있는 방법은 없을까? 그렇다면 하늘에서 떨어지는 a를 찾는 것보다는 쉬울 텐데……. 이에 대한 대답으로 Cauchy 수열을 들 수 있다.

정의 8.2

수열 $\{a_n\}$이 임의의 $\epsilon > 0$에 대하여 적당한 자연수 N이 있어, m, $n > N$인 모든 자연수 m, n에 대하여 $|a_n - a_m| < \epsilon$일 때, 수열 $\{a_n\}$을 **코시 수열**이라고 한다.

수열의 수렴성 판별에서 수열 $\{a_n\}$의 극한 a를 예측하고 그에 따른 자연수 $N(a, \epsilon)$의 값을 찾아야만 했던 것과는 달리, Cauchy 수열은 수열의 원소 a_m, a_n을 가지고 Cauchy 수열의 수렴조건을 만족하는 자연수 N을 택할 수 있는 이점을 가지고 있다.

그러나 그렇다고 해서 문제가 모두 해결된 것은 아니다. 왜냐하면 우리는 주어진 수열이 Cauchy 수열이냐 아니냐하는 것이 문제가 아니라, 수열 그 자체가 수렴하느냐하는 것을 밝히는데 초점이 맞추어져 있기 때문이다. 그런데 다행히도 실수에서는 수렴하는 수열과 Cauchy 수열 사이에는 아래 정리가 성립하므로, 수열이 수렴함을 보이기 위해서는 그 수열이 Cauchy 수열임을 보이면 된다. 다시 말하면 실수체계에서는 수열의 극한이 존재하는 것을 직접보이는 대신, 그 수열이 Cauchy 수열인가를 보이는 것으로 대신하여도 된다. 실수체계와 같이 모든 Cauchy 수열이 수렴하는 공간을 **완비성 공간**(complete space)이라고 하는 것도 여기에 기인한다.

정리 8.3 (Cauchy의 수렴판정법)

실수의 수열 $\{a_n\}$이 수렴할 필요충분조건은 $\{a_n\}$이 Cauchy 수열인 것이다.

8.2 급수

수열 $\{a_n\}$이 주어졌을 때, 수열의 각 항들의 합 $\sum_{n=1}^{\infty} a_n$을 급수라고 한다. 수열의 극한에서와 마찬가지로 급수를 어떻게 표현하느냐의 문제가 아니라, 구한개의 합인 급수의 값이 얼마인가 하는 것이 중요하다.

예를 들어 임의의 실수 x에 대하여 급수

$$\sum_{n=0}^{\infty} x^n = 1 + x + x^2 + x^3 + \cdots$$

의 값을 구하는 다음과 같은 과정을 살펴보자. 만약

$$S = 1 + x + x^2 + x^3 + \cdots$$

라고 하면

$$xS = x + x^2 + x^3 + x^4 + \cdots$$

가된다. 따라서 $S - xS = 1$이므로 $x \neq 1$이면

$$S = \frac{1}{1-x}$$

된다. 이제 $x = 2$를 대입하면

$$-1 = 1 + 2 + 2^2 + 2^3 + \cdots$$

을 얻는다. 또 $x = -1$을 대입하면

$$\frac{1}{2} = 1 - 1 + 1 - 1 + \ldots$$

이 된다. 그런데 x 대신에 $-1, 1$을 각각 대입하면

$$0 = (1-1) + (1-1) + (1-1) + \ldots$$
$$1 = 1 + (-1+1) + (-1+1) + \ldots$$

와 같은 역설적인 결론에 도달한다.

따라서 무한개의 항을 더하는 급수에서는 아주 세심한 주의가 필요하다. 왜냐하면 무한개의 합에서는 유한개의 합을 구할 때 일반적으로 적용했던 결합법칙이 성립하지 않기 때문이다.

위와 같이 급수 $\sum_{n=1}^{\infty} a_n$의 합은 유한개의 합을 구할 때와 같이 간단히 더할 수 없으므로, 급수의 합을 다음과 같이 부분합의 수열의 극한을 이용하여 구한다. 즉 수열의 처음 n항까지의 합을 부분합(partial sum)

$$s_n = \sum_{i=1}^{n} a_i$$

라 하고, 부분합의 수열 $\{s_n\}$이 s에 수렴할 때, 급수 $\sum_{n=1}^{\infty} a_n$은 s에 **수렴한다**고 한다. 이때 s를 급수 $\sum_{n=1}^{\infty} a_n$의 합이라고 한다. 또 급수 $\sum_{n=1}^{\infty} a_n$이 수렴하지 않을 때 우리는 이 급수가 **발산한다**(diverge)고 한다. 여기서 급수가 발산한다는 뜻은 꼭 $\pm\infty$로 발산한다는 것만은 아니며, $\sum_{n=1}^{\infty} (-1)^n$와 같이 유한하지만 그 값이 일정하지 않고 **진동하는**(oscillate) 것도 포함한다.

앞에서와 같이 급수 $\sum_{n=1}^{\infty} a_n$의 합을 부분합의 수열 $\{s_n\}$의 극한으로 정의하면 급수의 수렴, 발산은 단지 수열의 극한을 가지고 판단하면 된다. 극한의 성질을 이용하여 수렴하는 두 급수 $\sum_{n=1}^{\infty} a_n$와 $\sum_{n=1}^{\infty} b_n$의 합과 상수 배

$$\sum_{n=1}^{\infty} a_n + \sum_{n=1}^{\infty} b_n, \qquad \sum_{n=1}^{\infty} ca_n$$

은 수렴한다. 물론 수렴하는 수열의 덧셈, 뺄셈, 곱셈, 나눗셈을 할 수 있는 것과 같이 수렴하는 두 급수의 뺄셈, 곱셈, 나눗셈도 할 수 있다.

8.3 급수의 수렴 판정

이제 어떤 급수가 수렴하는지 알아보자. 급수 $\sum_{n=1}^{\infty} a_n$은 수열 $\{a_n\}$의 각 항의 합이고 급수의 수렴은 부분합 $\{s_n\}$의 극한으로 정의하였기 때문에, 급수의 수렴성을 알아보기 위하여 우리는 두 개의 수열 $\{a_n\}$와 부분합의 수열 $\{s_n\}$을 고려하게 된다. 이들 두 수열 사이에는 어떤 관계가 있을까? 수열 $\{a_n\}$이 수렴하면 $\{s_n\}$이 수렴할까? 또 그 역은 어떨까?

급수 $\sum_{n=1}^{\infty} a_n$이 s에 수렴하면, $a_n = s_n - s_{n-1}$이므로 극한의 성질에 의하여 수열 $\{a_n\}$은 0에 수렴하게 된다. 따라서 다음 정리를 얻는다.

정리 8.3

급수 $\sum_{n=1}^{\infty} a_n$이 수렴하면 수열 $\{a_n\}$은 0에 수렴한다.

위의 정리의 대우를 이용하면, 수열 $\{a_n\}$이 0에 수렴하지 않으면 급수 $\sum_{n=1}^{\infty} a_n$이 수렴하지 않는다는 것을 알 수 있다. 그러나 정리의 역은 성립하지 않는다. 다시 말하면 수열 $\{a_n\}$이 0에 수렴한다고 해서 급수 $\sum_{n=1}^{\infty} a_n$이 수렴하는 것은 아니다.

예를 들면 $\sum_{n=1}^{\infty} \frac{1}{n}$에서 $\frac{1}{n} \to 0$이지만,

$$s_{2n} - s_n = \frac{1}{n+1} + \frac{1}{n+2} + \cdots + \frac{1}{2n} \geq \frac{n}{2n} = \frac{1}{2}$$

이므로

$$\sum_{k=1}^{2n} \frac{1}{k} \geq 1 + \frac{1}{2}n$$

을 얻는다. 따라서 급수 $\sum_{n=1}^{\infty} \frac{1}{n}$은 발산한다.

특별히 일반항이 0 이상인 실수로 이루어진 급수(양항급수)의 수렴판정에 대하여 다음 베르누이(Bernoulli)의 비교판정법, 제곱근판정법, 비판정법이 성립한다.

정리 8.4 (비교판정법)

$0 \leq a_n \leq b_n$일 때 다음이 성립한다.

(1) $\sum_{n=1}^{\infty} b_n$이 수렴하면 $\sum_{n=1}^{\infty} a_n$도 수렴한다.

(2) $\sum_{n=1}^{\infty} a_n$이 발산하면 $\sum_{n=1}^{\infty} b_n$도 발산한다.

예를 들면

$$\sum_{n=1}^{k} \frac{1}{n(n+1)} = \sum_{n=1}^{k} \left(\frac{1}{n} - \frac{1}{n+1}\right) = 1 - \frac{1}{k+1}$$

이므로 $\sum_{n=1}^{\infty} \frac{1}{n(n+1)}$은 1에 수렴한다. 그런데 $n \geq 2$이면

$$\frac{1}{n^2} \leq \frac{1}{n(n+1)}$$

이고 $\sum_{n=2}^{\infty} \frac{1}{n(n-1)} = \sum_{n=1}^{\infty} \frac{1}{n(n+1)}$ 이므로, 비교판정법에 의하여 $\sum_{n=1} \frac{1}{n^2}$은 수렴한다.

정리 8.5 (Cauchy의 제곱근판정법)

양항급수 $\sum_{n=1}^{\infty} a_n$에서 $\lim_{n\to\infty} \sqrt[n]{a_n} = r$이라 하자. 그러면 다음이 성립한다.

(1) $r < 1$이면 $\sum_{n=1}^{\infty} a_n$은 수렴한다.

(2) $r > 1$이면 $\sum_{n=1}^{\infty} a_n$은 발산한다.

증명 (1) $r < r_0 < 1$라 하면, 충분히 큰 $n > N$에 대하여 $\sqrt[n]{a_n} < r_0$이다.

따라서 $a_n < r_0^n$이므로 $\sum_{n>N} a_n < \sum_{n>N} r_0^n < \infty$이다. 따라서 비교판정법에 의하여 $\sum a_n$은 수렴한다.

(2) (1)의 경우와 같은 방법으로 증명한다.

정리 8.5 (달랑베르의 비판정법)

양수의 수열 $\{a_n\}$, $0 < r < 1$에 대하여 다음이 성립한다.

(1) 임의의 n에 대하여 $\frac{a_{n+1}}{a_n} \leq r$이면, $\sum_{n=1}^{\infty} a_n$은 수렴한다.

(2) 임의의 n에 대하여 $\frac{a_{n+1}}{a_n} \geq 1$이면, $\sum_{n=1}^{\infty} a_n$은 발산한다.

따름 정리

양수의 수열 $\{a_n\}$에서 두 항의 비가

$$\lim_{n\to\infty}\frac{a_{n+1}}{a_n}=r<1$$

인 경우 $\sum_{n=1}^{\infty}a_n$은 수렴한다.

불행히도 달랑베르의 비판정법을 가지고서는 급수 $\sum_{n=1}^{\infty}\frac{1}{n}$, $\sum_{n=1}^{\infty}\frac{1}{n^2}$, $\sum_{n=1}^{\infty}\frac{1}{\sqrt{n}}$의 수렴성을 판정할 수 없다. 왜냐하면 두 항의 비가 모두 $r=1$이 때문이다. 이와 같은 경우에는 다음의 정리를 이용하여 수렴성을 판별할 수 있다.

정리 8.7 (적분판정법)

함수 $f(x)$가 단조 감소하는 양의 함수이면, 급수 $\sum_{n=1}^{\infty}f(n)$이 수렴할 필요충분조건은 적분 $\lim_{n\to\infty}\int_1^n f(x)dx$이 존재하는 것이다.

한편

$$\sum_{n=1}^{\infty}(-1)^n=-1+\frac{1}{2}-\frac{1}{3}+\frac{1}{4}+\cdots$$

와 같이, 각 항의 부호가 교대로 나타나는 급수를 **교대급수**(alternating series)라고 한다. 이런 교대급수의 수렴은 다음과 같이 판정한다.

정리 8.8 (교대급수 정리)

양수의 수열 $\{a_n\}$에서

(i) 모든 n에 대하여 $a_n \ge a_{n+1}$

(ii) $\lim_{n\to\infty} a_n = 0$

이면, 교대급수 $\sum_{n=1}^{\infty}(-1)^{n+1}a_n$은 수렴한다.

급수 $\sum_{n=1}^{\infty} a_n$에 대하여 $\sum_{n=1}^{\infty} |a_n|$이 수렴하면, 처음의 급수 $\sum_{n=1}^{\infty} a_n$은 절대수렴(absolutely convergent)한다고 한다. 비교판정법에 의하여 다음의 정리를 얻는다.

정리 8.9

절대수렴하는 급수는 수렴한다.

그렇다면 위 정리의 역으로, 수렴하는 급수는 모두 절대수렴할까? 그렇지 않다. 왜냐하면 교대급수 $\sum_{n=1}^{\infty}(-1)\frac{1}{n}$은 수렴하지만 절대수렴하지는 않는다.

참고 8.3

(1) 학교수학에서 자주 나타나는 순환소수

$$0.\dot{9} = 0.999\cdots = 0.9 + 0.09 + 0.009 + 0.0009 + \cdots$$

이므로, 급수를 이용하면 $0.\dot{9} = 1$임을 쉽게 증명할 수 있다. 따라서 급수의 수렴을 이용하여야 순환소수를 분수로 고쳐 나타내는 학습이 가능하다.

(2) Euler의 수 e는 위로 유계인 수열

$$a_n = 1 + \frac{1}{1!} + \frac{1}{2!} + \cdots + \frac{1}{n!} < 3$$

의 극한으로 정의된다. 따라서 유계인 수열 $\{a_n\}$은 단조증가수열의 수렴성에 의하여 극한을 가지며, 이 극한을 e라 한다. 즉 $n\to\infty$일 때 $a_n \to e$이다 .

(3) 학교수학에서는 $e = 1 + \frac{1}{1!} + \frac{1}{2!} + \frac{1}{3!} + \cdots$가 무리수라고 하였다. 실제로 e가 무리수임을 귀류법을 이용하여 다음과 같이 증명할 수 있다. 만약 e가 유리수라고 가정하면

$$e = \frac{p}{q}, \quad p, q\text{는 정수}$$

와 같이 나타낼 수 있다. 그런데 $2 < e < 3$이므로 e는 자연수가 아니며 q는 적어도 2이상이다. 이제 양변에 $q! = 2 \cdot 3 \cdot \cdots \cdot q$를 곱하면

$$\begin{aligned} e \cdot q &\neq p \cdot 2 \cdot 3 \cdots (q-1) \\ &= [q! + q! + 3 \cdot 4 \cdots q + 4 \cdot 5 \cdots q + \cdots + (q-1)q + q + 1] \\ &\quad + \frac{1}{q+1} + \frac{1}{(q+1)(q+2)} + \cdots \end{aligned}$$

이다. 한편 $e \cdot q \neq p \cdot 2 \cdot 3 \cdots (q-1)$ 이고

$$\begin{aligned} e \cdot q \neq\ &[q! + q! + 3 \cdot 4 \cdots q + 4 \cdot 5 \cdots q + \cdots + (q-1)q + q + 1] \\ &+ \frac{1}{q+1} + \frac{1}{(q+1)(q+2)} + \cdots \end{aligned}$$

이므로

$$\begin{aligned} p \cdot 2 \cdot 3 \cdots (q-1) = &[q! + q! + 3 \cdot 4 \cdots q + 4 \cdot 5 \cdots q + \cdots + (q-1)q + q + 1] \\ &+ \frac{1}{q+1} + \frac{1}{(q+1)(q+2)} + \cdots \end{aligned}$$

이다. 그런데 좌변은 정수이고, 우변에서 $q \geq 2$이므로

$$\frac{1}{q+1} + \frac{1}{(q+1)(q+2)} + \cdots \leq \frac{1}{3} + \frac{1}{3^2} + \frac{1}{3^3} + \cdots = \frac{1}{2}$$

이 성립한다. 따라서 우변은 정수가 아니다. 그러므로 모순이 생긴다.

8.4 극한에 대한 교육

학생들이 수열의 극한에 대하여 가지는 오개념은 주로

(1) 수열은 수를 생성하는 규칙일 뿐이므로 극한값을 구할 수 없다.
(2) 수열의 항을 직접 하나하나 나열하여 극한값을 구할 수 있다.
(3) 교대수열의 극한값은 존재하지 않는다.
(4) 수열은 극한에 가까이 갈 뿐 극한에 도달하지 않는다.
(5) 급수(무한히 많은 수의 합)가 수렴해도 급수의 값이 바로 그 값은 아니다.
(6) 교대급수의 합은 존재하지 않는다,
(7) 급수는 나열하여 더할 수 없다.
(8) $\lim_{n\to\infty}\sum_{k=1}^{n} a_k = \sum_{k=1}^{n}\lim_{n\to\infty} a_n$이 항상 성립한다.

등이다.

이와 같은 오개념의 원인은

(1) 수열이 함수 $f: N \to R$로 정의되는 정확한 수학적 개념을 정의하기 이전에 수열은 수의 나열이라는 일상생활의 용어가 사용되고, 그것이 수학에서의 정의로 되는 과정에서 생긴다.
(2) 수학적으로 부정확한 용어를 배제하려고 하지만, 이미 형성된 일상적으로 사용되던 언어개념이 잘 지워지지 않는다.
(3) 수학 외적 말(언어)과 개념을 배제하더라도 수학 내재적인 선험적 개념이 오류를 일으키는 데, 이는 수학적 개념 정의가 분명히 수준별로 정의되기 때문이다. 예를 들면, 유한한 수의 나열도 수열이라고 했다가 무한 수열이 수열이라는 정의로의 전환이 어렵다.
(4) 특별한 예제로부터 얻은 개념이 혼돈을 불러일으킨다. $\sum_{n=1}^{\infty}(-1)^n$와 같은 교대수열은 수렴하지 않으나 $\sum_{n=1}^{\infty}(-1)^n\frac{1}{n}$은 수렴한다. 그러나 이와 같은 예로부터 교대수열은 수렴하지 않는 것으로 이해한다.
(5) 수열은 규칙적인 배열로 나타낼 수 있어야 한다. 즉 수열은 함수 $f: N \to R$이므로 $f(n)$이 구체적인 함수로 나타나야 한다.

는 생각 등이 있다.

예를 들면 '집합', '극한', '무한' 등과 같은 일상적인 용어가 수학에서도 그대로 사용되는데, 일상적인 의미에서의 개념이 수학에서도 같은 의미로 사용되는 것으로 인식하는데서 오는 오개념이 있다. 또 '무한'에 대한 용어가 수열 1, 2, 3, ...의 극한이 무한(∞)이라고 생각하는 오개념이 존재한다. 또 '극한'이란 '무한대로 간다'에서 'n은 무한대로 가는' 수가 아니며, 극한은 제한 속도와 같이 한계(boundary)의 개념으로 사용되었다.

교수학적인 장애요인으로, 앞에서 간단히 언급하였듯이, 학교수학에서의 극한에 대한 정의 "n이 충분히 커질 때($n \to \infty$일 때) 수열 $\{a_n\}$이 어떤 상수 a에 무한히 가까이 갈 때 우리는 수열 $\{a_n\}$이 a에 수렴한다."에서 '충분히 클 때', '무한히 가까이' 등의 용어는 직관적으로 그럴싸한데 구체적으로 얼마만큼 큰지 또 얼마나 가까운지 양적으로 측정되지 않는다. 이러한 일상생활에서의 용어가 수학적 정의에 모호하게 사용되고, 이것이 수학적 표현으로 화살표를 이용하여 "$n \to \infty$ 일 때 $a_n \to a$"으로 표현되게 됨으로 a_n은 극한 a에 가까이 가지만 같아 질 수 없는 값으로 인식하는 오해를 하거나

$$\lim_{n \to \infty} a_n = \infty \text{ 또는 } n \to \infty \text{ 일 때 } a_n \to \infty$$

의 표현 때문에 수열 1, 2, 3, ⋯의 극한이 무한(∞)이라고 생각하는 오개념이 존재한다.

학생들은 수열의 극한에 대한 의미를 깊이 새기는 것보다는, 쉽게 계산하고 적용할 수 있는 도구적 계산에 치중하는 경향이 있다. 이런 경향은 극한 개념을 접하기 전에 습득한 잘못된 개념을 치유할 틈도 없이 그대로 유지된다. 또 수열의 개념의 일부분에만 초점을 맞추는 데서도 오개념이 형성된다. 예를 들면 수열의 극한은 어떤 값에 가까이 간다는 것에만 초점을 맞춘다면 그 극한값이 하나이어야만 한다는 것을 놓치기 쉽다.

또 증가하는 유리수의 수열 $\{1, 1.4, 1.414, 1.4142, \cdots\}$의 극한이 $\sqrt{2}$라는 예를 통하여, 이 수열은 $\sqrt{2}$에 가까이 가지만 $\sqrt{2}$보다는 작은 수열이라는 인식을 하고 있다. 이와 같은 또 다른 예를 학교수학에서 찾아본다면, 수열 0.9, 0.99, 0.999, ⋯이 1에 가까이 가지만 극한은 1보다는 작다는 오개념을 가지고 있는 현상을 찾아볼 수 있다. 이러한 원인으로는 극한이나 무한의 개념에서 또 $n \to \infty$의 표현에서 n이 증가하면서 커지는 것으로 인식을 하기 때문에, 일반적인 수열의 극한에서도 수열이 증가하는 경우와 감소하는 경우를 먼저 생각하기 때문이다.

이와 같은 수열의 극한에 대한 학생들의 오개념은 수열의 극한에 대하여 $\epsilon - N$을 이용한 형식적 정의 대신 일상용어를 이용한 직관적 정의를 학교수학에서 도입했기 때문이다. 그러나 그렇다고 해서 논리에 대한 확실한 교육이 없이, 더군다나 '모든' 이나 '어떤' 등과 같은 한정사(양화사)에 대한 논리적 확신이 없는 학생들에게 $\epsilon - N$을 이용한 형식적 정의를 이용하여 수열의 극한 개념을 도입할 수는 없을 것이다.

따라서 극한에 대한 오개념을 줄이기 위하여, 제한적이기는 하지만 형식적 정의 대신 직관적 정의를 사용하여 학교수학에서 극한 개념을 도입하더라도 학생들이 가지는 오개념이 성립하지 않는 여러 가지 다양한 예를 통하여 극한에 대한 정확한 개념에 접근하도록 도와주어야 할 것이다.

예를 들면 1에 수렴하는 증가하는 수열 0.9, 0.99, 0.999, …와 감소하는 수열 1.1, 1.01, 1.001, …을 도입하여 설명함으로, 극한은 주어진 수열보다 큰 값이 아닐 수도 있으며 또한 작은 값도 아닐 수 있음을 보여준다. 또 극한은 증가수열과 감소하는 수열 사이에 존재함으로 극한의 근방에는 무수히 많은 값들이 촘촘히 있음을 직관적으로 알 수 있도록 한다. 더욱이 이들 두 수열을 조합하여 만든 수열 0.9, 1.1, 0.99, 1.01, …의 극한도 1이므로, 극한은 수열이 충분히 도달할 수 있는 값일 것이라는 개념을 심어줄 수 있다.

그러나 이들 세 가지 경우를 통해서도 극한은 극한값과의 거리가 점점 줄어드는 쪽으로 접근한다는 오개념을 가질 수 있다. 이러한 오개념을 부식하기 위해서는 극한은 거리가 점진적으로 감소하는 것이 문제가 아니라, 일정 부분 이후에는 아무리 작은 값이라도 우리가 원하는 만큼의 근방에 수열이 존재한다는 개념을 심어 주어야 한다.

참고문헌

[1] 김기원, 왕수민, 고등학교 수학에서 수열의 극한개념의 지도에 관한 연구, 한국수학교육학회지 시리즈 A, 42(2003), 707-727

[2] 김흥기, 고등학교에서의 극한개념지도에 관하여, 수학교육-A, 10(1972), 13-32

[3] 박임숙, 고등학교에서 수열의 극한 개념의 지도에 관한 소고, 한국수학교육학회지 시리즈 E, 13(2002), 287-304

[4] 이종희, 이소정, 극한 개념 학습에서 나타나는 학생들의 오개념에 관한 기호학적 분석, 제 15회 국제수학영재교육세미나 프로시딩, 한국수학교육학회(2010), 37-54

[5] 한국교육과정평가원, 고등학교 수학 교육과정 해설, 최승현 편집, KICE(2008)

[6] L. Alcock and A. Simpson, Convergence of sequences and series: Interactions between visual reasoning and learner's beliefs about their own role, Educational Studies in Mathematics, 57(2004), 1-32

[7] L. Alcock and A. Simpson, Convergence of sequences and series 2: Interactions between visual reasoning and learner's beliefs about their own role, Educational Studies in Mathematics, 58(2005), 77-100

[8] A. Berg'e, Convergence of numerical sequences - A commentary on "The vice: Some historically inspired and proof generated steps to limits of sequences by R. P. Burn", Educational Studies in Mathematics, 61(2006), 395-402

[9] J. Bezuidenhout, Limits and continuity: some conceptions of first-year students, International Journal of Mathematics Education in Science and Technology, 32(2001), 487-500

[10] W. Blum and M. Niss, Applied mathematical problem solving, modelling, application, and links to other subjects-state, trends and issues in mathematics instruction, Educational Studies in Mathematics, 22(1991), 37-68

[11] Y. Choi and J. Do, Equality involved in $0.999\cdots$ and $(-8)^{\frac{1}{3}}$, For the Learning of Mathematics, 25(2005), 13-36

[12] N. Cetin, The performance of undergraduate students in the limit concept, International Journal of Mathematics Education in Science and Technology, 40(2009), 323-330

[13] B. Cornu, Limits, in Advanced Mathematical Thinking, edited by, D. O. Tall, Kluwer (1992)

[14] J. Cottril, Ed Dubinsky, D. Nichols, K. Schwingendorf, K.Thomas, and D. Vidakovic, Understanding the limit concept: Bringing with a coordinated process scheme, Journal of Mathematical Behavior, 15(1996), 167-192

[15] R. B. Davis and S. Vinner, The notion of limit: Some seemingly unavoidable misconception stages, Journal of Mathematical Behavior, 5(1986), 281-303

[16] M. Przenioslo, Images of the limit of function formed in the course of mathematical studies at the university, Educational Studies in Mathematics, 55(2004), 103-132

[17] M. Przenioslo, Introducing the concept of convergence of a sequence in secondary school, Educational Studies in Mathematics, 60(2005), 71-93

[18] K.H. Roh, Students' images and their understanding of definitions of the limit of a sequence, Educational Studies in Mathematics, 69(2008), 217-233

[19] J. E. Szydlik, Mathematical beliefs and conceptual understanding of the limit of a function, Journal for Research in Mathematics Education, 31(2000), 258-276

[20] D. Tall and R. L. E. Schwarzenberger, Conflicts in the learning of real numbers and limits, Mathematics Teaching, 82(1978), 44-49

[21] D. Tall and S. Vinner, Concept image and concept definition in mathematics with particular reference to limits and continuity, Educational Studies in Mathematics, 12(1981), 151-169

[22] S. R. Williams, Models of limit held by college calculus students, Journal for Research in Mathematics Education, 22(1991), 219-236

MEMO

Chapter 09 함수의 극한

Mathematics for School Mathematics

극한은 해석학의 핵심요소이며, 미분적분학은 해석학의 중심요소이다. 미적분학의 핵심은 이름 그대로 함수의 미분과 적분에 있으며, 미분과 적분은 함수의 극한에 그 기반을 두고 있다. 이러한 이유로 고등학교수학에서 이해하기 어려운 개념이긴 해도 함수의 극한과 그 성질이 중요하게 다루어지고 있다. 사실 함수의 극한에 대한 성질은 수열의 극한에 대한 성질과 비슷하다. 그럼에도 불구하고 수열의 극한과 함수의 극한이 연계되지 않고 단절된 것처럼 가르쳐져 함수의 극한에 대한 이해가 어려워진다. 이제 학교수학에서의 함수의 극한에 대하여 알아보자.

9.1 함수의 극한

수열의 극한은 실수 위에서의 수열 $\{f(n)=a_n\}$의 극한을 다루기 때문에 수직선 위에서 이산적인 그림으로 나타내어 학생들의 이해를 도왔다. 그러나 대부분의 고등학교 교과서에서는 함수 $y=f(x)$의 극한

$$\lim_{x\to x_0} f(x)=L$$

을 연속함수의 그래프 위에

'x가 x_0에 충분히 가까이 갈 때 함수 $f(x)$가 실수 L에 충분히 가까이 가는 것'

으로 그래프를 그려 설명하고 있으며, 이것을

$$x \to x_0 \text{일 때 } f(x) \to L$$

로 나타내고 있다.

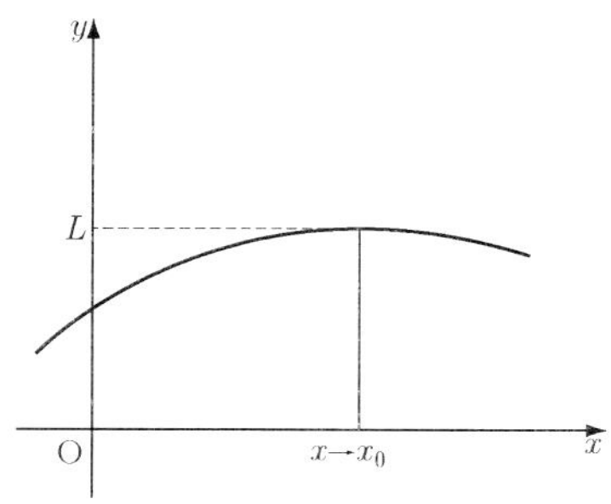

이 경우 그림에서 $x \to x_0$의 표현은 x가 단조증가 또는 단조감소하면서 x_0에 접근한다는 인상을 강하게 줄 뿐만 아니라, 함수 $y = f(x)$가 연속함수이기 때문에 실제로 $f(x_0) = L$이 되어 $x \to x_0$일 때 함수의 극한값은 $L = f(x_0)$라고 생각하게 하는 오해를 낳는다.

그러나 함수의 극한 $x \to x_0$의 정의와 표현에서는 변수 x가 $x \neq x_0$이지만 x_0에 충분히 가까운 값이라는 의미가 있으며, 이에 따른 함수 $f(x)$의 극한값 L에 대하여 $L \neq f(x_0)$일 수도 있다는 의미가 들어 있다. 물론 이러한 의미가 명시적으로 강하게 기술되어 있지는 않다. 이런 이유로 학생들은 극한값이 $L = f(x_0)$이어야 한다는 오개념을 가지게 된다.

실제로 $f(x_0)$의 값이 L과 상당히 큰 차이가 날 수 있으며, 심지어 $f(x_0)$의 값이 정의되지 않을 수도 있다. 이러한 오개념의 발단은 다음과 같이 코시(1823)가 $\epsilon - \delta$를 이용하여 정의한 함수의 극한을 학교수학에서 직관적으로 표현하였기 때문이다.

정의 9.1 (함수의 극한)

함수 $f : E \subset R \to R$에 대해, 적당한 $L \in R$이 존재하여 명제 임의의 $\epsilon > 0$에 대하여 이에 대응하는 적당한 $\delta > 0$가 존재하여

$$0 < |x - x_0| < \delta \text{이면 } |f(x) - L| < \epsilon$$

이 참이면, x가 $x_0 \in E$에 가까이 갈 때 f의 **극한이 존재한다**고 한다. 이때, L을 $x=x_0$에서의 f의 **극한값**(limit)이라고 한다. 이것을

$$\lim_{x \to x_0} f(x) = L \text{ 또는 } x \to x_0 \text{일 때 } f(x) \to L$$

로 나타낸다.

참고 9.1

함수의 극한을 $\epsilon - \delta$를 이용하여 정의한 것은 100여년의 시행착오를 거쳐 이루어졌다. 여기서 $\epsilon - \delta$ 정의는 물리적 의미에서 '가까이 간다.' 또는 '접근한다.'의 의미가 아니며, 화살표 기호 → 와 함께 단순한 용어내지는 기호에 불과하다. 또한 'x가 x_0에 가까이 간다.'는 'x가 x_0에 가까이 가지만 $x \neq x_0$'을 의미한다. 더욱이 수열의 극한($n \to \infty$)에서 자연수 n이 증가하는 것과는 달리 $x \to x_0$은 $x \to x_0 + 0$, $x \to x_0 - 0$임을 의미한다. 따라서

$$\lim_{x \to x_0} f(x) = L$$

은

$$\lim_{x \to x_0^+} f(x) = L = \lim_{x \to x_0^-} f(x)$$

임을 의미한다. 예를 들면 $f(x) = \dfrac{x}{x}$ 에서 $x \to 0$은 $x \neq 0$임을 말하며, 실제로는

$$\lim_{x \to 0^+} f(x) = \lim_{x \to 0^-} f(x) = 1$$

이다. 이것을 간단히 $\lim_{x \to 0} f(x) = 1$로 나타낸다.

참고 9.2

Cauchy는 x가 0으로 가까이 갈 때, $\lim \sin x$는 하나의 값을, $\lim \dfrac{1}{x}$는 두 개의 값을, $\lim \sin \dfrac{1}{x}$는 무한히 많은 값을 갖는다고 하였다. 이를 통하여 Cauchy는 우

다루는 것은 논리적으로는 가능한 일이나 수학적으로는 무의미하다.

정리 9.1

집합 $E \subset R$와 함수 $f: E \subset R \to R$에 대하여 점 x_0가 E의 집적점이라 가정하면, 다음의 두 사실은 서로 동치이다.

(1) $x \to x_0$일 때 $f(x) \to L$

(2) $x_n \to x_0$인 임의의 수열 $\{x_n\} \subset E - \{x_0\}$에 대하여, $n \to \infty$일 때 $f(x) \to L$

증명 (1) $\Rightarrow$ (2) 임의의 $\epsilon > 0$에 대하여

$$0 < x - x_0 < \delta \text{이면 } |f(x) - L| < \epsilon$$

인 $\delta > 0$가 존재한다. x_0에 수렴하는 임의의 수열 $x_n \subset E$에 대하여

$$n \geq N \text{인 모든 } n \text{에 대하여 } |x_n - x_0| < \delta$$

가 되도록 충분히 큰 자연수 N을 택하면, $n \geq N$인 모든 자연수 n에 대하여

$$|f(x) - L| < \epsilon$$

이다. 그러므로 (2)가 성립한다.

(2) $\Leftarrow$ (1) 만약 (1)이 성립하지 않는다고 가정하면, 적당한 $\epsilon > 0$과 임의의 $\delta > 0$에 대하여

$$0 < x - x_0 < \delta \text{이지만 } |f(x) - L| \geq \epsilon$$

인 점 $x \in E$가 존재한다. 이제 $\delta = \dfrac{1}{n}$으로 택하면 각 자연수 n에 대하여

$$0 < |x_n - x_0| < \frac{1}{n}, \quad |f(x_n) - L| \geq \epsilon$$

인 수열 $\{x_n\} \subset E - \{x_0\}$이 존재한다. 그런데 이 수열은 분명히 x_0에 수렴한다. 그러나 수열 $\{f(x_n)\}$은 L에 수렴하지 않는다. 따라서 (2)의 가정에 모순이다. 그러므로 (1)이 성립한다.

참고 9.3

위의 정리에 의하면 (1)과 (2)는 동치이므로, (2)와 같이 함숫값의 수열을 가지고 함수의 극한을 정의할 수 있다. 거꾸로 (2)의 정의를 통하여 (1)의 성질을 증명할 수도 있다. 대학수학에서는 (1)의 위상적 정의로부터 (2)를 유도해낸다. 그러나 이 위상적 개념은 (2)의 수열로서의 개념으로의 전이가 잘 이루어지지 않는다. 이러한 이유로 학교수학에서 수열의 극한과 함수의 극한의 연계가 잘 이루어지지 않고 있다. 그렇다면 학교수학에서는 어느 것을 먼저 정의로 택하여 함수의 극한을 다룰 것인가를 곰곰이 생각해 볼 필요가 있다.

9.2 함수의 극한의 성질

우리는 어떤 집합이 있으면 그 집합의 원소들 사이에 어떤 관계가 있는지 알려고 하는 본성이 있다. 예를 들어 두 원소 사이에 어떤 연산이 가능하고 그 연산에 대하여 닫혀 있는지 알고 싶어 한다. 수렴하는 수열의 극한에 대하여 다음과 같은 대수적 성질이 성립하는 것을 알고 있다. 즉 이런 호기심으로부터

$$\lim_{n\to\infty} x_n = \alpha, \quad \lim_{n\to\infty} y_n = \beta$$

라고 할 때,

$$\lim_{n\to\infty}(x_n + y_n) = \alpha+\beta,\ \lim_{n\to\infty} cx_n = c\alpha,\ \lim_{n\to\infty} x_n y_n = \alpha\beta,\ \lim_{n\to\infty}\frac{x_n}{y_n} = \frac{\alpha}{\beta}$$

가 성립한다.

위와 같은 성질이 함수의 극한에 대해서도 성립하는지 호기심을 갖는 것도 예외가 아니다. 다시 말하면 집합 $\{f \mid \lim_{x\to x_0} f(x)$가 존재$\}$의 원소에 대해서도 덧셈과 뺄셈, 곱셈과 나눗셈에 대하여 닫혀 있을까? 이에 대답하기 위하여 수열의 극한의 성질을 이용하면, 함수의 극한의 성질을 쉽게 발견할 수 있다. 이제 $\lim_{x\to x_0} f(x) = L,\ \lim_{x\to x_0} g(x) = M$라고 하자. 그러면 x_0에 수렴하는 임의의 수열 $\{x_n\}$에 대하여

$$\lim_{x\to x_0} f(x) = \lim_{n\to\infty} f(x_n), \quad \lim_{x\to x_0} g(x) = \lim_{n\to\infty} g(x_n)$$

이므로

$$\lim_{n\to\infty}(f+g)(x_n) = \lim_{n\to\infty} f(x_n) + g(x_n) = \lim_{n\to\infty} f(x_n) + \lim_{n\to\infty} g(x_n) = L + M$$

$$\lim_{n\to\infty}(cf)(x_n) = \lim_{n\to\infty} cf(x_n) = c\lim_{n\to\infty} f(x_n) = cL$$

$$\lim_{n\to\infty}(fg)(x_n) = \lim_{n\to\infty} f(x_n)g(x_n) = \lim_{n\to\infty} f(x_n)\lim_{n\to\infty} g(x_n) = LM$$

$$\lim_{n\to\infty}\left(\frac{f}{g}\right)(x_n) = \lim_{n\to\infty}\frac{f(x_n)}{g(x_n)} = \frac{\lim_{n\to\infty} f(x_n)}{\lim_{n\to\infty} g(x_n)} = \frac{L}{M} \quad (M \neq 0)$$

이 성립함을 알 수 있다.

따라서 함수의 극한에 대하여 다음과 같은 정리가 성립한다.

정리 9.2 (함수의 극한에 대한 성질)

극한

$$\lim_{x\to x_0} f(x) = L, \quad \lim_{x\to x_0} g(x) = M$$

을 갖는 두 함수 사이에는 다음과 같은 대수적 성질이 성립한다.

(1) $\lim_{x\to x_0}(f(x)+g(x)) = L + M$

(2) $\lim_{x\to x_0} cf(x) = c\lim_{x\to x_0} f(x) = cL$ (c는 상수)

(3) $\lim_{x\to x_0} f(x)\cdot g(x) = L\cdot M$

(4) $\lim_{x\to x_0}\frac{f(x)}{g(x)} = \frac{L}{M}$ (단, $g(x)\neq 0$, $M\neq 0$)

참고 9.4

위의 정리에 의하면 극한이 존재하는 함수들의 집합은 벡터공간이 됨을 알 수 있다. 그러므로 극한이 존재하는 두 함수의 극한에 관한 사칙연산을 우리의 예상대로 자연스럽게 할 수 있다.

앞에서 함수의 극한에 대하여 알아본 것과 같이, 함수의 극한과 수열의 극한은 유사한 점이 많이 있다. 실제로 수열의 극한을 잘 이해하면 함수의 극한에 대해서는 공짜여행 하듯 즐겁게 공부할 수 있다. 물론 함수의 극한이 존재하면 그 극한값이 유일하게 존재함도 밝힐 수 있다. 사실 극한값이 유일하게 존재하지 않으면 어느 것을 극한값으로 말해야 할지 혼동이 오므로 이런 경우 극한의 뜻을 분명히 하기 위하여 수학에서는 극한이 존재한다고 부르질 않는다.

또한 수열의 극한에서 샌드위치(Sandwich) 정리가 성립한 것처럼 함수의 극한에 대해서도 다음의 샌드위치정리가 성립한다. 즉 $f(x) \le g(x) \le h(x)$일 때, x_0에 수렴하는 임의의 수열 $\{x_n\}$에 대하여도 부등식

$$f(x_n) \le g(x_n) \le h(x_n)$$

이 성립하므로 다음 정리를 얻는다.

정리 9.4

함수 f, g, h가 집합 $E \subset R$ 위에서 정의되고 $E - \{x_0\}$ 위에서 부등식

$$f(x) \le g(x) \le h(x)$$

가 성립하고

$$\lim_{x \to x_0} f(x) = \lim_{x \to x_0} h(x)$$

이면,

$$\lim_{x \to x_0} g(x) = \lim_{x \to x_0} f(x) = \lim_{x \to x_0} h(x)$$

이다.

예를 들어, 함수 $g(x) = x \sin \frac{1}{x}$에 대하여 $f(x) = 0$, $h(x) = x$로 택하고 위의 정리를 적용하면

$$0 \le |x \sin \frac{1}{x}| \le |x|$$

이므로 $\lim_{x \to 0} g(x) = 0$이다.

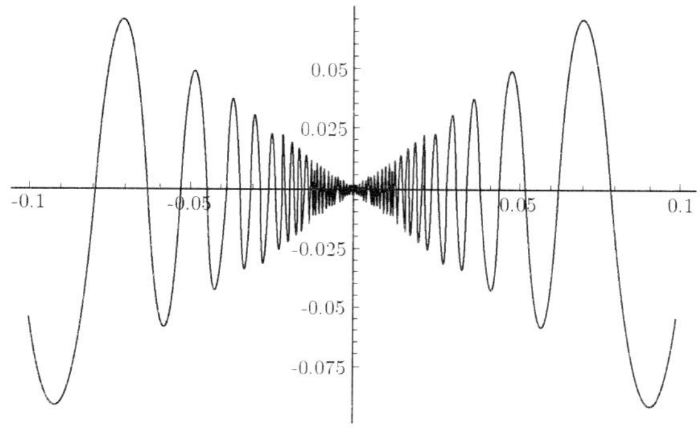

그림 $f(x)=\sin\frac{1}{x}$

9.3 함수의 극한의 교육

앞에서도 언급하였지만 학교수학(고등학교 교과서)에서는 함수의 극한

$$x \to x_0 \text{일 때 } f(x) \to L$$

을 연속함수 $f(x)$의 그래프를 그리고 $x \to x_0$일 때 이에 대응하는 함숫값이 $f(x) \to L$인 것으로 직관적으로 설명하거나 정의하고 있다. 물론 이러한 정의는 $\epsilon-\delta$를 이용하여 함수의 극한을 정의하는 것을 그래프를 이용하여 직관적으로 나타낸 것이라고 볼 수도 있다.

그러나 실제로 연속함수의 예를 들어 함수의 극한을 도입하는 경우 $L=f(x_0)$이므로, 학생들은 $x \to x_0$일 때 극한값은 당연히 $f(x_0)$인 것으로 오해하기 쉽다. 많은 수학교육자들은 학생들이 $x \to x_0$일 때 함수의 극한에 대해

(1) x_0 근방에서의 함숫값의 개념
(2) $f(x)$가 L로 역동적으로 접근하는 그래프
(3) 함수 $f(x)$가 가까이 가는 것
(4) 극한값이 존재하기 위해서 x_0가 함수의 정의역에 속해야 한다.
(5) 극한값은 $f(x_0)$
(6) 좌극한이나 우극한 중 한쪽 방향으로의 극한값

등의 개념을 가지고 있다고 보고하고 있다. 이러한 현상은 수열의 극한에서 화살표를 이용하여 극한을 도입할 때 생기는 오개념의 형성과 같은 이유 때문이다.

이제 학생들의 함수의 극한에 대한 오개념을 극복하기 위한 방법들을 생각해 보자. 학생들은 실변수함수의 극한의 적용에 있어 x_0가 함수의 정의역의 집적점임을 잊는 경우가 많다. 다시 말하면 x_0가 정의역의 원소일 필요가 없으며, x_0가 정의역의 원소이지만 집적점이 아닌 경우에는 함수의 극한을 생각하지 않는다. 그런데 학생들은 기계적으로 함수의 극한값을 구하기는 하지만 그것을 그 근방에서의 함숫값의 극한을 구하는 문제로의 개념 이전이 되질 않는다. 이런 문제를 극복하기 위해서는 함수의 극한이 그래프를 이용하여 예를 들어 설명되어 질 때, 함수의 값과 함수의 극한값 사이의 관계도 설명되어져야 한다. 그래프를 이용하면 해석적 개념과 직관적 개념 사이의 관계가 더 잘 이해될 수 있기 때문이다.

함수의 극한에 대한 오개념은 수열의 극한에서와 같이 $\epsilon-\delta$를 이용한 정의를 이해하면 해소될 수 있을 것이다. 그러나 학교수학에서 $\epsilon-\delta$를 이용하여 엄밀하게 함수의 극한을 정의할 수는 없다. 이는 학생의 수준에 맞지 않기 때문이다. 그런 이유로 함수의 극한에 대한 도입을 어쩔 수 없이 그래프를 이용하여 직관적으로 도입하더라도 하나의 연속함수를 이용하여 도입하는 것이 아니라, 여러 가지 그래프에서의 함수의 극한을 보여 주어 학생들이 오개념을 가질 만한 것을 해소할 수 있도록 설명하여야 한다.

한편 우리나라의 수학교육과정 중 함수의 극한 부분을 살펴보면 함수의 극한을 수열의 극한과 연계하여 도입하도록 명시하였다. 그러나 대부분의 교과서에서 그래프를 이용하여 위상수학적으로 함수의 극한을 정의하고 있어 수열의 극한과의 연계가 쉽지 않다. 더욱이 교과서에서의 기술은 수렴하는 수열의 덧셈, 뺄셈, 상수 배, 곱, 몫에 대한 극한의 성질과 같이 함수의 극한에 대해서도 같은 성질이 성립한다고 제시되어 있을 뿐이다. 이것은 함수의 극한과 수열의 극한과의 연계성에 대하여 충분한 설명을 하지 못하고 있다. 이와 같은 교과서의 기술은 함수의 극한이 마치 수열의 극한과 관계가 있는 것처럼 기술된 것 같으나, 그들 사이의 관계를 전혀 찾아볼 수 없다. 단지 함수의 극한에 대한 성질을 수열의 극한에 대한 성질과 같이 연결하여 그 계산 결과만을 쉽게 구하게 하려는 전략이 숨어 있을 뿐이다.

앞에서 학교수학에서와 같이 함수의 극한 $\lim_{x\to x_0} f(x)=L$의 $\epsilon-\delta$ 정의를 그래프를 이용하여 직관적인 방법으로 도입하는 것과 이것을 x_0에 수렴하는 임의의 수열 $\{x_n\}$에 대하여 함숫값의 수열 $\{f(x_n)\}$의 극한으로 도입하는 경우를 언급하였다.

사실 $x \to x_0$을 x_0에 수렴하는 모든 수열 $\{x_n\}$으로 보면, 이에 대응하는 함숫값의 수열 $\{f(x_n)\}$을 만들 수 있고 이 수열의 극한을 함수의 극한으로 정의할 수 있다. 이렇게 함수의 극한을 도입하는 경우에는 $\epsilon - \delta$를 이용한 직관적인 방법으로 도입했을 때 생기는 수학적 오개념을 제거할 수 있을 뿐만 아니라, 수열의 극한을 이용하여 함수의 극한의 성질을 고스란히 가져올 수 있는 편리함도 가지고 있다. 더욱이 이렇게 정의하면 함수의 극한은 전혀 새로운 개념이 아니고 단지 또 다른 하나의 수열의 극한임을 알 수 있다. 더군다나 이 방법은 직관적인 방법으로 함수의 극한을 밝히기 어려운 경우에도 잘 적용된다.

예를 들면 함수 $f(x) = \sin\frac{1}{x}$에 대하여 $\lim_{x\to 0}\sin\frac{1}{x}$의 존재 여부는 직관적인 방법으로는 밝히기 어렵다. 그러나 함숫값의 수열의 극한을 이용하는 경우에는 0에 수렴하는 수열

$$\{x_n\} = \left\{(2n\pi + \frac{\pi}{2})^{-1}\right\}, \quad \{y_n\} = \left\{(2n\pi + \frac{3\pi}{2})^{-1}\right\}$$

에 대하여 각각

$$f(x_n) = \sin(2n\pi + \frac{\pi}{2}) = 1, \quad f(y_n) = \sin(2n\pi + \frac{3\pi}{2}) = -1$$

이므로 $\lim_{x\to 0}\sin\frac{1}{x}$ 은 존재하지 않는다. 왜냐하면 0에 수렴하는 모든 수열에 대하여 함숫값의 수열이 하나의 값으로 수렴하여야 하는데 그렇지 못하기 때문이다.

따라서 학교수학에서 함수의 극한 $\lim_{x\to x_0} f(x) = L$을 $\epsilon - \delta$를 이용한 직관적인 방법으로 도입하되 수열의 극한과 연계시켜 교육할 필요가 있다.

함수의 극한에 대한 교사의 지식은 대학 수준에 있으나, 학생들은 학교에서 습득한 연습의 경험에 바탕을 두고 있다. 예를 들어 학생들이 유리함수의 극한을 구하는데 있어, 그들이 전에 학습했던(또는 시험에서 좋은 결과를 얻었던) 대수적 계산 경험(전략)에 바탕을 두고 있다. 이는 함수의 극한을 구하는 고등학교 과정에서 교사들이 논리적이거나 수학적인 면을 강조하기 보다는 전통적인 교수 방법으로 전개하기 때문이다. 교사는 '이 문제를 푸는 데 이 방법은 여러 수학적 방법 중의 하나인데 이 방법은 다른 방법보다 효과적이기 때문이다.'라고 말하는 대신에, 무의식적으로 '이 문제를 푸는 데는 통상적으로 이런 방법으로 푸는 것이 좋다.'라고 말하기 때문이기도 하다.

물론 고등학교 과정에서는 개개의 함수의 극한을 구하는 것도 중요하다. 그렇지만 일반적인 원리를 찾아가는 수학적 사고를 기르는 것은 더 중요하다. 이런 의미에서 보면

함수의 극한의 성질을 이용하여 극한값을 구하는 것도 의미는 있으나, 앞으로 다루게 될 함수의 벡터공간에 대한 성질을 유추하는 것도 의미가 있다.

참고문헌

[1] 김기원, 왕수민, 고등학교 수학에서 수열의 극한개념의 지도에 관한 연구, 한국수학교육학회지 시리즈 A, 42(2003), 707-727.

[2] 김흥기, 고등학교에서의 극한개념지도에 관하여, 수학교육-A, 10(1972), 13-32.

[3] 박임숙, 고등학교에서 수열의 극한 개념의 지도에 관한 소고, 한국수학교육학회지 시리즈 E, 13(2002), 287-304.

[4] 이연희, 일반계 고등학교 3학년 학생들의 극한 개념에 대한 이해와 적용능력에 관한 실태조사, 한국교원대학교 교육대학원 석사학위논문, 한국교원대학교(2007).

[5] 이종희, 이소정, 극한 개념 학습에서 나타나는 학생들의 오개념에 관한 기호학적 분석, 제 15회 국제수학영재교육세미나 프로시딩, 한국수학교육학회(2010), 37-54.

[6] 정상권, 교사를 위한 해석학, 2판, 교우사(2008).

[7] 조태근, 임성모, 정상권, 이재학, 홍진곤, 수학 II, 금성출판사(2003).

[8] 한국교육과정평가원, 고등학교수학교육과정해설, 최승현 편집, KICE(2008).

[9] L. Alcock and A. Simpson, Convergence of sequences and series: Interactions between visual reasoning and learner's beliefs about their own role, Educational Studies in Mathematics, 57(2004), 1-32.

[10] L. Alcock and A. Simpson, Convergence of sequences and series 2: Interactions between visual reasoning and learner's beliefs about their own role, Educational Studies in Mathematics, 58(2005), 77-100.

[11] A. Berg'e, Convergence of numerical sequences - A commentary on "The vice: Some historically inspired and proof generated steps to limits of sequences by R.P. Burn", Educational Studies in Mathematics, 61(2006), 395-402.

[12] J. Bezuidenhout, Limits and continuity: some conceptions of first-year students, International Journal of Mathematics Education in Science and Technology, 32(2001), 487-500.

[13] N. Cetin, The performance of undergraduate students in the limit concept, International Journal of Mathematics Education in Science and Technology, 40(2009), 323-330

[14] B. Cornu, Limits, in Advanced Mathematical Thinking, edited by D.O. Tall(1992), Kluwer

[15] J. Cottril, Ed Dubinsky, D. Nichols, K. Schwingendorf, K. Thomas, and D. Vidakovic, Understanding the limit concept: Bringing with a coordinated process scheme, Journal of Mathematical Behavior, 15(1996), 167-192.

[16] R.B. Davis and S. Vinner, The notion of limit: Some seemingly unavoidable misconception stages, Journal of Mathematical Behavior, 5(1986), 281-303.

[17] NCTM, Mathematical modeling in the secondary school curriculum, edited by F. Swetz and J.S. Hartzler, NCTM(1991).

[18] M. Przenioslo, Images of the limit of function formed in the course of mathematical studies at the university, Educational Studies in Mathematics, 55(2004), 103-132.

[19] M. Przenioslo, Introducing the concept of convergence of a sequence in secondary school, Educational Studies in Mathematics, 60(2005), 71-93.

[20] K.H. Roh, Students' images and their understanding of definitions of the limit of a sequence, Educational Studies in Mathematics, 69(2008), 217-233.

[21] J. E. Szydlik, Mathematical beliefs and conceptual understanding of the limit of a function, Journal for Research in Mathematics Education, 31(2000), 258-276.

[22] D. Tall and R. L. E. Schwarzenberger, Conflicts in the learning of real numbers and limits, Mathematics Teaching, 82(1978), 44-49.

[23] D. Tall and S. Vinner, Concept image and concept definition in mathematics with particular reference to limits and continuity, Educational Studies in Mathematics, 12(1981), 151-169.

[24] S.R. Williams, Models of limit held by college calculus students, Journal for Research in Mathematics Education, 22(1991), 219-236.

Chapter 10 연속함수

Mathematics for School Mathematics

우리는 관계로부터 함수관계인 것을 찾아보았고, 함수 중에서도 극한이 존재하는 것과 그렇지 않은 것을 구별해 내었다. 이와 같이 우리는 수학적 대상을 어떤 정해진 기준에 의해 분류하는 작업을 한다. 이렇게 함으로 그 대상의 성질과 특징을 잘 알 수 있기 때문이다.

이제 함수가 극한을 가지면 다 같은 종류의 함수라고 할 것인가? 아니면 극한을 가지는 함수들을 더 세분할 가능성이 있는가? 이와 같이 여러 가지 함수를 분류하는 방법 중 하나는 함수의 연속성이다.

초등학교 과정에서의 함수의 그래프는 이산적(불연속)인 것이 많이 나온다. 이산적인 점그래프나 막대그래프를 다루다가 초등학교 4학년쯤에 꺾은금 그래프를 통하여 연속인 그래프를 만나게 된다. 중학교에서 다루는 대부분의 함수는 연속인 그래프로 나타난다. 이러한 과정을 통하여 연속과 불연속의 차이를 직관적으로 이해하게 된다.

이제 함수의 극한을 통하여 수학적 엄밀성을 가지고 함수를 연속인 함수와 불연속인 함수로 분류하는 방법을 알아보자.

10.1 연속함수

우리는 한 점에서 함수가 극한을 가지느냐 아니냐를 가지고 함수를 분류하였다. 그런데 그 점에서의 극한값이 함수의 값과 같을까? 만약 그렇지 않다면 극한값을 가지고 함수를 다시 분류할 수 있을 것이다.

함수 $f(x)$가 $x=x_0$에서 극한값을 가진다는 것을 $\lim_{x\to x_0} f(x)$와 같이 나타내었다. 이때 극한값이 L이면, 이것을

$$\lim_{x\to x_0} f(x)=L$$

라고 나타내었다. 그런데 이 문장 속에는 $L=f(x_0)$이어야 한다는 뜻이 들어있지 않다. 따라서 우리는 $x=x_0$에서 극한값을 가지더라도 $L=f(x_0)$ 또는 $L\neq f(x_0)$일 수 있고, 이를 기준으로 극한값을 가지는 함수를 다시 분류할 수 있을 것이다.

연속이라는 말 속에는 틈이 없이 연결되어 있다는 뜻이 들어 있다. 이와 같이 연속이라는 것을 생각할 때 우리는 머릿속에 그림을 그려서 생각하게 된다. 사실 학교수학에서 연속이라는 개념을 다루는 초기에는 함수가 '연속이다'라는 것을 그래프를 이용하여 직관적으로 다루었다. 즉, 그래프를 그릴 때 연필을 떼지 않고 한 번에 그릴 수 있는 것을 연속이라고 직관적으로 정의하였다. 이러한 직관적 정의는 초기 단계에서 연속의 개념을 어렴풋이나마 이해하는데 도움이 되지만, 나중에 엄밀하게 교정되지 않으면 오개념으로 형성되기 쉽다. 예를 들면 그래프를 이용하면 함수의 연속이 구간 전체에서 연속이어야만 하는 것처럼 여기는 경향이 많은데, 사실 연속성은 한 점에서의 문제이다. 즉 연속성은 전체적 성질(global property)이 아니라 국소적 성질(local property)이다. 그러므로 이러한 직관적 정의는 수학적으로 참과 거짓을 분별하는 데에는 적합하지 않다. 따라서 연속함수를 함수의 극한을 이용하여 엄밀하게 정의할 필요가 있다.

학교수학에서는 연속을 다음과 같이 정의한다.

정의 10.1

함수 $f(x)$가 $x=x_0$에서 연속이라는 것은

$$x\to x_0 \text{일 때 } f(x)\to f(x_0)$$

인 것을 말한다. 즉

(i) 극한 $\lim_{x\to x_0} f(x)$가 존재하고

(ii) 그 극한이 $f(x_0)$

이어야 함을 의미한다.

다시 말하면 함수 $f(x)$가 $x=x_0$에서 연속이라는 것은 $\lim_{x \to x_0} f(x) = f(x_0)$임을 뜻한다. 이를 테면 함수 $f(x) = \sin(x^2)$에서

$$\lim_{x \to 0} f(x) = 0 = f(0)$$

이므로 $f(x)$는 $x=0$에서 연속이다. 한편 아래 그림에서와 같이

$$\lim_{x \to a^+} f(x) \neq f(a), \ \lim_{x \to a^-} f(x) \neq f(a)$$

이 되므로, $f(x)$는 $x=a$에서 불연속이다.

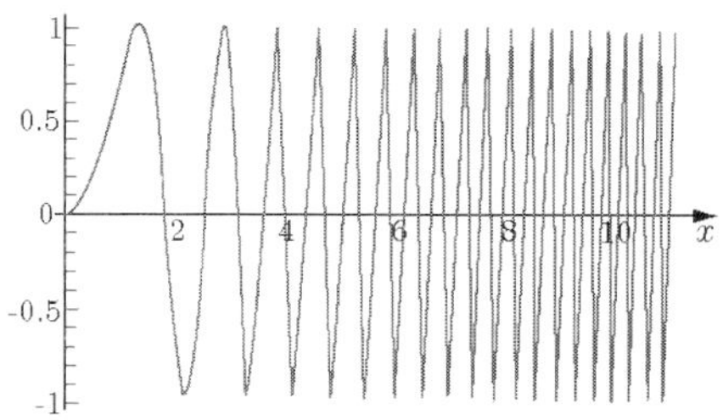

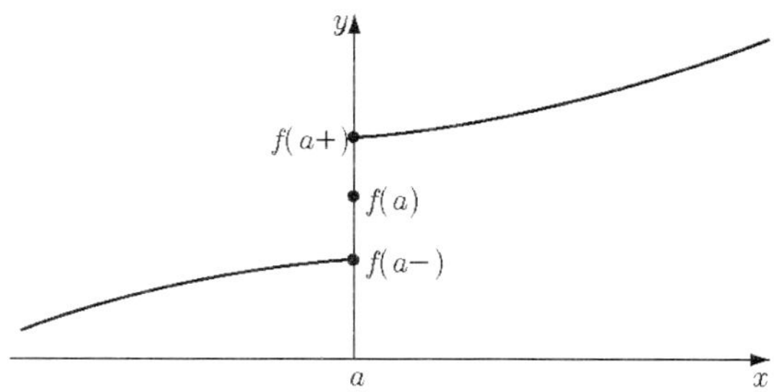

정의 10.1은 함수의 그래프를 그려서 그 함수가 연속인지 아닌지를 판별하는 것보다는 더 엄밀하지만, 아직도 직관적 요소가 많이 남아 있다. 따라서 연속에 관한 정의를 $\epsilon-\delta$를 이용하여 좀 더 엄밀하게 정의하면 다음과 같다.

정의 10.2

함수 $f: E \subset R \to R$ 에 대하여 $x_0 \in E$와 임의의 $\epsilon > 0$에 대하여 이에 대응하는 $\delta(x_0, \epsilon) > 0$이 존재하여

$$|x - x_0| < \delta \text{인 모든 } x \in E\text{에 대하여 } |f(x) - f(x_0)| < \epsilon$$

일 때, f는 점 x_0에서 **연속**(continuous)이라고 한다. 특히, f가 정의역의 모든 점에서 연속이면 함수 f는 정의역에서 연속이다라고 한다. 이와는 반대로 함수 $f(x)$가 $x=x_0$에서 연속이 아닐 때, f는 $x=x_0$에서 **불연속**(discontinuous)이라고 한다.

함수 $f(x)=\frac{x}{x}$는 $x=0$에서 정의되지 않으므로 f(0)의 값은 존재하지 않는다. 그러나 $\lim_{x\to 0} f(x)=1$이므로 극한값은 존재한다. 이와 같이 함수의 극한에서는 극한값과 $f(x_0)$는 아무런 연관이 없었다. 더욱이 함수의 극한에서는 x_0가 함수 f의 정의역의 집적점일 필요는 있으나 정의역에 속하여야 한다는 조건도 없었다. 그러나 연속인 경우에는 극한값이 $f(x_0)$이냐를 판별하여야 하기 때문에 x_0가 함수 f의 정의역에 당연히 속하여야 하며, x_0에서의 함수의 극한값이 $f(x_0)$이어야 한다는 것이 극한과 연속을 갈라놓는 기준이 된다. 사실 함수 $f(x)$가 $x=x_0$에서 연속이면 $\lim_{x\to x_0} f(x)=f(x_0)$이므로, 함수 $f(x)$는 $x=x_0$에서 극한값 $f(x_0)$를 가진다. 그러므로 $x=x_0$에서 연속인 함수는 $x=x_0$에서 극한값을 가진다. 그러나 그 역은 성립하지 않는다.

함수의 연속성을 $\epsilon-\delta$에 의한 연속의 정의에 의해서만 증명하는 것은 쉽지 않으므로, 이와 동치인 여러 정리를 알면 함수의 연속성을 판별하는데 도움이 된다. 이와 같은 이유로 실제로 수학자들은 동치를 찾기 위하여 많은 노력을 한다. 특히 함수의 연속성의 정의에서 함수의 연속성과 $x=x_0$에 수렴하는 수열 사이의 관계를 알 수 있다.

실제로 다음 정리가 성립한다.

정리 10.1

다음은 서로 동치임이 알려져 있다.

(1) f는 점 x_0에서 연속이다.

(2) x_0에 수렴하는 모든 수열 $\{x_n\}$에 대하여 수열 $\{f(x_n)\}$은 $f(x_0)$에 수렴한다.

(3) $f(x_0)$의 임의의 근방 $N(f(x_0), \epsilon)$ 에 대하여 x_0의 적당한 근방 $N(x_0, \delta)$가 존재하여 $x\in N(x_0, \delta)$이면 $f(x)\in N(f(x_0), \epsilon)$이다.

(4) $f(x_0)$를 포함하는 임의의 열린집합 V에 대하여 x_0를 품는 적당한 열린집합 U가 존재하여 $x\in U$이면 $f(x)\in V$이다.

정리 10.1의 (2)는 $\lim_{n\to\infty} f(x_n)=f(\lim_{x\to\infty} x_n)$임을 의미하고, (3)은 $\epsilon-\delta$를 근방(neighborhood)을 이용하여 나타낸 것이며, (4)는 이를 좀 더 일반화하여 위상 수학적으로 표현한 것이다.

위의 동치관계를 적절히 이용하면, 경우에 따라 어떤 함수가 연속함수인지 아닌지를 쉽게 판별할 수 있다. 예를 들면 함수 $f:[0,1]\to R$가

$$f(x)=\begin{cases}1, & x\text{가 유리수}\\ 0, & x\text{가 무리수}\end{cases}$$

인 함수 f의 그래프를 그리면 우리의 눈으로는 연속인 두 선분처럼 보인다. 그러나 f가 [0, 1]의 모든 점에서 불연속임을 (2)를 이용하여 증명할 수 있다.

정의역 E에 속하는 모든 점에서 함수 f가 연속일 때, 그 함수 f는 E 위에서 연속이라고 하였다. 특히 함수 f의 정의역이 실수 전체의 집합인 경우에는 다음의 정리가 성립한다.

정리 10.2

함수 $f:R\to R$에 대해서는 다음 동치가 성립한다.

(1) f는 연속이다.

(2) 임의의 열린집합 G에 대하여 $f^{-1}(G)$는 열린집합이다.

(3) 임의의 닫힌집합 F에 대하여 $f^{-1}(F)$는 닫힌집합이다.

정리 10.2에서 f가 연속함수라고 해서 임의의 열린집합 G와 닫힌집합 F에 대하여 $f(G)$와 $f(F)$가 각각 열린집합과 닫힌집합이라는 것은 아니다. 정리 10.2는 이차부등식이나 삼차부등식을 풀 때, 구간의 역상(inverse image)이 다시 구간이 된다는 사실과 깊은 관련이 있다. 즉 f가 연속함수일 때, $G=(a,\ b)$로 택하면 $f^{-1}(a,\ b)$는 열린구간이 된다.

10.2 연속함수의 성질

우리가 다루어야할 함수는 많은 경우에 연속함수들의 대수적 결합으로 구성되어 있다. 늘 질문해왔듯이, 연속함수의 대수적 결합도 연속함수인가? 이에 대한 답은 다음 정리에서 얻을 수 있다.

정리 10.3

두 함수 $f, g : E \subset R \to R$가 연속이면, 다음과 같이 정의되는 함수는 모두 연속이다.

(1) $(f+g)(x) = f(x) + g(x)$

(2) $(\alpha f)(x) = \alpha f(x)$

(3) $(fg)(x) = f(x)g(x)$

(4) $(f/g)(x) = f(x)/g(x)$ (단 $g(x) \neq 0$)

(5) $|f|(x) = |f(x)|$

정리 10.3에 의하면, 학교수학에서 자주 다루는 다항함수는 연속함수들의 결합이므로 연속함수이며, 유리함수는 분모가 0이 아닌 점에서 연속임을 알 수 있다. 또 $C(E) = \{f \mid f : E \to R$ 연속함수$\}$라 하면, 임의의 f, $g \in C(E)$, $\alpha, \beta \in R$에 대하여

$$\alpha f + \beta g \in C(E)$$

이므로, $C(E)$는 E위에서 정의된 연속함수들의 벡터공간을 이룬다.

이 외에도 연속함수는 중요한 성질을 많이 가지고 있다. 이 중에서 가장 중요한 몇 가지만 들어보자. 먼저 볼자노(Bolzano)의 정리를 들어보자.

정리 10.4 (Bolzano)

연속함수 $f : [a, b] \to R$가 정의역에서 음의 값과 양의 값을 가지면, 함숫값이 0의 값을 가지는 점이 (a, b)안에 반드시 존재한다. 즉,

$$f(a)f(b) < 0 \text{이면 } f(\alpha) = 0$$

인 $a < \alpha < b$인 점 α가 존재한다.

Bolzano의 정리는 연속함수의 그래프가 x축의 아래로부터 건너뛰지 않고 x축의 위로 가려면 x축과 어딘가에서 만나야 한다는 직관과 일치한다. 이것을 일반화하면 다음과 같은 중간값 정리(intermediate value theorem)를 얻는다.

정리 10.5 (중간값 정리)

연속함수 $f:[a,\,b]\to R$가 $f(a)<f(b)$이면 $f(a)<m<f(b)$인 임의의 실수 m에 대하여 $f(\alpha)=m$인 $a<\alpha<b$인 점 α가 존재한다.

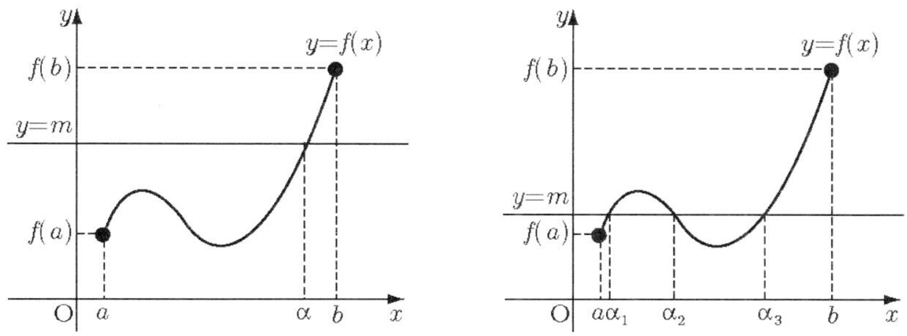

참고 10.1

Bolzano의 정리나 중간값의 정리는 연속함수가 아닌 경우에는 물론 성립하지 않는다. 수학의 응용에서 많이 다루는 문제는 방정식을 푸는 문제인데, 이들 정리는 함수 $f(x)$가 연속일 때, 방정식 $f(x)=0$의 실근의 존재성을 제공해주는 매우 중요한 정리이다. 중간값의 정리의 증명은 축소구간정리를 이용하여 증명할 수 있다.

참고 10.2

중간값의 정리를 만들기 위하여 Bolzano(1817)와 Cauchy(1821)는 연속의 정의를 필요로 하였다. '함수 $f(x)$가 $x=a$에서 연속이다.'라는 정의는 처음에는 직관적으로 'x가 a로 가까이 갈 때 $f(x)$가 $f(a)$에 가까이 간다.'라는 의미로 정의하였다. 즉 가까움(nearness) 또는 근방(neighborhood)의 개념으로 연속을 정의하였다. 이를 부등식을 사용하여 나타내면

$$|x-a|<\delta \text{이면 } |f(x)-f(a)|<\epsilon$$

이다. 연속에 대한 $\epsilon-\delta$ 정의에 대한 표현은 Cauchy(1823)에 의해서지만, 그는 절댓값이나 부등식의 기호는 사용하지 않았다. 현대의 절댓값을 사용한 극한의 $\epsilon-\delta$

식의 정의는 Weierstrass(1859)에 의해 소개되었다. 극한에 대한 근방과 수열에 의한 정의의 동치는 Cantor(1871)에 의해, 연속함수의 수열에 의한 정의는 Cantor와 Heine(1872)가 제창하였다.

정리 10.6

연속함수 $f:[a,b]\to R$가 상수함수가 아니면 $f([a,b])=[c,d]$이다.

Bolzano의 정리나 중간값의 정리는 부등식을 풀 때도 유용하게 쓰인다. 예를 들면 부등식 $x^2-x\geq 6$을 풀기 위하여 $f(x)=x^2-x-6=(x-3)(x+2)$라고 놓으면, 함수 f의 연속성과 $f(-3)>0$에 의하여, $x<-2$인 경우 $f(x)>0$이다. 또 $f(0)<0$이므로 $x\in(-2,3)$인 경우 $f(x)<0$이고, $f(4)>0$이므로 $x>3$인 경우 $f(x)>0$이다. 따라서 $f(x)\geq 0$의 해는 $(-\infty,-2]\cup[3,\infty)$이다. 이와 같은 생각을 일반화 하면, 연속함수 $f(x)$의 근을 가지고 실수를 구간으로 나누고, 각 구간에서 계산하기 쉬운 점을 찾아 그 점에서의 함숫값이 부등식을 만족하는지를 검사한다. 만약 이것이 부등식을 만족하면 그 점을 포함하는 구간은 부등식의 해가 되고, 그렇지 않으면 이 점을 포함하는 구간의 어떤 점도 부등식을 만족하지 않는다. 물론 구간의 끝점은 따로 확인해야 할 일이다. 이것은 정리 10.6에 의하여 설명되어진다.

또 방정식 $g(x)=0$를 풀 때, 우리는 적당히 $f(x)=x$의 꼴로 바꾸어서 풀 때가 있다. 이때 $f(x)=x$의 근 x를 f의 고정점이라고 하는데, 이의 존재성은 다음과 같다.

정리 10.7 (Brouwer fixed point theorem)

함수 $f:[a,b]\to R$가 연속이면 f의 고정점이 적어도 하나 존재한다.

한편 함수가 주어지면 함수의 최댓값이나 최솟값을 구하는 것도 아주 중요한 문제 중의 하나이다. 연속함수의 최댓값과 최솟값에 대한 정리는 근대 해석학의 발전에 지대한 영향을 끼친 Weierstrass(1861)에게 공을 돌려야 할 것이다.

정리 10.8 (최대최소의 정리)

함수 $f:[a, b]\to R$가 연속이면, 최댓값과 최솟값을 갖는 점이 각각 적어도 하나 이상 존재한다.

이 정리는 연속함수의 그래프는 폐구간에서 제일 높은 점과 낮은 점이 적어도 하나 이상 존재한다는 것을 의미한다. 그러나 위 정리의 조건에서 구간이 폐구간이 아니거나, 함수가 연속이 아닌 경우에는 최대최소의 정리가 성립하지 않는다. 예를 들면

$$f(x)=\frac{1}{x},\ 0<x\le 1$$

$$g(x)=\begin{cases} x, & x\text{는 } [0,1]\text{안의 무리수} \\ \frac{1}{2}, & x\text{는 } [0,1]\text{안의 유리수} \end{cases}$$

일 때, 함수 f는 연속이지만 정의역이 폐구간이 아니라서 또 g는 폐구간에서 정의되어 있지만 연속함수가 아니라서 위의 최대최소의 정리가 성립하지 않는다.

사실 중간값의 정리나 최대최소의 정리는 실수의 완비성 위에서 성립하는 정리이다. 예를 들면 유리수에서 정의된 함수

$$f:[0,6]\cap Q\to R,\ f(x)=\sin x$$

는 최댓값을 갖지 않는다. 집합 $[0,6]\cap Q$는 유리수 전체의 집합 Q 위에서 폐집합이고 함수 f는 연속이다. 그런데 $f(x)=\sin x=1$이 되는 x의 값은 유리수가 아니다.

수직선 위의 집합을 덮을 수 있는(포함하는) 열린구간들의 모임은 여러 개가 있을 수 있다. 그러나 임의로 주어지는 이런 열린구간의 모임에서도 유한개를 택해 주어진 집합을 다시 덮을 수 있느냐, 없느냐하는 문제가 있다. 사실 열린집합(열린구간)의 경우, 이 집합을 덮는 임의의 열린집합 중에서 유한개만을 택해 다시 덮을 수 없는 경우가 있다. 그러나 유계인 폐구간은 유한개의 열린구간으로 항상 덮을 수 있다. 이와 같은 성질을 갖는 집합을 compact 집합이라고 한다. compact인 경우에는 조각 맞추기처럼 열린구간 하나하나의 성질을 통하여 전체를 알아볼 수 있는 장점이 있다.

정리 10.2에서 언급한 것처럼, 열린구간의 연속함수에 의한 상은 열린구간이 아닐 수도 있다. 그러나 집합의 compact 성은 연속함수에 의해 위상적 성질(topological property)

이 보존된다. 즉, K가 실수 전체의 집합 R의 compact 부분집합일 때, 함수 $f: K \to R$가 연속이면 $f(K)$는 compact 집합이다. 따라서 $K=[a,b]$이면 $f(K)$는 유계인 폐구간이 된다. 그러므로 $f(K)$의 최댓값과 최솟값이 $f(K)$안에 존재한다. 또 $\{x_n\} \subset K$이고 $x_n \to x_0$이면, $x_0 \in K$이고 $f(x_n) \to f(x_0) \in f(K)$이다.

최대최소의 정리 10.8을 일반화하면 다음과 같다.

정리 10.9

K가 실수 전체의 집합 R의 compact 부분집합일 때, 함수 $f: K \to R$가 연속이면 f는 K 위에서 최댓값과 최솟값을 갖는다.

10.3 평등연속함수

실수의 수열이 수렴하는지를 조사하는 대신 이 수열이 Cauchy 수열인가를 조사하면 된다는 것을 알고 있다. 실수체 위에서 Cauchy 수열은 항상 수렴하기 때문에, 만약 Cauchy 수열 $\{x_n\}$의 연속함수 f에 의한 상 $\{f(x_n)\}$이 다시 Cauchy 수열이 된다면 $\{f(x_n)\}$의 수렴성을 쉽게 알 수 있다. 그러나 함수

$$f: (0, \infty) \to R, \quad f(x) = \frac{1}{x}$$

와 같이 연속함수 f에 대하여, 수열 $\left\{\frac{1}{n}\right\}$이 Cauchy 수열이더라도 수열 $\{f(n)\} = \{n\}$은 코시 수열이 아니다. 다시 말하면 연속함수는 Cauchy 수열의 성질을 보존해 주지 않는다.

그렇다면 수열 $\{x_n\}$이 Cauchy 수열일 때, $\{f(x_n)\}$도 Cauchy 수열이 되려면 함수 f는 어떤 함수이어야 하는가? 이런 물음에 답하기 위하여 다음의 평등(균등)연속함수(uniformly continuous function)를 정의한다.

정의 10.3

함수 $f: E \subset R \to R$ 에 대하여 임의의 $\epsilon > 0$에 대응하는 $\delta(\epsilon) > 0$이 존재하여 $|x-y| < \delta$인 모든 $x, y \in E$에 대하여 $|f(x) - f(y)| < \epsilon$일 때, f는 E 위에서 **평등(균등)연속**이라고 한다.

함수가 단순히 '연속이다'라고 할 때, 연속은 한 점 또는 구간 안에 있는 각 점 x_0에 대하여 $\delta(\epsilon, x_0)$의 값은 임의로 주어진 ϵ의 값 뿐 만아니라 점 x_0에 따라 달라진다. 그러나 평등연속인 경우에는 $\delta(\epsilon)$는 x, y의 위치에 관계없이 ϵ의 값에 따라 변할 뿐 일정한 $\delta(\epsilon)$의 값이 존재하여야 한다.

예를 들어 실수의 집합 위에서 정의된 함수 $f(x) = x^2$은 연속이지만 평등연속은 아니다. 이와 같이 모든 연속함수가 평등연속함수가 되는 것은 아니다. 그러나 Dirichlet(1854)는 폐구간 위에서 정의된 연속함수는 모두 평등연속이라는 사실을 증명하였다. 이 증명을 하는 데는 연속함수가 폐구간에서 최댓값을 가진다는 정리가 사용된다. 폐구간을 넘어 일반적으로 K가 R의 compact 부분집합일 때, 연속함수 $f: K \to R$는 평등연속함수가 된다.

평등연속함수가 되면 Cauchy 수열의 성질을 보존하므로, 수열 $\{f(x_n)\}$의 수렴성을 금방 알 수 있다. 즉 수열 $\{f(x_n)\}$도 수렴하는 수열이다.

정리 10.10

함수 $f: E \subset R \to R$이 평등연속이면, Cauchy 수열 $\{x_n\}$에 대하여 $\{f(x_n)\}$도 Cauchy 수열이 된다.

10.4 연속함수열의 극한

지금까지는 함수가 연속이냐에 대해 알아보았다. 학교수학에서는 다항함수, 분수함수,

삼각함수, 지수함수와 로그함수가 있다. 다항함수는 그 중 다루기 쉬우나, 초월함수인 삼각함수와 지수함수, 로그함수는 이해하기 쉽지 않다. 예를 들어 지수함수 $f(x)=e^x$의 값을 직접 구하기는 쉽지 않다. 그러나 이 함수의 근삿값을 구하기 위하여 Taylor 전개하면 $f(x)=e^x$는 다항함수의 수열

$$f_n(x)=1+x+\frac{x^2}{2!}+\frac{x^3}{3!}+\cdots+\frac{x^n}{n!}$$

의 극한으로 나타난다. 이와 같이 우리가 다루기 어려운 함수를 잘 알고 있는 다항함수의 수열의 극한으로 나타낼 수 있고, 다항함수의 특성이 극한에 의하여 보존된다면 극한함수의 성질을 쉽게 파악할 수 있을 것이다.

예를 들면 $f(x)=e^x$이 연속함수인 것을 알고 있지만, 연속함수

$$f_n(x)=1+x+\frac{x^2}{2!}+\frac{x^3}{3!}+\cdots+\frac{x^n}{n!}$$

의 수열 $\{f_n(x)\}$의 극한이 실제로 $f(x)=e^x$가 되고 또 $f(x)=e^x$의 성질을 그대로 가지고 있는지를 알고 싶다. 다시 말하면 함수열이 가지고 있는 수학적 특성이 극한에 대해서도 보존되기를 원한다. 그런데 불행하게도 연속인 함수열

$$f_n:[0,1]\to R,\quad f_n(x)=x^n$$

은 연속이 아닌 함수

$$f(x)=\begin{cases}0, & 0\le x<1\\ 1, & x=1\end{cases}$$

에 수렴한다. 따라서 함수열 $\{f_n\}$의 극한 f가 함수 f_n이 가지고 있는 성질을 가지고 있다고 일반적으로는 말할 수 없다.

그렇다면 언제 함수열 $\{f_n\}$에 대하여 함수 f_n이 가지고 있는 성질이 함수열의 극한 f에도 그대로 보존되는지 알아보자. 먼저 함수열의 극한에 대해 알아보자. 함수열 $\{f_n\}$의 극한을 생각할 때는 주어지는 x에 대하여 수열 $\{f_n(x)\}$의 극한을 생각하여야 한다. 그런데 학생들이 수열의 극한에 대한 개념이 이미 확립되어 있더라도, 함수열의 극한에 대하여 어려움을 가지는 것은 x와 n의 두 가지 변수를 동시에 고려하여야 한다는 데 있다. 그러나 사람은 두 가지 변수를 동시에 고려할 수가 없으므로, 하나를 고정하고 다른 하나를 변화시켜 함수열의 극한을 생각하여야 한다.

예를 들면, 함수의 수열 $f_n : [0,1] \to R$, $f_n(x) = x^n$에서 먼저 x를 고정하고 n의 값을 변화시키면 수열 $\{f_n(x)\}$은

$$f(x) = \begin{cases} 0, & 0 \le x < 1 \\ 1, & x = 1 \end{cases}$$

에 수렴한다. 이 극한은 정의역에 있는 x에 따라 달라지므로 **점별 수렴**(pointwise convergence)이라고 한다. 그러나 위의 예에서 알 수 있듯이 수열 $\{f_n(x)\}$이 연속함수의 수열임에도 불구하고, 극한함수 f는 $x = 1$에서 연속이 아니다.

이와 같이 연속함수의 점별 수렴은 연속성을 보존해 주지 않으므로, 극한함수의 연속성을 보장받기 위해서는 좀 더 강한 조건

$$\text{임의의 } \epsilon > 0,\ x\text{에 대하여 } n > N(\epsilon)\text{이면 } |f(x_n) - f(x)| < \epsilon$$

인 **평등(균등) 수렴**(uniform convergence)이 필요하다.

평등수렴은 n이 충분히 크면 모든 x에 대하여 함수열 $\{f_n(x)\}$은 $f(x)$의 ϵ-띠 안에 들어온다는 것이다. 따라서 평등 수렴성을 조사하는 데는 n이 충분히 커질 때

$$\sup|f_n(x) - f(x)| \ \to\ 0$$

임을 보이면 된다. 그러면

$$|f(x) - f(x_0)| \le |f(x) - f_n(x)| + |f_n(x) - f_n(x_0)| + |f(x_0) - f(x_0)|$$

이므로 다음 정리가 성립한다.

정리 10.11

연속함수열 $f_n : E \to R$이 $f : E \to R$에 평등 수렴하면 f는 연속이다.

이 정리는 연속함수의 공간 $C(E)$가 점별 수렴에 대하여 닫혀있지 않으나, 평등수렴에 대해서는 닫혀 있음을 뜻한다. 한편 x_0가 집적점이면

$$\lim_{x \to x_0} \lim_{n \to \infty} f_n(x) = \lim_{n \to \infty} \lim_{x \to x_0} f_n(x)$$

로, 두 극한과정이 교환가능하다는 것을 의미한다. 또 위 정리를 이용하면

$$\sum_{n=1}^{\infty} f_n \text{이 } f\text{에 평등수렴하면 } f\text{는 연속}$$

이고, 특히

$$\sum_{n=1}^{\infty} a_n x^n \text{이 } f\text{에 평등수렴하면 } f\text{는 수렴구간에서 연속}$$

임을 말해준다.

이와 같이 평등수렴은 연속함수열에 대한 좋은 성질을 보존해주므로, 연속함수를 다항함수나 삼각함수와 같이 우리가 다루기 좋은 초등함수로 근사시키는데 중요한 역할을 한다.

실제로 연속함수의 근사에 대하여 다음의 정리가 성립한다.

정리 10.12

함수 $f:[a,b]\rightarrow R$가 연속이면, f를 $[a,b]$ 위에서 계단함수(step function)로 균등근사(uniform approximation)시킬 수 있다.

위의 정리는 폐구간에서 연속인 함수는 언제나 또 어느 점에서나 같은 정도의 오차를 가지는 간단한 계단함수로 균등하게 근사시킬 수 있음을 말해 준다. 그러나 계단함수는 연속함수가 아니므로 때로는 연속함수로 근사시킬 필요가 있다.

다음의 정리는 우리가 다루기 쉬운 다항함수를 가지고 연속함수를 같은 정도의 오차를 가지고 다항함수로 근사시킬 수 있음을 말해 준다.

정리 10.13 (Weierstrass 근사정리)

함수 $f:[a,b]\rightarrow R$가 연속이면, f를 $[a,b]$ 위에서 다항함수로 균등근사 시킬 수 있다.

수학의 정리는 우리가 원하는 것의 존재성이나 유일성을 보장해 준다. 이런 활동을 많이 하다보면 수학을 하는 사람들은 존재성이나 유일성만 밝히면 할 일을 다 했다고 생각한다. 그러나 존재성과 유일성만 가지고는 그것이 구체적으로 무엇인지를 알 수가 없다. 때로는 특히 응용 분야에서는, 존재성이나 유일성 뿐 만 아니라 구체적으로 함수를 만들고 그것을 통하여 원하는 정확한 값이든 아니면 적어도 근삿값을 구할 수 있기를 기대한다. 그래야만 구체적인 생산물을 만들어 낼 수 있으니 말이다.

이런 의미에서 연속함수에 평등 근사하는 함수를 구체적으로 구하는 것은 중요한 의미를 갖는다. 그 중 하나가 Bernstein 다항식이다.

정리 10.14 (Bernstein 다항식)

연속함수 $f:[0,1]\to R$에 대하여 Bernstein 다항식을

$$B_n(f)(x)=\sum_{k=0}^{n} f\left(\frac{k}{n}\right){}_nC_k x^k(1-x)^{n-k}$$

와 같이 정의하면, 다항함수열 $\{B_n(f)\}$는 함수 f에 평등 수렴한다.

급수가 수렴하는 것을 부분합의 수열의 극한으로 다루었듯이, 함수의 급수의 부분합의 수열이 평등 수렴할 때 우리는 함수의 급수가 평등 수렴한다고 한다.

함수의 급수가 평등 수렴하는지 판별하데 자주 쓰이는 방법은 다음과 같다.

정리 10.15 (Weierstrass M 판정법)

함수열 $f_N(x)=\sum_{n=1}^{N} u_n(x)$에 대하여 다음 두 조건

(i) 각 n과 x에 대하여 $|u_n(x)|\le M_n$인 상수 M_n이 존재한다.

(ii) $\sum_{n=1}^{\infty} M_n$이 수렴한다.

이 성립하면 수열 $\{f_n(x)\}$은 평등 수렴한다.

참고 10.4

Weierstrass의 M 판정법을 이용하면, 임의의 다항급수는 수렴반경 안에 있는 임의의 폐구간 안에서 평등 수렴한다(Abel, 1827)는 것을 보일 수 있다.

참고 10.5

연속함수열은 평등 수렴에 의하여 연속성이 보존된다는 사실을 알아보았다. 그런데 우리 주위에서 일어나는 많은 문제는 미분방정식으로 모델링(modeling)되는데, 그 중 가장 기본적인 것은 다음과 같은 미분방정식

$$\frac{dy}{dt} = f(t, y), \quad y(0) = y_0$$

으로 나타난다. 이 경우 함수 $f(t, y)$가 연속이고 y에 대하여 Lipschitz 연속이면 즉

$$|f(t, y_1) - f(t, y_2)| \leq L|y_1 - y_2|$$

인 상수 L이 존재하면, 적당한 구간에서 해가 유일하게 존재한다. 그런데 우리는 해가 존재한다는 것 뿐 만 아니라 구체적 미분방정식의 해가 무엇인지를 알아야 $y(t)$를 예측할 수 있을 것이다.

이제 해를 구하여 보자. 주어진 미분방정식의 해를 구하는 것은 적분방정식

$$y(t) = y_0 + \int_0^t f(s, y(s))ds$$

의 해를 구하는 것과 동치가 된다. 그러나 이 식에는 다시 미지의 함수 y가 피적분함수 $f(x, y)$ 속에 포함되어 있으므로 구체적으로 적분을 할 수가 없다. 따라서 동치 문제로 바꾼 의미가 없어진다.

그러나 우리는 Picard반복법에 의하여

$$y_n(t) = y_0 + \int_0^t f(s, y_{n-1}(s))ds$$

인 함수열을 얻는다. 만약 함수열 $\{y_n(t)\}$의 극한이 존재하고

$$\lim_{n\to\infty} y_n(t) = y_0 + \int_0^t f(s, \lim_{n\to\infty} y_{n-1}(s))ds$$

이 성립한다면, 연속인 함수열 $\{y_n(t)\}$의 극한이 미분방정식의 해가 될 것이다. 이런 극한의 존재성을 밝히는데 평등수렴의 조건이 필요하다. 그런데 위 미분방정식의 해 $y(t)$는 연속함수이어야 하며, 더욱이 함수열 $\{y_n(x)\}$의 극한함수 $y(t)$는 미분방정식을 만족해야하므로 미분 가능하여야 한다. 따라서 당연히 미분 가능한 함수열 $\{y_n\}$의 극한 $y(t)$는 다시 미분 가능할 것인가 하는 자연스런 질문에 도달하게 된다. 이 사실을 증명하는 데에도 평등수렴이 필요하다.

10.5 연속함수의 교육

수열의 극한, 함수의 극한, 연속함수, 미분가능성은 극한이라는 공통 요소 때문에 한데 어우러져 가는 개념이다. 수열의 극한이나 함수의 극한에 대해서 학생들이 갖는 극한 개념의 근본적 오류도 있지만, 함수의 연속성에 대해서도 오류를 나타낸다. 이런 오류를 나타내게 되는 가장 큰 이유는 연속함수는 함수를 그래프로 그릴 때 끊이지 않고 그릴 수 있다는 직관적 선입견을 강하게 가지고 있기 때문이다.

사실 함수의 연속성은 함수의 극한에 대한 개념이 확실하게 정립된다면 그리 어려운 개념은 아닐 것이다. 예를 들면 학교수학에서 자주 받는 질문은 함수

$$f(x) = \frac{1}{x}$$

가 $x=0$에서 연속이냐 하는 것이다. 학교수학에서는 대부분 별다른 언급이 없으면 함수가 정의되는 영역 즉 이 경우에는 정의역이 $(-\infty) \cup (0, \infty)$인 것을 가정하고 있다. 즉, 이 함수는 $x=0$에서 특별히 정의되어 있지 않다. 따라서 $x=0$은 이 함수의 정의역의 원소가 아니기 때문에 사실 연속인지 아닌지를 판명할 필요가 없다. 그럼에도 불구하고 이 그래프를 그리면 $x=0$에서 끊기어 있기 때문에 이 함수는 연속이 아니라고 한다. 물론 이 함수가

$$f(x) = \begin{cases} \frac{1}{x}, & x \neq 0 \\ 0, & x = 0 \end{cases}$$

와 같이 $x=0$에서 어떤 값으로 정의가 되었다면 정의역이 실수 전체의 집합이기 때문에

$x=0$에서 연속인지 아닌지를 조사할 필요가 있다. 따라서 연속성의 정의를 직관적 그림으로서가 아니라

$$\lim_{x \to x_0} f(x) = f(x_0)$$

임을 분명히 이해하여야 한다.

학생들이 함수의 연속에 대하여 가지는 개념을 살펴보자. 예를 들어 함수 $f(x)$에 대하여

$$\lim_{x \to 2} f(x) = 3$$

일 때, $f(x)$가 $x=2$에서 연속인 이유를

(1) $x=2$에서 함숫값이 존재하기 때문에(함수가 정의되어 있으면)
(2) $f(2)=3$이기 존재하기 때문에(함수에 $x=2$를 대입하여 3을 얻었으므로)
(3) $\lim_{x \to 2+} f(x) = 3$이기 때문에(극한값에 관계없이)
(4) $x=2$에서 극한값이 존재하기 때문에(극한값이 존재하면 연속이라고 생각)
(5) 그 점에서 미분가능하기 때문에(연속함수는 미분가능하다고 생각)
(6) $f'(2)=3$이기 때문에(미분 가능하여야 연속함수이다 또는 연속함수는 부드러운 함수이다. 연속이지만 미분가능하지 않으면 불연속 함수라고 생각)

라고 답하는 학생들이 많이 있다.

또한 학생들이 연속함수에 대해 가지는 오개념에는 함수의 연속성을 정의 구간 전체로 생각한다는 것이다. 예를 들면, 함수

$$f(x) = \begin{cases} x, & x\text{가 유리수} \\ 1-x, & x\text{가 무리수} \end{cases}$$

은

$$\lim_{x \to \frac{1}{2}} f(x) = f\left(\frac{1}{2}\right) = \frac{1}{2}$$

가 되어 $x=\frac{1}{2}$에서 연속이지만 다른 점에서 불연속이므로 $x=\frac{1}{2}$에서도 불연속 함수라고 한다는 것이다.

따라서 학생들이 함수의 연속성에 대한 객관식 문제의 답을 맞히더라도 그 이유를 잘 들어보아야 연속성의 개념을 분명히 가지고 있는지 확인할 수 있다.

우리는 구성주의적 수학교육에서 학생들이 자신이 가지고 있는 생각(개념)과 새로운 개념 사이의 관계를 이해하여 자신의 생각을 확장하는 수학화를 바란다. 이러한 수학학습은 어찌 보면 교사가 학생들의 물리적 현상을 제어하는 것만큼은 제어할 수 없는 학생들의 인지적 활동 부분이기도하다. 이런 생각은 학생들이 수동적 지식 습득자라는 인식과 수학적 오개념은 전달 과정에서 변형되는 수학적 지식의 위험이 없이 명확한 설명을 통하여 학생들의 기억에 의하여 제거될 수 있다는 교육관과 대치되는 것이다.

참고문헌

[1] 정동명, 조승제, 실해석학, 이우(1988).

[2] 정상권, 교사를 위한 해석학, 2판, 교우사(2008).

[3] J. Bezuidenhout, Limits and continuity; some conception of first-year students, International Journal of Mathematics Education and Science Technology, 32(2001) 487-500.

[4] T.A. Garrity, All the mathematics you missed, Cambridge(2002).

[5] W. A. A. Kosamala, A friendly introduction to analysis, 2nd ed., Pearson(2004).

[6] J. Lewin, An interactive introduction to mathematical analysis, Cambridge(2003).

[7] D. Tall and S. Vinner, Concept image and concept definition in mathematics with particular reference to limits and continuity, Educational Studies in Mathematics, 12(1981) 151-169.

MEMO

Chapter 11 미분

Mathematics for School Mathematics

함수의 평균변화율의 극한을 이용한 미분의 정의는 고등학교에서 처음으로 나타나며, 기하학적으로는 곡선 위의 점에서의 접선의 기울기로 설명되어진다. 엄밀한 변화율의 개념은 없지만 초등학교의 교육과정에서도 속력과 같은 양으로 미분의 개념이 스며들어 있으며, 중학교에서 직선의 기울기의 크기를 통하여 변화율에 대한 교육이 이루어지고 있다. 또 여러 가지 이차함수를 비교할 때 증가하는 비율을 통하여 접선의 기울기의 비교가 이루어지고 있다.

이와 같이 미분은 변화율을 나타내는 도구이며 연속함수의 집합을 세분하는 하나의 기준이 된다. 기하학적으로 미분은 함수의 부드러운 정도를 나타내는 척도이기도 하다.

11.1 미분

고등학교 학교수학 내용 중 가장 많은 부분을 차지하고 있는 개념은 아마도 미분과 적분일 것이다. 그런데 적분은 미분의 역연산자이므로 사실상 미분이 가장 많이 또 중요하게 다루어지는 개념이라고 할 수 있다. 그럼에도 불구하고 고등학교에서 미분과 적분에 대한 교육은 주로 기계적 계산을 중심으로 이루어지고 있어, 학생들로 하여금 미분과 적분에 대한 참다운 이해가 없이 수학에 대한 흥미를 잃게 하거나 수학을 어렵게 느끼도록 하는 측면도 있다.

계산을 잘하게 하는 것이 수학교육의 목표는 아니다. 미분과 적분의 개념을 이해하고,

이들이 어떻게 활용되고 있는지를 안다면, 미분과 적분은 재미있고도 유익한 분야로 우리의 인상에 남을 수학의 아주 중요한 부분이기도 하다. 왜냐하면 미분과 적분은 수학 내에서 차지하고 있는 비중이 클뿐더러 수학 이외의 분야에 많이 응용되기 때문이다.

적분의 개념은 원하는 넓이를 작은 조각의 넓이를 더하여 구하는 과정을 통하여 미분보다 오래전부터 발달되어 왔으나, 미분의 개념은 17세기나 되어서야 페르마(Fermat) 등에 의해서 형성되었다. Fermat는 함수 $y=f(x)$의 극댓값과 극솟값을 구하는 문제에 관심을 가졌고, 함수의 그래프로부터 이들 극값은 각각 주위의 값보다 크거나 작은 값이므로, 당연히 이곳에서의 접선은 x-축과 평행하며 접점을 좌우로 접선의 기울기가 증가하거나 감소한다는 사실을 알게 되었다.

좌표평면에서 직선의 방향을 나타내는 척도는 **기울기**(slope)로, 점 P에서의 접선 l의 기울기는 $\tan\alpha$이다. 곡선 위의 점 P에서의 기울기란 P에서의 접선의 기울기를 의미한다는 것을 받아들이더라도, 우리는 이 기울기를 어떻게 구하느냐 하는 문제에 부닥치게 된다.

곡선 $y=f(x)$ 위의 점 $P(x,y)$에서의 접선의 기울기는 한 점 P만 가지고서는 구할 수 없다. 따라서 곡선 위의 P와 다른 점 $P_1(x_1,y_1)$을 생각하고, 이들 두 점을 잇는 직선의 기울기의 극한값을 생각한다.

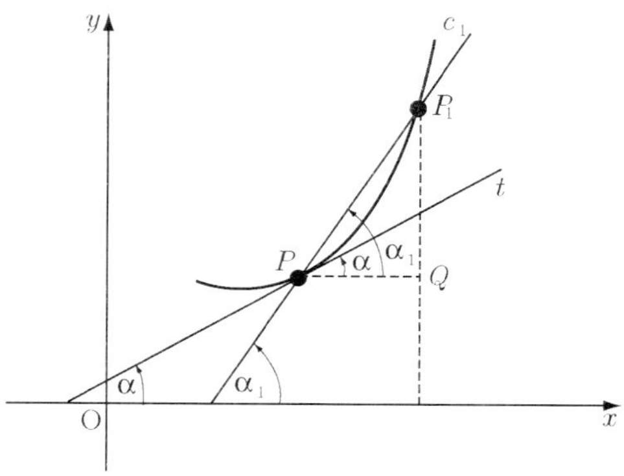

이때, 점 P_1이 곡선을 따라 점 P에 가까이 가면 직선 l_1은 P에서의 접선 l에 가까이 간다. 또 α_1을 직선 l_1의 기울기라 하면,

$$x_1 \to x \text{일 때 } y_1 \to y,\ P_1 \to P,\ l_1 \to l,\ \alpha_1 \to \alpha$$

가 된다. 즉 접선 l은 직선 l_1의 극한이고, l의 기울기는 l_1의 기울기의 극한이다. 이것을 형식적으로 나타내면

$$(\text{직선 } l_1\text{의 기울기}) = \frac{y_1 - y}{x_1 - x} = \frac{f(x_1) - f(x)}{x_1 - x}$$

또는 차를 나타내는 기호 Δ를 사용하여 나타내면

$$(\text{직선 } l_1\text{의 기울기}) = \frac{\Delta y}{\Delta x} = \frac{\Delta f(x)}{\Delta x}$$

이다. 그러므로

$$\begin{aligned}(\text{접선 } l\text{의 기울기}) &= (\text{직선 } l_1\text{의 기울기의 극한}) \\ &= \lim_{x_1 \to x} \frac{f(x_1) - f(x)}{x_1 - x} \\ &= \lim_{\Delta x \to 0} \frac{\Delta y}{\Delta x}\end{aligned}$$

이다. 이때 $P(x, y)$ 위에서의 접선 l의 기울기를 $f'(x)$로 나타내며, 이것을 x에서의 **순간변화율** 또는 **미분계수**(derivative)라고 부른다.

그런데 $P(x, y)$는 곡선 위의 임의의 점이므로, x값이 변할 때 마다 기울기도 변하여 또 다른 함수 $f'(x)$을 얻는다. 이것을 우리는 $f(x)$의 **도함수**(derivative)라 한다. 이와 같이 도함수를 구하는 과정을 **미분**(differentiation)이라고 한다. 여기서 미분이란 말은 $f'(x)$가 두 개의 작은 차분(difference) $f(x_1) - f(x)$와 $x_1 - x$의 몫인 **평균변화율** $\dfrac{f(x_1) - f(x)}{x_1 - x}$의 극한에서 온 말이다.

참고 11.1

Leibniz(1675)는 미분 $f'(x)$을 설명하기 위해 차 $f(x_1) - f(x)$와 $x_1 - x$의 몫

$$\frac{\Delta y}{\Delta x} = \frac{\Delta f(x)}{\Delta x}$$

의 극한으로, 차분 기호 Δ 대신 미분의 기호(differential symbol) d를 사용하여

$$\frac{dy}{dx}$$

로 나타내었다. 여기서 기호는 단지 $\Delta x \to 0$, $\Delta y \to 0$ 을 나타내는 기호로 받아들인다면 아무런 어려움이나 신비로움이 없을 것이다. 그러나 주의할 것은 극한 과

정을 거치기 전에 $\dfrac{\Delta y}{\Delta x}=\dfrac{\Delta f(x)}{\Delta x}$에서 분모의 Δx가 간단히 정리되거나 극한이 잘 정의되도록 변형되어야 한다는 것이다. 이렇게 하지 않으면 $\dfrac{\Delta y}{\Delta x}=\dfrac{0}{0}$와 같은 의미 없는 계산이 되고 만다. 예를 들면 함수 $f(x)=x^3$에 대하여

$$\frac{\Delta f(x)}{\Delta x}=\frac{3x^2\Delta x+3x(\Delta x)^2+(\Delta x)^3}{\Delta x}$$

으로 $\dfrac{0}{0}$의 꼴이 나온다. 이것은 의미가 없으므로 위 식을 정리하여 먼저 $3x^2+3x\Delta x+(\Delta x)^2$을 얻고, 이 식에 $\Delta x=0$을 대입하여 도함수를 구한다. 사실 이것은 학생들에게 매우 혼란스러운 것이다. 왜냐하면 Δx를 처음에는 0이 아닌 것으로 취급하였다가 다시 0으로 취급하는 것으로 비쳐지기 때문이다.

이와 같은 혼란은 (ϵ, δ)에 의한 미분의 정의

임의의 $\epsilon>0$에 대하여, 적당한 δ가 존재하여

$$|x-x_1|<\delta\text{이면 } \left|\frac{f(x_1)-f(x)}{x_1-x}-f'(x)\right|<\epsilon$$

을 사용하면 해결되나, 학교수학에서는 이와 같이 엄밀하게 다루기가 쉽지 않다. 그런데 "Δx는 0에 가까이 가지 않는다. Δx의 종착역은 0이 아닌 무한히 작은 값으로 이 값을 미분(differential) dx라 하고, 마찬가지로 Δy의 종착역을 dy라 하자. 그러면 이들 무한히 작은 값의 몫은 또 다른 수 $f'(x)=\dfrac{dy}{dx}$ 가 된다."라고 주장한 Leibniz는 이것을 **미분몫**(differential quotient)이라고 불렀다. Leibniz의 말을 따라가다 보면 신비로운 혼란에 빠지게 된다. 이렇게 0은 아니지만 어떤 수보다도 무한히 작은(infinitely small) 양은 분명히 새로운 개념의 수이다. 이러한 수의 개념을 갖는 것은 수학을 진정 이해하여야만 가능하므로, 학생들이 미분을 어려워하는 것은 지극히 당연한 것이다. 어쨌든 이같은 Leibniz의 기호를 이용하면 마치 보통의 분수 계산에서 약분하듯이 미분을 약분하여

$$\frac{dx}{dy}\cdot\frac{dy}{dx}=1,\quad \frac{dz}{dx}=\frac{dz}{dy}\cdot\frac{dy}{dx}$$

로 나타낼 수 있다.

피타고라스 시대의 수 개념에는 $\sqrt{2}$와 같은 무리수가 없는 유리수만을 생각하기 때

문에, 상수함수는 아니지만 유리수의 집합에서 생각하면 모든 유리수 x에 대하여 $f'(x)=0$인 함수가 있다.

예를 들어, 유리수 $x \in Q$에 대하여

$$f(x)=\begin{cases}1, & x<0 \text{ 또는 } x^2<2 \\ 6, & x>0 \text{ 또는 } x^2>2\end{cases}$$

는 상수함수는 아니지만 모든 유리수 x에 대하여 $f'(x)=0$이다. 마찬가지 방법으로 증가함수는 아니지만 미분계수가 1인 함수를 만들 수 있다.

이와같이 유리수의 세상에서는 미분계수가 0이지만 상수함수가 아닌, 미분계수가 양수이지만 증가함수가 아닌, 미분계수가 음수이지만 감소함수가 아닌 함수들이 존재한다. 그러므로 앞으로 우리가 미분에 대해서 다룰 때는 완비성을 가지고 있는 실수체계 안에서 다룬다는 것을 항상 염두에 두어야 한다.

그러면 어떤 함수가 미분 가능할까? 다음 정리는 미분 가능성과 연속성 사이의 관계를 말해 준다.

정리 11.1

함수 $f:[a,b]\to R$가 $x_0\in[a,b]$에서 미분 가능하면 f는 x_0에서 연속이다.

거꾸로 연속인 함수는 모두 미분 가능할까? 그런데 그렇지 않다. 예를 들면 함수

$$f(x)=\begin{cases}x, & x\ge 0 \\ -x, & x<0\end{cases}$$

는 $x=0$에서 연속이지만, 극한값

$$\lim_{x\to 0}\frac{f(x)-f(0)}{x-0}$$

가 존재하지 않으므로 $x=0$에서 미분 가능하지 않다.

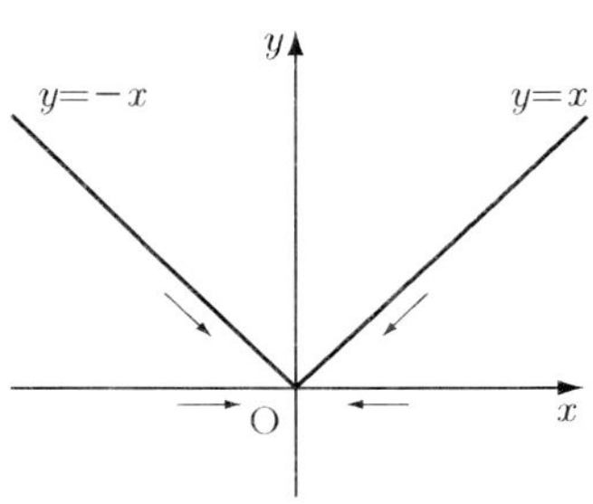

이 함수의 그래프를 보면 곡선이 미분가능하지 않는 점 $x=0$에서 부드럽지 않고 뾰족하다. 따라서 미분 가능성은 함수의 그래프가 부드러운지 아닌지를 판단하는 기준이 될 수 있다.

참고 11.2

(1) 한 점에서 미분가능하지 않은 함수가 존재할 뿐 만 아니라, 오직 한 점에서만 미분 가능한 함수가 있다. 예를 들면

$$f(x)=\begin{cases} x^2, & x\text{는 유리수} \\ 0, & x\text{는 무리수} \end{cases}$$

는 $x=0$에서만 미분가능하다. 따라서 미분 가능성은 국소적 개념이다.

(2) 모든 점에서 미분 가능하지만 한번만 미분 가능한 함수도 있다. 예를 들면

$$f(x)=\begin{cases} 0 & x<0 \\ x^2 & x\geq 0 \end{cases}$$

는 $x=0$에서 한번만 미분가능하다.

(3) 모든 실수에서 연속이지만 실수의 모든 점에서 미분 가능하지 않은

$$f(x)=\sum_{n=0}^{\infty}\frac{1}{2^n}\cos(3^n\pi x),\quad f(x)=\sum_{n=1}^{\infty}\frac{1}{10^n}\{10^k x\}$$

와 같은 함수도 있다. 여기서 $\{x\}$는 x와 가장 가까운 정수와의 거리를 나타낸다.

(4) 함수 $f:[a,b]\to R$가 $x=a$에서 미분 가능하다는 뜻은 $x=a$에서의 우극한

$$\lim_{h\to a+0}\frac{f(a+h)-f(a)}{h}$$

이 존재하는다는 뜻이다.

미분 가능한 함수의 덧셈, 뺄셈, 곱셈, 나눗셈은 극한과 연속함수의 대수적 성질과 마찬가지로 다음과 같은 방법으로 계산한다.

정리 11.2

미분 가능한 두 함수 $f, g:[a,b]\to R$에 대하여, $f+g$, αf, fg, $\frac{f}{g}$도 미분 가능하고 다음이 성립한다.

(1) $(f+g)'(x)=f'(x)+g'(x)$

(2) $(\alpha f)'(x)=\alpha f'(x)$

(3) $(fg)'(x)=f'(x)g(x)+f(x)g'(x)$

(4) $(\frac{f}{g})'(x)=\frac{f'(x)g(x)-f(x)g'(x)}{g^2(x)}, \quad g(x)\neq 0$

(1)의 경우는 두 함수의 합을 통째로 미분하는 것과 따로따로 미분하여 더하나 같은 결과를 얻는다는 것을 말한다. 실제로 구간 $[a,b]$에서 미분 가능한 함수의 전체 집합은 벡터공간을 이룬다.

11.2 접선

학생들은 교과서를 통해서 수학적 개념을 습득하게 되며, 처음 습득한 개념은 강한 이미지를 형성하게 되어 나중에 수정하기가 어렵다. 따라서 정확하게 기술되지 않은 교과서를 통하여 개념을 습득한 학생들에게는 수학적 오개념이 형성되기 쉽다. 그러므로 교과서의 수학적 개념은 정확하게 기술되어야 한다. 물론 고급수학에서 다루는 기호를 사용하여 나타내라는 말은 아니다. 현실적으로 여러 가지 제약이 많은 우리의 교과서 정책 아래에서는 개념을 충분히 서술하는 것이 쉽지 않을 수 있다. 그렇더라도 수학적으로 옳지 않게 기술하여서는 안 된다.

경우에 따라서는 학생의 이해 수준에 따라 수학적 개념을 기술하는 정확도가 다를 수 있다. 미분의 기하학적 의미를 나타내는 접선의 개념이 그 한 예이다. 대부분 접선은 중학교에서 원과 직선과의 위치 관계를 다루면서 처음으로 도입된다. 이때 접선은 원과 한 점에서 만나는 직선으로 정의되어진다. 그 이후 접선의 개념은 이차곡선과 한 점에서 만나는 직선으로 다시 일반화된다. 실제로 원과 이차곡선의 경우에는 곡선과 직선이 한 점에서 만나는 직선을 그 접선이라고 정의해도 무방하다. 그러나 이렇게 접선을 정의하는 과정을 거치면서 접선은 곡선과 한 점에서 만나는 직선으로 개념 이미지가 고착화되어 수학적으로 정확하지 않은 미숙한 개념 또는 대안적 개념으로 남게 된다.

실제로 곡선과 직선이 한 점에서 만날 때 그 직선을 접선이라고 정의하면, 다음과 같은 문제에 봉착하게 된다. 예를 들어 곡선 $y=|x|$에 대하여 이 곡선과 $x=0$에서 한 점과 만나는 모든 직선은 이 곡선의 접선인가? 함수 $y=x^3$의 그래프에서 $x=0$에서의 접선은 무엇인가?

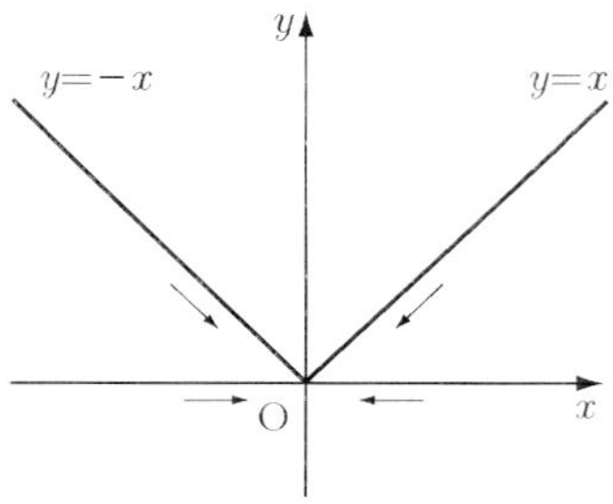

$$f(x)=|x|=\begin{cases} x, & x \geq 0 \\ -x, & x < 0 \end{cases}$$

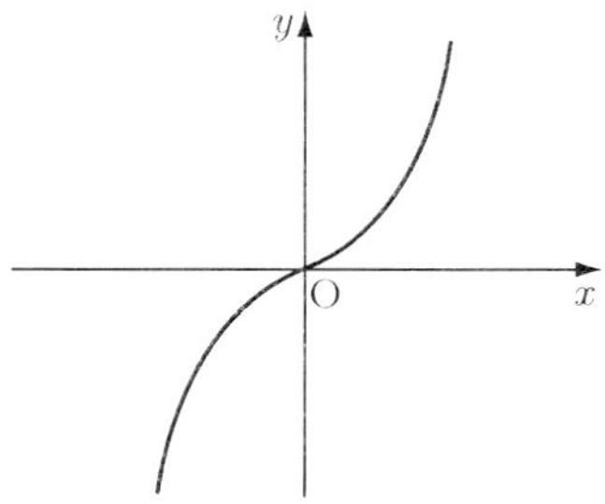

$y=x^3$

또 곡선 $y=f(x)$ 위의 한 점 $(a, f(a))$에서 만나는 접선이 이 곡선과 다른 점에서 또 만날 때 이 직선은 접선이 되는가? 이런 질문은 중학교에서 곡선과 한 점에서 만나는 직선이 접선이라고 개념을 형상화하고 있는 학생들에게는 당혹스런 질문이다.

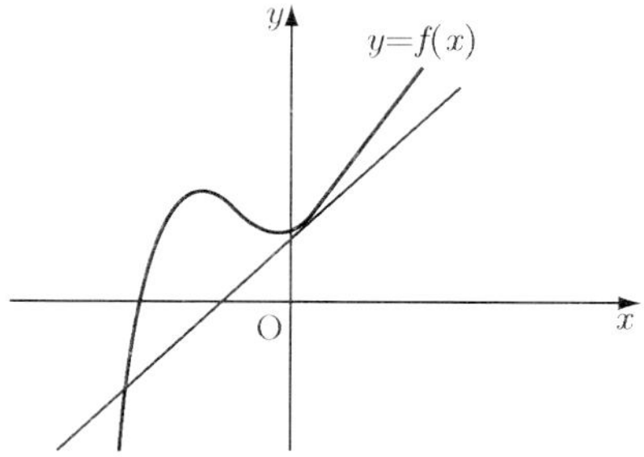

곡선과 한 점에서만 만나는 직선으로서의 접선의 개념은 고등학교 미분을 통하여 평균변화율, 순간변화율, 미분계수가 정의된 후 다음과 같이 언급된다. 함수 $y=f(x)$에 대하여 $x=a$에서의 미분계수 $f'(a)$가 존재한다고 하자. x가 a로 가까이 갈 때 $y=f(x)$

의 평균변화율

$$\frac{f(x)-f(a)}{x-a}$$

는 함수 $y=f(x)$의 그래프 위의 두 점 $A(a, f(a))$, $P(x, f(x))$를 잇는 직선의 기울기와 같다. 점 P가 곡선 $y=f(x)$를 따라 점 A에 한없이 가까이 갈 때 직선 AP는 점 A에서의 한 직선 AT에 한없이 가까워지고, 직선 AT의 기울기는

$$\lim_{x\to a}\frac{f(x)-f(a)}{x-a}=f'(a)$$

이다. 이때 직선 AT를 곡선 $y=f(x)$ 위의 점 $(a, f(a))$에서의 접선이라 하고 그 기울기는 $f'(a)$이다.

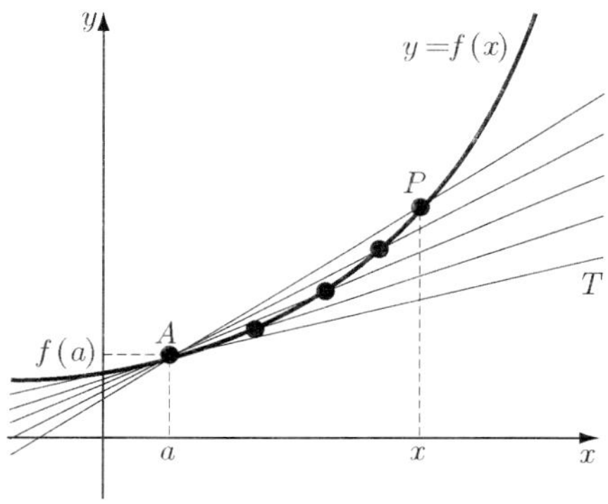

여기에서도 접선이 미분계수를 이용하여 정확히 정의된 것 같지만 사실은 이미 접선을 알고 있는 것을 가정하여 기술하고 있다. 즉 암묵적으로 한 직선이 곡선과 한 점에서 만날 때 이 직선을 접선으로 간주하고 있다. 더욱이 이 경우에는 접선이 x축에 수직인 경우는 고려하지 못하고 있다. 따라서 이러한 정의도 접선에 대한 오개념을 불러온다.

다시 말하면 학생들은 미분 가능성과 접선의 존재성을 동일시하는 경향이 있다. 사실 잘 알듯이 함수 $y=f(x)$가 $x=x_0$에서 미분 가능하면 그래프 위의 점 $(x_0, f(x_0))$에서 접선이 존재한다. 그러나 접선이 존재한다고 해서 그 점에서 함수가 미분 가능한 것은 아니다. 예를 들어 다음 그림과 같이 (1)의 경우는 원(타원)의 접선이 존재하고, (2)의 경우 원점에서 접선을 가진다. 물론 접점에서 미분가능하지는 않다.

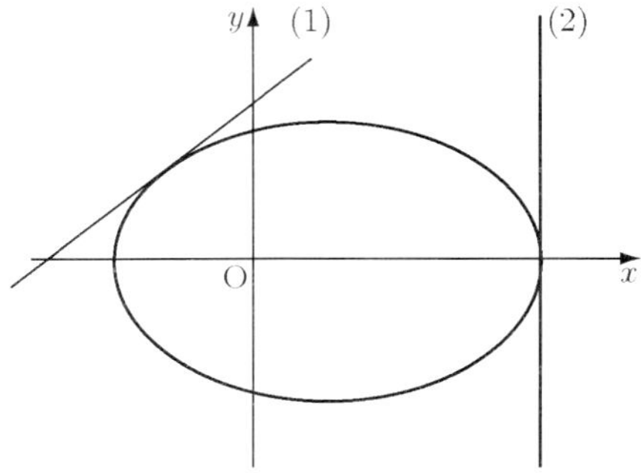

접선을 엄밀히 정의하면 다음과 같다.

정의 11.1

함수 $f: D \to R$와 집적점 $a \in D$에 대하여

(1) 극한 $\lim_{x\to a}\frac{f(x)-f(a)}{x-a}=m$이 존재하면 점 $(a, f(a))$를 지나며 기울기가 m인 직선

(2) 극한 $\lim_{x\to a+0}\frac{f(x)-f(a)}{x-a}=\pm\infty$ 또는 $\lim_{x\to a-0}\frac{f(x)-f(a)}{x-a}=\pm\infty$인 경우는 직선 $x=a$

를 점 $(a, f(a))$에서의 **접선**(tangent line)이라고 한다.

위의 정의에 따르면 접선은 함수의 정의역의 집적점에서만 다루게 되어 있다. 따라서 a가 D의 집적점이 아니면 점 $(a, f(a))$에서의 접선은 존재하지 않는다. 예를 들면 정의역 D가 이산집합인 경우에는 집적점이 없으므로 함수가 연속이라 하더라도 접선의 존재성을 논할 필요가 없다.

11.3 미분 가능한 함수의 성질

연속함수를 다시 미분 가능할 정도로 부드러우냐 아니면 미분이 불가능할 정도로 부드럽지 않느냐를 가지고 분류하였다. 이제 미분 가능한 함수가 갖는 성질을 좀 더 알아보자.

먼저 부드러운 곡선 $y=f(x)$를 x의 값이 증가함에 따라

$$f'(x) > 0\text{이면 증가하고}$$
$$f'(x) < 0\text{이면 감소한다.}$$

로 분류할 수 있다. 특히 극대 또는 극소인 점에서는 $f'(x) = 0$이므로 방정식 $f'(x) = 0$을 풀어 극대 극소인 점을 찾을 수 있다. 이것이 Fermat(1601~1665)가 사용한 방법이다.

정리 11.3 (Fermat의 정리)

함수 $f:[a, b] \to R$가 $x_0 \in (a, b)$에서 미분가능하고 이 점에서 극댓값 또는 극솟값을 가지면 $f'(x_0) = 0$이다.

참고 11.3

(1) 학교수학에서는 극댓값과 극솟값을 미분단원에서 다루기 때문에 극값은 미분가능한 점에서 생긴다고 오해한다.

(2) Fermat의 정리는 $x_0 \in (a, b)$에서 미분가능하고 이 점에서 극댓값 또는 극솟값을 가질 때 $f'(x_0) = 0$임에 유의하여야 한다. 학교수학에서는 함수 $f:[a, b] \to R$가 미분가능하다는 것을 정의역 $[a, b]$의 내점 $f:[a, b] \to R$에서만 정의하였기 때문에 문제가 없다. 그러나 $x = a$ 또는 $x = b$에서의 미분가능성을 우극한과 좌극한을 가지고 정의할 수 있다고 해서 Fermat의 정리를 $x_0 \in [a, b]$로 확장할 수 없다. 왜냐하면 경계점에서 극값을 가지지만 이 점에서는 $f'(a) \neq 0$, $f'(b) \neq 0$일 수 있기 때문이다.

폐구간에서 연속인 함수는 최댓값과 최솟값을 가짐을 알고 있다. 이 사실과 Fermat의 정리를 이용하면 다음 롤(Rolle)의 정리를 증명할 수 있다.

정리 11.4 (Rolle의 정리)

함수 $f:[a, b] \to R$가 연속이고 (a, b)에서 미분가능하며 $f(a) = f(b)$이면, $f'(x_0) = 0$인 점 $x_0 \in (a, b)$가 존재한다.

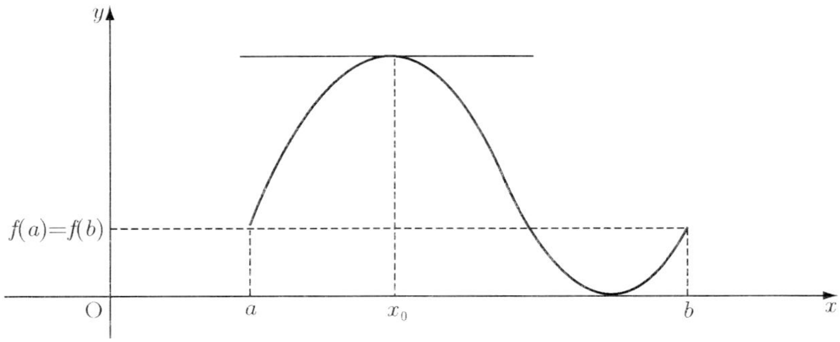

Rolle의 정리를 적용하기 위해서는 함수 f가 $f(a)=f(b)$인 조건을 만족하여야 한다. 그러나 이러한 제약을 없애기 위하여 Rolle의 정리를 일반화하면, 다음의 평균값 정리(mean value theorem)를 얻는다.

정리 11.5 (평균값 정리)

함수 $f:[a, b]\to R$가 연속이고 (a,b)에서 미분가능하면,

$$f'(x_0)=\frac{f(b)-f(a)}{b-a}$$

를 만족하는 점 $x_0\in(a,b)$가 존재한다.

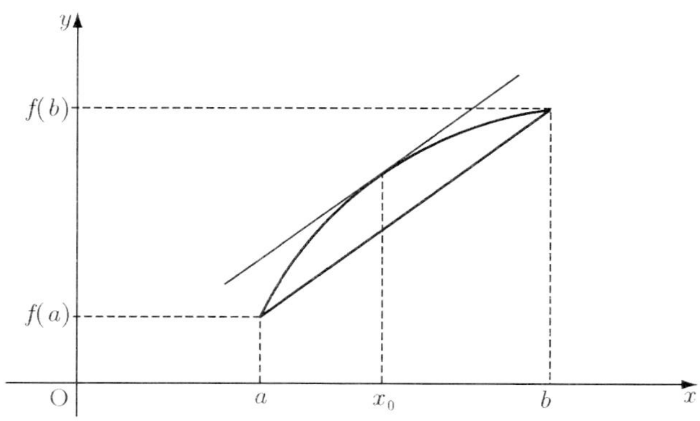

평균값 정리를 적용하면 연속적이고 부드럽게 움직이는 물체의 평균 속력은 적어도 한 점에서의 속력과 같다는 것이다. 그런데 평균값 정리에서는

$$f'(x_0)=\frac{f(b)-f(a)}{b-a}$$

를 만족하는 점 $x_0 \in (a, b)$의 존재성만 보장해 줄 뿐, 그 값이 구체적으로 무엇인지는 말해 주지 않는다. 사실 평균값 정리를 만족하는 x_0의 값을 구하는 것은 그리 중요한 일이다.

평균값 정리의 결과를 달리 표현하면

$$f(b) - f(a) = f'(x_0)(b-a)$$

이므로, 부등식

$$|f(b) - f(a)| \le |f'(x_0)|\,|b-a|$$

를 얻는다. 이 부등식으로부터 두 함숫값의 차이를 알 수 있다. 또 $|f'(x)| < k$인 경우, 방정식 $x = f(x)$를 풀기 위하여 $x_{n+1} = f(x_n)$일 때 평균값 정리를 반복하여 적용하면

$$|f(x_n) - f(x_{n-1})| \le |f'(\xi)|\,|x_n - x_{n-1}| \le k^n |x_1 - x_0|^n$$

을 얻는다. 따라서 $k < 1$이면 함숫값의 수열 $\{f(x_n)\}$이 수렴함을 알 수 있다.이와 같이 평균값의 정리는 두 함숫값의 차를 구하는데 아주 중요하게 사용된다.

참고 11.4

17세기 초 카발리에리(Cavalieri)는 원의 현과 평행한 접선이 존재한다는 것을 알았으며, Rolle(1691)은 다항식 $f(x)$의 두 근 사이에 $f'(x) = 0$의 근이 있다는 것을 증명하였다. Lagrange는 모든 함수는 멱함수로 나타난다고 주장하였다(그러나 이것은 사실이 아니다). 그는 $f(a+h) = f(a) + hf'(a) + hr(h)$로부터 $\dfrac{f(a+h) - f(a)}{h}$가 $[a, a+h]$에서의 $f'(x)$의 최댓값과 최솟값 사이에 있다는 것을 유도한 다음 중간값의 정리를 적용하여 평균값 정리를 유도하였다. 코시(1823)는 구간 $[a, b]$를 δ보다 작은 구간으로 나누고 각 구간에서

$$f'(x_i) - \epsilon \le \frac{f(x_i) - f(x_{i-1})}{x_i - x_{i-1}} \le f'(x_i) + \epsilon$$

을 얻었다. 분자의 합은 $f(b) - f(a)$이고, 분모의 합은 $b - a$이고, 가운데 항은 몫의 평균과 같은 꼴이므로, 이 값은 도함수의 최댓값과 최솟값 사이에 있다. 따라서 도함수가 연속이라는 가정 아래 중간값의 정리로부터 평균값 정리를 얻었다. 그러나 오늘날의 Rolle의 정리에 따른 평균값 정리는 연속함수와 미분 가능한 함수를 구분한 Weierstrass의 결과에 기인한다. Schwarz(1870)는 $f'(x) = 0$이면 $f(x)$가 상수함수라는 것을 증명하였다.

11.4 미분의 응용

학교수학에서는 많은 시간을 할애하여 미분을 중요하게 다루었다. 그럴 만한 가치가 있는가? 학교수학에서 도함수를 구하고, 평균값 정리를 증명하고, 미분계수를 이용하여 접선의 방정식과, 접선과 수직인 법선의 방정식을 구하는 계산을 많이 하였다. 그러나 그것이 구체적으로 어떻게 이용되는지는 알아보지 못하였다. 여기서는 평균값 정리, 접선의 방정식과 법선의 방정식, 이계도함수가 어떻게 이용될 수 있는지 간단히 알아보자.

미분계수의 기하학적 의미에서 곡선 $y=f(x)$ 위의 점 (x_0, y_0) 에서의 접선의 기울기가 $f'(x_0)$이므로, 이 점을 지나는 직선의 방정식(**접선의 방정식**)은

$$y-y_0=f'(x_0)(x-x_0)$$

라는 것을 학교수학에서 배웠다. 이 접선이 다시 x-축과 만나는 x좌표를 x_1이라 하면

$$x_1=x_0-\frac{f(x_0)}{f'(x_0)}$$

을 얻는다. 이와 같은 방법을 되풀이 하면 반복수열

$$x_{n+1}=x_n-\frac{f(x_n)}{f'(x_n)}$$

을 얻는다. 만약 $f'(x)$가 연속이고 이 수열 $\{x_n\}$이 x^*에 수렴하면

$$x^*=x^*-\frac{f(x^*)}{f'(x^*)}$$

가 되어 x^*는 방정식 $f(x)=0$의 근이 된다. 이와 같은 방법으로 방정식의 근을 구하는 것을 **뉴턴의 반복법**이라 하였다.

Newton의 반복법에서 등식의 오른쪽이 x_n에 대한 함수이므로 Newton의 반복법은 고정점 반복법

$$x_{n+1}=g(x_n)$$

의 특별한 경우라고 볼 수 있다. 평균값 정리에 의하여

$$x_{n+1}-x_n=g(x_n)-g(x_{n-1})=g'(\xi_n)(x_n-x_{n-1})$$

이므로, $|g'(\xi_n)| \leq k < 1$이면

$$|x_{n+1} - x_n| \leq |g'(\xi_n)(x_n - x_{n-1})| \leq k|x_n - x_{n-1}|$$

이다. 이와 같은 과정을 되풀이하면

$$|x_{n+1} - x_n| \leq k^n|x_1 - x_0| \to 0$$

이므로, 수열 $\{x_n\}$은 수렴한다. 이와 같이 평균값정리는 단순히 두 점을 잇는 선분의 기울기와 같은 미분계수를 갖는 점이 존재한다는 것을 보장해주는 것뿐만 아니라, 반복수열의 수렴성을 증명하는데도 중요하게 사용된다.

접선과 법선은 서로 수직이므로 접선의 기울기를 알면 법선의 기울기를 알 수 있다. 그런데 곡선 $y = f(x)$ 위의 점 (x_0, y_0) 에서의 접선의 기울기가 $f'(x_0)$이므로, 이 점을 지나고 접선에 수직한 직선의 방정식(**법선의 방정식**)은

$$y - y_0 = -\frac{1}{f'(x_0)}(x - x_0)$$

이다.

그러면 법선을 아는 것은 어디에 유용하게 쓰이는가? 단순히 수학적 유희인가? 그렇지만은 않다. 실제로 공학에서 건물이나 다리와 같은 어떤 구조물을 만들 때, 물체에 힘이 어떻게 작용하는가를 잘 알아야만 안전한 구조물을 만들 수 있다. 그런데 자연과학에서 물체로부터 에너지가 방출되거나 외부의 힘이 가해지는 양은 표면에 접하는 곡면(접평면)에 수직한 방향으로 나타내어진다. 물론 접평면은 접선으로 이루어진다. 이러한 의미에서 이 방향을 정확히 알기 위해서는 법선이 무엇인지 알 필요가 있다.

앞에서 우리는 미분을 함수의 그래프의 기하학적 의미로 파악하였다. 그러나 도함수 개념의 중요한 의미는 곡선의 접선이나 법선을 구하는데 국한되는 것이 아니라, 자연과학에서 시간 t에 따라 변하는 양 $f(t)$의 **변화율**(rate of change)을 나타내는데 있다. 이러한 시각으로부터 뉴턴이 미분에 관심을 갖게 되었으며, 시간에 따라 움직이는 물체의 위치를 변량 – 뉴턴의 표현으로는 **유량**(fluent quantity) – 으로 하는 속도를 분석하게 된다.

시간 t에서의 **순간속도**(instant velocity)는 **평균속도**(average velocity)

$$\frac{f(t_1) - f(t)}{t_1 - t}$$

의 극한으로 정의한다. 즉

$$\text{시간 } t\text{에서의 순간속도 } v(t) = \lim_{t_1 \to t} \frac{f(t_1) - f(t)}{t_1 - t}$$

이다. 그리고 속도의 변화율을 **가속도**(acceleration)라 부른다. 이것은 단지 도함수의 도함수, 즉 가속도는

$$a(t) = \lim_{t_1 \to t} \frac{f'(t_1) - f'(t)}{t_1 - t} = \lim_{t_1 \to t} \frac{v(t_1) - v(t)}{t_1 - t}$$

이다. 이것을 $f''(t)$로 나타내고, $f(t)$의 **이계도함수**(second derivative)라고 부른다.

속도와 가속도는 위와 같은 단순한 수직 또는 수평 운동에 대한 것 뿐 만 아니라, 해류나 공기, 비행기와 같이 움직이는 물체의 위치를 파악하는데 아주 중요하게 쓰인다. 실제로 Galileo는 자유낙하 하는 물체의 수직거리 x를 시간 t에 따라 측정하여

$$x = \frac{1}{2} g t^2$$

이 됨을 이미 알고 있었다. 이것을 미분하면 $v = gt$이고, 가속도 a는

$$a = f''(t) = g$$

로 상수가 된다.

앞에서 가속도는 거리함수를 두 번 미분한 값이었다. 일반적으로 함수의 도함수가 다시 미분가능하다면 도함수의 도함수를 생각할 수 있다. 그러면 도함수 $f'(x)$가 곡선 위의 점 $(x, f(x))$에서의 $y = f(x)$의 접선의 기울기를 나타내므로, $f'(x)$의 변화율을 나타내는 이계도함수 $f''(x)$는 기울기가 어떻게 변하는지를 말해준다. 다시 말하면 접선이 어떻게 변해 가는지를 말해준다. 이것을 평면 위에서 그려보면 이계도함수 $f''(x)$을 통하여 곡선 $y = f(x)$의 모양을 생각해낼 수 있다.

이계도함수는 해석학과 기하학에서 매우 중요한 역할을 하는데, 이는 곡선이 굽는 방향과 곡선의 굽은 정도를 말해주기 때문이다. 만약 $f''(x) > 0$이면 $f'(x)$의 변화율이 양이므로 x의 값이 증가함에 따라 $f'(x)$의 변화율도 증가한다. 따라서 곡선은 **위로 오목**(concave upward)한 모양을 이룬다. 이와는 반대로 $f''(x) < 0$이면 곡선은 **아래로 오목**(concave downward)하다고 한다. 그러므로 어떤 함수의 이계도함수를 알면 곡선이 어떤 모양으로 휘어지는가를 알 수 있다.

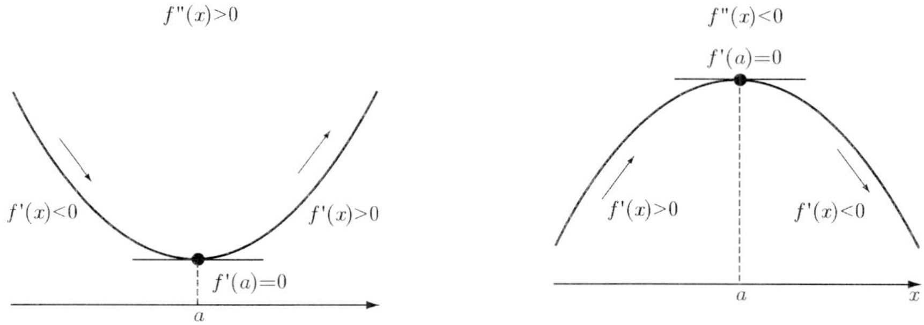

한편 이계도함수는 곡선의 모양을 결정하기도 하지만 곡선이 얼마나 빨리 휘느냐 하는 정도를 나타내는데도 활용된다. 왜냐하면 이계도함수는 접선의 기울기의 변화율이고, 이계도함수의 값이 크다는 것은 그 만큼 접선이 빨리 변한다는 것 즉 곡선이 빨리 휜다는 것을 의미하기 때문이다.

그런데 곡선이 휘어지는 정도를 비교하려면 어떻게 하여야 할까? 단순히 이계도함수의 값을 비교하면 될까? 다시 말하면 x의 값의 변량이 같을 때 두 함수의 이계도함수를 비교하면 될까? 아니다. x의 값의 변량이 같더라도 곡선의 길이는 다를 수 있고, 곡선의 재는 길이를 달리하여 휘인 정도를 비교한다면 공평하지 못한 것이 될 것이기 때문이다. 따라서 곡선의 휜 정도를 비교하려면, 같은 단위 길이를 휘었을 때 곡선의 위치가 시작점을 중심으로 얼마나 돌아갔느냐를 비교하여야 한다.

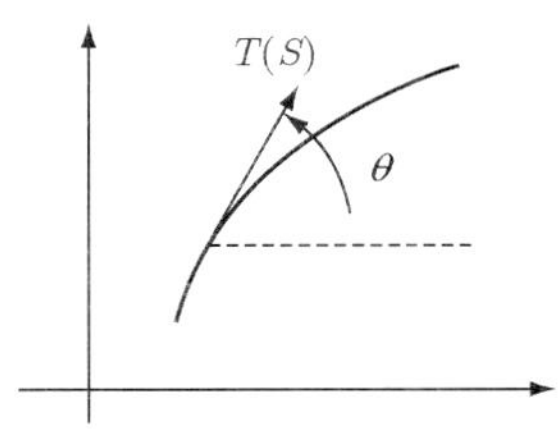

그렇게 하기 위하여 곡선의 호의 길이를 s로 나타내고 접선의 기울기를 θ로 나타내면, θ는 점의 위치 즉 s에 따라 달라지므로 θ를 s에 대한 함수 $\theta = T(s)$로 나타난다. 곡선을 따라 $\theta = T(s)$은 변하므로 이의 변화율 $\kappa(s) = \theta'(s)$를 **곡률**(curvature)이라고 한다. 이때 곡률 κ를 $y = f(x)$의 이계도함수를 사용하면

$$\kappa = \frac{f''(x)}{\{1 + (f'(x))^2\}^{3/2}}$$

으로 나타난다.

그러면 곡률은 어디에 활용되는가? 만약 $f(x)$가 탄성이 있는 강철의 위치를 나타내주는 함수라고 하면, 강철을 많이 급하게 휘면 원래 상태로 되돌아가려는 힘이 크게 된다. 즉 탄성에너지를 많이 갖는다. 이렇게 되면 강철의 위치는 매우 불안정하게 되므로 이러한 상태로 구조물을 만들면 구조물 자체도 불안정해진다. 따라서 탄성이 있는 강판을 가지고 자동차나 선박 등을 만들 때는 강판이 갖는 탄성에너지를 최소화하도록 설계를 하여야 한다. 그런데 '강철이 급하게 휜다.'는 것은 함수 $f(x)$의 곡률이 크다는 것을 말하고, 이때의 탄성에너지는

$$K(f)=\int \kappa^2(s)ds=\int_a^b \frac{(f''(x))^2}{(1+(f'(x))^2)^{5/2}}dx$$

로 나타난다. 따라서 우리는 주어진 조건을 만족하면서

$$\min_{f\in V}K(f)$$

인 함수 f를 찾아야 하는 문제에 도달하게 된다. 이와 같이 이계도함수는 구조물의 설계에 중요한 영향을 끼친다.

11.5 Taylor 다항식

학교수학에서는 다항함수 외에 소위 초월함수라 불리는 $\sin x$, $\cos x$, e^x 등을 다루게 된다. 우리는 π, e 등과 같이 대수방정식의 해가 아닌 수를 초월수(transcendental number)라고 불렀고, 우리는 이들 수를 마치 잘 아는 수인 것처럼 취급해 왔다. 그러나 실상은 그렇지 않다. 이는 이들 이름이 초월수라는 것으로부터 간접적으로 설명된다. 왜냐하면 초월이란 말은 우리의 능력을 초월할 때 사용되는 말이기 때문이다. 그런 이유로 초월함수 $\sin x$, $\cos x$, e^x에서 $x=2$일 때의 값

$$\sin(2),\ \cos(2),\ e^2$$

을 정확하게 구하기란 쉽지 않다. 물론 이들 값은 수학적으로 정확하게 참값은 그냥 $\sin(2)$, $\cos(2)$, e^2이다.

그러나 문제는 우리가 이들 값의 크기를 느낄 수 없다는 것이다. 어떻게 초월수를 느낄 수 있겠는가? 우리가 느낄 수 있는 참값을 구할 수 없다고 해서 이들의 값이 얼마인지

알아보기를 포기할 수는 없다. 왜냐하면 실생활의 활용을 위해서는 이와 같은 값이 필요하기 때문이다. 그렇다면 어떤 방도를 사용하여야 하는가? 비록 참값은 구할 수 없을지 모르지만 이들의 근삿값을 구할 수 있다면 그런대로 요긴하게 사용할 수가 있을 것이다. 이러한 이유로 함수의 근삿값을 구하는 방법에 대하여 알아보자.

우리는 앞에서 모든 연속함수에 대하여, 임의의 $\epsilon > 0$에 대하여

$$|f(x) - P_n(x)| \le \epsilon$$

인 다항함수 $P_n(x)$가 존재한다는 Weierstrass의 근사정리를 언급하였다. 다음은 함수 $f(x)$의 고계도함수를 이용하여 $f(x)$를 다항함수 $P_n(x)$로 근사시키는 방법을 말해 준다.

정리 11.6 (Taylor 정리)

함수 $f:[a, b] \to R$가 $f \in C^n[a, b]$이고, $f^{(n)}$이 (a, b)에서 미분 가능하면

$$f(x) = f(a) + f'(a)(x-a) + \frac{f''(a)}{2!}(x-a)^2 + \cdots + \frac{f^n(a)}{n!}(x-a)^n + R_n(x)$$

이고, 나머지는

$$R_n(x) = \frac{f^{(n+1)}(t_n)}{(n+1)!}(x-a)^{n+1}$$

이다.

Taylor 정리는 연속적으로 미분 가능한 함수에 대하여, 이 함수에 근사하는 다항함수를 도함수를 이용하여 구체적으로 나타내 준다. 더욱이 Taylor 정리를 이용하면, 원래의 함수와 근사하는 다항함수가 얼마나 가까운지 다시 말하면 오차가 얼마인지, 얼마나 빨리 근사해 가는지를 분명히 알려 준다. 이러한 장점 때문에 함수의 근사에서는 Taylor 정리가 중요하게 쓰인다.

실제로 초월함수 e^x, $\sin x$, $\cos x$ 등을 Taylor 정리를 이용하여 수렴하는 급수 형태

$$e^x = \sum_{n=0}^{\infty} \frac{x^n}{n!}, \quad \sin x = \sum_{n=0}^{\infty} \frac{(-1)x^{2n+1}}{(2n+1)!}, \quad \cos x = \sum_{n=0}^{\infty} \frac{(-1)x^{2n}}{(2n)!}$$

로 나타낼 수 있다. 이러한 급수 표현을 이용하여 초월함수의 함숫값에 대한 근삿값을 구할 수 있다. 실제로 계산기나 컴퓨터에서 제공하는 $\sin x$, $\cos x$, e^x와 같은 함수의 근삿값은 Taylor 정리를 이용하여 계산한 것이다.

11.6 미분 가능한 함수열

지금까지는 개별 함수의 미분 가능성과 미분 가능한 함수의 성질에 대하여 알아보았다. 또 Taylor 다항함수 $P_n(x)$로 주어진 함수 $f(x)$를 근사시키는 방법도 알아보았다. 즉 $\lim_{n\to\infty} P_n(x) = f(x)$임을 알아보았다. 그렇다면 일반적으로 미분 가능한 함수의 수열 $\{f_n(x)\}$가 $f(x)$에 수렴할 때, 극한 함수 $f(x)$가 $f_n(x)$의 성질을 가지고 있느냐하는 것이다. 즉 함수 $f(x)$도 미분가능한가이다.

예를 들어 미분 가능한 함수 $f_n : [0,2] \to R$

$$f_n(x) = \frac{1-x}{1+x^n}$$

을 생각해보자. 이 함수의 수열 $\{f_n\}$은 함수

$$f(x) = \begin{cases} 1-x, & 0 \le x \le 1 \\ 0, & 1 \le x \le 2 \end{cases}$$

에 점별 수렴한다. 그런데 극한함수 $f(x)$는 $x=1$에서 미분불가능하다. 따라서 미분가능성은 점별 수렴에 의하여 보존되지 않는다.

따라서 미분 가능한 함수열의 극한이 미분가능성을 보장받기 위하여 점별 수렴보다 더 강한 조건이 필요함을 알 수 있다.

정리 11.7

미분 가능한 함수열 $f_n : [a, b] \to R$이

(i) 어떤 점 $x_0 \in [a, b]$에 대하여 $\{f_n(x_0)\}$에 수렴하고

(ii) 함수열 $\{f_n'\}$이 $[a, b]$ 위에서 평등수렴하면,

함수열 $\{f_n\}$은 함수 f에 평등 수렴한다. 더욱이 f는 미분가능하고 $\lim_{n\to\infty} f_n'(x) = f'(x)$ 이다.

예를 들면, 미분 가능한 함수열

$$f_n(x) = 1 + x + \frac{x^2}{2!} + \frac{x^3}{3!} + \cdots + \frac{x^n}{n!}$$

은 임의의 x에 대하여

$$\lim_{n\to\infty} f_n(x) = f(x) = e^x$$

이고 평등 수렴하므로, 위의 정리에 의하여

$$\lim_{n\to\infty} f_n'(x) = f'(x) = e^x$$

이다. 즉

$$\lim_{n\to\infty} \frac{df_n(x)}{dx} = \frac{d}{dx}\left(\lim_{n\to\infty} f_n(x)\right)$$

이 성립한다.

위와 같이 미분 가능한 함수열이 평등 수렴하는 경우에는 미분과 극한을 교환하여 계산할 수 있다. 이것을 함수의 급수에 적용하면 다음 정리가 성립한다. 이는 평등 수렴하는 구간에서 항별로(term by term) 미분할 수 있음을 보장해 준다.

정리 11.8

함수 $f_n : [a, b] \to R$가 미분 가능할 때,

(i) 어떤 점 $x_0 \in [a, b]$에 대하여 $\left\{\sum_{n=1}^{\infty} f_n(x_0)\right\}$에 수렴하고

(ii) 급수 $\sum_{n=1}^{\infty} f_n'$가 $[a, b]$ 위에서 평등수렴하면,

함수의 급수 $\sum_{n=1}^{\infty} f_n$은 $[a, b]$ 위에서 함수 $f:[a, b] \to R$에 수렴한다. 더욱이 f는 미분가능하고, $\sum_{n=1}^{\infty} f_n' = f'$이다.

11.7 미분의 교육

11.7.1 미분의 정의

역사적으로 볼 때 미분과 적분에서 다루는 것은 주로 접선, 넓이와 함께 속도와 거리의 문제이었다. 그러나 미분과 적분의 문제가 Newton과 Leibniz에 의해 제기된 이래로 그 개념이 명확하게 정립되기까지 150여년이 걸린 것을 보면 미분과 적분은 상당히 이해하기 어려운 분야임에 틀림이 없다. 따라서 학생들이 미분의 개념을 습득하는데 어려움을 가지는 것은 당연하다.

학교수학에서는 평균변화율로부터 순간변화율을 가지고 미분을 도입하고 있으며, 미분의 기하학적 의미는 접선의 기울기를 가지고 직관적으로 도입되고 있다. 그러나 학교수학에서는 접선의 정의가 곡선과 한 점에서 접하는 직선으로 말하여지고 있을 뿐 정확하게 정의되어 있지 않아, 학생들에게는 접선에 대한 개념조차도 희미한 상태이다. 물론 접선의 뜻을 분명하게 하려면 미분을 가지고 도입해야 하지만 교과과정상 접선의 직관적 도입이 우선하기 때문이다. 이런 이미지가 접선의 이해를 방해하는 것도 사실이다. 학생의 수준이 높아가면서 직관적 개념이 수학적 개념으로 바뀌어야 하지만 이는 쉬운 일이 아니며 많은 노력이 필요한 부분이다.

미분을 도입하는 데는 여러 가지 방법이 있을 것이다. 그 중에서도 앞에서 다룬 수열의 극한과 함수의 극한, 연속을 도입한 것과 마찬가지로 극한을 이용하여 도입하는 것이다. 즉

$$\lim_{\Delta x \to 0} \frac{\Delta y}{\Delta x} = \lim_{h \to 0} \frac{f(x+h) - f(x)}{h} = f'(x)$$

와 같이 미분계수를 정의하는 것이다. 이렇게 하면 명확한 $\epsilon - \delta$에 의한 정의는 아니지만

그래도 이에 가까운 직관적 정의가 될 것이다. 다시 말하면 이 정의로부터

$$\left| \frac{f(x+h)-f(x)}{h} - f'(x) \right| < \epsilon$$

의 개념을 엿볼 수 있다.

이와 같이, 미분은 극한 이론을 기반으로 세워졌기 때문에 극한을 바탕으로 가르쳐져야 한다. 그러나 이런 것이 고등학교 과정에서 엄밀히 도입되기는 어려울 것이다. 그렇다고 해서 극한 개념에 대한 기본적인 이해에 바탕을 두지 않고 형식적 계산법만을 가르치는 것은 수학교육의 본질이 아니다. 가능하면 미분의 응용을 수반하는 문제로부터 미분의 의미를 느낄 수 있도록 동기유발을 하는 것도 한 방법이다.

한편 위의 부등식 $\left| \frac{f(x+h)-f(x)}{h} - f'(x) \right| < \epsilon$ 으로부터

$$f(x+h) \approx f(x) + hf'(x) + \epsilon h$$

의 관계를 얻을 수 있다. 이는 함수의 그래프와 접선의 관계에서 기하적인 의미뿐만 아니라, 함숫값의 근삿값을 접선의 방정식으로부터 얻을 수 있다는 것을 보여준다.

실제로 이 개념은 부드러운 함수에 대하여 Taylor 다항식으로 함수의 근삿값을 구하는 원리를 보여준다. 더욱이 이 개념으로부터 Leibniz의 전통적인 무한소를 이용한 미분의 원리를 도입할 수 있을 것이다. 즉 x의 무한소량 dx의 증가에 따른 함수의 값은 $f(x+dx)$이고

$$f'(x) = \frac{dy}{dx}$$

이다. 이때 dx의 계산에서 dx의 2차 이상의 고차의 무한소량은 므시한다. 이것을 이용하면 물체가 구간 $[x, x+dx]$ 사이에서 움직인 거리는 $v(x)dx$이다. 따라서 전체 구간에서 움직인 거리는 $\int_a^b v(x)dx$라는 것을 알 수 있다.

또 공학적 도구인 계산기를 이용하여 h의 변화에 따른

$$\frac{f(x+h)-f(x)}{h}$$

의 값을 h의 값의 크기를 줄여가면서 계산하여, 이 값이 수렴하는 값을 미분계수로 정의하거나 그래픽 계산기를 이용하여 기울기가 수렴하는 값을 미분계수로 정하도록 도입하는 방법이 있다. 물론 이들 방법이 직관적이기는 하지만 대수적으로 또는 기하학적으로

미분계수의 의미를 전해줄 수 있는 방법이다.

그런데 학생들은 미분의 정의 $\lim_{h\to0}\frac{f(x+h)-f(x)}{h}=f'(x)$에서 h의 값이 양인 경우만을 고려하는 경향이 있다. 그러나 이때의 h는 임의의 실수이므로, 미분을

$$\lim_{h\to0}\frac{f(x)-f(x-h)}{h}=f'(x)$$

$$\lim_{h\to0}\frac{f(x+h)-f(x-h)}{2h}=f'(x)$$

와 같이 정의하여도 된다.

실제로 Taylor 정리를 사용하면

$$\frac{f(x+h)-f(x)}{h}=f'(x)+O(h)$$

$$\frac{f(x)-f(x-h)}{h}=f'(x)+O(h)$$

$$\frac{f(x+h)-f(x-h)}{2h}=f'(x)+O(h^2)$$

$$\frac{f(x+h)-2f(x)+f(x-h)}{h^2}=f''(x)+O(h^2)$$

임을 보일 수 있다. 이는 근삿값을 구할 때의 오차의 크기를 말해준다. 여기서 $g(x)=O(h)$는 $|g(x)|\le Ch$인 상수 C가 존재한다는 뜻이다.

한편 한가지 짚고 넘어가야할 것은, 미분에서 사용되는 여러 가지 기호 Δx, Δy, $\frac{\Delta y}{\Delta x}$, dx, dy, $\frac{dy}{dx}$에 대한 학생들의 혼동이다. 대부분 $\frac{\Delta y}{\Delta x}$의 계산을 잘 하지만 그 의미를 $\frac{(y\text{의 변화량})}{(x\text{의 변화량})}$, 한 점에서의 변화율, 또는 변화율의 증가량 등으로 '변화율'을 포함하는 것으로 이해하고 있는 경우가 있다.

더 큰 문제는 dx와 dy의 이해에 관한 것으로, 이들은 $\frac{dy}{dx}$와 같이 동시에 쓰일 때만 의미를 가지며 $\int f(x)dx$와 같이 적분에서만 쓰이는 기호로 이해하고 있다. 또 dx는 x의 미분, x의 변화율, $\lim_{\Delta x\to0}\Delta x=dx$, x의 양, x 증분 등으로 이해하고 있다.

물론 dx의 의미는 어려운 개념이긴 하지만Δx와 dx의 차이를 분명히 해 둘 필요가 있다. 한편 학생들은 $\frac{dy}{dx}$를 $\frac{\Delta y}{\Delta x}=\frac{dy}{dx}$, $\frac{\Delta y}{\Delta x}$가 0으로 갈 때의 값, Δy가 0으로 갈 때

이 값은 dy로 가까이 가듯이 Δx가 dx로 가까이 가는 것으로 이해하고 있다.

11.7.2 평균값의 정리

미적분학에서 평균값의 정리(Mean Value Theorem)는 가장 중요한 정리(Most Valuable Theorem)이라고 혹자는 말한다. 그 만큼 평균값의 정리는 수학뿐만 아니라 수학 외에서도 중요하게 활용되는 정리이다. 그럼에도 불구하고 학교수학에서 다루는 평균값의 정리에 대한 교육은 평균변화율과 같은 기울기를 갖는 점을 찾는데 불과하다. 물론 이것은 평균값의 정리가 성립하는 존재성을 밝히는데 중요하다. 이 점의 존재성은 부드러운 곡선(미분 가능한 함수의 그래프) 위에서 기하학적으로 직관적으로 설명할 수 있을 것이다.

그러나 평균값의 정리가 중요한 것은 평균값의 정리를 만족하는 점을 찾는 것이 아니라, 그 구간에서 미분계수의 값의 범위가 얼마인가를 아는 것이다. 미분의 정의로부터

$$|f(x+h)-f(x) \le h|f'(x)|$$

이므로, $f(x+h)$와 $f(x)$의 근사한 정도를 예측할 수 있다.

이제 평균값의 정리를 꼴을 바꾸어 나타내면

$$(b-a)\min f'(x) \le f(b)-f(a) \le (b-a)\max f'(x)$$

이다. 적분의 기본정리 $\int_a^b f'(t)dt = f(b)-f(a)$를 이용하면

$$(b-a)\min f'(x) \le \int_a^b f'(t)dt \le (b-a)\max f'(x)$$

으로 나타난다. 또는 이를 일반화하여 부등식

$$\min h(x)\int_a^b g'(x)dx \le \int_a^b h(x)g'(x)dx \le \max h(x)\int_a^b g'(x)dx$$

을 얻을 수 있다.

참고문헌

[1] 박문환, 민세영, 역사 발생적 관점에서 본 미적분 지도, 학교수학, 4(2002) 49-62.

[2] 정상권, 교사를 위한 해석학, 2판, 교우사(2008).

[3] R.P. Boas, Who needs those Mean-Value Theorems, anyway?, Two-Year College Mathematics Journal, 12(1981) 178-181.

[4] J. Grabiner, Who gave you the epsilon? Cauchy and the origins of rigorous calculus, American Mathematical Monthly, 90(1983) 185-194.

[5] A. Orton, Students' understanding of differentiation, Educational Studies in Mathematics, 14(1983) 235-250.

[6] H. Swann, Commentary on rethinking rigor in calculus: The role of the Mean Value Theorem, American Mathematical Monthly, 104(1997) 241-245.

[7] T. Tucker, Rethinking rigor in calculus: The role of the Mean Value Theorem, American Mathematical Monthly, 104(1997) 231-240.

Chapter 12 적분

Mathematics for School Mathematics

초등학교 고학년에서는 평면도형 특히 사각형, 삼각형, 다각형의 넓이를 단위 정사각형의 넓이를 이용하여 구하였다. 이 방법은 원의 넓이를 구할 때 원의 안과 밖에 있는 단위사각형의 개수를 세어 원의 넓이의 근삿값을 구하는 과정에 응용되었다. 이와 같이 곡선으로 둘러싸인 도형의 넓이는 작은 도형의 넓이의 합으로 근사되어질 수 있다고 적분의 개념이 어렴풋하게 교육되어지고 있다.

실제로 고등학교 수학에서 처음 형식적으로 나타나는 코시-리만 적분의 개념은 여러 가지 도형의 넓이나 부피를 단위 도형의 넓이나 부피의 비(유리수)로써 근삿값을 구하는 단계를 지나, 급수를 이용하여 실수 값을 가지는 넓이나 부피를 구하는 단계로 확장된다. 코시-리만적분은 더 많은 활용을 위해서 르베그적분으로 다시 확장된다.

12.1 넓이와 적분

넓이란 무엇인가? 평면 위에 그려지는 삼각형이나 사각형 또는 땅의 넓이는 어떻게 구할까? 단위는 다를 수 있지만 일단 단위 길이를 정하고 그 길이를 갖는 정사각형의 넓이를 **단위 넓이**(unit of area)로 택한다. 그리고 단위 넓이를 가진 정사각형을 몇 개나 포함하고 있느냐를 가지고 도형의 넓이를 구하였다.

단위 정사각형의 개수를 가지고 정의한 넓이에 따르면 가로와 세로의 길이가 단위길이의 자연수 또는 유리수 배수인 경우에는 직사각형의 넓이를 쉽게 계산할 수 있다. 예를 들면 이웃하는 두 변의 길이가 유리수 p, q인 직사각형의 넓이는 pq이다. 기하학적으로 직각삼각형의 넓이는 직사각형의 넓이의 반임이 분명하고, 다각형으로 둘러싸인 도형은 삼각형으로 나눌 수 있으므로 이 도형의 넓이는 이들 삼각형의 넓이의 합이다.

이와 같이 적분에 대한 생각은 간단한 도형의 넓이를 구할 필요성으로부터 시작하여, 다각형의 넓이는 단위 넓이의 배수(개수)를 가지고 측정하였다. 그렇다면 다각형이 아닌 곡선으로 둘러싸인 도형의 넓이는 어떻게 구할 수 있을까?

지금 우리가 가지고 있는 넓이를 재는 도구는 단위 정사각형의 넓이뿐이다. 이런 이유로 초등학교의 수학에서는 곡선으로 둘러싸인 도형의 넓이를 구할 때, 곡선을 덮는 직사각형을 잘게 쪼개어 곡선 안에 들어가는 작은 단위 정사각형의 개수를 가지고 곡선도형의 넓이의 근삿값을 계산하였다. 왜냐하면 곡선으로 둘러싸인 도형을 단위 정사각형을 가지고 완벽하게 채울 수 없기 때문이다.

실제로 곡선으로 둘러싸인 도형의 넓이를 구하는 물음은 적분론의 근저에 깔려있는 질문이다. 기원 전 3세기경 아르키메데스는 이러한 넓이를 소위 '소진(exhaustion)' 방법을 계속함으로써 구하였다. 예를 들면 원에 내접하는 다각형을 그리고, 이 접점을 포함하는 또 다른 내접하는 더 큰 다각형을 그리면 이것은 처음 것 보다 원의 넓이에 더 근접한 값을 가진다. 이와 같은 방법을 반복함으로, 원과 다각형 사이의 넓이의 차이를 점차적으로 비우면서(exhaust) 주어진 원의 넓이를 이들 다각형의 넓이의 수열의 극한으로 구하였다.

참고 12.1

종이 위의 곡선으로 둘러싸인 '넓이'란 무엇인가? 넓이는 감각적으로 보이기 때문에, 주어진 도형의 넓이를 정의할 필요가 없이 이미 절대적으로 존재하는 것인가? 그러나 엄밀히 말하면 우리는 넓이를 보는 것이 아니라, 우리가 보는 것은 단지 종이이다. 따라서 넓이가 무엇인지를 확실히 알기 전에는 앞에서 이야기한 도형의 넓이는 의미가 없다.

넓이의 개념을 간단히 도장(paving)의 개념으로 이해할 수 있을 것이다. 다시 말하면 주어진 도형을 단위 넓이를 가지고 덮어나가는 것이다. 예를 들어 가로, 세로의 길이가 각각 3cm, 4cm인 직사각형은 한 변의 길이가 1cm인 정사각형 12개를 가지고 덮을 수 있다. 그러나 가로, 세로의 길이가 각각 $(\sqrt{5}+1)$cm, $(\sqrt{5}-1)$cm인 직사각형의 넓이는 지금 우리의 개념으로는

$$(\sqrt{5}+1)\times(\sqrt{5}-1)=4$$

로 유리수이지만, 각 변의 길이가 무리수가 되어 단위 정사각형을 가지고는 덮을 수 없다. 더욱이 단위 정사각형을 같은 크기의 더 작은 정사각형으로 잘게 잘라 주어진 직사각형을 덮는 것도 불가능하다. 왜냐하면 단위길이를 등분하는 것은 유리수의 개념이고, 무리수는 유리수의 배수가 될 수 없기 때문이다. 따라서 넓이의 개념은 우리가 생각한 것보다 훨씬 복잡한 개념이다. 그러므로 곡선으로 둘러싸인 넓이를 구하는 데에는 세심한 주의가 필요하다.

미적분학의 첫 번째 기본 개념은 근삿값이다. 먼저 양함수 $y=f(x)$의 그래프와 x-축, $x=a$, $x=b$로 둘러싸인 도형의 넓이를 S라 하자.

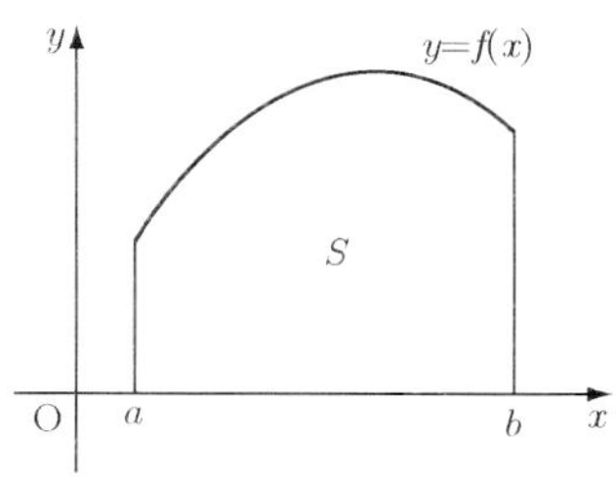

곡선으로 둘러싸인 이와 같은 도형은 삼각형이나 직사각형으로 나누어지지 않으므로 넓이 S를 구체적으로 나타낼 수 없다. 그러나 넓이 S를 다음과 같이 극한값으로 구할 수 있다.

먼저 구간 $[a, b]$를 n개의 작은 구간으로 나누고, 그 작은 구간 위에서 함수의 최솟값을 높이로 하는 직사각형을 그리면 이들 직사각형의 넓이의 합 S_n은 우리가 구하고자하는 넓이 S의 근삿값이 된다.

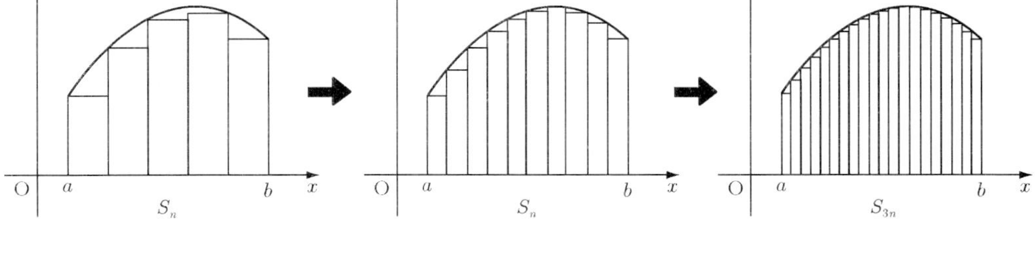

근삿값을 더욱 정확하게 구하려면 소구간의 개수를 점점 많게 하되 각 사각형의 폭이 점점 작아지도록 한다. 이렇게 얻어지는 값의 극한값이 정확한 넓이가 된다.

직사각형의 넓이의 합을 $S_1, S_2, \cdots, S_n, \cdots$으로 나타내면 이는 곡선에 둘러싸인 넓이에 대한 사각형의 근삿값의 수열로서, n이 커질 때 S_n의 직사각형의 가장 큰 폭이 0으로 가까이 가면 이 수열은 유계인 증가하는 수열이므로 극한이 존재한다. 이 극한을 S라 하면

$$S_n \to S$$

이 된다. 이때, n이 커질 때 S_n의 폭이 0으로 가까이 가는 한, 곡선 아래의 넓이 S는 수열 $S_1, S_2, \cdots, S_n, \cdots$ 을 어떻게 택하느냐에 관계없이 일정하다. 이 극한 S를 함수 $f(x)$의 a부터 b까지의 **적분**(the integral of $f(x)$ from a to b)이라 하고, 적분 기호(integral sign)를 사용하여

$$S = \int_a^b f(x)dx$$

로 나타낸다.

> **참고 12.2**
>
> 앞에서는 구간 $[a, b]$를 n개의 작은 구간으로 나누고 그 작은 구간에서의 최솟값을 이용하여 곡선으로 둘러싸인 넓이를 구하였다. 그러나 최솟값 대신 각 구간에서의 최댓값을 이용하여 넓이를 구하여도 같은 결과를 얻는다. 일반적으로 각 구간에서의 임의의 함숫값을 이용하여 넓이를 구하여도 그 결과는 같다.

이제 위의 적분을 좀 더 자세히 정의하여 보자. 차(difference)를 뜻하는 기호 Δ 를 사용하여

$$\Delta x = \frac{b-a}{n}$$

로 나타내고, 각 구간의 직사각형의 높이를 오른쪽 끝 값으로 하는 사각형의 넓이의 합을

$$S_n = \sum_{i=1}^{n} f(x_i) \cdot \Delta x, \quad x_i = a + i\Delta x$$

라 하자. 그러면

$$S=\lim_{n\to\infty}\sum_{i=1}^{n}f(x_i)\Delta x=\int_a^b f(x)dx$$

이다.

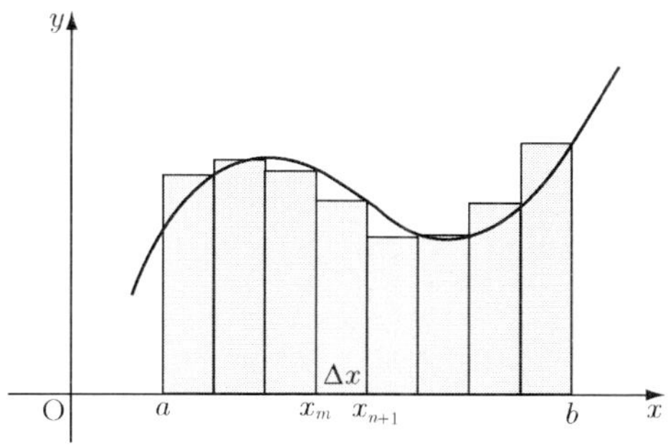

기하학적인 측면에서 볼 때, 적분을 넓이로 정의하는 과정에서는 편의상 함수 $f(x)$가 전적으로 0 이상이 되는 것을 가정하였다. 그러나 S_n의 극한으로써 넓이를 해석적으로 정의하는 과정에서는 이 가정은 쓸 데 없는 것이 되고 만다. 여기에서는 단지 작은 양 $f(x_i)\Delta x$의 합만이 필요하므로 $f(x_i)$의 값이 전적으로 음이어도 상관없다.

더욱이 실제 응용에서는 적분 $\int_a^b f(x)dx$에서 a가 b보다 큰 경우가 있다. 그러면 $\frac{b-a}{n}=\Delta x$는 음수가 된다. 해석적 정의에서는 $f(x_i)$가 양수이고 Δx는 음수가 되므로 $f(x_i)\Delta x$는 음수이다. 따라서 b부터 a까지의 적분은 음이 되므로, 간단히 적분공식

$$\int_a^b f(x)dx=-\int_b^a f(x)dx$$

을 얻는다.

참고 12.3

앞에서는 x에 대한 차분 $\Delta x=x_{j+1}-x_j$의 값이 항상 같았지만 꼭 그럴 필요는 없다는 것이다. 다시 말하면 $\Delta x_j=x_{j+1}-x_j$의 값을 달리 택해도 된다는 것이다. 더욱이 합

$$S_n = f(x_1)\Delta x_0 + f(x_2)\Delta x_1 + \cdots + f(x_n)\Delta x_{n-1}$$

와

$$S_n' = f(x_0)\Delta x_0 + f(x_1)\Delta x_1 + \cdots + f(x_{n-1})\Delta x_{n-1}$$

은 모두 같은 적분 $\int_a^b f(x)dx$에 수렴한다는 것이다. 단지 이때 주의하여야 할 점은 n의 값이 커질 때 $\Delta x = \dfrac{b-a}{n} \to 0$이었던 것처럼, $\Delta x_j = x_{j+1} - x_j$의 최댓값이 0으로 가까이 가야만 한다는 것이다. 따라서 우리는 적분을

$$\int_a^b f(x)dx = \lim_{n\to\infty}\sum_{i=1}^{n} f(v_i)\Delta x_i, \quad x_i \le v_i \le x_{i+1}$$

로 정의할 수 있다.

12.2 리만 적분

곡선으로 둘러싸인 도형의 넓이로 적분을 기하학적 직관으로 정의하면 극한의 존재성에 대하여 문제 삼을 것이 없다. 그러나 이런 직관적 정의는 우리에게 혼돈을 가져오는 경우가 있다. 따라서 넓이에 대한 기하학적 선입관을 가지지 않고 적분을 논리적으로 완벽하게 전개하기 위해서는 연속함수에 대하여 적분의 존재성에 대한 증명이 필요하다.

리만(Riemann)은 기하적인 방법으로부터 탈피하여 실직선의 순서구조에 기초한 산술적인 방법으로 적분의 개념을 최초로 확립한 사람이다. 여기서는 유계인 폐구간 $[a, b]$ 위에서 정의된 유계함수의 Riemann 적분가능성에 대하여 정의하자.

먼저 구간 $[a, b]$의 **분할**(partition) $P = \{x_0, x_1, \cdots, x_n\}$에 대하여

$$I_k = [x_{k-1}, x_k], \quad \Delta x_k = x_k - x_{k-1}$$
$$M(f, I_k) = \max\{f(x) \mid x \in I_k\}, \quad m(f, I_k) = \min\{f(x) \mid x \in I_k\}$$

이라 놓을 때, 두 실수

$$U(f,P)=\sum_{k=1}^{n}M(f,I_k)\Delta x_k,\ L(f,P)=\sum_{k=1}^{n}m(f,I_k)\Delta x_k$$

을 각각 분할 P에 대한 f의 Riemann **상합**(upper Riemann sum), Riemann **하합**(lower Riemann sum)이라고 한다.

그런데 임의의 분할 P에 대하여

$$\{L(f,P)\ \mid\ P\text{는 } [a,b]\text{에 대한 임의의 분할}\},$$
$$\{U(f,P)\ \mid\ P\text{는 } [a,b]\text{에 대한 임의의 분할}\}$$

은 유계인 무한집합이므로, 실수의 완비성공리에 의하여 두 실수

$$\sup\{L(f,P)\ \mid\ P\text{는 } [a,b]\text{에 대한 임의의 분할}\}=\underline{\int_a^b} f(x)dx$$

$$\inf\{U(f,P)\ \mid\ P\text{는 } [a,b]\text{에 대한 임의의 분할}\}=\overline{\int_a^b} f(x)dx$$

이 존재한다. 이때, $\underline{\int_a^b} f(x)dx$와 $\overline{\int_a^b} f(x)dx$을 각각 $[a,b]$ 위에서 f의 Riemann **하적분**(lower Riemann integral), Riemann **상적분**(upper Riemann integral)이라고 한다.

일반적으로

$$\underline{\int_a^b} f(x)dx \le \overline{\int_a^b} f(x)dx$$

이다. 특히

$$\underline{\int_a^b} f(x)dx = \overline{\int_a^b} f(x)dx$$

일 때, f는 $[a,b]$위에서 Riemann **적분가능**(Riemann integrable) 또는 간단히 **적분가능**(integrable)하다고 하고, 이것을 기호

$$\int_a^b f(x)dx$$

로 나타낸다.

그렇다면 어떤 함수가 적분가능한가? 연속인 함수는 모두 적분가능한가? 더 나아가 유계인 함수는 적분가능한가? 또 함수의 적분가능성을 어떻게 판별할 수 있을까하는 질문

이 나온다. 그런데 Riemann 하적분과 Riemann 상적분을 그때 그때 계산하고 그들의 값이 같은지를 판별하여 적분 가능한지를 알아내는 것은 매우 불편하다. 그 대신 다음 정리의 대우를 이용하면 적분 가능하지 않은 함수를 쉽게 판별할 수 있다.

정리 12.1

함수 $f:[a,b]\to R$가 유계일 때, f가 $[a,b]$ 위에서 Riemann 적분 가능할 필요충분조건은 임의의 $\epsilon>0$에 대하여 이에 대응하는 분할 P_ϵ 이 존재하여

$$0\le U(f,P_\epsilon)-L(f,P_\epsilon)<\epsilon$$

인 것이다.

이 정리를 이용하여 함수 $f:[a,b]\to R$가 연속함수이거나 유계인 단조증가함수들은 모두 적분 가능함을 증명할 수 있다. 실제로 이들 함수들에 대하여는 기하학적 적분과 Riemann 적분이 같음을 보일 수 있다.

참고 12.4

(1) 학교수학에서 다루는 대부분의 함수는 연속함수이기 때문에 적분 가능성을 깊이 따지지 않고 적분하는 계산하는 방법에 대하여만 교육하는 경향이 있다. 그런데 모든 연속함수는 적분가능한가? 그렇지도 않다. 예를 들면 함수

$$f(x)=\frac{1}{x},\quad 0<x<1$$

은 주어진 범위에서 연속이지만, 상적분과 하적분이 존재하지 않아 적분가능하지 않다. 더욱이 Cauchy는 유한개의 불연속인 점을 제외하고 연속인 함수의 적분가능성을 인식하고 이의 특이적분(improper integral)을 정의하였다.

(2) 그렇다면 유계인 함수는 모두 적분가능한가? 이것도 그렇지는 않다. 예를 들면 Dirichlet(1829)는 Cauchy의 의미에서는 Riemann 적분가능하지 않은 위의 함수를 제기하였다. 즉 기하학적으로는 적분가능 한 것 같지만, 함수 $f:[a,b]\to R$

$$f(x)=\begin{cases}1, & x\text{가 유리수}\\0, & x\text{가 무리수}\end{cases}$$

은 유계이지만

$$0=\underline{\int_0^1} f(x)dx \neq \overline{\int_0^1} f(x)dx = 1$$

이므로, f는 적분 가능하지 않다.

(3) 위 (1)의 경우는 구간 (0, 1)이 폐구간이 아니라서 그렇고, (2)의 경우는 분할이 존재하지 않아 적분가능성의 조건을 만족하지 않는다.

12.3 리만 적분의 성질

미분적분학 발전의 중요한 과정은 적분에 관한 문제들을 기계적일 정도로 간단한 과정을 통하여 해결하는 일반적인 법칙을 발견하는 것이다. 그렇지만 적분문제를 지나치게 기계적 계산 방법에 초점을 맞추는 것은 미적분학의 교육을 공허하게 하는 것이 될 것이다.

적분의 해석적 정의 또는 기하학적 정의로부터, 두 함수의 합의 적분은 각각의 적분의 합과 같다는 것을 쉽게 알 수 있다. 즉 적분 가능한 두 함수 f, g와 상수 α, β에 대하여

$$\int_a^b \{\alpha f(x)+\beta g(x)\}\,dx = \alpha\int_a^b f(x)dx + \beta\int_a^b g(x)dx$$

가 성립한다. 따라서 적분 가능한 함수들의 집합은 벡터 공간을 이룬다. 그러므로 벡터 공간의 성질을 이용하여 편의에 따라 적분하는 순서를 바꾸어도 상관없다.

더욱이 $a \le c \le b$에 대하여

$$\int_a^b f(x)dx = \int_a^c f(x)dx + \int_c^b f(x)dx$$

$$\int_a^b f(x)dx = -\int_b^a f(x)dx$$

$$\int_a^b f(x)dx = \int_a^b f(t)dt$$

이 성립한다.

또 $f(x) \le g(x)$이고 $a < b$일 때

$$\int_a^b f(x)dx \le \int_a^b g(x)dx$$

이 성립함을 알 수 있다. 특히 $g(x) = |f(x)|$으로 택하면

$$\int_a^b f(x)dx \le \int_a^b |f(x)|dx, \quad -\int_a^b f(x)dx \le \int_a^b |f(x)|dx$$

이므로

$$\left|\int_a^b f(x)dx\right| \le \int_a^b |f(x)|dx$$

가 성립한다.

뉴턴과 라이프니츠의 미적분학에 대한 공적은 미분과 적분의 상호 관계를 밝힌 것이라 하겠다. 이러한 알고리즘적인 모습은 라이프니츠의 표현에서도 볼 수 있다. 리만적분과 도함수 사이의 관계를 설명해 주는 **미적분학의 기본정리**(fundamental theorem of calculus)는 다음과 같다.

정리 12.1 (미적분학의 제1기본정리)

함수 $f : [a, b] \to R$가 $[a, b]$ 위에서 적분 가능할 때, 함수 $F : [a, b] \to R$을

$$F(x) = \int_a^x f(t)dt$$

로 정의하면, F는 $[a, b]$ 위에서 미분가능하고 $F' = f$이다.

여기서 $F(x) = \int_a^x f(t)dt$는 정해진 아래 끝 a로 부터 정해지지 않고 변하는 위 끝 x까지의 적분을 나타낸다. 이때 $F(x)$를 함수 $f(x)$의 **부정적분**(indefinite integral)이라고 부른다.

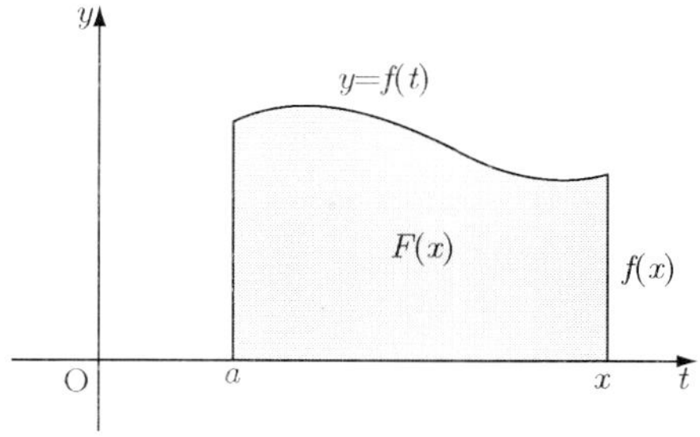

이 정리는 $f(x)$로부터 $F(x)$에 이르는 적분 과정이 거꾸로 $F(x)$에서 $f(x)$로 적용되는 미분 과정에도 적용된다는 것을 의미한다. 이것은 직관적으로 쉽게 증명할 수 있다. 그러나 여기서 $F(x)$를 넓이의 함수로 보고 이것을 그래프로 그리고 $F'(x)$를 $F(x)$의 미분계수로 이해한다면 혼돈을 가져올 수 있다. 따라서 함수 $f(x)$와 부정적분 $F(x)$의 관계를 도함수의 기하학적 의미로 해석하기 보다는 해석적으로 접근하는 것이 훨씬 쉽다. 즉 아래 그림과 같이 차

$$F(x_1) - F(x)$$

는 단순히 x_1과 x 사이의 넓이이므로

$$m(x_1 - x) \le F(x_1) - F(x) \le M(x_1 - x)$$

이다.

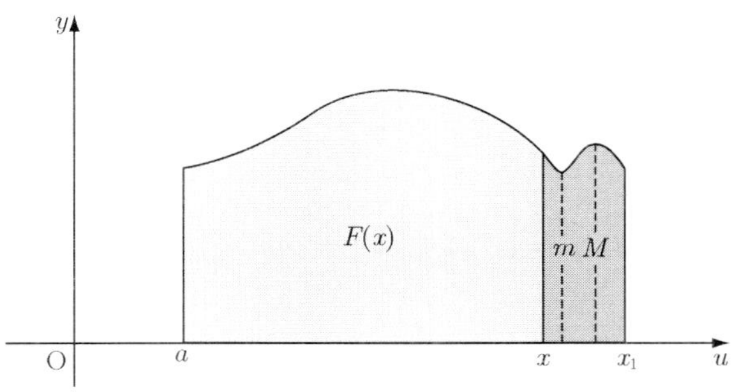

따라서

$$m \le \frac{F(x_1) - F(x)}{x_1 - x} \le M$$

을 얻는다. 여기서 $x_1 \to x$이면 m과 M은 모두 $f(x)$에 가까이 가므로

$$F'(x) = \lim_{x_1 \to x} \frac{F(x_1) - F(x)}{x_1 - x} = f(x)$$

을 얻는다. 여기서 m과 M은 각각 $f(x)$의 $[x,\ x_1]$에서의 최솟값과 최댓값이다.

앞에서 처럼 넓이와 같은 기하학적인 개념을 통하여 적분을 정의하지 않고, 어떤 사람들은 미분을 먼저 정의하고 단순히 미분의 역으로 부정적분을 정의하기도 한다. 즉

$$G'(x) = f(x)$$

인 함수 $G(x)$를 $f(x)$의 부정적분으로 정의한다. 이 경우에는 미분과 적분이 순식간에 겹쳐져서 나타나게 되고, 뒤이어 정적분을 넓이로 또는 합의 극한으로 소개한다. 이렇게 되면 적분이란 말의 의미가 퇴색하게 된다. 이러한 혼돈을 막기 위해서는 $G'(x) = f(x)$이 되는 함수 $G(x)$를 $f(x)$의 부정적분으로 부르는 대신 **원시함수**(primitive function)로 부르기를 권한다. 그러면 미적분의 제1기본정리는 간단히

'부정적분은 원시함수 중의 하나이다'

라고 할 수 있다. 여기서 '하나'는 유일을 의미하는 것이 아니라 '여러 개중 하나'임에 주의하여야 한다.

실제로 미적분학의 제1기본정리의 내용은 뉴턴의 스승인 배로우(Barrow)에 의하여 1667년에 발견되었다. 그러나 미적분학의 기본정리에 대한 증명은 코시에 의하여 이루어 졌다.

정리 12.3 (미적분학의 제2기본정리)

함수 $f : [a, b] \to R$가 $[a, b]$ 위에서 적분가능하고 미분 가능한 함수 $F : [a, b] \to R$가 $F' = f$일 때,

$$\int_a^b f(x)dx = F(b) - F(a)$$

이다.

미적분학의 제2기본정리를 이용하면 적분 값을 구간의 끝 점에서의 원시함수의 함숫값으로 간단히 나타낼 수 있다. 다시 말하면 적분을 대수적인 식으로 다룰 수 있다는 이점을 가지고 있다.

정리 12.4 (적분에 관한 평균값 정리)

함수 $f:[a,b]\to R$가 $[a,b]$ 위에서 연속이면, 등식

$$\frac{1}{(b-a)}\int_a^b f(x)dx = f(x_0)$$

을 만족하는 점 $x_0 \in [a,b]$가 존재한다.

위의 평균값 정리는 정적분의 평균값이 한 점에서의 함숫값으로 나타내어진다는 것이다. 그러나 우리가 평균값의 정리를 만족하는 $x_0 \in [a,b]$을 실제로 구하기란 쉽지 않다. 이 평균값 정리를 달리 표현하면

$$\int_a^b f(x)dx = f(x_0)(b-a)$$

으로 나타낼 수 있다. 따라서 양변에 절댓값을 취하면 부등식

$$\left|\int_a^b f(x)dx\right| \le |f(x_0)||b-a|$$

을 얻는다. 그러므로 함수 f가 유계이면 우리는 정적분의 크기를 가늠할 수 있는 이점이 있고, 이는 적분의 근사이론에서 중요한 역할을 한다. 따라서 학교수학에서 평균값 정리를 만족하는 점 x_0를 찾는 것보다는 근사이론을 강조할 필요가 있다.

참고 12.5

미적분학의 기본정리는 미적분 과목의 획기적인 기념비적인 정리로, 연속함수로 둘러싸인 넓이와 원시함수 사이의 관계를 잘 나타내주는 정리이다. 미적분학의 시초를 Archimedes에 기원을 두는 사람도 많이 있으나, 일반적으로는 Barrow가 기하적인 증명을 한 첫 사람으로 인정하고 있으며, Newton과 Leibniz는 Barrow의 이론을 바탕으로 미적분학의 많은 기초를 세웠다. Cauchy는 평균값 정리를 기초로 적분의 기본정리를 증명하였다.

지금까지는 적분가능 함수와 그 성질에 대하여 알아보았다. 이제 미분 가능한 함수열의 극한이 미분가능한가와 마찬가지로, 적분 가능한 수열의 극한도 적분가능한가 하는 문제를 제기할 수 있다. 우리는 당연히 함수열의 적분의 극한이 극한의 적분이 되기를 기대한다. 그러나 결론적으로 말하면 미분 가능한 함수열의 극한에서와 마찬가지로, 점별 수렴은 적분 가능한 함수열의 극한이 적분을 보전해주지 못한다.

예를 들면 $n \geq 2$에 대하여, 함수

$$f_n(x) = \begin{cases} n^2 x, & 0 \leq x \leq 1/n \\ 2n - n^2 x, & 1/n \leq x \leq 2/n \\ 0, & 2/n \leq x \leq 1 \end{cases}$$

로 이루어진 함수열 $\{f_n\}$ 은 [0, 1] 위에서 극한함수 $f \equiv 0$에 점별 수렴한다. 그런데 $f_n(x)$는 폐구간 [0, 1]에서 연속함수이므로, 리만 적분 가능하고 그 값은

$$\int_0^1 f_n(x)dx = 1$$

이다. 그런데 $\int_0^1 f(x)dx = 0$이므로

$$1 = \lim_{n \to \infty} \int_0^1 f_n(x)dx \neq \int_0^1 f(x)dx = 0$$

이다.

그러므로 적분이 극한에 의하여 보존되기 위해서는 점별 수렴보다 강한 조건이 필요할 것이라는 것을 짐작할 수 있다.

정리 12.5

폐구간 $[a, b]$ 위에서 리만 적분 가능한 함수열 $\{f_n\}$이 극한함수 $f : [a, b] \to R$에 평등수렴하면, f는 리만 적분가능하고

$$\lim_{n \to \infty} \int_a^b f_n(x)dx = \int_a^b f(x) = \int_a^b (\lim_{n \to \infty} f_n(x))dx$$

이 성립한다.

리만 적분 가능한 함수열 $\{f_n\}$에 대하여, 급수 $\sum_{n=1}^{\infty} f_n$은 적분 가능한 함수열 $s_n = \sum_{k=1}^{n} f_k$의 극한이다. 따라서 위의 정리를 이용하면 $[a, b]$ 위에서 $\sum_{n=1}^{\infty} f_n$이 극한함수 $f : [a, b] \to R$에 평등수렴하면, 극한함수 f는 리만 적분 가능하고

$$\int_a^b f(x)dx = \int_a^b \lim_{n\to\infty} s_n(x)dx = \lim_{n\to\infty}\int_a^b s_n(x)dx = \sum_{n=1}^{\infty}\int_a^b f_n(x)dx$$

이 성립한다.

참고 12.6

18세기 동안에는 연속함수열의 극한은 당연히 연속이라고 가정하고 사용하였다. Cauchy(1821)는 이것을 증명하였고, 1823년에는 적분 가능한 함수열의 점별 수렴하는 극한도 적분가능하다는 것을 증명하였다. 그러나 이 증명은 평등수렴을 인식하지 못한데서 온 틀린 증명이었다. Abel(1826)은 이 증명에 대한 반례를 들었다. 앞에서 말한 대로 Abel은 다항급수의 평등수렴성에 대하여 증명하였다.

12.4 적분의 근사와 활용

미분과 적분을 비교하여 볼 때, 미분은 먼저 연속인 함수에 국한하여 생각하며 실제 계산은 간단한 미분 법칙에 의하여 계산된다. 그러나 간단한 연속함수라 할지라도 구체적으로 부정적분을 구하는 것은 쉽지 않고, 일반적인 함수의 부정적분을 구하는 것은 더더욱 쉽지 않다. 예를 들어 통계학에서 자주 나오는 표준정규분포의 확률밀도함수의 적분

$$\frac{1}{\sqrt{2\pi}}\int_{-\infty}^{x} e^{\frac{-t^2}{2}}dt$$

의 값을 구하기란 쉽지 않다.

그런 의미에서 피적분 함수의 부정적분을 아는 경우, 미적분학의 기본정리는 적분을

수행하는데 결정적 역할을 한다. 특별히 미적분학의 제2기본정리는 적분 값을 적분 구간의 양 끝 값에서의 원시함수의 함숫값을 가지고 대수적으로 구할 수 있다는 장점을 가지고 있다. 그러나 대부분의 함수에 대하여는 적분 값을 간단히 구할 수 없으므로 근삿값을 구하여 사용할 수밖에 없다. 실제로 우리가 표준정규분포의 확률을 수표에서 찾아보는 값은 정확한 값이 아니라 근삿값이다.

적분의 근삿값을 구하는 방법으로는 앞에서 적분을 정의할 때 직사각형의 넓이의 극한으로 한 것처럼 직사각형의 넓이로 근사시키는 **직사각형 방법**(rectangular rule)이 있다. 특히 직사각형의 높이를 소구간의 중점에서의 값으로 택하면 **중점 방법**(midpoint rule)을 얻는다. 이 방법에 대하여 다음 정리를 얻는다.

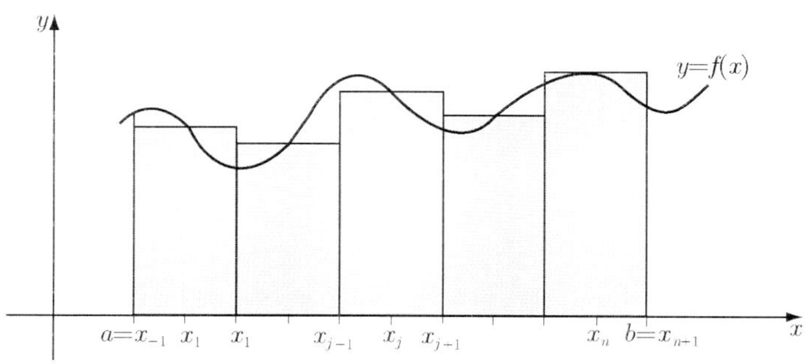

중점 방법 함수 $f \in C^2[a,b]$에 대하여 짝수 n을 택하고

$$h = \frac{b-a}{n+2},\ x_k = a+(k+1)h,\ k=-1,0,\cdots,n+1,$$

라 하면 중점 방법에 의한 적분은

$$\int_a^b f(x)dx = 2h\sum_{k=0}^{n/2} f(x_{2k}) + \frac{b-a}{6}h^2 f''(\xi)$$

이다.

직사각형 방법이나 중점 방법은 아래 그림에서 보듯이 소구간의 양 끝점을 잇는 사다리꼴의 넓이로 근사시키는 것보다는 덜 정확하다. 이와 같이 곡선에 둘러싸인 넓이를 사다리꼴의 넓이로 근사시키는 방법을 **사다리꼴 방법**(trapezoidal rule) 이라고 한다.

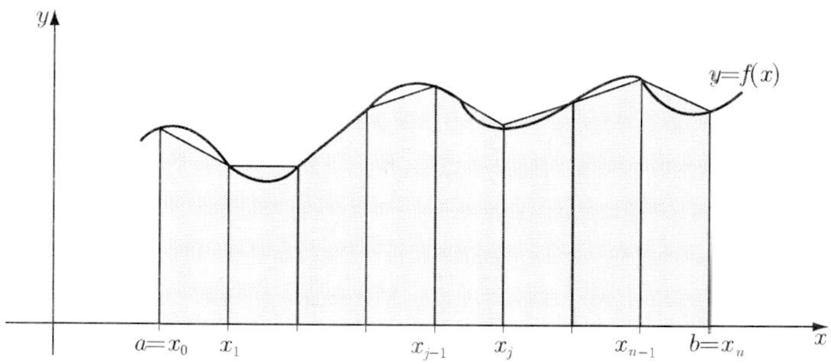

사다리꼴 방법 함수 $f \in C^2[a, b]$에 대하여 자연수 n을 택하고

$$h = \frac{b-a}{n}, \quad x_k = a + kh$$

라 하면, 사다리꼴 방법에 의한 적분은

$$\int_a^b f(x)dx = \frac{h}{2}[f(a) + 2\sum_{k=1}^{n-1} f(x_k) + f(b)] - \frac{b-a}{12}h^2 f''(\xi)$$

이다.

사다리꼴 방법보다 더 정확한 근삿값을 갖기 위하여 아래 그림과 같이 세 점 $(x_0, f(x_0))$, $(x_1, (x_1))$, $(x_2, f(x_2))$을 지나는 이차함수를 찾고, 함수 $f(x)$대신 이 이차 함수를 적분하면

$$\int_a^b f(x)dx = \frac{h}{3}[f(x_0) + 4f(x_1) + f(x_2)] - \frac{h^5}{90}f^{(4)}(\xi)$$

을 얻는다. 이와 같은 것을 각 구간에 적용하여 다음과 같은 **심프슨 방법**(Simpson's rule)을 얻는다.

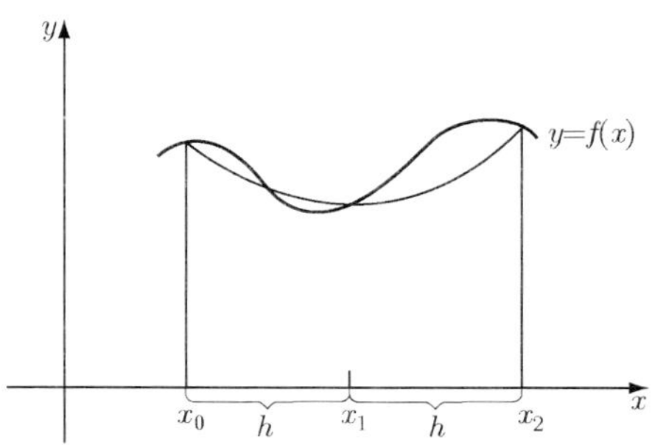

심프슨 방법 함수 $f \in C^4[a, b]$에 대하여 짝수 n을 택하고

$$h = \frac{b-a}{n}, \quad x_k = a + kh$$

라 하면, Simpson 방법에 의한 적분은

$$\int_a^b f(x)dx = \frac{h}{3}[f(a) + 2\sum_{k=1}^{n/2-1} f(x_{2k}) + 4\sum_{k=1}^{n/2} f(x_{2k-1}) + f(b)] - \frac{b-a}{180}h^4 f^{(4)}(\xi)$$

이다.

적분은 기하의 측면에서 보면 평면 위에서 곡선으로 둘러싸인 넓이를 나타냄을 보았다. 그런데 $f(x)$가 위치 x에서의 힘을 나타내는 함수라 하면, 물리학에서

$$(\text{일 } W) = (\text{힘 } f) \times (\text{거리 } s)$$

이므로, 각 구간에서 한 일의 합은

$$W_n = \sum_{k=1}^{n} f(x_k)\Delta x$$

가 된다. 여기에 극한을 취하면 $[a, b]$ 구간에서 연속적으로 변하는 힘에 의한 전체 일의 양은 적분

$$\int_a^b f(x)dx$$

로 나타난다.

한편 곡선의 길이는 곡선 위의 점을 잇는 선분의 길이의 합으로 근사되고, 이 근삿값은

$$L_n = \sum_{k=1}^{n} \sqrt{1 + (\frac{\Delta y_k}{\Delta x_k})^2}\, \Delta x_k$$

이다. 여기서 극한을 취하면, 구하는 곡선의 길이 L은 적분

$$L = \int_a^b \sqrt{1 + (f'(x))^2}\, dx$$

로 나타난다. 이와 같이 적분을 이용하면 곡선의 길이 뿐만 아니라, 곡면이 $z = f(x, y)$로 주어졌을 때 이 곡면의 넓이도

$$S = \int_c^d \int_a^b \sqrt{1 + (f_x(x,y))^2 + (f_y(x,y))^2}\, dxdy$$

와 같이 구할 수 있어 물체를 둘러싸는 데 필요한 재료의 넓이를 구할 수 있다.

12.5 르베그 적분

지금까지는 리만 적분에 대하여 알아보았다. 리만 적분은 많은 함수에 적용이 가능하지만, 앞으로 다룰 르베그(Lebesgue) 적분은 더 많은 함수에 적용이 가능하다.

실수의 집합 $E=[a,b]$의 길이 $l(E)$는 간단히

$$l(E)=b-a$$

와 같이 정할 수 있다. 그런데 집합

$$E=\{x\in[0,1] \mid x\text{는 유리수}\}$$

와 같은 집합의 길이는 어떻게 정할 수 있을까? 이 집합의 길이도 [0, 1]의 길이와 같이 1일까? 이와 같은 물음에 답을 하기 위하여 우리는 먼저 집합의 크기를 분명히 정하여야 할 것이다.

만약 $E\subset \bigcup\limits_{n=1} I_n,\ I_n=[a_n,\ b_n]$이라면, 집합 E의 크기는 I_n의 크기의 합보다는 작아야 할 것이다. 이런 이유에서 집합 E의 크기를 다음과 같이 정한다.

정의 12.1

임의의 집합 $E\subset R$에 대하여 E의 **외측도**(outer measure)를

$$m^*(E)=inf\left\{\sum_0^{\infty}(b_n-a_n) \mid E\subset \bigcup I_{n.}\ I_n=[a_n,\ b_n]\right\}$$

와 같이 정의한다.

정의 12.2

임의의 집합 $A\subset R$에 대하여

$$m^*(A)=m^*(A\cap E)+m^*(A-E)$$

이 성립할 때, 집합 E는 **측도가능하다**(measurable)라고 한다. 이때 $m^*(E)$를 E의 **측도**(measure)라고 하며 간단히 $m(E)$로 나타낸다.

이와 같이 측도를 정의하면 집합 $E = \{x \in [0, 1] \mid x\text{는 유리수}\} = \{a_1, a_2, a_3, \cdots\}$의 측도는 0임을 알 수 있다. 왜냐하면 임의의 $\epsilon > 0$에 대하여 $I_n = [a_n - \frac{\epsilon}{2^n},\ a_n + \frac{\epsilon}{2^n}]$이라 하면 분명히 $E \subset \bigcup_{n=1} I_n$이고

$$m(E) \leq \sum_{n=1}^{\infty} l(I_n) = \sum_{n=1}^{\infty} \frac{\epsilon}{2^{n-1}} = 2\epsilon$$

이다. 이제 $\epsilon \to 0$로 택하면 $m(E) = 0$이다.

앞의 증명 방법을 이용하면 원소가 셀 수 있을 정도로 많은(countable) 모든 집합의 측도는 0임을 보일 수 있다. 그렇다면 셀 수 없이 많은(uncountable) 원소를 가지고 있는 집합의 측도는 얼마일까? 그 측도는 0일까? 아니면 0이 아닐까?

닫힌구간 [0, 1]을 3등분하고 가운데 작은 구간을 제외한 나머지를 C_1 즉

$$C_1 = [0, 1] - (\frac{1}{3}, \frac{2}{3})$$

라 하고, 같은 방법으로

$$C_2 = [0, \frac{1}{9}] \cup [\frac{2}{9}, \frac{3}{9}] \cup [\frac{6}{9}, \frac{7}{9}] \cup [\frac{8}{9}, 1]$$

$$\cdots\cdots\cdots\cdots\cdots\cdots$$

을 만들자. 그러면 C_k 의 길이는 $l(C_k) = \frac{2^k}{3^k}$이다. 그러므로 **칸도어 집합**(Cantor set)

$$C = \cap_{n=1}^{\infty} C_k$$

의 측도는

$$m(C) < m(C_k) = \frac{2^k}{3^k}$$

이다. 따라서 $k \to \infty$이면 $m(C) = 0$가 된다.

실제로 칸토어 집합이 셀 수 없을 정도로 무한한 집합이라는 것은 [0, 1]의 원소의 개수가 셀 수 없을 정도로 무한하다는 것을 증명하는 방법과 같은 방법으로 증명할 수 있다. 더욱이 집합 $[0, 1]-C$의 폐포는 [0, 1]임을 증명할 수 있다.

참고 12.7

$D\subset E$에 대하여 D의 폐포(closure) $\overline{D}$ 가 $\overline{D}=E$일 때, D는 E의 꽉찬(dense) 부분집합이라고 하며, $\overline{E-D}=E$ 일 때 D는 E의 nowhere dense 인 부분집합이라고 한다. 위에서 칸토어 집합은 [0, 1]의 nowhere dense인 부분집합이다.

이제 측도를 이용하여 리만적분과 다른 새로운 르베그 적분을 정의하여 보자. 집합 E를 측도 가능한 집합이라고 할 때, E의 특성함수를

$$\chi_E(x)=\begin{cases}1, & x\in E\\ 0, & x\notin E\end{cases}$$

로 정의하고, 르베그 적분은 리만 적분에서와 마찬가지로

$$\int_E a\chi_E\,dm=am(E)$$

로 정의한다. 그러면 $E\cap F=\varnothing$ 인 측도 가능한 집합 E, F와 상수 a, b에 대하여

$$\int_{E\cup F}(a\chi_E+b\chi_F)\,dm=am(E)+bm(F)$$

이다.

위와 같은 사실을 일반화하여 적분 $\int_E f\,dm$를 정의하여 보자.

정의 12.3

함수 $f: E\to R^*$이 임의의 실수 $\alpha\in R^*=R\cup\{\infty\}$에 대하여 집합

$$\{x\in E\,|\,f(x)=\alpha\}$$

이 측도 가능한 집합일 때, 함수 f를 **측도 가능한 함수**(measurable function)라고 한다.

정의 12.4

측도 가능한 함수 $f: E \to R^*$에 대하여

$$\int_E f dm = \inf\left\{\int_E \sum a_i \chi_{A_i} \mid \text{모든 } x\text{에 대하여 } \sum a_i \chi_{A_i}(x) \geq f(x)\right\}$$

을 함수 f의 **르베그 적분**(Lebesgue integral)이라고 한다. 이때 f를 **르베그 적분 가능한**(Lebesgue integrable) 함수라고 한다.

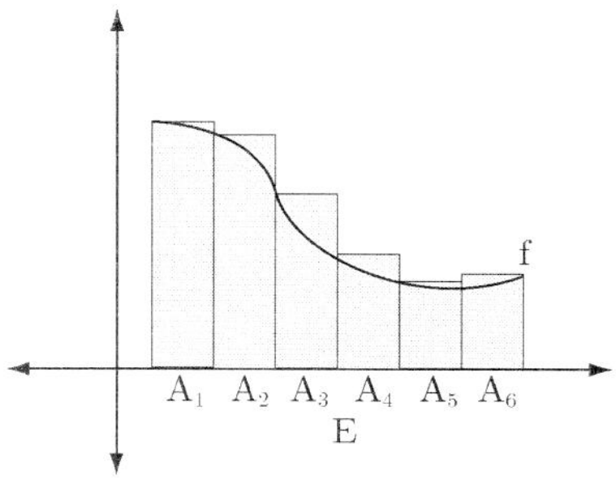

이와 같이 르베그 적분을 정의하면, 모든 리만 적분 가능한 함수는 르베그 적분 가능하다. 그러나 그 역은 성립하지 않는다. 그 반례로 디리클레 함수 $f:[0,1] \to [0,1]$

$$f(x) = \begin{cases} 1, & x\text{가 유리수} \\ 0, & x\text{가 무리수} \end{cases}$$

에 대하여

$$\int_{[0,1]} f dm = 0$$

이지만 f는 리만 적분 가능하지 않다는 것을 알고 있다.

더욱이 다음 정리는 르베그 적분에서

$$\int \lim_{k \to \infty} f_k dm = \lim_{k \to \infty} \int f_k dm$$

가 되는 조건을 분명히 밝혀준다.

정리 12.6 르베그 지배 수렴 정리(Lebesgue dominated convergence theorem)

측도 가능한 집합 E 위에서 르베그 적분 가능한 함수 g에 대하여, 르베그 적분 가능한 함수열 $\{f_k\}$가 임의의 $x \in E$에 대하여 $|f_k(x)| \leq g(x)$이 성립한다고 하자. 이때

$$f(x) = \lim_{k\to\infty} f_k(x)$$

라고 하면

$$\int_E \lim_{k\to\infty} f_k dm = \lim_{k\to\infty} \int_E f_k dm$$

가 성립한다.

위의 정리는 함수열 $\{f_k\}$가 f에 평등 수렴하는 경우에는 잘 적용된다. 그러나 사실 전적으로 평등 수렴이 아니더라도 아주 작은 측도 공간을 뺀 나머지 정의역에서 평등 수렴하는 경우에도 성립한다.

정리 12.7

측도 가능한 집합 E, $m(E) < \infty$, 위에서 르베그 적분 가능한 함수열 $\{f_k\}$에 대하여

$$f(x) = \lim_{k\to\infty} f_k(x)$$

이라 하자. 그러면 임의의 $\epsilon > 0, \delta > 0$에 대하여

$$x \in E - A,\ k \geq N,\ m(A) < \delta \text{이면 } |f_k(x) - f(x)| < \epsilon$$

인 자연수 N과 측도 가능한 집합 $A \subset E$가 존재한다.

참고 12.8

학교수학에서 다루는 적분은 리만적분이지만 리만적분 가능한 함수의 범위가 좁아 실제 문제의 해결을 설명하기 위한 수학을 전개하기에는 제한이 많이 있다. 수학적 완벽함을 추구하기 위하여 리만 적분이 가지고 있는 성질을 보존하면서 널리 적용할 수 있는 적분이 르베그적분이다.

12.6 적분 교육

학교수학에서 적분(리만적분)에 대한 교육은 일찍부터 시작한다. 곡선으로 둘러싸인 도형의 넓이를 구하는 초등학교수학에서 과정에서, 곡선 안에 단위 정사각형이 몇 개가 들어가느냐에 따라 도형의 넓이를 구하여 왔다. 물론 도형의 넓이에 더 가까운 값을 얻기 위해서는 더 작은 단위 정사각형의 합을 구하는 것으로 도형의 넓이를 구하였다. 여기에는 합의 극한(급수)의 개념이 숨어 있다. 이것이 적분이 가지는 근본적 개념이다.

이러한 선수학습을 기반으로 직관적 이해를 위하여 평면 위에서의 도형의 넓이를 이용하는 경우가 많이 있다. 이런 이유로 학생들이 넓이에 대하여 가지고 있는 심상에 의하여 적분 값은 항상 양의 값이어야 한다는 개념의 오류를 가지고 있다. 이를 극복하기 위해서는, 그래프가 x축 아래에 있는 함수의 적분 값이 음이라는 사실과 적분 영역에 따라 적분 값의 부호가 달라질 수 있다는 사실 등의 여러 예를 통하여 적분의 개념을 분명하게 강조할 필요가 있다.

그럼에도 불구하고 고등학교 과정에서는 적분을 단순히 미분의 역연산인 원시함수를 이용하여 적분을 도입하고, 미적분의 기본정리를 이용하여 간단한 다항함수를 적분하는 것에 중점을 두어 왔다. 따라서 피적분함수의 지수가 정수가 아닌 실수의 거듭제곱함수로 나타나거나 공식으로 주어지지 않은 초월함수인 경우에는 적분에 많은 어려움을 갖는다.

예를 들어 학생들은 지수가 분수인 경우 계수를 잘 못 계산하거나, n이 자연수 일 때

$$\int x^n dx = \frac{1}{n+1}x^{n+1}$$

이 성립한다는 사실로부터 피적분 함수의 지수가 $-n$인 경우 즉 x^{-n}인 경우에도

$$\int x^{-n}dx = -\frac{1}{n+1}x^{-(n+1)}$$

로 계산한다. 또 상수함수 $y=k$의 적분을 k를 변수로 인식하여 $y=\frac{1}{2}k^2$이라고 적분한다.

이러한 연구 결과를 통하여 피적분 함수가 적분 가능한 함수일지라도, 부정적분을 구체적으로 구하기 어려운 경우에는 적분 값을 구하는 것을 포기하거나 심지어 적분이 불가능하다고 여기는 것을 볼 수가 있다. 그 이유는 리만 적분을 기계적 조작에 의하여 구하였을 뿐, 적분이 리만 합의 극한이라는 개념이 희박하기 때문이다. 이러한 오류를 제거하는 방법으로는 리만 합의 개념(구분구적법)을 강조할 필요가 있는 것이다.

그렇다고 해서 적분을 도입하는데 기하학적(직관적)방법과 해석적(연역적)방법 중 어느 방법이 더 좋다고 비교해서 말할 수는 없다. 단지 학생들의 수준(필요)에 따라 도입방법을 결정하되, 구분구적법에 의한 적분의 도입이 아니더라도 직사각형의 합을 이용하여 적분 값에 대한 근삿값을 구하는 방법을 알 필요가 있다. 이러한 시도는 컴퓨터의 소프트웨어를 이용한 교육공학적 도구를 이용하여 시각적으로 보일 수도 있다.

한편 미분에서의 평균값의 정리와 아울러 미적분의 기본정리는 미적분학의 시금석과 같은 정리로, 연속함수의 그래프로 둘러싸인 도형의 넓이를 원시함수의 값으로 나타낼 수 있게 해준다. 물론 이 정리의 증명은 코시의 평균값의 정리를 이용하여 증명된다.

연속함수에 대해 성립하는 미적분의 기본정리의 적용에서 학생들이 자주 일으키는 오류는 피적분함수가 폐구간에서 연속함수이어야 한다는 조건이어야 함에도 불구하고 부분적으로 연속인 함수의 원시함수에 미적분의 기본정리를 단순히 적용하여 대수적으로 값을 구한다는 것이다. 정리를 적용할 때는 어떤 조건이 필요한지를 확인해가는 태도를 기르는 것이 중요하다. 이것은 반례를 통하여 이해시킬 수 있을 것이다.

참고문헌

[1] 정상권, 교사를 위한 해석학, 2판, 교우사(2008).

[2] R.G. Bartle, The elements of integration and Lebesgue measure, Wiley(1995).

[3] T.A. Garrity, All the mathematics you missed, Cambridge(2002).

[4] A. Orton, Students' understanding of integration, Educational Studies in Mathematics, 14(1983) 1-18.

[5] D.E. Richmond, Areas and volumes without limit processes, American Mathematical Monthly, 73(1966) 477-483.

[6] H.L. Royden, Real analysis, 2nd ed., Macmillan(1968).

[7] A. Vajiac and B. Vajiac, Areas and the fundamental theorem of calculus, International. Journal Mathematics Education in Science and Technology, 39(2008) 1023-1036.

Chapter 13 복소수함수

Mathematics for School Mathematics

제5장에서는 복소수의 대수적인 측면만을 살펴보았다. 사실 고등학교까지의 학교수학에서는 실수를 확장하는 의미에서, 방정식의 해의 존재성을 보장받기 위한 복소수의 대수적 성질에 초점이 맞추어져 있다. 그러나 실변수 해석학의 초점이 미분과 적분에 맞추어 있듯이, 복소수 해석학의 초점도 미분과 적분에 있다. 사실 n차 방정식이 n개의 근을 가진다는 대수학의 기본정리도 복소수 함수를 이용하여 해석적으로 증명된다.

여기서는 복소수 함수의 미분과 적분에 대한 중요한 성질을 간단히 언급하도록 한다.

13.1 복소수함수의 미분

복소수 함수는 복소수의 집합 U에서 복소수 전체의 집합 C로의 함수를 말한다. 다시 말하면 복소수 함수의 특징은 정의역과 공역이 모두 복소수라는 것이다. 따라서 우리는 복소수 함수를 집합 $U \subset C$에 대하여 $f: U \to C$라고 나타낼 수 있다. 그렇다면 복소수 함수가 가지는 성질은 무엇인가? 또 실변수 함수와는 어떻게 다른가? 실변수 함수를 여러 가지 잣대로 분류한 것 같이 복소수 함수도 분류하여 이해하면, 궁극적으로 복소수 함수란 무엇인가에 답할 수 있을 것이다.

복소수 함수가 실변수 함수와 다른 점은 함수의 정의역과 공역이 모두 복소수의 집합이라는 것이다. 따라서 복소수 함수는 $z = x + yi$라고 할 때

$$f(z) = u(x, y) + v(x, y)i$$

로 나타난다. 여기서 $u(x, y)$와 $v(x, y)$는 물론 실수 값을 가지는 함수이고 $i = \sqrt{-1}$ 이다.

실변수 함수에서는 함수가 주어지면, 그 함수가 어떤 점에서 극한을 가지는가, 그 점에서 연속인가, 그 점에서 미분 가능한가, 또 적분가능한가를 조사하여 함수를 분류하였다. 이러한 작업의 방향은 복소수 함수에서도 크게 다르지 않다. 예를 들어

$$z \to z_0 \text{일 때 } f(z) \to f(z_0) \text{ 즉 } \lim_{z \to z_0} f(z) = f(z_0)$$

일 때, $z = z_0$에서 $f(z)$가 연속이라고 정의하는 것이 지극히 자연스럽고 실제로 그렇게 정의한다. 즉 임의의 ϵ에 대하여, 적당한 δ가 존재하여

$$|z - z_0| < \delta \text{인 모든 } z \text{에 대하여 } |f(z) - f(z_0)| < \epsilon$$

일 때, $z = z_0$에서 $f(z)$가 연속이라고 한다. 이때 실변수 함수와 복소수 함수의 차이점은, 실수인 경우는 $|z - z_0| < \delta$이 구간 $(z_0 - \delta, z_0 + \delta)$를 나타내었으나 복소수인 경우는 z_0를 중심으로 반지름이 δ인 원을 말한다. 따라서 $z \to z_0$일 때 z가 z_0에 가까이 가는 실수축의 방향뿐만 아니라 평면 위에서 z가 z_0로 접근하는 모든 방향을 생각해야한다는 것이다. 이것이 복소수 함수를 다룰 때 조심해야 하는 부분이다. 물론 이것은 복소수 함수의 실수 부분과 허수 부분인 $u(x, y)$와 $v(x, y)$가 변수가 x, y인 것을 감안하면 충분히 예견되는 일이다.

위와 같이 복소수 함수의 연속성을 정의하면, 연속인 복소수 함수의 성질은 연속인 실변수 함수의 성질과 같다. 즉 연속인 복소수 함수의 상수 배, 덧셈, 뺄셈, 곱셈, 나눗셈에 대한 연속성이 성립한다.

이제 미분가능성을 극한을 이용하여 정의해 보자.

정의 13.1

복소수 함수 $f(z)$에 대하여 극한

$$\lim_{z \to z_0} \frac{f(z) - f(z_0)}{z - z_0}$$

이 존재할 때, 그 값을 $f'(z_0)$으로 나타내며 $f(z)$는 $z_0 \in U$에서 **해석적**(analytic, holomorphic)이라고 한다. 특히 복소수 전체의 집합 C에서 해석적인 함수를 **전해석 함수**(entire function)라 한다.

물론 이 정의는 $h \in C$에 대하여 극한

$$\lim_{h \to 0} \frac{f(z_0+h)-f(z_0)}{h}$$

이 존재하는 것과 같다. 이것은 실변수 함수 $f: R \to R$의 미분가능성에서 실수 R 대신 복소수 C로 바꾼 것뿐이다. 따라서 미분 가능한 실변수 함수의 합, 차, 곱, 몫, 합성함수에 대한 성질이 복소수함수에 대해서도 성립할 것을 자연스럽게 기대할 수 있고 또 실제로 성립함을 간단히 보일 수 있다. 이런 의미에서 본다면 복소수 함수의 미분은 실변수 함수의 미분과 특별히 다른 것이 없는 것 같다.

그러나 실변수의 함수의 미분에서는 실수 h가 수직선 위에서 움직이는 것에 비해, 복소수 함수의 미분은 실수의 평면 위에서의 미분을 내포하고 있을 뿐만 아니라 복소수에서의 극한이 실수에서의 극한과 다른 점은 앞에서 말한 대로 z가 z_0에 가까이 가는 모든 방향을 고려하여야 한다는 것이다. 따라서 어떤 복소수 함수가 해석적인지 아닌지를 구별하는 데에는 세심한 주의가 필요하다.

예제 13.1

실수 함수 $f(x)=x$는 $x=0$에서 미분가능하다. 이와 같이 간단한 일차의 복소수 함수

$$f(z)=z$$

는 $z=0$에서 미분가능하다. 그러나 이제 이와 비슷한 모양을 가지고 있는 일차의 복소수 함수

$$f(z)=\bar{z}=x-yi$$

가 $z_0 = 0$에서 미분가능한지를 알아보자. 만약 h가 실수이면

$$\lim_{h \to 0} \frac{f(h)-f(0)}{h-0} = \lim_{h \to 0} \frac{h}{h} = 1$$

이다. 그러나 h가 허수이면

$$\lim_{hi \to 0} \frac{f(hi)-f(0)}{hi-0} = \lim_{h \to 0} \frac{-hi}{hi} = -1$$

가 되므로, $f(z)=\bar{z}$는 $z=0$에서 미분가능하지 않다.

앞의 예제에서 보았듯이 복소수 함수의 미분가능성은 z가 z_0에 가까이 가는 모든 방향을 고려하여야 하므로, 극한의 정의를 이용하여 미분 가능성을 보이기가 어려운 것처럼 보인다. 그러나 우리는 복소수 함수 $f(z)$가 극한에 의하여 해석적인지 아닌지를 판별하는 것을 코시-리만 방정식(Cauchy-Riemann equation)으로 대체할 수 있다.

정의 13.2

실변수 함수 $u, v : U \subset R^2 \to R$에 대하여

$$\frac{\partial u(x, y)}{\partial x} = \frac{\partial v(x, y)}{\partial y}, \quad \frac{\partial u(x, y)}{\partial y} = -\frac{\partial v(x, y)}{\partial x}$$

이 성립할 때, 함수 u, v는 **코시-리만 방정식**을 만족한다고 한다.

위의 코시-리만 방정식은 복소수 함수론에서 아마도 가장 중요한 편미분 방정식 중의 하나일 것이다. 이것을 이용하면 복소수 함수의 미분 가능성에 대하여 다음 정리를 얻는다.

정리 13.1

복소수 함수 $f(z) = u(x, y) + iv(x, y)$가 $z_0 = x_0 + iy_0$에서 미분 가능일 필요충분조건은 실변수 함수 $u(x, y)$, $v(x, y)$가 z_0에서 코시-리만 방정식을 만족하는 것이다.

참고 13.1

대학 수준의 교재에서는 함수 $u(x, y)$, $v(x, y)$의 편미분이 연속인 경우에 대하여만 증명하고 있으나 편미분이 연속이 아니어도 위의 정리는 성립한다.

따라서 어떤 복소수 함수의 실수부 $u(x, y)$와 허수부 $v(x, y)$가 코시-리만 조건을 만족하는지를 확인하면, 그 함수가 해석적인지 아닌지를 쉽게 판별할 수 있다. 예를 들어 앞의 예제 13.1에서 다루었던 함수 $f(z) = z = x + iy$에 대하여

$$\frac{\partial f}{\partial x} = \frac{\partial f}{\partial y} = 1, \ \frac{\partial f}{\partial y} = -\frac{\partial f}{\partial x} = 0$$

이므로 $f(z) = z$는 해석적이다. 그러나 $g(z) = \overline{z} = x - iy$에 대하여

$$\frac{\partial g}{\partial x} = 1, \ \frac{\partial g}{\partial y} = -1$$

이므로

$$\frac{\partial g}{\partial x} \neq \frac{\partial g}{\partial y}$$

가되어 함수 $g(z) = \overline{z}$는 해석적이 아니다.

13.2 복소수함수의 적분

복소수 함수의 미분 가능성은 적분 형태로 나타낼 수 있다. 먼저 선적분과 그린(Green) 정리에 대하여 알아보자.

곡선 C를 열린 집합 U에서의 길(path)이라 하자. 즉 곡선 C는 미분 가능한 함수 $\sigma : [0, 1] \to U$의 상(image)이다. 특히 $\sigma(0) = \sigma(1)$일 때, 길 C를 닫힌 고리(closed loop)라고 한다. 또 0과 1이 아닌 임의의 $s \neq t$에 대하여 $\sigma(s) \neq \sigma(t)$일 때, 고리를 단순폐곡선(simply closed)이라고 한다.

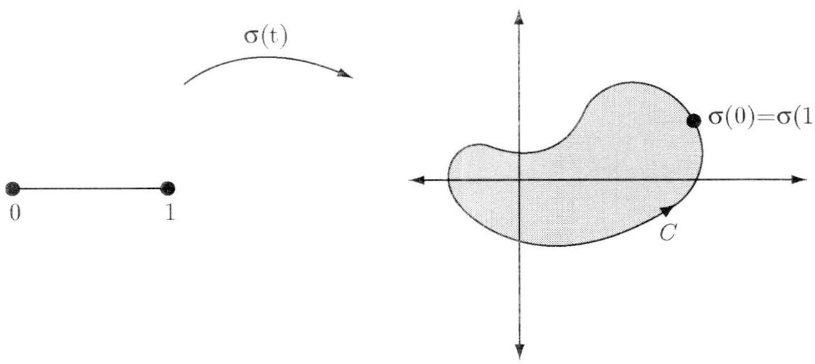

길

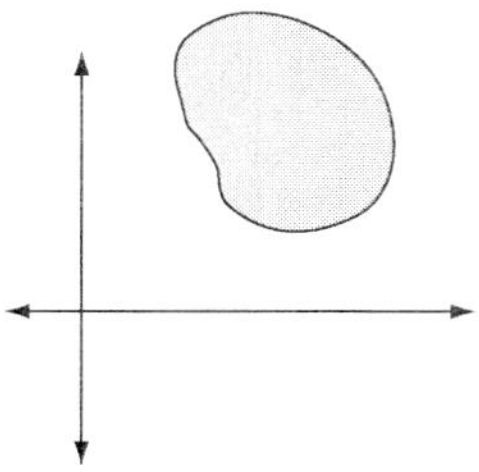

단순폐곡선

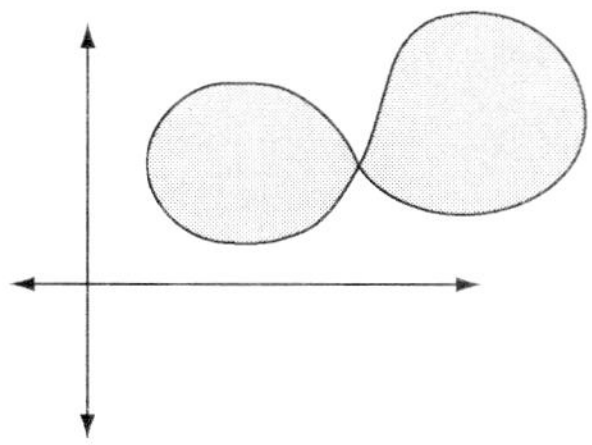

단순폐곡선이 아닌 경우

한편 $dz = dx + idy$이므로 함수 $f(z) = u(x, y) + iv(x, y)$에 대하여

$$\int_C f(z)dz = \int_C (u+iv)(dx+idy)$$

이다. 따라서 단순 폐곡선 C에 대하여 시계바늘이 도는 반대방향으로 매개변수를 이용하여 적분할 수 있다.

예제 13.2

폐곡선 C가 단위원이면 해석적인 함수 $f(z) = z$에 대하여

$$\begin{aligned}\int_C f(z)dz &= \int_C zdz \\ &= \int_C (x+iy)(dx+idy) \\ &= \int_C (x+iy)dx + \int_C (ix-y)dy \\ &= \int_0^1 (\cos 2\pi t + i\sin 2\pi t)(\frac{d}{dt}cos2\pi t)dt \\ &\quad + \int_0^1 (icos2\pi t - i\sin 2\pi t)(\frac{d}{dt}sin2\pi t)dt \\ &= 0\end{aligned}$$

이다. 그러나 미분 가능하지 않는 함수 $f(z) = \frac{1}{z} = \bar{z}$에 대하여

$$\int_C f(z)dz = \int_C \frac{dz}{z} = \int_C \bar{z}dz$$

$$= \int (\cos 2\pi t - i \sin 2\pi t)(dx + idy) = 2\pi i$$

임을 알 수 있다.

위의 예를 통하여 $f(z)$가 해석적이면 단순 폐곡선 C에 대하여

$$\int_C f(z)dz = 0$$

이 성립할 것이라는 것을 예측할 수 있다.

정리 13.2 (Green 정리)

단순 폐곡선 C에 대하여 C의 내부를 Ω라 하자. 그러면 미분 가능한 함수 $P(x, y)$, $Q(x, y)$에 대하여

$$\int_C P(x,y)dx + Q(x,y)dy = \int\int_\Omega \left(\frac{\partial Q}{\partial x} - \frac{\partial P}{\partial y}\right)dxdy$$

이 성립한다.

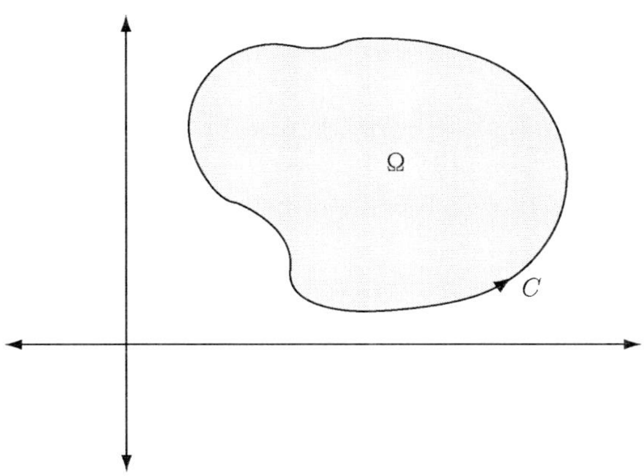

그린정리를 이용하면 적분에 대하여 다음의 정리가 성립함을 알 수 있다.

정리 13.3 (코시의 적분정리)

단순 폐곡선 C의 내부가 단순연결 영역(simply connected open set) U에 포함되고, U에서 정의된 해석함수 $f(z)$에 대하여

$$\int_C f(z)dz = 0$$

이다.

코시의 적분정리를 함수 $f(z)$가 모든 점에서 연속이며 한 점 z_0을 제외한 모든 점에서 해석적일 때로 일반화해도

$$\int_C f(z)dz = 0$$

이 성립한다. 이들을 정리하면 다음과 같다.

정리 13.4 (코시의 적분공식)

단순 폐곡선 C의 내부가 단순연결 영역(simply connected open set) U에 포함되고, U에서 정의된 해석함수를 $f(z)$라 하자. 그러면 C의 내부에 있는 임의의 점 z_0에 대하여

$$f(z_0) = \frac{1}{2\pi i}\int_C \frac{f(z)}{z - z_0}dz$$

이 성립한다.

사실 이 정리의 역도 성립한다.

정리 13.5

단순 폐곡선 C에 대하여 연속인 함수 $f: \mathrm{C} \to C$ 을 C의 내부에 있는 임의의 점

z_0에 대하여

$$f(z_0)=\frac{1}{2\pi i}\int_C \frac{f(z)}{z-z_0}dz$$

이 되도록 확장하면, 함수 $f(z)$는 C의 내부에서 해석적이다. 더욱이 $f(z)$는 무한히 미분가능하고

$$f^k(z_0)=\frac{k!}{2\pi i}\int_C \frac{f(z)}{(z-z_0)^{k+1}}dz$$

가 성립한다.

복소수 함수의 미분 가능성은 실수 함수와 달리 한 번 미분 가능하면 영원히 미분 가능한 성질을 가지고 있다. 물론 실변수 함수에 대해서는 한 번 미분 가능하다고해서 두 번 미분 가능하다는 것을 보장할 수 없다.

한편 코시의 적분정리를 이용하여 다음의 정리를 증명할 수 있다.

정리 13.6 (Liouville의 정리)

유계인 전해석함수는 상수함수이다.

정리 13.7 (최대최소 절댓값 정리)

유계인 영역과 경계에서 해석적인 함수 $f(x)$의 크기 $|f(x)|$는 경계에서 최댓값과 최솟값을 갖는다.

참고 13.2

해석적인 복소수 함수 $f(z)=u(x,\,y)+iv(x,\,y)$에 대하여 코시-리만 방정식을 적용하면 라플라스 방정식

$$u_{xx} + u_{yy} = 0, \quad v_{xx} + v_{yy} = 0$$

을 얻는다. 따라서 라플라스 방정식을 만족하는 함수 u, v에 정리 13.7의 최대최소 절댓값 정리를 적용하면 함수 $u(x, y)$, $v(x, y)$는 모두 최댓값과 최솟값을 경계에서 갖는다는 것을 말해 준다.

정리 13.8 (Rouche의 정리)

함수 $f(z)$, $g(z)$가 단일폐곡선 C와 그 내부에서 해석적이고 C위에서 $|g(z)| < |f(z)|$이면, C의 내부에서 $f(z) + g(z) = 0$의 근의 개수는 $f(z) = 0$의 근의 개수와 같다.

위의 정리를 이용하면 n차 다항방정식은 n개의 근을 가진다는 대수학의 기본정리를 증명할 수 있다.

정리 13.9 (대수학의 기본정리)

상수함수가 아닌 모든 다항식은 적어도 하나의 근을 가진다.

대수학의 기본정리를 증명하는 것은 쉽지는 않다. 그러나 학교수학에서 아주 중요한 위치를 차지하는 정리이므로 기하학적인 Rouche의 정리를 이용하여 증명하여 보자. 만약 다항식

$$f(z) = z^n + a_{n-1}z^{n-1} + \cdots + a_1 z + a_0$$

에 대하여 방정식 $f(z) = 0$의 근이 존재하지 않는다고 가정하면, 임의의 복소수 z에 대하여

$$f(z) \neq 0$$

이다. 이러한 가정 아래에서는 z가 폐곡선 위를 한 바퀴 움직이면, 아래 그림과 같이 $f(z)$는 원점을 지나지 않는 폐곡선을 그릴 것이다.

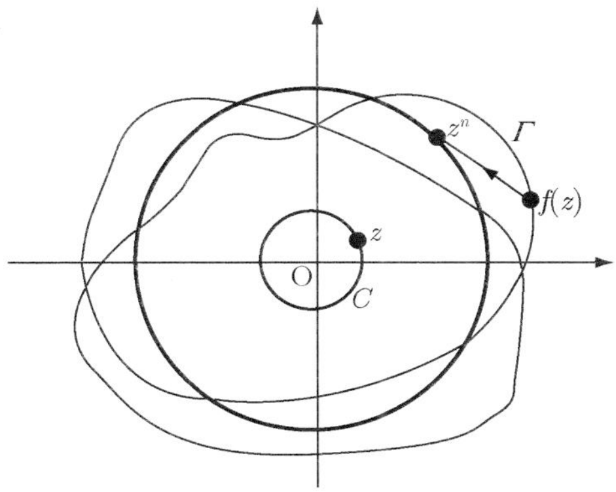

복소수 z가 단순폐곡선 위를 한 바퀴 돌 때 함수 $f(z)$가 원점 주위를 도는 회수를 함수 $f(z)$에 대한 원점 O의 **차수**(order)라 하자. 이때 복소수 z가 원점 O를 중심으로 반지름의 길이가 r인 원 C의 주위를 한 바퀴 돌 때, 함수 $f(z)$에 대한 원점 O의 차수를 $\phi(r)$로 나타내자. 그러면 $\phi(0)=0$이며 $\phi(r)$는 r에 대한 연속함수이다. 그런데 만약 충분히 큰 r의 값에 대해 $\phi(r)=n$이 된다면, $\phi(r)$이 0에서부터 n까지 연속적으로 변할 수 없기 때문에 모순이 생긴다. 따라서 $f(z)=0$인 복소수 z가 존재한다.

이제 충분히 큰 r의 값에 대하여 $\phi(r)=n$임을 보이자. 부등식

$$r>1\text{이고 } r>|a_0|+|a_1|+\cdots+|a_{n-1}|$$

을 만족하는 충분히 큰 r을 반지름으로 하는 원 위의 점 $z=r$에 대하여

$$\begin{aligned}
|f(z)-z^n| &= |a_{n-1}z^{n-1}+a_{n-2}z^{n-2}+\cdots+a_0| \\
&\le |a_{n-1}|\cdot|z^{n-1}|+|a_{n-2}|\cdot|z^{n-2}|+\cdots+|a_0| \\
&\le r^{n-1}(|a_{n-1}|+|a_{n-2}|+\cdots+|a_0|) \\
&< r^n=|z^n|.
\end{aligned}$$

위 부등식의 좌변은 복소수 평면 위에서의 두 점 $f(z)$와 z^n 사이의 거리를 나타내고 우변은 원점과 z^n 사이의 거리를 나타내므로, 점 z가 r을 반지름으로 하는 원 위를 움직이면 점 $f(z)$와 z^n 사이를 잇는 선분은 원점을 지나지 않는다. 따라서 우리는 원점을 지나지 않으면서도 $f(z)$에 의해 만들어지는 곡선을 z^n에 만들어지는 곡선에 근접시킬 수 있다. 그런데 원점에 대한 차수는 연속적이면서도 정수 값을 가지므로, $f(z)$와 z^n의 차수는 같다. 그런데 z가 원을 한 바퀴 돌 때 z^n은 원점 주위를 n바퀴 돌므로 z^n에 대한 원점의 차수 즉 $f(z)$에 대한 원점의 차수는 n이다.

다항함수 $f(z) = z^n + a_{n-1}z^{n-1} + \cdots + a_1 z + a_0$는 해석적일 뿐만 아니라 적분 가능하기도 하므로, 모든 함수가 다항함수와 같다면 문제는 간단하다. 그러나 기본적인 함수 중에도 e^z, $\log z$, 삼각함수는 다항함수가 아니다. 다행히도 이들은 해석적이며 거의 다항함수와 같은 성질을 가진다.

코시의 적분 공식을 이용하면 다음 정리가 성립하는 것을 증명할 수 있다.

정리 13.10

열린 집합 $U \subset C$에 대하여 함수 $f: U \to C$가 z_0에서 해석적일 필요충분조건은 z_0의 근방에서 $f(z)$가 평등 수렴하는 급수

$$f(z) = \sum_{n=1}^{\infty} a_n (z - z_0)^n$$

로 나타나는 것이다.

실제로 $f(z) = \sum_{n=1}^{\infty} a_n (z - z_0)^n$이면

$$f(z) = \sum_{n=0}^{\infty} \frac{f^{(n)}(z_0)}{n!}(z - z_0)^n$$

이므로, 위의 정리는 해석적인 함수 $f(z)$는 테일러급수와 같다는 것을 말해준다.

13.3 복소수함수의 기하학적 성질

복소수 함수는 R^2에서 R^2로의 함수와 같으므로, 해석적인 함수를 기하학적인 관점에서 살펴보자.

두 곡선 C_1, C_2가 이루는 각은 두 곡선이 만나는 점에서의 두 접선이 만나는 각의 크기로 정하는 것이 자연스럽다. 그렇다면 복소수 함수에 의해 두 곡선 $f(C_1)$과 $f(C_2)$ 사이의 각도 보존이 되는가? 다시 말하면 두 곡선 C_1, C_2이 이루는 각과 새로이 얻어지

는 곡선 $f(C_1)$과 $f(C_2)$가 이루는 각은 같은가?

정의 13.3

점 (x_0, y_0)에서 만나는 임의의 두 곡선 C_1, C_2이 이루는 각이 보존될 때, 함수 $f(x, y) = (u(x, y), v(x, y))$이 (x_0, y_0)에서 **각을 보존한다**(conformal)라고 한다. 즉 두 곡선 C_1, C_2가 이루는 각과 $f(C_1)$, $f(C_2)$가 이루는 각이 같을 때, 함수 f는 각을 보존하는 함수라고 한다.

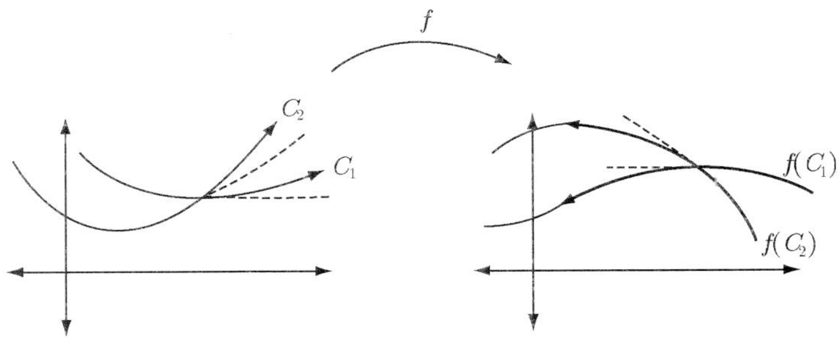

코시-리만 방정식을 이용하면 해석적인 함수가 각을 보존한다는 다음의 정리를 쉽게 증명할 수 있다.

정리 13.11

해석적인 함수는 미분계수가 0이 아닌 모든 점에서 각을 보존한다.

두 영역 D_1, D_2에 대하여 일대일대응인 함수 $f : D_1 \to D_2$가 존재하면, 두 영역은 등각적으로 동치(conformally equivalent)라고 한다. 사실 이런 함수가 존재하면 이의 역함수도 각을 보존한다. 각을 보존한다는 것은 해석적이라는 것을 의미하므로, 두 영역이 등각적으로 동치이면 복소 해석적 방법으로 이들을 구분할 수가 없다. 따라서 해석적인 함수는 특별한 함수로 두 영역이 등각적으로 동치라는 것을 판별하는 중요한 도구이다.

정리 13.12 리만 사상정리(Riemann Mapping Theorem)

복소수 전체가 아닌 두 단순연결영역 사이에는 일대일 대응인 등각보전함수가 존재한다.

리만 사상정리를 이용하면 다루기 쉽지 않은 영역을 다루기 쉬운 영역, 예를 들면 단위원으로 바꾸었다가 역함수를 이용하여 원래 영역에서의 여러 가지 성질을 규명해 낼 수 있다.

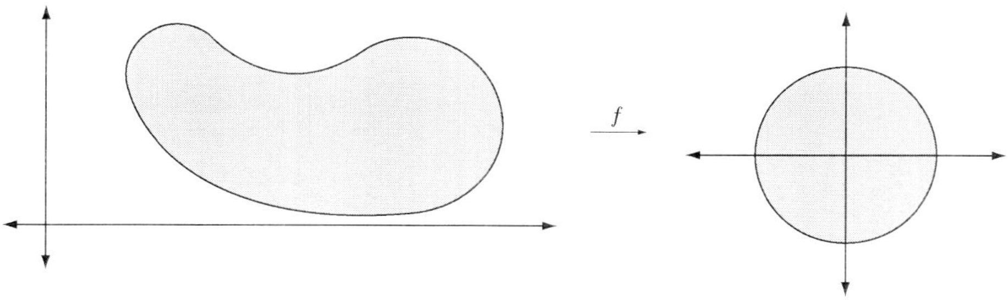

참고 13.3

복소수 함수의 미분가능성에 대한 내용을 정리하면, 열린 집합 U에 대하여 함수 $f: U \to C$ 이 해석적인 경우는 다음 중 한 가지가 성립할 때이다.

(1) 임의의 z_0에 대하여 극한

$$\lim_{z \to z_0} \frac{f(z) - f(z_o)}{z - z_0}$$

이 존재한다.

(2) 코시-리만 방정식

$$\frac{\partial \mathrm{Re}(f)}{\partial x} = \frac{\partial \mathrm{Im}(f)}{\partial y}, \quad \frac{\partial \mathrm{Re}(f)}{\partial y} = -\frac{\partial \mathrm{Im}(f)}{\partial x}$$

가 성립한다.

(3) 단순 폐곡선 C의 내부가 단순연결 영역(simply connected open set) U에 포함되

고, U에서 정의된 해석함수를 $f(z)$라 하자. 그러면 C의 내부에 있는 임의의 점 z_0에 대하여

$$f(z_0) = \frac{1}{2\pi i}\int_C \frac{f(z)}{z - z_0}dz$$

이 성립한다.

(4) 임의의 z_0의 근방에서 $f(z)$는 평등 수렴하는 급수

$$f(z) = \sum_{n=1}^{\infty} a_n (z - z_0)^n$$

로 나타난다.

13.4 복소수함수 교육

복소수는 실수의 이차원적 확장이므로 복소수 함수의 교육도 실변수 함수의 연장으로 도입하는 것이 바람직 할 것이다. 실수에서와 마찬가지로 복소수 함수의 경우도 많은 부분이 미분과 적분 또 그의 응용에 초점이 맞추어져있다고 볼 수 있다. 그런 의미에서 본다면 먼저 복소수의 수열의 극한, 복소수 함수의 연속성, 미분 가능성, 적분 가능성에 대하여 논의할 필요가 있다.

먼저 실수의 수열 $\{x_n\}$의 극한 x_0에 대하여 근방

$$|x_n - x_0| < \epsilon$$

을 생각하듯이, 복소수의 수열 $\{z_n = x_n + iy_n\}$의 극한 $z_0 = x_0 + iy_0$에 대해서도 원인 근방

$$|z_n - z_0| < \epsilon$$

을 생각할 수 있다. 그러나 복소수는 실수부와 허수가 있으므로 원인 근방 대신 각각의 정사각형의 근방

$$|x_n - x_0| < \epsilon, \quad |y_n - y_0| < \epsilon$$

을 생각하는 것이 자연스러울 것이다. 그런데 z_0를 중심으로 반지름이 ϵ인 원 $|z_n - z_0| < \epsilon$은 위의 사각형 속에 들어가고 또 원 속에는 작은 사각형의 근방을 만들 수 있으므로, 복소수 수열의 극한으로 이 둘 중 어느 것을 정의로 사용해도 무방하다.

이와 마찬가지로 복소수 함수의 극한과 연속성에 대해서도 같은 생각을 할 수 있다. 다만 복소수 함수는 두 이변수의 실수 함수 $u(x, y)$와 $v(x, y)$의 결합

$$f(z) = u(x,y) + iv(x,y)$$

으로 나타나기 때문에, x, y 두 변수에 의해 만들어지는 모든 방향에서의 극한을 생각해야한다는 것에 유의하면 된다.

그럼에도 불구하고 특히 유의할 점은 임의의 정수 k와 복소수 z에 대하여

$$e^{z+2k\pi i} = e^z$$

라는 사실이다. 따라서 실수와 같이 하나씩 대응시켜 실수에서의 지수 성질을 가지게 하기 위해서는 영역을

$$-\pi < \mathrm{Im} z \le \pi$$

으로 제한할 필요가 있다. 이와 같은 현상은 로그함수에서도 나타난다. 예를 들면

$$\log z_1 z_2 = \log z_1 + \log z_2 + 2k\pi i$$

이므로,

$$\log z_1 z_2 = \log z_1 + \log z_2 \pmod{2\pi i}$$

이다. 이런 이유로 복소수의 지수함수를 다룰 때는 각별히 조심하여야 한다. 예를 들면

$$5^{1/2} = \pm\sqrt{5}, \quad i^{1/2} = \pm\frac{\sqrt{2}}{2}(1+i)$$

이다.

참고문헌

[1] L. V. Ahlfors, Complex analysis, 3rd ed., McGraw-Hill(1979).

[2] T. A. Garrity, All the mathematics you missed, Cambridge(2002).

[3] H. Silverman, Complex variables, Houghton Mifflin Company(1975).

[4] S. Vinner, Subordinate and superordinate accommodations, indissociability and the case of the complex numbers, International Journal of Mathematics Education in Science and Technology, 19(1988) 593-606.

MEMO

Chapter 14 확률과 통계

Mathematics for School Mathematics

우리가 사는 세상은 불확실성을 가지고 일어나는 일들이 많이 있다. 야외 행사를 하려고 하는데 비가 올지 안 올지, 복권을 사려고 할 때 그 복권이 당첨이 될 가능성이 얼마나 있는지, 타석에 들어선 선수가 상대 투수로부터 안타를 칠 것인지 등은 결과가 일어나기 전까지는 잘 알 수가 없다. 이와 같은 경우에 그 일(사건)이 일어날 가능성이 얼마인지를 따지는 것이 확률이다. 통계학에서는 이러한 자료를 정리하고 분석하여 확률을 추론하고 검정하여 올바른 결론을 내려고 하는 일련의 과정을 담당한다.

여기서는 통계 자료를 어떻게 정리하고, 해석하고, 가설을 설정하고 검정하는 지에 대하여 간단히 다룬다.

14.1 확률

불확실성 속에 살고 있는 우리는 어떤 일을 하려고 할 때, 위험을 줄이며 합리적인 방법으로 행동을 결정하려고 한다. 이때 우리는 그 일이 일어날 가능성을 경험이나 논리적 사고를 통하여 계산을 한다. 이런 가능성을 계산할 때 먼저 필요한 것은 그 사건이 일어나는 것이 몇 가지 경우나 있는지를 세는 것이다. 다시 말하면 가능성을 알기 위해서는 먼저 경우의 수를 아는 것이 중요하다.

유한집합의 원소를 세는 원초적인 방법은 어린 아이들이 하듯이 집합의 원소를 하나하나 꺼내가면서 세는 것이다. 실제로 집합의 원소의 개수가 작은 경우에는 이것이 가장 확실하고 좋은 방법이다. 그러나 대부분의 경우 집합이 커서 매번 원소의 개수를 일일이 세기는 번거로워 쉽지 않다. 따라서 우리는 경우의 수를 간단히 세는 전략을 마련할 필요가 있다.

일반적으로 두 사건 A, B가 함께 일어나지 않을 때 사건 A가 일어나는 경우의 수가 a, 사건 B가 일어나는 경우의 수가 b이면, 사건 A 또는 B가 일어나는 경우의 수는

$$a+b$$

이다. 또 사건 A와 사건 B가 함께 일어나는 경우의 수는

$$ab$$

이다.

예를 들면 하나의 주사위를 두 번 던질 때 나오는 경우를 모두 나열하면

$$(1, 1), (1, 2), \cdots, (6, 6)$$

의 $6^2=36$가지이다. 이것은 각각의 주사위가 나오는 경우의 수 6을 곱한 것과 같다.

참고 14.1

사건 A와 사건 B가 함께 일어나는 경우의 수에서 '함께'는 시간적으로 반드시 '동시에(simultaneous)'의 뜻이 아니고 시간적으로 달리 일어나더라도 두 사건이 '모두(both)' 일어난다는 의미이다. 대부분의 교과서에서 '사건 A와 사건 B가 동시에 일어나는 경우'란 표현에서 '동시'라는 말 때문에 혼란이 온다. 이것은 우리 언어가 갖는 한계 때문에 나타나는 현상이다. 따라서 문장은 문맥을 통해서 이해하여야 한다.

또 다른 예를 들어 보자. 1, 2, ..., n의 숫자가 각각 적힌 카드 중에서 한 개를 뽑고, 뽑은 카드를 다시 집어넣은 다음 다시 하나의 카드를 뽑는 과정을 k번 되풀이 하는 사건을 생각해 보자. 이때 나오는 경우를 하나하나 나열하는 것은 쉽지 않다. 그런데 이 경우는

$$(a_1, a_2, \cdots, a_k)$$

의 가짓수를 세는 것과 같으므로, 구하는 모든 경우의 수는 n^k가지이다.

한편 뽑은 카드를 다시 넣지 않고 다시 하나씩 k번 뽑는 경우의 수는

$$n \cdot (n-1) \cdot (n-2) \cdots (n-k+1)$$

이다. k의 **계승**(factorial)을

$$k(k-1)(k-2) \cdots 1 = k!$$

으로 정의하면, n개 중에서 k개를 다시 넣지 않고 뽑는 경우(비복원)의 수는

$$\frac{n \cdot (n-1) \cdot (n-2) \cdots (n-k+1)}{k!} = \frac{n!}{k!(n-k)!}$$

이다. 이것을

$$nC_k = \frac{n!}{k!(n-k)!}$$

로 나타내면, **이항정리**(binomial theorem)

$$(a+b)^n = \sum_{k=0}^{n} nC_k a^k b^{n-k}$$

을 얻는다. 이것은

$$(a+b)^n = (a+b)(a+b) \cdots (a+b)$$

의 전개에서 $a^k b^{n-k}$ 항이 몇 개나 나타나느냐 하는 것으로, 이것은 n개중에서 비복원(without replacement)으로 순서와 관계없이 k개를 뽑는 조합의 수와 같기 때문이다.

또 동전을 던지면 앞면 또는 뒷면이 나오는 2가지의 경우가 있고, 동전을 계속하여 던지는 횟수가 많아질수록 동전의 앞면이 나오는 상대도수는 $\frac{1}{2}$에 가까워진다. 이와 같이 같은 조건 아래에서 어떤 실험이나 관찰을 여러 번 되풀이 할 때, 사건 A가 일어나는 상대도수가 일정한 값에 가까워지면 이 일정한 값을 사건 A가 일어날 확률이라고 학교 수학에서 정의하였다. 즉 어떤 시행에서 일어날 수 있는 모든 경우의 수가 n이고, 각각의 경우가 일어날 가능성이 같다고 할 때, 어떤 사건 A가 일어날 경우의 수가 a이면 사건 A가 일어날 확률(probability) p는

$$p = \frac{a}{n}$$

이다.

이것을 직관적이기는 하지만 좀 더 엄밀하게 정의하여 보자. 두 개의 동전을 던질 때

나오는 앞면을 H, 뒷면을 T라고 하면, 나오는 모든 경우를 집합으로 나타내면 집합

$$\{(H, H), (H, T), (T, H), (T, T)\}$$

이다. 이와 같이 어떤 시행에서 일어날 수 있는 모든 경우의 집합을 **표본공간**(sample space)이라고 하고, 이 집합의 부분집합을 **사건**(event)이라고 한다. 특히 표본공간의 원소 하나로 이루어진 집합을 근원사건이라고 한다. 예를 들면, 모두 같은 면이 나오는 사건은 $\{(H, H), (T, T)\}$이고, 이 사건이 일어날 확률은 $\frac{2}{4} = \frac{1}{2}$이다.

따라서 학교수학에서는 확률을 다음과 같이 정의할 수 있다.

정의 14.1

표본공간 S와 부분집합 A에 대하여, 사건 A의 확률 $P(A)$는

$$P(A) = \frac{n(A)}{n(S)}$$

이다.

예를 들면, 동전을 두 번 던질 때 나오는 표본공간 S와 사건 A가 각각

$$S = \{(H, H), (H, T), (T, H), (T, T)\}, \ A = \{(H, H)\}$$

라 하면, 사건 A가 일어날 확률은

$$P(A) = \frac{1}{4}$$

이다.

앞의 동전던지기에서는 앞면과 뒷면이 나올 확률이 같다는 가정 아래에서 집합의 원소의 개수를 세어 그 상대도수로 확률을 정의하였다. 그러나 현실 속에서는 대부분의 경우 각 근원사건이 같은 정도로(equally likely) 나타난다고 할 수 없다. 예를 들면 찌그러진 동전을 던지면 앞면과 뒷면이 같은 정도로 같게 나타난다고 할 수 없다.

이와 같은 경우에도 위의 확률의 정의가 적용되도록 확률의 정의를 확장하여 보자.

$$P(\cup_{n=1}^{\infty} A_n | B) = \frac{P((\cup_{n=1}^{\infty} A_n) \cap B)}{P(B)} = \frac{P(\cup_{n=1}^{\infty} (A_n \cap B))}{P(B)}$$

가 성립하므로, 조건부확률은 확률의 정의 14.4의 조건을 모두 만족한다. 따라서 조건부확률은 전체집합이 B인 확률함수이다.

조건부확률에서 $P(A|B) = P(B|A)$일까? 물론 아니다. 예를 들어 정20면체의 주사위의 각 면에

$$1, 1, 2, 2, 2, 3, 3, 4, 5, 6, 7, 8, 9, 10, 11, 12, 13, 14, 15, 16$$

이 적혀있다고 할 때, 주사위를 한 번 던져 윗면이 나타내는 수를 생각해보자. 사건 A를 소수가 나타나는 사건이라 하고, 사건 B를 홀수가 나타나는 사건이라고 하자. 그러면

$$P(A|B) = \frac{P(A \cap B)}{P(B)} = \frac{6/20}{10/20} = \frac{3}{5}$$

$$P(B|A) = \frac{P(B \cap A)}{P(A)} = \frac{6/20}{9/20} = \frac{2}{5}$$

이므로, $P(A|B) \neq P(B|A)$이다.

표본공간 S의 사건 $A_1, A_2, \cdots, A_n$에 대하여

$$A_i \cap A_j = \varnothing, \quad i \neq j$$

$$A_1 \cup A_2 \cup \cdots \cup A_n = S$$

일 때, 사건 $A_1, A_2, \cdots, A_n$을 표본공간 S의 **분할**(partition)이라고 한다. 이때, 임의의 사건 B에 대하여

$$\begin{aligned} P(B) &= P(B \cap S) \\ &= P(B \cap A_1) + P(B \cap A_2) + \cdots + P(B \cap A_n) \\ &= P(A_1)P(B|A_1) + P(A_2)P(B|A_2) + \cdots + P(A_n)P(B|A_n) \end{aligned}$$

가 성립한다. 위의 공식을 **전확률 공식**(total probability formula)이라고 부른다.

조건부확률과 전확률 공식을 이용하면 다음의 베이즈 정리가 성립함을 알 수 있다.

정리 14.2 (베이즈 정리(Bayes' theorem))

사건 $A_1, A_2, \cdots, A_n$을 표본공간 S의 분할이고 $P(A_i) > 0 \ (i = 1, 2, \ldots, n)$,

$P(B) > 0$이라고 하면, 조건부 확률과 전확률 공식으로부터

$$P(A_k|B) = \frac{P(A_k \cap B)}{P(B)} = \frac{P(A_k)P(B|A_k)}{\sum_{i=1}^{n} P(A_i)P(B|A_i)}$$

가 성립한다.

참고 14.4

Bayes 정리에서 사건 $A_1, A_2, \cdots, A_n$을 n개의 원인(cause)이라고 하면, $P(A_k)$는 원인의 가능성으로서 **사전확률**(prior probability)이라고 할 수 있고, $P(B|A_k)$는 원인 A_k의 조건 아래 B가 나타날 확률을 나타낸다. 한편 $P(A_k|B)$는 B가 나타나는 조건 아래 원인 A_k가 나타날 확률로서 **사후확률**(posteriori probability)이라고 할 수 있다. 즉 Bayes 정리는 관측 전의 원인에 대한 가능성과 관측 후의 원인의 가능성에 대한 관계라 할 수 있다.

Bayes 정리를 이용하여 문제를 해결하는 예를 들어보자.

예제 14.2

같은 제품을 만드는 3종의 기계 1, 2, 3호기가 있다고 하자. 이들이 만드는 제품은 각각 전제의 35%, 20%, 45%를 차지하고 있고, 불량률은 각각 1%, 1.3%, 2%이다. 하루 생산량 전체에서 임의로 한 개를 뽑아 품질 검사를 하였을 때, 그것이 불량품이었다고 하자. 이때, 그 불량품이 1호기에서 나왔을 확률을 구하여보자.

풀이 불량품을 뽑는 사건을 B, 스프링이 1, 2, 3호기로부터 생산되는 사건을 각각 A_1, A_2, A_3라고 하면

$$P(A_1) = 0.35,\quad P(A_2) = 0.20,\quad P(A_3) = 0.45$$

$$P(B|A_1) = 0.010,\quad P(B|A_2) = 0.013,\quad P(B|A_3) = 0.020$$

이다. 그런데 A_1, A_2, A_3은 표본공간의 분할이므로 Bayes 정리로부터

$$\begin{aligned} P(A_1|B) &= \frac{P(A_1 \cap B)}{P(B)} \\ &= \frac{P(A_1)P(B|A_1)}{P(A_1)P(B|A_1)+P(A_2)P(B|A_2)+P(A_3)P(B|A_3)} \\ &= \frac{0.35 \times 0.010}{0.35 \times 0.010 + 0.20 \times 0.013 + 0.45 \times 0.020} \\ &= 0.23 \end{aligned}$$

이다.

사건 B가 일어난 경우 사건 A가 일어날 조건부확률은

$$P(A|B) = \frac{P(A \cap B)}{P(B)}$$

이었다. 그런데 사건 A가 사건 B가 일어난 것과 관계없이 독립적으로 일어날 경우는 $P(A|B) = P(A)$이다. 따라서 다음과 같은 정의를 할 수 있다.

정의 14.6

두 사건 A, B에 대하여

$$P(A \cap B) = P(A)P(B)$$

일 때, 두 사건 A, B는 독립이다(independent)라고 말한다.

예를 들어 두 개의 동전을 던질 때, 표본공간 S는

$$S = \{(\mathrm{H}, \mathrm{H}), (\mathrm{H}, \mathrm{T}), (\mathrm{T}, \mathrm{H}), (\mathrm{T}, \mathrm{T})\}$$

이다. 앞면의 수가 0 또는 1인 사건을 A라하고, 앞면과 뒷면이 각각 1개씩 나오는 사건을 B라 하면

$$A = \{(\mathrm{H}, \mathrm{H}), (\mathrm{H}, \mathrm{T}), (\mathrm{T}, \mathrm{H})\}, \quad B = \{(\mathrm{H}, \mathrm{T}), (\mathrm{T}, \mathrm{H})\}$$

이므로

$$P(A) = \frac{3}{4},\ P(B) = \frac{2}{4},\ P(A \cap B) = \frac{2}{4}$$

이다. 그런데

$$P(A)P(B) \neq P(A \cap B)$$

이므로, 두 사건 A, B는 서로 종속이다.

만약 $B = \{(\mathrm{T}, \mathrm{T})\}$라고 하면, $A \cap B = \varnothing$ 이므로, 두 사건 A와 B는 서로 배반이고

$$P(A \cap B) = 0$$

이다. 그런데 $P(A)P(B) = \frac{3}{4} \cdot \frac{1}{4} = \frac{3}{16}$ 이므로

$$P(A)P(B) \neq P(A \cap B)$$

이다. 따라서 이 경우도 두 사건 A, B는 서로 종속이다.

참고 14.5

위의 예에서 알 수 있듯이, 어느 두 사건이 배반이라고 해서 그 두 사건이 서로 독립은 아니다. 그런데 학생들은 배반사건과 독립사건을 동일시하는 경향이 있다. 그러므로 두 사건이 독립이냐 아니냐를 판단할 때는 반드시 정의에 의해 확률을 계산한 다음 판단하도록 한다.

14.3 대푯값

자료를 조사하는 목적에 따라, 얻어진 자료가 어떤 성질과 의미를 가지는지를 분석할 필요가 있다. 자료의 성질을 나타내는 방법은 여러 가지 요소가 있다. 그 중에서도 자료의 대체적인 중심 경향(central tendency)을 나타내는 값을 **대푯값**(average, representative value)이라고 한다. 자료의 중심 성질을 나타내는 대푯값도 여러 가지가 있으나 그 중 최빈값, 중앙값, 평균이 자주 쓰인다.

자료 중에서 가장 자주 나타나는 변량을 **최빈값**(mode)이라고 한다. 같은 정도로 빈번하게 나타나는 변량이 두 개 이상 있으면 최빈값은 두 개 이상의 여러 개가 나타날 수 있다. 그러나 만약 각 변량이 나타나는 회수가 모두 같으면 굳이 최빈값을 말하는 의미

가 없으므로 최빈값은 없다고 말한다. 최빈값은 주어진 자료를 하나하나 고려한 것이 아니라 단순히 가장 자주 나타나는 값을 나타내므로, 사실 주어진 자료에 대한 정확한 정보를 주지 못한다. 최빈값은 양적인 자료뿐만 아니라 가장 좋아하는 것은 무엇인가를 조사할 때와 같이 질적 조사에서도 자주 쓰인다.

한편 변량을 작은 것에서부터 큰 것으로(오름차순) 또는 큰 것에서부터 작은 값의 크기 순서(내림차순)대로 늘어놓을 때, 가운데 오는 값을 **중앙값**(median)이라고 한다. 즉 자료 $x_1, x_2, \cdots, x_n$ 이 $x_1 \le x_2 \le \cdots \le x_n$의 순서로 나열되어 있을 때, 중앙값은

(1) n이 홀수일 때, $\dfrac{n+1}{2}$번째 값

(2) n이 짝수일 때, $\dfrac{n}{2}$번째와 $\dfrac{n}{2}+1$번째 값의 합의 중간 값

이 된다. 중앙값은 가운데 나타난 값에만 영향을 받기 때문에 자료의 최솟값과 최댓값에는 영향을 받지 않는다.

최빈값이나 중앙값은 자료의 분포의 특징을 나타내는 데 잘 사용되지만, 자료의 중심 성질을 나타내는 값으로 가장 널리 사용되는 것은 **평균**(mean)이다. 이러한 이유는 평균이 계산하기 쉽고, 추측통계에서 여러 가지로 활용되기 때문이다.

평균은 모든 변량의 합을 자료의 개수로 나눈 값을 말한다. 즉, 자료 $x_1, x_2, \cdots, x_n$의 평균은

$$\frac{x_1 + x_2 + \cdots + x_n}{n}$$

이다. 특별히 자료의 분포가 도수분포표로 주어진 경우에는 변량 하나하나의 값을 알 수가 없으므로 계급에 속하는 자료의 변량을 그 계급의 중간 값이라 생각하고, 평균을

$$\frac{\{(\text{계급의 중간 값}) \times (\text{도수})\text{의 총합}\}}{(\text{도수의 총합})}$$

으로 계산한다. 평균은 모든 자료를 고려하기 때문에 가장 큰 값과 가장 작은 값에도 물론 영향을 받는다. 따라서 평균은 극단적인 변량에 영향을 많이 받는다는 단점이 있다.

14.4 산포도

자료의 중심성향을 나타내는 대푯값으로 최빈값, 중앙값, 평균에 대하여 다루었으나, 자료를 크기순으로 늘어놓았을 때 $\frac{1}{4}$, $\frac{2}{4}$, $\frac{3}{4}$ 번째 오는 변량을 사용하는 **4분값**(quartile) 등도 쓰인다. 그러나 자료의 성질을 더욱 정확히 알아보기 위해서는 자료가 얼마나 많이 흩어져 분포되어 있는가를 알 필요가 있다. 이때 자료가 분포된 정도를 나타내는 통계량을 **산포도**(measuring dispersion)라고 한다.

산포도에서 가장 간단하게 생각할 수 있는 것이 **범위**(range)이다. 범위는 변량의 가장 큰 값과 가장 작은 값과의 차이이다. 그러나 범위는 가장 작은 값과 가장 큰 값의 사이에 있는 변량은 무시하고 특별한 두 변량에만 관계되므로, 변량의 분포에 대한 한정된 정보만을 제공한다.

이러한 결점을 보완하기 위하여 사용되는 산포도로서 가장 널리 쓰이는 것은 분산과 표준편차이다. 분산은 각 변량과 평균의 차의 제곱의 평균이다. 즉 변량 $x_1, x_2, \cdots, x_n$의 평균을 m이라 할 때, **분산**(variance)은

$$\frac{(x_1-m)^2+(x_2-m)^2+\cdots+(x_n-m)^2}{n}$$

이다. 또 표준편차는 분산의 양의 제곱근이다. 따라서 분산이나 표준편차의 값이 작으면 평균을 중심으로 자료가 고르게 분포되어 있다고 할 수 있다.

참고 14.6

흩어진 정도를 측정하는데 위와 같이 변량과 평균과의 편차의 제곱인 분산을 이용하지 않고, 다른 방법을 이용할 생각을 할 수도 있다. 예를 들어, 변량과 평균과의 편차의 평균

$$\frac{1}{n}\{(x_1-m)+(x_2-m)+\cdots+(x_n-m)\}$$

을 이용하는 것도 생각해 볼 수 있다. 그러나 이 값은 항상 0이므로, 자료의 산포도를 비교할 수 없다. 아니면 편차의 절댓값의 평균

$$\frac{1}{n}\{|x_1-m|+|x_2-m|+\cdots+|x_n-m|\}$$

을 이용하는 것을 생각해 볼 수도 있을 것이다. 일반적으로 편차의 제곱 대신에 산포도로

$$\frac{|x_1 - m|^p + |x_2 - m|^p + \cdots + |x_n - m|^p}{n}, \ p > 0$$

를 생각할 수 있을 것이다. 그러나 산포도로 편차의 제곱을 이용한 분산을 이용하는 것이 제곱함수라서 다루기도 쉽고 앞으로 다룰 정규분포와도 깊은 관련이 있기 때문에 여러 가지 이점을 가진다.

정의 14.7

분산의 양의 제곱근을 **표준편차**(standard deviation)라고 한다.

한편 표준편차는 두 집단 간의 산포도를 비교하는 데 사용되기도 하지만, 개인과 집단 간의 자료의 성질을 비교하는데 사용되기도 한다. 예를 들면 학생 A의 성적이 다음과 같은 때, 이 학생은 전체에 비해 중간고사의 성적이 기말고사의 성적보다 낫다고 말할 수 있는가?

	중간고사	기말고사
학생 A의 점수	45	40
평균	30	25
분산	10	15

위의 자료를 보면, 학생 A의 성적은 중간고사와 기말고사 모두 평균보다 15점이 높으므로 평균과의 차이만을 가지고서는 어느 시험을 더 잘 치룬 것이라고 말하기 어렵다. 그러나 표준편차를 가지고 비교하면, 중간고사에서는 평균으로부터

$$\frac{45-30}{\sqrt{10}} = \frac{15}{\sqrt{10}}$$

만큼 떨어져 있고 기말고사에서는

$$\frac{40-25}{\sqrt{15}} = \frac{15}{\sqrt{15}}$$

만큼 떨어져 있으므로 중간고사를 더 잘 보았다고 말할 수 있다. 이때 두 자료의 비교를 위해 사용된 것이 분모의 표준편차이다. 사실 표준편차는 원래의 변량과 단위가 같으므로 위의 두 값이 실수가 된다는 이점도 있다.

이와 같이 자료를 비교하기 쉽도록 변량을 다음과 같이 표준화하면 유용하다.

정의 14.8

평균이 m, 표준편차가 s인 집단에서 변량 x에 대하여

$$z = \frac{x-m}{s}$$

를 **표준점수**(z-score)라고 한다.

표준점수는 표준편차가 얼마든지 간에 평균으로부터 얼마나 떨어져 있느냐를 나타내는 척도이다. 표준점수는 물론 평균보다 높은 점수는 양의 값을, 평균보다 낮은 점수는 음의 값으로 나타난다.

14.5 확률분포

지금까지는 한 사건의 확률과 자료의 대푯값과 산포도에 대하여 알아보았다. 이제 이들 성질을 동시에 다루는 방법을 생각해 보자. 먼저 사건은 표본공간의 부분집합이므로 이들을 수량화하여 간단히 나타내는 방법을 알아보자. 그러기 위해서는 집합에 대응하는 함수를 정의할 필요가 있다.

예를 들면 두 개의 주사위를 던질 때 나오는 경우의 표본공간

$$S = \{(\mathrm{H}, \mathrm{H}), (\mathrm{H}, \mathrm{T}), (\mathrm{T}, \mathrm{H}), (\mathrm{T}, \mathrm{T})\}$$

위의 원소에 대하여, 앞면의 수에 대응하는 함수

$$X : S \rightarrow R$$

는

$$X((\mathrm{H},\ \mathrm{H}))=2,\ X((\mathrm{H},\ \mathrm{T}))=1,\ X((\mathrm{T},\ \mathrm{H}))=1,\ X((\mathrm{T},\ \mathrm{T}))=0$$

이다.

이와 같이 표본공간 위에서 실수로의 함수를 정의할 수 있다.

정의 14.9

표본공간 S 위에 정의된 함수 $X: S \to R$을 **확률변수**(random variable)라고 한다.

복권이 당첨되었을 때 얼마나 많은 상금을 받을 수 있을까 하는 것은 기대 금액이다. 이 기대금액은 물론 (당첨금)×(당첨될 확률)이 될 것이다. 이와 같은 것을 수학적으로 정의하여 보자.

정의 14.10

표본공간 S 위에 정의된 확률변수 X에 대하여

$$E(X)=\sum_{a\in S}X(a)P(a)$$

를 **기댓값**(expected value) 또는 **평균**(mean)이라고 한다.

예를 들어 두 개의 주사위를 던질 때 나오는 경우의 표본공간

$$S=\{(\mathrm{H},\ \mathrm{H}),\ (\mathrm{H},\ \mathrm{T}),\ (\mathrm{T},\ \mathrm{H}),\ (\mathrm{T},\ \mathrm{T})\}$$

위에 정의된 확률변수 $X: S\to R$가

$$X((\mathrm{H},\ \mathrm{H}))=2,\ X((\mathrm{H},\ \mathrm{T}))=1,\ X((\mathrm{T},\ \mathrm{H}))=1,\ X((\mathrm{T},\ \mathrm{T}))=0$$

일 때의 기댓값은

$$E(X)=2\times\frac{1}{4}+1\times\frac{1}{4}+1\times\frac{1}{4}+0\times\frac{1}{4}=1$$

이다.

기댓값은 표본공간 위에 정의된 모든 확률변수의 집합에서 실수로 가는 하나의 함수

라고 볼 수 있다. 더욱이 기댓값은 선형적이다.

정리 14.2

표본공간 S 위에서 정의된 임의의 확률변수 X, Y와 임의의 실수 α, β에 대하여

$$E(\alpha X+\beta Y)=\alpha E(X)+\beta E(Y)$$

가 성립한다.

기댓값은 집단의 성질을 나타내는 대푯값으로 자주 쓰인다. 그러나 기댓값만으로는 자료의 성질을 알아보기 불충분한 점이 있어 산포도로 분산을 사용하였다. 확률변수를 이용하여 분산을 정의하면 다음과 같다.

정의 14.12

표본공간 S 위에 정의된 확률변수 X에 대하여

$$V(X)=E(X-E(X))^2$$

을 X의 **분산**(variance)이라고 한다.

분산에 대하여 다음 성질이 성립한다.

정리 14.3

표본공간 S 위에 정의된 확률변수 X, Y에 대하여 다음이 성립한다.

(1) $V(X) = E(X^2)-(E(X))^2$

(2) 임의의 실수 α에 대하여 $V(\alpha X)=\alpha^2 V(X)$

(3) $V(X+Y)=V(X)+V(Y)$

참고 14.7

(1) 확률변수 X는 정의역이 집합이고 공역이 수인 함수이지만, 확률을 계산할 때는 변수의 역할을 하므로 '확률변수'라고 한다.

(2) 확률변수 X가 이산적일 때 이에 대응하는 확률함수 P를 **확률질량함수**(probability mass function)라 하고, X가 연속함수일 때의 확률함수를 **확률밀도함수**(probability density function)라고 한다. 확률변수 X의 확률밀도함수가 $f(x)$일 때, 평균과 분산은 각각

$$E(X) = \int xf(x)dx, \quad V(X) = \int \{x - E(X)\}^2 f(x)dx$$

이다.

특히 확률변수 X의 확률밀도함수가 $f(x)$가

$$f(x) = \frac{1}{\sqrt{2\pi}\,\sigma} e^{-(\frac{x-m}{\sigma})^2}$$

일 때, 확률변수 X는 평균이 m이고 분산이 σ^2인 **정규분포**(normal distribution) $N(m, \sigma^2)$을 따른다고 한다. 이때

$$P(\alpha \le X \le \beta) = \int_\alpha^\beta f(x)dx$$

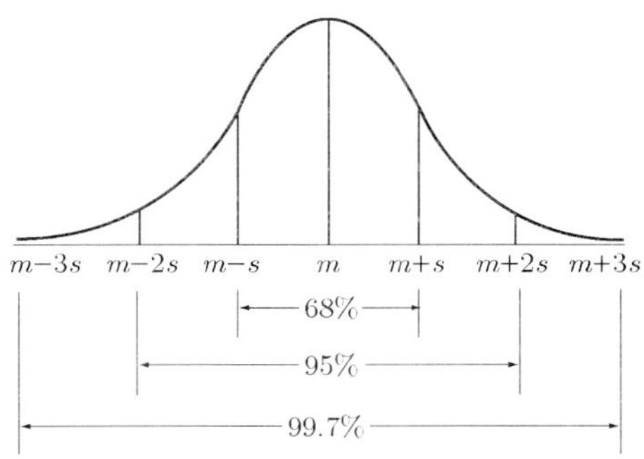

이므로, 평균이 m이고 표준편차가 σ인 정규분포에서 평균을 중심으로

$$P(m-\sigma \le X \le m+\sigma) = 0.68$$
$$P(m-2\sigma \le X \le m+2\sigma) = 0.95$$
$$P(m-3\sigma \le X \le m+3\sigma) = 0.99$$

임이 알려져 있다.

참고 14.8

주사위를 던질 때와 같이, 어느 시행에서 사건이 일어나든지 일어나지 않던지 하는 오직 두 가지 가능한 결과만을 가질 때, 한 번의 시행에서 사건 A가 일어날 확률을 p라고 하면 일어나지 않을 확률은 $q=1-p$이다. 따라서 n번의 독립시행에서 사건 A가 x번 일어날 확률은

$$nC_x p^x q^{n-x}$$

이다. 그러므로 n번의 독립시행에서 사건 A가 일어나는 횟수를 X라고 하면 X는 확률변수이고

$$P(X=x)=nC_x p^x q^{n-x}$$

이다. 이 확률분포는 이항정리의 전개식 $(p+q)^n$ 의 전개식에서 각 항과 같다. 이러한 이유로 확률변수 X의 확률분포를 **이항분포**(binomial distribution) B(n, p)라고 한다. 이때 평균과 분산은 각각

$$E(X)=np,\ \ V(X)=npq$$

이다. 또 확률변수 X가 이항분포 $B(n,\ p)$를 따를 때, n이 충분히 크면 X는 근사적으로 정규분포 $N(np, npq)$를 따른다.

정리 14.4 (큰 수의 법칙(law of large numbers))

어떤 시행에서 사건 A가 일어날 확률을 p라 하고, 이 시행을 n번 반복할 때 사건 A가 일어날 횟수를 확률변수 X라 하자. 그러면 임의의 양수 ϵ에 대하여

$$\lim_{n\to\infty} P(|\frac{X}{n}-p|<\epsilon)=1$$

이다

14.6 표본분포

어떤 회사가 생산하는 전구의 수명을 조사하기 위하여 모든 전구를 수명이 다할 때까지 켜놓고 수명을 잰다면, 전구는 이미 수명을 다해 더 이상 쓸모가 없게 된다. 그렇게 하는 것은 시간과 인력이 필요하고 이에 따른 경제적 손실도 따른다. 이와 같은 문제점을 해결하기 위해서는 전체 전구를 조사하는 대신에 몇 개의 전구를 꺼내 그것의 수명을 조사하고, 조사된 자료로부터 전체 전구의 수명이 얼마라고 추정을 하게 된다. 이때, 생산되는 전구 전체와 같이 조사해야할 대상 모두를 **모집단**(target population)이라 한다. 또 모집단의 특성을 알기위해 추출된 모집단의 일부를 **표본**(sample)이라고 하고, 표본의 개수를 **표본의 크기**(size of samples)라고 한다.

우리가 표본을 택하는 이유는 모집단의 성질을 파악하기 위해서이다. 그러므로 표본이 모집단의 성질을 잘 나타내도록 추출하기 위해서, 추출의 결과가 독립적이며 우연적이도록 임의추출법을 사용한다. 이렇게 표본을 임의추출하면 확률 개념을 이용하여 모집단의 성질을 추정할 수 있다. 따라서 표본을 확률변수로 생각할 수 있으며, 이런 표본을 **확률표본**(random sample)이라고 한다.

일반적으로 확률표본을 다음과 같이 정의한다.

정의 14.12

확률변수 $X_1, X_2, \ldots, X_n$의 각 확률밀도함수가 모두 $f(x)$이고 $X_1, X_2, \ldots, X_n$의 결합확률밀도함수가

$$f_{X_1, X_2, \ldots, X_n}(x_1, x_2, \ldots, x_n) = f(x_1) f(x_2) \cdots f(x_n)$$

일 때, $X_1, X_2, \ldots, X_n$을 밀도함수가 $f(x)$인 모집단으로부터의 크기가 n인 확률표본이라고 한다.

정의 14.13

$X_1, X_2, \ldots, X_n$이 확률밀도함수가 $f(x)$인 모집단으로부터 추출한 확률표본이라고 할 때, 이 모집단을 **표본모집단**(sampled population)이라고 한다.

정의 14.14

$X_1, X_2, \ldots, X_n$이 크기가 n인 확률표본일 때, $X_1, X_2, \ldots, X_n$의 결합분포를 표본 $X_1, X_2, \ldots, X_n$의 **표본분포**(distribution of sample)라고 한다.

통계학에서 중심을 차지하는 문제 중의 하나는 확률밀도함수 $f(\cdot\,, \theta)$의 모양은 알고 있으나 미지수 θ를 포함하고 있는 모집단에 대하여 연구하는 것이다. 이 모집단으로부터 크기가 n인 확률표본 $X_1, X_2, \ldots, X_n$을 택하고, 거기서 얻은 결과를 가지고 미지수 θ의 값을 구하거나 추정하는 것이다. 이렇게 θ의 값을 얻으면 밀도함수 $f(\cdot\,, \theta)$을 완전히 또는 근사하게 알게 되기 때문이다. 따라서 모집단의 성질을 정확히 알기 위해서는 미지의 모수(parameter) θ의 값을 추정하는 것이 필요하다.

정의 14.15

미지의 모수를 포함하지 않은 관찰 가능한 확률변수의 함수를 **통계량**(statistic)이라고 한다.

예를 들면 관찰 가능한 확률변수 $X_1, X_2, \ldots, X_n$이 밀도함수가 각각 $f(\cdot\,, \theta)$인 확률표본이라고 할 때, **표본평균**(sample mean)

$$\overline{X} = \frac{1}{n}\sum_{i=1}^{n} X_i$$

와 **표본분산**(sample variance)

$$S^2 = \frac{1}{n-1}\sum_{i=1}^{n}(X_i - \overline{X})^2$$

은 모두 통계량이다.

표본평균과 표본분산을 위와 같이 정의하면, 다음 성질을 얻는다.

정리 14.5

평균 μ, 분산 σ^2을 갖는 확률밀도함수 f로 부터 얻어진 확률표본 $X_1, X_2, \ldots, X_n$에 대하여 표본평균을 $\overline{X} = \dfrac{1}{n}\sum_{i=1}^{n} X_i$이라 하면,

$$E(\overline{X}) = \mu_X = \mu, \quad \mathrm{var}(\overline{X}) = \sigma_X^2 = \frac{1}{n}\sigma^2$$

이다.

참고 14.9

표본분산에서 $n-1$로 나누는 것은 모집단의 분산을 추정하는 통계량이 불편성(unbiasedness)을 가지도록 한 것이다. 확률표본 $X_1, X_2, \ldots, X_n$이 n개가 있으나 $\overline{X} = \dfrac{1}{n}\sum_{i=1}^{n} X_i$인 관계가 있으므로, 표본분산 $S^2 = \dfrac{1}{n-1}\sum_{i=1}^{n}(X_i - \overline{X})^2$의 자유도(degree of freedom)는 $n-1$이다. 그런 이유로 $n-1$로 나눈다. 그러나 n의 값이 큰 경우에는 이론적으로 불편성을 잃기는 하지만 $S^2 = \dfrac{1}{n}\sum_{i=1}^{n}(X_i - \overline{X})^2$을 사용하여도 추정한 값에는 큰 차이가 없다.

정리 14.5에서 표본평균의 기댓값에서, $E(\overline{X}) = \mu_X = \mu$의 의미는 $\overline{X}$의 평균이 추정하려는 μ와 같다 즉 $\overline{X}$의 분포는 μ를 중심으로 분포되어 있다는 것이다. 또 $\mathrm{var}(\overline{X}) = \sigma_X^2 = \dfrac{1}{n}\sigma^2$은 $\overline{X}$의 값은 흩어진 정도가 표본의 크기 n이 커질수록 작아진다는 것을 의미한다. 따라서 표본의 크기 n이 클수록 평균 μ를 중심으로 몰려 분포되어있다는 것이다. 그렇다면 몇 개의 표본을 가지고 무한개인 확률변수의 평균인 $E(X)$를 믿을 만한 정도로 추정할 수 있을까? 이에 대한 답이 약한 대수의 법칙이다. 이것은 Chebyshev의 부등식을 이용하여 증명할 수 있다.

정리 14.6 (약한 대수 법칙(weak law of large numbers))

평균 μ, 분산 σ^2을 갖는 확률밀도함수로부터 얻은 크기가 n인 표본평균을 $\overline{X}_n$라 하자. 그리고 임의의 $\epsilon > 0,\ 0 < \delta < 1$에 대하여 $n > \dfrac{\sigma^2}{\epsilon^2 \delta}$이면,

$$P(-\epsilon < \overline{X}_n - \mu < \epsilon) \geq 1 - \delta$$

이다.

확률과 통계를 통틀어 가장 중요한 정리를 들라면 아마도 중심극한정리일 것이다. 이것은 표본평균이 어떤 분포를 가지는가를 말해준다.

정리 14.7 (중심극한정리(central limit theorem))

평균 μ, 분산 σ^2을 갖는 확률밀도함수로부터 얻은 크기가 n인 표본평균을 $\overline{X}_n$라 하자. 그러면

$$Z_n = \frac{\overline{X}_n - E(\overline{X})}{\sqrt{var(\overline{X}_n)}} = \frac{\overline{X}_n - \mu}{\sigma / \sqrt{n}}$$

은 n이 충분히 클 때 표준정규분포를 따른다.

중심극한정리는 확률변수 Z_n의 극한이 표준정규분포를 가진다는 것을 의미한다. 즉 표본평균 $\overline{X}_n$은 점근적으로 거의 평균 μ, 분산 $\dfrac{\sigma^2}{n}$인 정규분포를 따른다는 것을 의미한다. 더욱이 중심극한정리는 X_i가 정규분포를 가지는 것과 관계없이 어떤 분포를 가지더라도 성립한다는 것이다.

14.7 추정과 가설검정

모집단의 분포를 추측하기 위하여, 모평균, 모비율, 모표준편차와 같이 모집단의 특성을 나타내는 값을 추측하여 결론을 내리는 과정을 **추정**이라고 한다. 이때 모집단의 특징을 나타내는 값을 **모수**(population parameter)라고 한다. 모수의 참값을 하나의 값으로 추측하는 것을 **점추정**(point estimation)이라고 하며 모수가 속하는 범위를 추정하는 것을 **구간추정**(interval estimation)이라고 한다. 또 점추정과 구간추정을 통틀어 **추정**이라고 한다. 한편 추측한 값의 옳고 그름을 결정하는 과정을 **가설검정**(test of hypothesis)이라고 한다. 추정과 가설검정과 같이 표본으로부터 얻는 정보를 이용하여 모집단에 관한 결론을 이끌어내는 과정을 **통계적 추론**(statistical inference)이라고 한다.

큰수의 법칙에 따르면 표본평균

$$\overline{X}=\frac{1}{n}(X_1+X_2+\cdots+X_n)$$

은 n이 클수록 모평균 μ에 가까워지므로, 모평균의 추정량으로 표본평균을 사용하는 것이 자연스럽다. 이때 추정량 $\overline{X}$의 평균과 표준편차는 각각

$$E(\overline{X})=\mu,\quad s(\overline{X})=\frac{\sigma}{\sqrt{n}}$$

이다. 그런데 우리는 모집단의 표준편차 σ의 값을 모르므로, σ 대신 표본표준편차

$$s=\sqrt{\frac{1}{n-1}\sum_{i=1}^{n}(X_i-\overline{X})^2}$$

를 사용한다. 한편 n이 크면 $\overline{X}$은 정규분포 $N(\mu, \frac{\sigma^2}{n})$을 따르므로

$$Z=(\overline{X}-\mu)/\frac{\sigma}{\sqrt{n}}$$

는 정규분포 N(0, 1)을 따른다. 따라서

$$1-\alpha=P(\overline{X}-z(\frac{\alpha}{2})\frac{\sigma}{\sqrt{n}}\le\mu\le\overline{X}+z(\frac{\alpha}{2})\frac{\sigma}{\sqrt{n}})$$

이 성립한다. 즉 구간 $[\overline{X}-z(\frac{\alpha}{2})\frac{\sigma}{\sqrt{n}},\ \overline{X}+z(\frac{\alpha}{2})\frac{\sigma}{\sqrt{n}}]$이 μ를 포함할 확률이 $1-\alpha$라

는 것이다.

이런 의미에서 이 구간을 평균 μ에 대한 $100(1-\alpha)\%$ **신뢰구간**(confidence interval), $1-\alpha$를 **신뢰도**(confidence)라고 부른다.

한편 모비율이 p인 모집단으로부터 n개의 표본을 추출하여 이중 특정한 원소를 X라 하면, X는 이항분포 $B(n, p)$를 따른다. 이때 p의 추정량으로 자연스러운 것은 $\hat{p}=\frac{X}{n}$이며 이를 **표본비율**(sample ratio)이라 한다. 표본비율 $\hat{p}$의 기댓값과 표준편차에 대하여 각각

$$E(\hat{p})=p,\ s(\hat{p})=\sqrt{\frac{p(1-p)}{n}}$$

이 성립한다.

위에서 다룬 모수의 추정 이외에 모수에 대한 예상이나 주장 또는 단순한 추측을 **통계적 가설**(statistical hypothesis) 또는 간단히 가설이라고 하며, 가설의 타당성을 조사하는 것을 통계적 **가설검정** 또는 간단히 **검정**이라고 한다.

가설 중 입증하고자 하는 가설을 **대립가설**(H_0)이라고 하고 이에 반대되는 가설 즉 대립가설이 성립하지 않으면 당연히 성립하는 가설을 **귀무가설**(H_1)이라고 한다. 가설을 검정하는 데에는 두 가지의 오류를 범할 가능성이 있다. 하나는 대립가설이 참임에도 불구하고 이를 기각하는 경우를 **제1종 오류**라 하고, 귀무가설이 참(대립가설은 거짓)인데도 대립가설을 기각하지 못하는 오류를 **제2종 오류**라고 한다. 또 제1종 오류를 범할 확률의 최대 허용한계를 **유의수준**이라고 한다.

14.8 통계교육

통계학자들 사이에서는 "통계는 수리과학이기는 하지만 수학의 일부는 아니다."라는 생각이 지배적이라는 사실이다. 수학자들 또한 "수학은 여타 과학과는 다른 학문이다."라는 금언이 있다. 또 "수학의 정리는 진리이지만 통계적 방법은 단지 효과적인 기술이다."라는 말이 있는데, 이는 수학이 다른 분야에 있는 현상에 적용될 때, 통계는 수학과는 다른 분야라는 것을 강조하는데 사용되는 말이다.

이와 같이 수학과 통계는 서로 다른 면이 있지만, 통계는 수학을 강하게 도와주는 문화적 강점이 있으며, 수학은 통계가 학문 영역으로 설 수 있는 보금자리를 마련해 주는

조직적 강점이 있다.

현대사회에서 정보기술(IT)은 거의 모든 과학 분야에서 중요한 방법으로 사용되고 있어 전통적인 수학이나 통계의 영역을 대체하고 있다. 그래도 학교수학에서 수학은 방법론을 제공하여 살아남을 수 있지만, 통계는 전통적으로 방법론적 훈련을 교육하고 있어 존재의 위협을 받고 있다. 수학을 교육하는 사람들은 기술공학의 이용, 응용과학이나 이들의 선수 과목을 가르치는 문제에 대한 여러 논점을 다루려고 애쓰고 있다. 물론 통계를 교육하는 사람도 같은 문제를 다루고 있지만, 통계교육에서는 계산 위주로 되어 있으므로 수학보다는 컴퓨터를 이용하여 통계를 조기 교육할 수가 있을 것이다. 그러나 수학적 지식과 동떨어진 통계의 영역은 많은 부분을 기술공학이 대체를 하고 있으므로, 통계교육에서는 수학을 토대로 한 교육을 강조할 필요가 있다.

확률론을 해석학분야에 포함하기도 하지만 우리의 학교수학에서는 확률을 통계분야에 포함하여 다룬다. 이런 의미에서 본다면 학교수학의 통계(확률과 통계)는 크게 기술통계(중심경향, 산포도, 분포도), 확률(확률변수, 정규분포, 표본조사, 중심극한정리), 추측통계(모수추정, 가설검정)로 나눌 수 있을 것이다.

자료 전체의 중심경향을 나타내는 대푯값으로 평균이 자주 쓰인다. 평균 m은 자료의 최솟값과 최댓값 사이의 값으로 $\sum_{i=1}^{n}(x_i - m) = 0$을 만족하는 값이다. 중앙값은 평균에 비하여 계산하기는 어렵지만 편차의 합 $\sum_{i=1}^{n}|x_i - m|$을 최소화하는 값이다. 중앙값을 계산하는 데는 순서대로 나열하거나 그래프를 이용하여 보여주는 것이 도움이 될 것이다. 중앙값을 일반화하면 $\sum_{i=1}^{n}|x_i - m|^p$의 값을 최소화하는 문제는 왜도(skewness)를 측정하는데 이용된다. 특히 $p=1$인 경우는 중앙값이고 평균은 $p=2$인 경우의 최솟값이다.

학생들은 기술통계보다는 특히 확률에 대하여 어렵게 느낀다. 그 하나의 이유는 경우의 수 세기나 확률의 해석에서 자주 사용되는 비례에 대한 이해에서 오는 어려움이며, 또 다른 하나는 확률은 학생들이 이전에 경험했던 것과 대치되는 것들이 나타나기 때문일 것이다. 사실 이러한 것들은 학생들이 확률 또는 통계적 사고에 대한 오개념을 가지게 하는 중요한 요인이다.

이러한 어려움을 극복하기 위해서

(1) 일반적인 추상화보다는 학생들의 경험(활동)이나 시뮬레이션을 통하여 개념을 소개하고

(2) 그래프를 이용하여 시각화하고

(3) 확률을 직접적으로 연계하지 않고 먼저 기술통계를 도입하며

(4) 기호나 공식을 도입하기 보다는 수학이 실생활과 관계가 깊다는 인식을 하도록 도와주며

(5) 학생들이 통계를 자주 잘못 사용하는 예를 많이 들어주고

(6) 경우의 수 세기에 대한 훈련과 아울러 비의 개념을 확실히 하도록 하고

(7) 실생활에서 접하는 확률적 사고를 하도록

할 필요가 있다.

이를 위해서는 컴퓨터나 그래픽 계산기를 적극적으로 이용하여 복잡한 계산을 간단히 할 필요가 있다. 그러나 기계적인 계산이 아니라 계산의 결과를 해석할 수 있는 능력을 길러 주어야 한다.

예를 들어 동전을 여러 번 던지는 사건에서 임의성(무작위)에 대한 학생들의 개념은 동전의 앞면과 뒷면이 나오는 개수가 같아야 한다든지 또는 동전이 규칙적으로 나와야 한다는 생각을 가지고 있다. 이런 실험에서 그렇게 나오지 않는 경우는 보고서에서 동전의 출현 기록을 조작하는 경우도 가끔 있다. 따라서 수학적 확률에서 다루듯이 동전의 앞면이 나올 확률이 정확히 $\frac{1}{2}$이 아니라 '같은 정도로' 나온다는 사실을 이해시켜야 한다.

분산과 표본은 기술통계와 추측통계 모두에서 중요한 핵심적 개념이다. 통계는 넓은 의미에서 수학연구의 한 변형으로 인식되기도 하므로, 변량을 그래프나 표로 나타내는 것은 자료의 분산을 알아보는데 유용하게 사용되는 중요한 요소이다. 자료의 중심경향을 나타내는 측도로서의 대푯값들을 이용하여 자료 집합을 나타내는 하나의 대푯값이나 분산이나 표준편차와 같은 산포도를 찾으려고 하는 것은 추측통계의 기본이다. 특히 분산과 표본은 자료 수집을 위한 샘플링 기술을 고려하고 샘플 자료를 기반으로 모집단에 대한 추측을 하게 하는 주요한 개념이다.

따라서 교사들은 샘플링에 대해 다룰 때 다음 사항을 유의하여야 할 것이다. 학생들은 거의 동질적 집단에서 꺼낸 하나의 샘플로부터 표본과 분산의 중요성을 인식하여야 하며, 모집단이 통계 조사의 대상이라는 사고의 전환에 도움을 필요로 한다. 학생들은 표본에 대한 이중적 의미를 가지고 있는데, 하나는 통계학적 개념이 아닌 일상적 의미의 표본을 포함하고 있다. 그러므로 교사는 학생들로 하여금 통계적 샘플링을 잘 할 수 있는 적절한 방법을 가르쳐주어야 할 뿐 만아니라 쏠림 현상이 일어날 수 있는 상황에 대한 이해를 도와주어야 한다. 또 학생들의 경험과 언론매체를 이용하여 미래 시민사회가 요구하는 '왜?'라고 '질문하는 태도'를 길러주어야 한다.

참고문헌

[1] 교육인적자원부, 고급수학, 벽호문화사(2002).

[2] 김우철, 김재주, 박병욱, 박성현, 송문섭, 이상열, 이영조, 전종우, 조신섭, 현대통계학, 4판, 영지문화사(2001).

[3] A. Bakker and K.P.E. Gravemeijer, An historical phenomenology of mean and median, Educational Studies in Mathematics, 62(2006) 149-168.

[4] C. Batanero and L. Serrano, The meaning of randomness for secondary school students, Journal for Research in Mathematics Education, 30(1999) 558-567.

[5] J. Garfield and A. Ahlgren, Difficulties in learning basic concepts in probability and statistics: Implications for research, Journal for Research in Mathematics Education, 19(1988) 44-63.

[6] D. Moore and G. Cobb, Statistics and mathematics: Tension and cooperation, American Mathematical Monthly, 107(2000) 615-630.

[7] J.M. Watson and J.B. Moritz, Developing concepts of sampling, Journal for Research in Mathematics Education, 31(2000) 44-70.

MEMO

Chapter 15 기하

Mathematics for School Mathematics

기하는 측정 뿐 만 아니라 기하가 가지고 있는 심미적 성질을 규명하려 하고 있다. 특히 기하는 우리가 관찰하는 대상의 시각화뿐만 아니라 가정에서부터 시작하여 결론에 이르는 연역적 증명과정을 포함하고 있다. 이와 같이 수학은 어떤 가정 위에서 모순이 없이 질서를 찾아가고, 질서의 종류와 질서들 사이의 관계를 연구하는 과학이다. 이때 질서는 규칙성과 패턴(pattern)을 의미한다. 그런데 패턴은 구체적일 수도 있으며 추상적일 수도 있다. 또 가시적일 수도 있으며 우리의 마음속에 있는 보이지 않는 것일 수도 있으며, 정적일 수도 있고 동적일 수도 있다.

논리의 전개 과정에서 수학적 명제가 참인지 거짓인지를 어떻게, 어떤 근거로 판별하는가 하는 문제는 오랜 세월을 두고 논란이 되어 왔다. 학교수학에서 논리와 증명이 형식적으로 강조되어 교육되어지는 곳이 기하 영역이다. 학교교육에서의 기하는 유클리드 기하학이 근간인데, 유클리드 기하학은 용어를 정의하고 논리적으로 증명할 수 없는 기본 가정(공리 또는 공준)의 바탕 위에 문장이 참인지를 증명해 나간다.

15.1 유클리드 기하

기하(geometry)란 말은 원래 땅(지구)을 뜻하는 geo와 측정하다의 뜻을 가진 metrein의 합성인 그리스어의 geometrein에서 온 것으로 땅을 측정하는 과학이다. 그 당시의 기하학은 필요에 의한 목적을 충족할 수 있는 정도의 경험적 주제이었으므로, 고대의 기하학은 실험이나 관찰, 직관과 경험에 의거한 과정의 집합체라고 할 수 있다. 이런 의미에서 지금의 입장에서 보면 고대 기하학은 과학이 아니라 정당성이 없는 계산의 잡동사니 모음과 같은 것이다.

그러나 밀레의 Thales를 시작으로 그리스의 기하는 기학적 명제가 시행착오가 아니라 연역적 사고에 의하여 체계를 쌓아야 한다고 주장하였으며, 옳고 그름을 판별하기 위하여 처음으로 논증기하를 도입하였다. 이렇게 증명(proof)에 의해 정리를 질서정연하게 얻는 것이 그리스 수학의 특징이며 새로운 양식이었다.

Thales에 의하여 체계화된 수학은 피타고라스에 의해 성숙되었으며, 유클리드의 〈원론〉 제7권은 피타고라스학파에서 가르쳐졌던 수론에 관하여 다룬 교재이다. 우리가 잘 알듯이 피타고라스학파는 $\sqrt{2}$를 발견하였으나 $\sqrt{2}$를 대수적 수로 인정하지 않고 단지 수직선 위에 기하 형태로 나타내었다. 피타고라스학파에 의해 조성된 평면기하의 기초체계는 B.C. 400년 경 수학자 Hippocrates(의사 히포크라테스가 아님)의 〈원론〉에 결집되어 있었으나 이것은 유실되었다. 다행히도 이 내용은 유클리드의 〈원론〉 제1-4권에 나타나 있다.

기원전 4세기경의 Plato는 감각의 오류는 직접적 사고에 의해 교정되어져야 한다고 보았으며, 이러한 직접적 사고는 수학에 의하여 습득되어진다고 하였다. 그러나 Socrates의 대화법(산파술)은 궁극적으로 간접증명법이며, $\sqrt{2}$가 무리수임을 증명하는 것은 간접증명법의 전형적 보기라고 Plato는 말하였다. 다시 말하면 무리수 $\sqrt{2}$는 물리적 측정에 의하여 직접적으로 얻어지는 것이 절대로 아니라는 것이다.

Plato 학파의 제자이었던 유클리드는 기원전 300년경 그리스의 기하와 수론에 대한 분명한 입장을 그의 〈원론〉 13권에 담았다. 기하에 대한 그의 접근 방법은 2000년 동안 수학계를 지배하였으며, 유클리드의 공리적 방법(axiomatic method)은 우리가 말하는 소위 순수수학(pure mathematics)의 전형적 모델이 되었다. 이때 순수란 말은 어떤 명제가 참인지 아닌지를 판별하는데 전혀 실험이 필요 없는, 전적으로 사유에 의해 판별하는 것을 의미한다.

15.1.1 유클리드 원론

2300여 년 전 알렉산드리아의 Euclid는 공리적 체계에 의한 기하에 대한 책 〈원론(Elements)〉을 저술하였다. 이 책은 그리스와 로마에서 1000년 동안 학습되었고, 800년 경 아랍어로 번역되어 아랍의 학자들에 의하여 연구되었다. 이 책은 중세 유럽의 논리적 사고의 전형이 되었다.

유클리드는 그리스의 수학자들이 공부했던 수학의 많은 부분을 정돈하고 확장하였다. 아마도 그는 그리스의 수학을 통일된 논리체계로 확립하려고 했던 것 같다. 그의 〈원론〉은 13권의 책으로 구성되어 있는데,

(1) 1, 2, 3, 4, 6권은 평면기하에 대하여,
(2) 11, 12, 13권은 입체기하에 대하여,
(3) 5권과 10권은 양과 비에 대하여,
(4) 7, 8, 9권은 자연수에 대하여

다루고 있다.

또 〈원론〉은 465개의 정리와 이의 증명을 포함하고 있으며, 증명 끝에 "증명되었다"라는 말로 끝나고 있다. 이 말의 라틴어 번역은 "quod erat demonstrandum"으로 우리가 증명 끝에 자주 쓰는 Q. E. D.는 이것의 약자이다. 유클리드의 〈원론〉은 특별히 기하에 중점을 두고 있으며, 아리스토텔레스의 영향을 받아 기본 가정, 정의, 정리, 증명의 순으로 전개하고 있다.

유클리드 기하학에서 용어를 정의하는 것을 〈원론〉 제1권을 통하여 살펴보면 다음과 같다. 먼저 용어를 분명히 하기 위해 유클리드는 기하에서 점, 선 등 23개의 용어를 정의하고, 이들을 사용하여 평면기하의 전체 이론을 재구성하였다.

(1) 점은 부분이 없는 것이다. 즉 점은 부분으로 분해할 수 없는 것이다.
(2) 선은 폭이 없이 길이만 있는 것이다.
(3) 선의 양 끝은 점이다.
(4) 직선은 그 위에 점들이 고르게 놓여있는 선이다.
(5) 면은 길이와 폭만 있는 것이다.
(6) 면의 끝은 선이다.
(7) 평면은 그 위에 직선들이 고르게 놓여있는 면이다.
(8) 평면각은 한 직선 위에 있지 않는 두 선이 만날 때 두 직선의 상호 기울기이다.
(9) 각을 포함하는 두 선이 직선일 때 그 각을 직선각이라고 한다.
(10) 직선 위에 다른 직선을 세워 이웃하는 각이 서로 같을 때, 이와 같이 서로 같은 각을 직각이라고 하며, 직선 위에 세워진 직선은 원래 직선에 수직이라고 한다.
(11) 직각보다 큰 각을 둔각이라고 한다.

(12) 직각보다 작은 각을 예각이라고 한다.
(13) 경계(둘레)는 어떤 것의 끝이다.
(14) 도형은 하나 또는 여러 개의 경계로 둘러싸인 것이다.
(15) 원은 평면도형으로, 그 도형의 내부에 있는 한 점으로부터 한 직선에 이르는 모든 직선이 같은 선으로 둘러싸인 도형이다.
(16) 원의 정의(15)에서 한 점을 그 원의 중심이라고 한다.
(17) 원의 지름은 그 중심을 통과해 양 끝이 원둘레에서 끝나는 직선이며, 이 직선은 원을 이등분한다.
(18) 반원은 지름과 그것에 의하여 나누어진 원둘레에 의하여 둘러싸인 도형이다.
(19) 직선도형은 직선으로 둘러싸인 도형으로, 삼변형은 세 변으로 둘러싸인 도형, 사변형은 네 변으로 둘러싸인 도형, 다변형은 네 개보다 많은 직선으로 둘러싸인 도형이다.
(20) 삼변형 중에서 세 변의 길이가 같은 것을 삼등변삼각형(정삼각형), 두 변만 같은 것을 이등변삼각형, 세 변이 모두 같지 않은 것을 부등변삼각형이라고 한다.
(21) 삼변형 중에서 한 각이 직각인 것은 직각삼각형, 한 각이 둔각인 것을 둔각삼각형, 세 각이 모두 예각인 것은 예각삼각형이다.
(22) 사변형 중에서, 모든 변이 같고 모든 각이 직각인 것은 정사각형, 모든 각은 직각이지만 모든 변이 같지는 않은 것은 직각사각형, 모든 변은 같지만 모든 각이 직각은 아닌 것은 마름모이다. 또 마주보는 변들이 서로 같고 마주보는 각들이 서로 같지만 직각이 아닌 것은 평행사변형이다. 이외의 것은 부등변사각형이다.
(23) 평행선은 같은 평면 위에 있는 직선들로 양쪽으로 한 없이 늘여도 양쪽 어디에서도 만나지 않는 직선들이다.

유클리드의 기하는 위와 같이 기본이 되는 도형의 용어를 정의하고, 증명 없이 직관적으로 받아들일 수밖에 없는 도형에 관한 다섯 가지 성질과 양에 관한 다섯 가지 성질(공준 또는 공리)을 가정하였다.

(1) 임의의 점으로부터 임의의 점을 지나는 직선을 그릴 수 있다.
(2) 유한 직선은 연속적으로 직선으로 연장할 수 있다.
(3) 임의의 중심과 임의의 거리를 가지고 원을 그릴 수 있다.
(4) 모든 직각은 서로 같다.

(5) (평행선 공준) 두 직선과 만나는 한 직선이 같은 쪽에서 만든 두 안각의 합이 두 직각보다 작을 때, 두 직선은 그 쪽으로 한없이 연장시키면 만난다(평행하지 않는 두 직선은 만난다).
(6) 같은 것과 같은 것은 서로 같다.
(7) 같은 것에 같은 것을 더하면 전체는 서로 같다.
(8) 같은 것에서 같은 것을 빼면 나머지는 서로 같다.
(9) 서로 일치하는(겹치는) 것은 서로 같다.
(10) 전체는 부분보다 크다.

참고 15.1

유클리드 기하에서와 마찬가지로 위의 공리 (6)~(10)을 전제로 하여야만 학교수학에서의 수의 연산에 대한 논리를 무리 없이 전개할 수 있다.

유클리드의 〈원론〉은 단지 모양이나 수에 관한 책이 아니라 어떻게 생각하느냐에 관한 책이다. 이런 이유로 유클리드 평면기하는 대학에서 뿐만 아니라 학교수학에서도 빼놓을 수 없는 분야가 되었다. 원론은 서양의 정치, 문학, 철학에 지대한 영향을 끼친 책이다. 예를 들면, 17세기 프랑스의 Descartes는 〈방법서설〉에서 유클리드의 영향을 받아 간단한 원리로부터 복잡한 결론을 유도하였으며, 영국의 Newton과 네덜란드의 Spinoza도 〈원론〉의 형태를 빌어 그들의 이론을 설명하였다. 1776년 미국의 독립선언서는 간단한 서문 뒤에 인간에 대한 자명한 공리를 내세우고 미국이 영국으로부터 독립해야하는 기본정리를 증명하는 형식으로 꾸며져 있다. 19세기 미국의 Lincoln은 더 좋은 변호사가 되기 위하여 원론을 빌려 촛불 밑에서 읽었다고 한다.

15.1.2 유클리드 기하

우리의 경험으로 보아 수학 시간에 학생들을 괴롭히는 것들이 있다. 예를 들어 평면은 직선으로 이루어져 있고, 직선은 점으로 이루어져 있다는 것이다. 또 평면은 넓이를 가지고 있고, 선분은 길이를 가지고 있다. 그런데 점은 길이를 가지고 있지 않다는 것이다. 그렇다면 아무것도 없는 점이 모여 어떤 길이를 가지고 있는 선분을 이룬다는 것은 무엇인가 설명되지 않는 부분이 있다는 것 같다는 생각을 하게 된다. 이것이 학생들을 괴롭

히고, 공리적으로 성숙하지 않은 학생들을 어떻게 설득하여야 하는가가 교사들의 문제일 것이다.

위와 같이 수학적으로 용어를 정의하려고 할 때, 평면을 정의하기 위해서는 직선을 정의하여야 하고 직선을 정의하려면 점에 대한 정의가 필요하게 된다. 또 점은 어떻게 정의하여야 하는가? 점을 정의하기 위해서는 길이를 정의하여야 하고… 이렇게 하다 보면 용어를 엄밀히 정의하는 것 자체가 어려워진다. 그렇더라도 우리가 서로 대화를 할 때는 용어나 기호를 사용하여 의사를 분명히 전달하여야 한다. 그러나 분명하지 않은 용어를 사용하면 혼란이 오므로 이러한 용어는 뜻을 분명히 정하는 것이 좋다. 그런데 앞에서 예를 든 것처럼 우리가 사용하는 용어를 모두 정의할 수 없다. 이러한 용어는 정의하지 않고 그냥 직관적으로 받아들이기로 하고, 이를 **무정의 용어**(undefined term)라 한다. 이러한 것 중에는

점(point), 직선(line), −에 있다(lie on), 사이(between), 합동(congruent)

이 있다. 사실 유클리드는

(1) 점은 부분이 없는 것이다.
(2) 선은 폭이 없는 것이다.

등과 같이 점, 선 등을 정의하고,

(3) 면은 길이와 폭만을 갖는 것이다.
(4) 평면은 그 위에 직선이 나란히 놓여있는 면이다.

와 같이 정의하였으나, 이 정의는 별로 쓸모가 없는 것이었다. 공간기하에서는

평면(plane), 점이나 직선이 평면 위에 있다(… lie on plane)

등의 용어가 무정의 용어로 사용된다.

위와 같은 '무정의 용어'는 Hilbert(1862~1943)에 의하여 제기되었으며, Hilbert는 유클리드의 용어에 대한 정의를 다듬었을 뿐만 아니라 유클리드의 증명의 빈틈을 메우기도 하였다. 예를 들어 Hilbert는 유클리드의 '삼각형의 SAS 합동조건'에 대한 증명이 정의되지 않은 가정을 하고 있는 것을 발견하고 이것을 공리로 취급하였다. 즉 선분 AB를 밑변으로 하는 정삼각형을 작도하는 문제에서, 점 A, B를 중심으로 선분 AB를 반지름으로 하는 두 원을 그리고 두 원이 점 C에서 만나면 삼각형 ABC가 바로 구하는 정삼각형이

라고 '원론'에서 밝히고 있다. 그런데 두 원이 만나는지를 어떻게 알 수 있는가하는 문제가 발생한다. 또 삼각형의 합동을 이야기할 때, 합동이란 두 삼각형을 포개었을 때 포개지면 그 두 삼각형이 일치한다는 것을 의미한다. 그런데 한 삼각형을 이동하여 다른 삼각형에 포개려고 할 때 그 크기와 모양이 변하지 않는다는 것을 어떻게 보장할 것인가? 즉 포갠다는 말은 무엇을 의미하는가하는 문제가 발생한다. 유클리드는 이것을 분명히 밝히지 않고 있다.

삼각형의 합동문제와 같이 어떤 명제 S_1이 순수한 사유에 의하여 참이라고 증명할 때, 정의나 우리가 이미 참이라고 받아들인 명제 S_2로부터 논리적으로 증명하려고 한다. 이때 명제 S_2가 참이라는 것은 또 다른 참인 명제 S_3로부터 얻어진다. 이와 같은 과정을 되풀이 할 때, 무정의 용어와 같이 궁극적으로 참이라고 증명할 필요가 없는 명제가 필요하게 된다. 이때 이 명제를 **공리**(axiom) 또는 **공준**(postulate)이라고 한다.

공리적 방법이란 이런 공리로부터 시작하여 명제가 참인 것을 밝히는 증명방법이다. 유클리드의 기하학이 아름다운 이유 중의 하나는 아주 적은 수의 공리를 가지고 많은 정리를 증명하였기 때문이다.

유클리드의 기하학은 다음의 공리(공준)에 기반을 두고 있다.

유클리드 공리 1

서로 다른 두 점을 지나는 직선은 오직 하나만 존재한다.

공리 1은 "두 점은 유일한 직선을 결정한다."는 뜻과 같다. 선분 AB를 점 A와 B 사이에 있는 점들의 집합으로 정의하면, 다음과 같은 공리 2를 얻는다.

유클리드 공리 2

임의의 선분 AB와 CD에 대하여, 점 B가 점 A와 점 E 사이에 있으며 CD와 BE가 합동이 되도록 하는 유일한 점 E가 존재한다.

공리 2는 임의 선분 AB는 주어진 선분 CD와 합동이 되도록 선분 BE에 의해 확장되어질 수 있음을 뜻한다.

세 번째 공리를 말하기 전에 원을 다음과 같이 정의하자. 주어진 점 O, A에 대하여 선분 OA와 합동이 되는 선분 OP의 끝점 P의 집합을 O를 중심(center)으로 하는 원(circle)이라고 한다. 이때 선분 OP를 원 O의 반지름(radius)이라고 한다.

유클리드 공리 3

임의의 점 O와 O와 다른 점 A에 대하여 원 O를 중심으로 하고 반지름이 OA인 원이 존재한다.

우리는 선분 AB를 연장하여 반직선(ray) AB를 정의하고, 반직선의 AB의 반대방향(opposite)을 정의할 수 있다. 두 반직선 AB, AC 사이의 각(angle)과 여각(supplement)을 정의한다. 그리고 합동인 여각을 직각(right angle)이라고 정의한다.

유클리드 공리 4

모든 직각은 서로 합동이다.

유클리드 공리 1~4는 수학자들에게 쉽게 받아들여져 왔다. 그러나 유클리드의 평행선 공리라 불리는 다섯 번째 공리는 19세기 까지 많은 논란을 불러 왔다. 사실 이런 논란으로부터 비유클리드 기하학이 탄생하게 되는 계기가 된다. 여기서는 유클리드의 원론에 있는 대로 평행선 공리를 진술하지 않고 좀 더 명확한 표현으로 진술하려고 한다. 먼저 두 직선이 서로 만나지 않을 때, 이 두 직선은 평행하다(parallel)고 정의하자. 그러면 평행선 공리는 다음과 같다.

참고 15.1

평행선의 정의에서 두 직선 사이의 거리가 같다는 이야기는 하지 않고 있음에 유의하여야 한다.

유클리드 공리 5 (평행선 공리)

임의의 직선 l과 그 위에 있지 않은 점 P에 대하여, 직선 l에 평행하고 점 P를 지나는 직선은 유일하게 존재한다.

유클리드 공리 1~4가 우리의 경험을 추상화 한 것에 비하여, 평행선 공리는 그렇지 않다. 우리는 두 직선을 그릴 때 직선을 그리는 것이 아니라 선분만을 그리게 된다. 선분을 확장할 수는 있지만 이렇게 확장한다고 해서 두 직선이 궁극적으로 만나지 않는지를 알 수가 없다. 그렇다면 두 직선이 평행하다는 것을 어떻게 알 수가 있을까? 유클리드는 두 직선과 만나는 또 다른 직선을 그어 이 들이 이루는 내각을 각각 α, β라 할 때, $\alpha + \beta$가 180도 보다 작으면 이 두 직선은 만난다고 하였다. 사실 이것이 유클리드의 다섯 번째 공리의 내용이다.

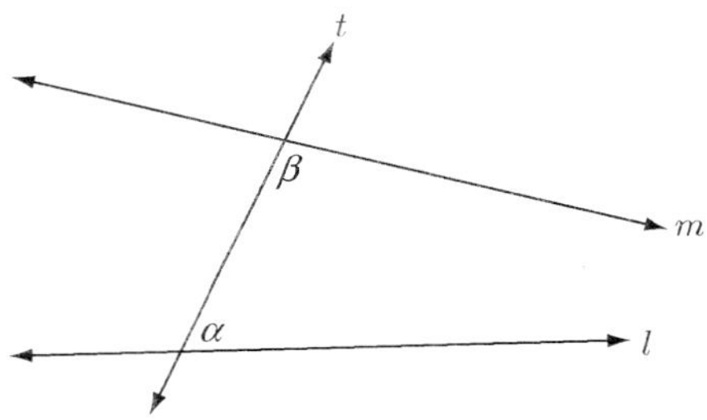

유클리드의 평행선 공리는 위의 그림에서

$\alpha + \beta < 180°$(2 직각)이면 두 직선 l, m은 α, β쪽에서 만난다.

는 것을 의미한다. 이것은 명제

두 직선이 평행이면 그 엇각과 동위각은 같다.

와 동치이다. 이와 같이 평행선 공리와 동치인 명제가 여러 개 있으나, 그 중 중요한 것으로는

삼각형의 내각의 합은 $180°$이다.

직선 밖의 한 점을 지나고 이 직선과 평행한 직선은 오직 하나만 존재한다.

등이 있다.

학교수학은 위와 같은 유클리드의 공리를 가지고 구성되어 진다. 이것을 통하여, 작도와 합동, 각의 크기, 삼각형, 사각형의 성질 등을 다루고 있다.

15.1.3 유클리드 기하와 정다면체

유클리드의 작업은 Plato의 철학과 연결되어있는데, 〈원론〉의 마지막 책에서 정다면체는 Plato의 정다면체(Platonic solids) 즉, 정사면체, 정육면체, 정팔면체, 정십이면체, 정이십면체의 5개 밖에 없다는 것을 증명하고 있다. 유클리드는 이 사실을 정다면체의 한 꼭짓점에 세 개 이상의 면이 모여야 하며, 한 꼭짓점에 모이는 면의 각의 합이 360도 보다 적어야 한다 –360도가 되면 평면을 이룬다 –는 것을 이용하여 증명하였다.

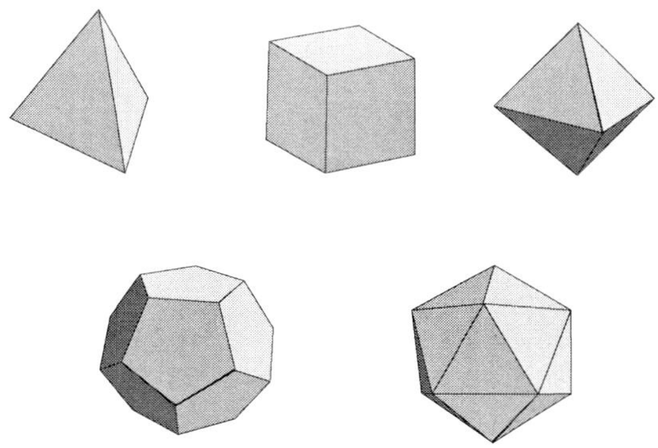

이것을 알아보기 위하여, 정다면체의 한 면이

(1) 정삼각형인 경우

한 꼭짓점에 모이는 정삼각형의 각의 합이 360도 보다 작은 경우는 180도, 240도, 270도의 세 가지 뿐이다. 이들을 가지고 만들 수 있는 정다면체는 정사면체, 정팔면체, 정이십면체이다.

(2) 정사각형인 경우

한 꼭짓점에 모이는 정사각형의 각의 합이 360도 보다 작은 경우는 270도인 경우뿐이다. 이렇게 만들어진 정다면체는 정육면체이다.

(3) 정오각형인 경우

한 꼭짓점에 모이는 정오각형의 각의 합이 360도 보다 작은 경우는, 정오각형의 한 내각의 크기가 108도이므로 정오각형 3개가 모인 324도 뿐이다. 이렇게 만들어진 정다면체가 정십이면체이다.

(4) 정육각형인 경우

한 꼭짓점에 모이는 정육각형의 각의 합이 360도 보다 작은 경우는 120도이나, 이것은 두 면이 모인 경우이므로 꼭짓점을 이루지 못한다. 정육각형 3개가 모이면 360도가 되나, 이것은 평면을 이룬다. 따라서 정육각형으로 이루어진 정다면체는 존재하지 않는다.

(5) 다른 정다각형인 경우

다른 정다각형의 내각의 크기는 모두 120도 보다 크므로, 세 개 이상이 모여 360도 보다 작은 경우는 생기지 않는다. 따라서 위 이외의 정다각형으로 이루어진 정다면체는 존재하지 않는다.

참고 15.3

(1) Plato의 정다면체는 구에 내접하는데, 이것은 그리스의 피타고라스학파에게는 매우 중요한 것이었다. 왜냐하면 그들은 구를 3차원 도형 중에서 가장 완벽한 도형으로 생각하였기 때문이다. 이 중에서 정사면체, 정육면체, 정팔면체, 정이십면체는 각각 세상의 4원소인 불, 지구, 공기, 물을 나타내는 것으로 여겼다. 후에 피타고라스학파는 정십이면체를 발견하였는데, 이는 우주의 근본 요소를 나타내는 제5원소로 여겨졌다. Plato는 정다면체에 관심을 가졌기 때문에 이들을 Plato의 정다면체라고 부른다.

(2) 다면체의 조건을 정다면체로 하지 않고 합동인 정다각형들로 이루어진 입체도형으로 조건을 약화시키면 몇 개의 도형이 만들어질까? 그리스의 수학자 Pappus에 의하면 Archimedes는 이런 도형이 13개 밖에 없다는 것을 발견하였다고 말하고 있다. 이러한 이유에서 이들을 Archimedes 도형(Archimedean solids)이라고 부른다. 이러한 하나의 예가 정이십면체의 꼭짓점을 매 다섯개 마다 12개의 꼭짓점에서 자르면 20개의 정육각형과 12개의 정오각형으로 이루어진 입체도형을 얻는다. 이것이 축구공을 만드는 패턴이다.

이제 평면 위에서의 유클리드 기하를 길이와 너비, 높이를 가지고 있는 3차원 공간도형에 대하여 알아보자. 3차원 공간도형에는 무수히 많은 도형이 있으며, 공간 위에서 두 평면은 서로 평행하거나, 만나거나, 겹치는 경우의 세 가지 위치 관계가 있다. 특히 두 평면이 만나는 경우에는 두 평면 사이의 각을 평면에서의 각을 이용하여 정의할 수 있다.

두 평면이 만나는 경우에는 두 평면이 만나며 그리는 선이 생긴다. 이 선을 교선이라 한다. 이제 각 평면 위에 교선에 수직한 직선을 긋고 이 두 직선이 이루는 각을 두 평면이 이루는 각으로 정의한다. 물론 이 각의 크기는 유일하게 결정된다.

공간 위에서의 두 평면의 위치관계는 마치 평면 위의 두 직선의 위치관계와 같다. 그러나 공간 위에서 두 직선의 위치관계는 좀 다른 양상을 보이는데, 공간 위에서 두 직선의 위치관계는 두 직선이 서로 평행도 아니고 만나지도 않는 경우가 있다. 이러한 경우 우리는 두 직선이 엇갈린 위치(skew lines)에 있다고 한다. 따라서 공간 위의 두 직선은 (1) 평행인 경우, (2) 겹치는 경우, (3) 엇갈린 경우의 세 가지가 있다.

다면체는 다각형의 3차원 공간으로의 확장과 같다. 다면체(polyhedra)는 변만 겹치는 유한개의 다각형 영역으로 구성되어 있으며, 구멍이 없는 입체도형을 말한다. 다면체 위의 임의의 두 점을 연결한 선분이 다면체의 내부 또는 면 위에 있을 때, 그 다면체는 **볼록**(convex)하다고 한다.

볼록한 다면체의 면(F), 모서리(E), 꼭짓점(V)의 수를 조사해보면 일정한 규칙을 발견할 수 있는데, 여기에는

$$F + V - 2 = E$$

인 관계가 성립한다. 이것을 **오일러 공식**(Euler's formula)라고 한다.

15.2 기하와 대수

수학은 정의를 바탕으로 성립하지만 정의를 하지 않고 사용하는 것들도 있다. 예를 들면 점, 선, 면 등이 그것이다. 직선 위에 기준이 되는 한 점 O를 정하고, 점 O의 좌우에 일정한 간격으로 점을 택한다. 이때 기준이 되는 점 O를 원점(origin)이라고 하고 이 점에 0을 대응시킨다. 또 점 O의 오른쪽에 택한 점들에 차례로 $+1, +2, \ldots$를 대응시키고, 점 O의 왼쪽에 택한 점들에 차례로 $-1, -2, \ldots$를 대응시킨다. 이와 같은 직선을 정수의 수직선(number line)이라고 한다.

유리수도 정수와 마찬가지 방법으로 단위 길이를 이용하여 수직선 위에 나타낼 수 있다. 물론 실수도 수직선 위에 나타낼 수 있지만, $\sqrt{2}$와 같이 실수는 단위 길이의 배수를 가지고 나타낼 수 없는 것이 많기 때문에 정수나 유리수와 같은 방법으로 나타낼 수는 없다.

이와 같이 수직선은 추상적인 수를 눈으로 볼 수 있게 해주는 그림이다. 수직선은 추상적으로 정의되는 두 수의 대소 관계를 학교수학에서 직관적으로 설명할 수 있는 좋은 도구이다. 또 두 개의 수직선을 원점에서 직교하도록 놓음으로 수평면(number plane)을 만들 수 있고, 이를 통하여 복소수까지도 가시화할 수 있도록 해준다.

사실 유클리드 기하학은 논리전개가 깔끔하고 멋있지만, 공리를 가지고 기하 문제를 계산하고 증명하는 것은 어렵다. 이러한 어려움을 극복하기 위하여 결정적으로 공헌한 것은

"실수와 직선 위의 점은 일대일대응 된다."

는 Cantor-Dedekind의 공리이다.

초등학교에서는 좌표평면이 도입되기 전에는 종이 위에 그린 삼각형, 사각형, 원은 종이를 두 부분으로 나눈다는 것을 알게 된다. 이때 도형에 의해 나뉘는 두 부분을 도형의 안과 밖으로 직관적으로 구분하여 다루었다. 대체적으로 넓이가 작은 쪽을 안, 큰 쪽을 밖으로 정의하였다. 여기에는 평면 위의 단순한 닫힌곡선은 평면을 두 쪽으로 나눈다는 Jordan cannonical theorem을 가정하고 있다.

중학교에서 정수가 정의되고 양수와 음수를 수직선 위에 나타내게 된다. 이후 좌표평면이 도입되고 나면 x축뿐만 아니라 y축의 방향에 대해서도 방향성이 결정되므로 닫힌곡선의 안과 밖뿐만 아니라 함수의 그래프를 이용하여 부등식의 영역을 나타낼 수 있다. 부등식의 영역의 관점에서 보면 원의 내부와 외부를 원의 중심으로부터의 거리를 이용하여 정의하고 나타낼 수 있다.

또 학교수학에서는 좌표평면 위의 점 $P(x, y)$를 점 $P'(x+a, y+b)$로 옮기는 것, 즉 함수

$$(x, y) \to (x+a, y+b)$$

를 점의 평행이동이라고 하였다. 일반적으로 좌표평면 위의 도형을 방정식

$$f(x, y)=0$$

의 꼴로 나타낼 수 있다. 그렇다고 해서 $f(x, y)$를 구체적인 수식으로 나타낼 수 있다고 하는 것은 물론 아니다. 방정식 $f(x, y)=0$으로 나타난 도형을 x축 방향으로 a만큼, y축 방향으로 b만큼 평행이동한 도형의 방정식은

$$f(x-a, y-b)=0$$

가 된다.

좌표평면 위의 점 $P(x, y)$를 한 직선 또는 한 점에 대하여 대칭인 점 $P'(x', y')$으로 옮기는 것을 그 직선 또는 그 점에 대하여 대칭이동이라고 한다. 특히 점 $P(x, y)$를 x축, y축, 원점에 대하여 대칭이동한 점의 좌표는 각각 $P'(x, -y)$, $P'(-x, y)$, $P'(-x, -y)$이므로, 이들은 각각 함수

$$(x, y) \rightarrow (x, -y)$$
$$(x, y) \rightarrow (-x, y)$$
$$(x, y) \rightarrow (-x, -y)$$

로 나타낼 수 있다. 따라서 방정식 $f(x, y)=0$으로 나타난 도형을 x축, y축, 원점에 대하여 대칭이동한 도형은 각각

$$f(x, -y)=0,$$
$$f(-x, y)=0,$$
$$f(-x, -y)=0$$

으로 나타난다. 또 점 $P(x, y)$를 직선 $y=x$에 대칭이동한 점은 $P'(y, x)$이므로, 이 이동은 함수

$$(x, y) \rightarrow (y, x)$$

이다. 따라서 방정식 $f(x, y)=0$으로 나타난 도형을 직선 $y=x$에 대칭이동한 도형의 방정식은

$$f(y, x)=0$$

으로 나타난다.

15.3 작도

평면 위에서 직선(선분)을 그을 수 있는 자와 컴퍼스만을 가지고 그릴 수 있는 도형을 **작도 가능한 도형**이라고 한다. 예를 들어 평면 위의 두 점을 지나는 직선, 원, 직선과 직선의 교점, 두 원의 교점은 작도 가능한 도형이다. 또 직선 밖의 한 점을 지나며 주어진 직선에 수직인 직선과 주어진 직선과 평행한 직선을 작도할 수 있다. 더욱이 주어진 길이와 같은 길이를 갖는 선분을 주어진 컴퍼스를 가지고 직선 위에 작도할 수 있다. 특히 주어진 실수 a의 길이와 같은 선분을 작도할 수 있을 때, 실수 a는 **작도 가능한 실수**라고 한다. 따라서 실수 a, b가 작도가능하면 좌표평면 위에 점 $P(a, b)$를 작도할 수 있다.

위의 사실을 이용하면 다음 정리가 성립함을 알 수 있다.

정리 15.2

양의 실수 a, b에 대하여

(1) 두 수 a, b가 작도가능하면, $a+b$, $a-b$, ab, $\frac{a}{b}$는 작도 가능하다.

(2) a가 작도가능하면 $\sqrt{a}$ 도 작도가능하다.

또 자연수는 작도가능한 수이므로, 위의 정리에 의하여 모든 유리수는 작도가능하다.

평면 위의 두 점을 지나는 직선은 x와 y에 관한 일차방정식으로 나타나고, 한 점을 중심으로 하는 원은 x와 y에 관한 이차방정식으로 나타난다. 그런데 직선과 원과의 교점의 좌표는 작도가능한 점이므로, 직선과 원의 교점의 좌표는 작도 가능하다. 한편 이들 교점의 좌표는

$$a+b\sqrt{c} \quad (a, b, c\text{는 작도 가능한 실수})$$

꼴로 나타나므로, 이와 같은 수는 작도 가능한 실수이다.

또 두 원의 교점을 지나는 직선은 일차방정식이므로 두 원의 교점은 직선과 원의 교점이다. 따라서 두 원의 교점의 x좌표와 y좌표는 작도가능한 실수이다.

그러므로 다음 정리를 얻는다.

정리 15.3

(1) 실수 a가 작도 가능하면 a는 대수적 수이다.

(2) 유리수체 위에서 a의 최소다항식의 차수는 2의 거듭제곱이다.

정리 15.3에 의하면 대수적 수 a의 유리수체 위에서의 최소다항식의 차수가 2의 거듭제곱이 아니면 a는 작도불가능하다.

위의 정리를 이용하면 3대 작도불가능 문제를 풀 수 있다.

작도불가능문제 1.

주어진 정육면체의 부피가 2배가 되는 또 다른 정육면체의 한 모서리의 길이는 작도불가능하다.

주어진 정육면체의 모서리의 길이를 1이라 하면 그 부피도 1이므로, 부피가 2배가 되는 또 다른 정육면체의 한 모서리의 길이는 $\sqrt[3]{2}$ 이다. 그런데 유리수체 위에서 $\sqrt[3]{2}$ 의 최소다항식은 $p(x)=x^3-2$이고 이의 차수는 3 즉 2의 거듭제곱이 아니다. 따라서 $\sqrt[3]{2}$ 는 작도불가능한 실수이다.

작도불가능문제 2.

주어진 원의 넓이와 같은 정삭각형의 한 변의 길이는 작도할 수 없다.

주어진 원의 반지름이 1이라면 원의 넓이는 π이므로, 정사각형의 한 변의 길이는 $\sqrt{\pi}$ 이어야 한다. 그런데 π는 초월수이므로 $\sqrt{\pi}$ 도 초월수이다. 따라서 $\sqrt{\pi}$ 는 작도불가능한 수이다.

작도불가능문제 3.

임의의 각을 삼등분하는 것은 불가능하다.

크기가 θ인 각을 작도하는 것은 크기가 $\cos\theta$인 실수를 작도하는 것과 같다. 그런데

$$\cos 3\theta = 4\cos^2\theta - 3\cos\theta$$

이므로 특히 $\theta = 20^o$인 경우에는

$$8\cos^3\theta - 6\cos\theta - 1 = 0$$

이 성립한다. 그러므로 $\cos\theta$는 유리계수 다항식

$$p(x) = 8x^3 - 6x - 1$$

의 근이다. 그런데 다항식 $p(x)$는 기약이다. 왜냐하면, 만약 $p(x)$가 기약이 아니라면 $p(x) = 0$의 근은 $\pm\frac{1}{8}$, $\frac{\pm 1}{4}$, $\pm\frac{1}{2}$, ± 1 중에서 찾을 수 있어야 하나 이들은 모두 $p(x) = 0$의 근이 아니다. 따라서 다항식 $p(x)$는 유리수체 위에서 차수가 3인, 2의 거듭제곱이 아닌, $\cos\theta$의 최소다항식이다. 그러므로 $60°$를 삼등분하는 작도를 할 수 없다.

위의 정리 15.3을 이용하면 원에 내접하는 정다각형의 작도에 대하여 다음을 얻을 수 있다.

정리 15.4

주어진 원에 내접하는 정n각형이 작도가능할 필요충분조건은 $n = 2^m\,(m \geq 2)$ 또는 $n = 2^k p_1 p_2 \cdots p_r (k \geq 0,\ r \geq 1)$이다. 여기서 $p_1, p_2, \cdots, p_r$은 $2^m + 1$의 꼴의 페르마소수이다.

예를 들면 $5 = 2^2 + 1$, $15 = 7^2 + 1$이므로 페르마소수이고, 따라서 정5각형과 정15각형은 작도할 수 있다. 그러나 7은 페르마소수가 아니므로 정7각형은 작도할 수 없다.

15.4 비유클리드 기하

물론 잘 알고 있듯이 평행선 공준을 받아들이는 것이 유클리드 기하학이고, 이것을 받아들이지 않는 기하체계가 비유클리드 기하학이다. 그러므로 어떤 체계 속에서 수학적

논리를 다루느냐에 따라 그 진릿값이 달라질 수 있다. 그러나 학교수학에서는 유클리드 기하 체계 속에서 논리와 증명 교육을 하는 것을 전제로 한다.

유클리드의 평면기하는 매우 체계적이어서 2000년 동안 아무런 문제없이 이어져 왔다. 그러나 여기에 의문을 제기하게 되는 동기는 제5공리인 평행선 공리 때문이다.

한 직선이 두 직선과 만날 때 생기는 두 내각의 합이 2 직각보다 작으면, 두 직선은 두 내각의 합이 2 직각보다 작은 쪽의 한 점에서 만난다.

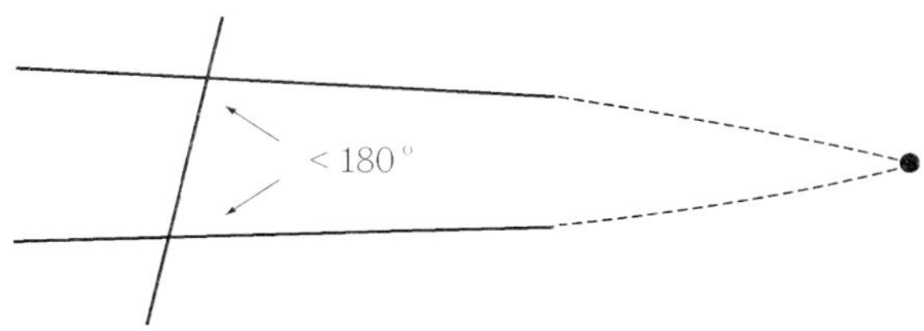

이 공리는 평행선 공리로 평행선이 존재한다는 것을 명백하게 기술하고 있지는 않다. 그런데도 이 공리는 평행선에 관한 성질을 증명하는데 아주 결정적 역할을 하고 있다. 이러한 의미에서 이를 평행선 공준이라고도 부른다.

유클리드는 평행선을 같은 평면 위에서 양쪽으로 연장해도 연장선이 만나지 않는 직선으로 정의하고 있다. 그러나 유클리드는 평행선의 존재성에 대해서는 한 참 후까지 언급을 하지 않고 있다. 유클리드는 평행선 공준이 나타나기 전까지 28개의 정리를 증명하고 있으며, 평행선 공준이 나타난 이후로는 이것을 강력하게 사용하고 있다. 실제로 원론의 1권의 나머지 20개의 정리는 평행사변형, 정사각형, 두 평행선 사이의 거리 등 평행선의 기본적인 성질을 확립하려 하고 있다. 그는 또 피타고라스의 정리, 삼각형의 내각의 합이 180도라는 것을 증명하는데 평행선 공리를 사용하고 있다.

그런데 평행선 공리는 공리라기보다는 정리로 인식되어 왔다. 그러나 이 공리는 다른 네 개의 공리와는 달리 간단하지도 자명하지도 않다. 그럼에도 불구하고 이것은 그리스의 기하 체계에서는 사실이므로 이에 대한 아무런 의심을 품지 않았다. 단지 증명과 체계를 세우는데 탁월한 유클리드가 왜 이 증명을 빼먹었을까하고 생각하고, 이를 증명하려고 많은 사람들이 달려들었다. 물론 이들 증명은 틀린 것들이었다.

명제 "두 직선이 평행하면 그 엇각과 동위각은 같다."의 역 "엇각이 같으면 두 직선은 평행선이다."와 "동위각이 같으면 두 직선은 평행선이다."는 평행선 공리를 사용하지 않고 공리 1-4만을 가지고서도 증명할 수 있다. 이와 같은 경험으로 미루어 평행선 공리를 증명할 수 있지 않을까 생각하게 되었다.

평행선 공리를 증명하려고 노력하는 중에, 이와 동치인 명제들이 나타나게 되었다. 이 중에서 아마 가장 유명한 것은 18세기 스코틀랜드의 과학자 Playfair가 제안한 Playfair의 공준일 것이다. 이것은

"직선 밖의 한 점을 지나고 주어진 직선에 평행한 직선은 오직 하나만 존재한다."

이다. Playfair의 공준은 너무 유명해서 학교수학에서는 이것을 평행선 공리로 대신 사용하고 있다.

18세기 초 이탈리아의 교사인 Saccheri는 평행선 공리에 대한 의문점을 "유클리드의 공리는 모순이 없다는 것을 알고 있다. 평행선 공리는 유클리드의 다른 공리를 이용하여 증명할 수 있으나, 아무도 증명한 사람은 없다. 만약에 증명이 가능하다고 가정하면, 평행선 공리를 이의 부정명제로 대체하면 모순에 도달해야 한다. 따라서 평행선 공리의 부정을 새로운 공리로 도입하고 새로운 체계에서 모순을 얻는다면, 평행선 공리는 다른 공리로부터 증명할 수 있을 것이다."라고 생각하였다. 그런데 Playfair의 공준의 부정은 두 가지 즉,

(1) 주어진 직선에 평행한 직선이 없거나
(2) 주어진 직선에 평행한 직선이 두 개 이상 존재한다.

는 것이다. 따라서 Saccheri는 각 경우에 대하여 조사하였다. 첫 번째 경우는 이미 유클리드가 평행선은 존재한다고 증명하였다. 두 번째 경우를 증명하려고 Saccehri는 여러 방면으로 노력하였으나 모순에 도달하지 못하였다. 그러나 이 과정에서 그는 나중에 비유클리드 기하의 기초를 이루는 명제를 얻는데 성공하였다. 이들 중 몇 가지는

(1) **(Saccheri의 사각형)** 선분 AB의 양 끝에서 길이가 같은 수선 AC, BD를 세우고 C, D를 잇는다. 그러면 사각형 $ABCD$에서 $\angle C = \angle D$이다.

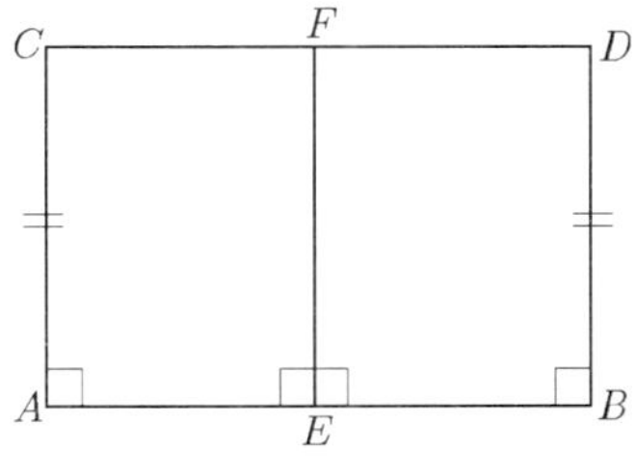

(2) Saccheri의 사각형에서

(i) $\angle C = \angle D = \angle R$이면(직각 가정), $AB = CD$이다

(ii) $\angle C = \angle D < \angle R$이면(둔각 가정), $AB > CD$이다.

(iii) $\angle C = \angle C < \angle R$이면(예각 가정), $AB < CD$이다.

(3) Saccheri의 사각형에서

(i) 직각 가정이 성립하면 직각삼각형의 내각의 합은 $2\angle$ R이다.

(ii) 둔각 가정이 성립하면 직각삼각형의 내각의 합은 $2\angle$ R보다 크다.

(iii) 예각 가정이 성립하면 직각삼각형의 내각의 합은 $2\angle$ R보다 작다.

Saccheri의 이러한 발상은 사람들로 하여금 “주어진 직선에 평행한 직선이 두 개 이상 존재하는 새로운 기하체계가 있을까?”하는 물음을 갖게 하였다. 이러한 새로운 기하체계에 대한 연구는 1829년 러시아의 Lobachevsky에 의해 발표되었고, 1832년 헝가리의 장교이었던 Bolyai도 같은 생각을 하였다. 이들은 모두 “유클리드의 공리에서 평행선 공리를 두 개의 부정명제로 바꾼 새로운 기하체계에도 모순이 없다.”는 결론에 이르렀다. 이들의 결론은 평행선 공리가 다른 네 개의 공리로부터 증명될 수 없다는 것을 의미한다. 더욱이, 이것은 새로운 평면기하인 구면기하를 탄생시켰는데, 실제로 이러한 가정을 만족하는 기하체계가 존재한다는 것이다.

러시아의 Lobachevsky(1793~1856)도 귀류법을 이용하여 평행선 공리를 증명하려고 하였다. 그는 공리의 부정 “직선 밖의 한 점을 지나고 이 직선에 평행한 직선은 두 개 이상 존재한다.”를 공리 1-4에 첨가하여 모순을 유도하려고 하였다. 그러나 그도 모순을 증명하지는 못하였다. 그러나 그는 새로운 공리계를 이용하여

(1) 삼각형의 내각의 합은 $2\angle R$보다 작다.

(2) 넓이가 큰 삼각형의 내각의 합은 넓이가 작은 삼각형의 내각의 합보다 작고, 넓이가 같은 삼각형은 합동이다.

(3) 대응하는 세 각이 같은 삼각형은 서로 합동이다.

를 증명하였다. 이와 같은 성질은 우리가 알고 있는 유클리드 기하에서의 성질과 판이하게 다르다.

19세기 Riemann은 평행선 공리의 첫 번째 부정을 통하여 “직선 밖의 한 점을 지나며 주어진 직선에 평행선이 존재하지 않는 평면기하체계가 존재할 수 있을까?”하는 물음을 던졌다. 물론 Saccheri는 이것에 대한 모순을 얻었으나, 이는 직선이 무한하다는 가정아래

이루어진 것이다. Riemann은 무한히 연장되지만 길이가 무한하다는 가정은 필요가 없다는 것을 발견하였다. 이러한 예가 구면 위의 원은 무한히 연장되지만 그 길이는 유한하다는 것이다. 이로써 유클리드의 처음 4개의 공준과 평행선 공리의 처음 부정 명제를 가지고, Riemann은 1854년 Riemann 기하를 발견하게 된다.

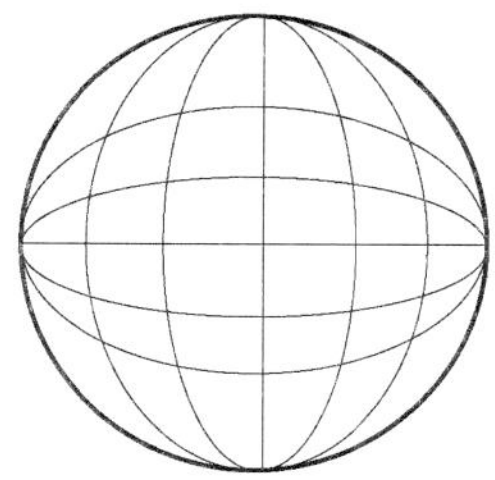

이렇게 함으로 19세기 중반에 이르러 기하의 세 부류가 나타나게 된다. 이들은 평행선 공리가 무엇이냐에 따라 달라지고, 유클리드 기하에 대하여 Lobachevsky와 Riemann의기하를 비유클리드 기하라고 부른다. 이들 셋은 모두 일관성이 있는 기하체계이나, 평행선의 성질에 따라 확연히 다르다. 예를 들면 삼각형의 내각의 합이

(1) 유클리드 기하에서는 180도이고,
(2) Lobachevsky 기하에서는 180도 보다 작으며,
(3) Riemann 기하에서는 180도 보다 크다.

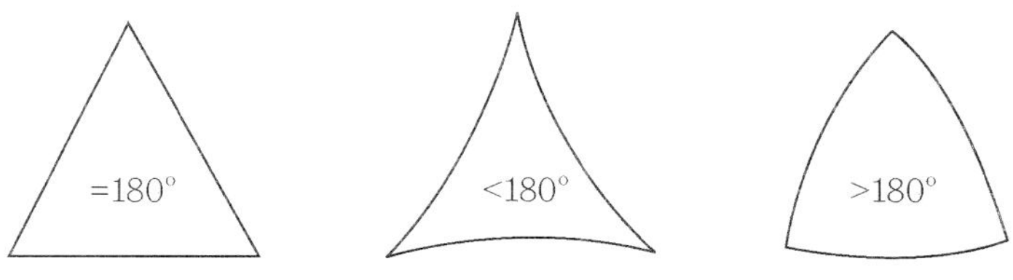

또, 평행선이나 직선과는 관련이 없어 보이나, 원주율도 세 기하체계에서 다르게 나타난다. 즉, 원주율이

(1) 유클리드 기하에서는 π이고,
(2) Lobachevsky 기하에서는 π보다 크며,
(3) Riemann 기하에서는 π보다 작다.

이와 같이 처음에는 유클리드 공리계의 모순성을 증명하려고 시작하였으나, 유클리드 공리계를 바탕으로 유클리드 기하가 모순이 없음을 인정할 수밖에 없었다. 그러나 유클리드 공리계와는 다른 공리계를 가지고도 모순이 없는, 유클리드 기하와는 다른 기하 체계를 발견하게 되었다. 즉 유클리드 기하와는 다른 새로운 기하 곧 비유클리드 기하를 생각하게 되었다. 또 Riemann(1826~1866)은 직선의 길이가 유한이고 평행선이 하나도 존재하지 않는 기하를 발견하였다. 후에 Klein(1849~1935)는 유클리드, 로바체프스키, 리이만의 기하를 각각 포물선기하학, 쌍곡선기하학, 타원기하학이라고 이름 붙였다. 이들의 특징을 간단히 비교하면 다음과 같다.

	평행선의 수	진선의 길이	삼가형의 내각의 합	Saccheri의 사각형
유클리드(포물선)	1무한	2∠R	직각	가정
로바체프스키(쌍곡선)	무한개	무한	2∠R보다 작다	예각 가정
리이만(타원)	0	유한	2∠R보다 크다	둔각 가정

비유클리드 기하는 학교수학에서 정식으로 다루어지지 않으나 그 원리를 탐색해보게 하는 것은 논리적 사고를 할 수 있게 하는 좋은 본보기이다. 정리의 기본 가정을 변화시킴으로 그 정리와 같지 않은 유사한 정리를 만들어 낼 수 있게 하여 창의적 사고를 할 수 있게 한다. 예를 들어 두 점 사이의 유클리드 거리 대신 택시가 움직인 거리를 가지는 택시기하(taxicab geometry)가 그 좋은 예이며, 이는 생활과도 직접 연결되는 소재이다. 학생들은 이와 같은 활동을 통하여 기하의 여러 활용을 경험할 수 있다.

15.5 기하 교육

우리가 사는 환경은 공간과 그 공간 위의 사물과 사건으로 둘러싸여 있다. 이런 공간을 수학화한 곳이 기하이다. 역사적으로 볼 때 유클리드 기하는 학생들의 어린 시절부터 경험해온 가장 오래된 영역임에도 불구하고 가장 소홀이 다루어지는 부분일 것이다. 사실 요즈음 들어 학교수학의 교육과정에서 가장 약화된 부분이 기하영역이다. 그러나 기하교육을 포기하는 것은 학생들에게 연역적 사고를 눈으로 확인할 수 있는 경험을 빼앗는 것이다. 기하는 다른 추상적 대수 구조에서는 맛보기 어려운 부분이다.

학교수학에서 다루는 유클리드 기하는 그 튼튼한 논리적 구조로 인하여 논리적 사고 교육을 하기에 적당한 분야이나, 논점의 논쟁이나 정리의 의미에 대한 이해가 없이 단순히 증명 과정을 암기하여 증명을 학습하는 도구로 자주 사용되는 경향이 있다. 이러한 결과로 많은 학생들은 학교수학에서의 기하를 재미없고 고통스러운, 실생활과도 연관이 없는 과목으로 생각하게 되었다.

이러한 문제점을 극복하고자 학교수학에 점점 더 비형식적 기하나 측정과 같은 여러 가지 접근 방법이 도입되었다. 그러나 이러한 두 마리 토끼잡이 식의 교육은 기하의 학습목표를 정당화하지도 못하거니와 그 목표를 흐리게 하는 결과를 초래하였다. 많은 학교기하 과목은 점점 더 비형식화 되고 학생들에게 집단학습이나 토론을 통하여 기하학적 생각을 발견하는 쪽으로 강조되었다. 이것이 유클리드의 논리적 구조를 뒤로 미루게 하고, 교사들에게도 가능하면 기피하는 과목으로 나타나게 되었다.

학교수학에서 유클리드의 논리적 구조를 경시하는 것은 매우 불행한 일이다. 요즈음 공리적 체계 속에서 상황을 인식하는 능력과 논리 구조를 다루는 것은 수학에서 뿐만 아니라 실생활에서도 중요하게 되었다. 예를 들면, 논리는 산업 현장에서의 협상 능력, 우리의 일상생활에 중요한 컴퓨터 소프트웨어, 출산과 인구문제, 경제적 평등 문제와 같은 사회의 뜨거운 쟁점을 지혜롭게 다루는 일과도 깊은 연관을 가지고 있다. 또 기하와 공간 지각 능력의 함양은 학교수학의 기본적인 요소이다. 이것은 우리의 실제 생활환경에서 나타나는 것을 추상화를 통해서 해석하는 것으로, 자연과학의 다른 분야의 연구에 사용되는 도구이며 수학적 창의력을 키워주는 도구이다. 기하학적 사고는 생활 속에서의 경험을 통하여 기하 그 자체뿐만 아니라 넓이와 분수, 히스토그램과 산포도를 통한 자료 해석, 평면좌표와 그래프를 통한 함수의 이해를 돕는다. 또 공간 지각 능력은 지도의 해석, 미술과 건축, 길 찾기 등의 그래프 이론, 대칭 등의 개념을 이해할 수 있도록 해준다.

지금까지는 거의 활동을 통하여 경험적으로 기하를 이해해 왔다. 학년이 올라 갈수록 경험적 사고에서 연역적 사고로의 전환이 이루어지고 있는데, 지금까지 발견한 도형의 분류와 성질을 정당화하는 과정을 가진다. 예를 들면 평행이동, 회전이나 반사에 의하여 도형의 이동이 왜 불변인지, 삼각형의 합동, 평행사변형의 성질 등을 유클리드기하의 관점에서 연역적으로 그러나 직관적으로 증명하는 과정을 경험한다.

기하는 전통적으로 증명을 훈련하는 영역으로 취급되어 왔으며 아마도 기하는 그런 목적을 달성하기에 가장 적합한 분야일 것이다. 그렇다고 해서 엄밀한 공리기하를 도입하는 것이 좋을까? 아니면 직관적으로 도입하는 것이 좋을까? 이 문제는 어느 것이 좋다고 판단하기 어려울 것이다. 아마도 이들의 중간쯤 해야 할지도 모른다. 완벽한 논리적 사고를 초등학교 또는 중학교 교육에서 강조하는 것은 무리이고 교육적 근거에서 분별없는 것이 될 것이나 고등학교 과정에서는 가능할 것이기 때문이다. 다시 말하면 학생의 수준이 형식적 논리를 다룰 수 있는 정도에 와 있느냐에 따라 달라질 것이다. 따라서 학생의 수준에 맞는 기학교육의 접근 방법이 필요한 것은 물론이다. 그렇더라도 삼각형의 세 각을 뜯어 붙여 180도가 된다는 것을 보여줌으로 삼각형의 세 내각의 합은 180도라고 하는 것과 같이, 논리적 증명이 아닌 것을 논리적 증명인 것처럼 교육하는 것은 더 큰 문제이다. 이런 의미에서 수학교사는 교사 자신이 수학 전체에 대한 추상적 내용에 관심이 있을지라도 학생들에게는 지엽적 동기부여를 하여야 한다. 이것이 수학을 가르치는 올바른 방법이다.

1950년대 네덜란드의 van Hiele 부부(Pierre van Hiele and Dina van Hiele-Geldof)는 현장교육과 연구 경험으로부터 기하교육에 대한 이론을 전개하였다. 그들은 기하를 공부하는 학생들은 개략적(wholistic) 생각에서부터 해석적인 생각까지 또 분명한 추상적 연역적 생각까지로 다음과 같은 5단계의 수준을 거치는 것으로 보고하고 있다.

(1) 0 수준(시각화 인지: Visualization)

0수준의 학생들은 모양을 구성하고 있는 요소에 주의를 기울이지 않고 대략적으로 이해하고 있다. 예를 들면 사각형을 네 선분과 네 각으로 이루어진 도형으로 인식하지 않고 단지 '창문과 같은' 모양으로 인식하는 것이다.

(2) 1 수준(분석적 기술: Description)

1수준의 학생들은 도형을 이루고 있는 요소, 예를 들면 선분과 각에 대하여 인식을 하고 있다. 도형의 요소를 이용하여 도형을 묘사할 수 있으나, 그 관계는 분명하게 이해하지 않는다. 예를 들면, 정사각형을 4 개의 같은 선분과 4개의 직각으로 이루어진 도형이고, 회전하더라도 정사각형의 성질을 잃지 않는 것으로 이해한다.

(3) 2 수준(관계와 관련성: Relationship)

2수준의 학생은 일반적인 도형 속에서 추상적 관계를 이해하는 수준이다. 예를 들어 마름모는 네 개의 같은 변으로 이루어진 도형이므로, 2수준의 학생은 정사각형은 마름모이면서 직사각형이라는 것을 인식한다.

(4) 3 수준(연역: Deduction)

3수준의 학생은 기하도 형식적인 수학 체계의 일종으로 인식하는 것이다. 3수준의 학생은 수학에서의 가설과 증명을 이해하고 형식적 증명과정을 기술할 수 있다.

(5) 4 수준(공리화: Axiomatics)

4수준의 학생은 상당히 추상화되어 있어 구체적 그림 설명이 필요 없는 단계의 학생이다.이 수준에서는 가설이나 가정 자체도 엄밀성을 따져보도록 요구되는 대상이다. 따라서 이 수준은 초등학교나 학교수학에서는 다루기 어려운 수준이다.

기하교육은 위의 van Hiele의 학생의 이해수준에 따라 학생의 교육 프로그램을 마련하는 것이 좋을 것이다. 물론 이들 수준은 기하교육뿐만 아니라 수학의 다른 분야까지도 적용이 가능할 것이다. 교사는 van Hiele이 제시한 예를 포함하여 더 많은 예를 개발하여 단계별로 교육하고 그것이 효과적인지를 확인할 필요가 있다.

앞에서 언급한대로 초등 수준의 기하는 간단하지만 기하를 대수적 구조와 연관시킴으로 자연스럽게 실수의 구조나 벡터공간으로의 확장이 가능하다. 이런 의미에서 기하는 종합적 사고를 할 수 있는 길을 제공해주는 영역이다.

참고문헌

[1] 김응태, 박승안, 현대대수학, 3판, 경문사(1991).

[2] 홍승표, 유클리드 기하 개론, 경문사(2001).

[3] 허민, 오혜영 역, 수학의 위대한 순간들, Great moments in mathematics, H. Eves, 경문사(2007).

[4] J.V. Armitage, The relation between abstract and concrete mathematics at school, Educational Studies in Mathematics, 2(1969) 180-188.

[5] H. Freudenthal, Major problems of mathematics education, Educational Studies in Mathematics, 12(1981) 133-150.

[6] T.A. Garrity, All the mathematics you missed, Cambridge(2002).

[7] M.J. Greenberg, Euclidean and non-Euclidean geometries, 3rd edition, Freeman and Company(1993).

[8] V. J. Katz, A history of Mathematics, Harper Collins(1993).

[9] D. Laugwitz, Motivations and linear algebra, Educational Studies in Mathematics, 5(1974) 243-254.

[10] K. Menger, The geometry relevant to modern education, Educational Studies in Mathematics, 4(1971) 1-17.

찾아보기

| ㅎ |

| 기타 |

저자 소개

정 상 권

서울대학교 수학교육과, B.S.

서강대학교 수학과, M.S.

University of Texas at Arlington, Ph.D.

서울대학교 수학교육과 교수

서울대학교 사범대학 교육연구재단지원
저술 · 번역연구도서-66

학교수학을 위한 수학

2014년 2월 15일 초판 인쇄
2014년 2월 20일 초판 발행

저 자 / 정상권
발행자 / 오판근
발행처 / 교우사

주 소 / 서울특별시 동대문구 약령시로 8 교우빌딩 2층
전 화 / 925-2861~2, 편집부 / 925-2825
팩 스 / 925-2860

E-mail / kyowoo@kyowoo.co.kr
http://www.kyowoo.co.kr

등록 / 1994. 3. 24 제6-0256호

ISBN 979-11-251-0007-2 (93410)

값 24,000 원